法華經

賴永海◆主編
王　彬◆譯注

前言

《妙法蓮華經》（通常略稱為「法華經」）（Saddharma-Puṇḍarīka Sūtra）是大乘佛教的重要經典之一。本經以喻而立經名，Saddharma譯為「妙法」，係指本經微妙而不可思議的深奧法義，或云「第一最勝之法」；Puṇḍarīka則意為「蓮花」。「蓮花」在佛教中是最為常見的譬喻和形象，有「微妙香潔」的功德，而又以「微妙」之功德代表智慧，以「香潔」代表慈悲德行，以喻大乘菩薩悲智雙運，為悲憫眾生，而發弘願，於五濁惡世中行難忍之行救度眾生，卻又不為五濁所染，如同蓮花生於淤泥之中卻不為所染，故有此名。本經在印度即受到廣泛重視，傳至中國後，更是盛行於世，其於中土盛興之勢，正如唐代道宣在〈妙法蓮華經弘傳序〉中所云：「自漢至唐六百餘載，雖歷群籍，四千餘軸，受持盛者，無出此經。」可見其影響之大，以至於後世有人將其與《楞嚴經》、《華嚴經》並稱，譽為「經中之王」。

一、《法華經》的成書及漢譯本

通常認為，本經於大乘佛教初期即已形成（最晚不超過西元二世紀），屬於大乘佛教的早期經典。《法華經》產生後，逐漸流傳於印度、尼泊爾及中亞等廣大地區。自十八世紀以來，在喀什米爾、尼泊爾和中國新疆、西藏等地已經發現本經各種寫本四十餘種，寫經文字有梵文、藏文及和闐文等。這些寫本的年代約為五至十一世紀。

根據《開元釋教錄》記載，《法華經》約有六種漢譯全本，其中最早的譯本為三國時期支疆梁接所譯的《法華三昧經》（二五五年）。但在六種譯本中，三種已經佚失，而後世流傳下來的尚有三種，按翻譯時代先後順序分別是：西晉竺法護據西域胡本譯出的《正法華經》，後秦鳩摩羅什所譯的《妙法蓮華經》，隋代闍那崛多、達摩笈多共同譯的《添品妙法蓮華經》。

《法華經》的諸譯本中，後世通行並影響較大的譯本是鳩摩羅什的譯本，究其原因，主要是因為該譯本不像羅什之前諸譯本那樣文辭艱澀，難以理解，另外也與羅什門下諸弟子及後世大德的廣泛宣揚密不可分。正如唐代道宣所云：「三經重沓、文旨互陳，時所崇尚，皆弘秦本。」（〈妙法蓮華經弘傳序〉）

以上三種譯本中，內容也互有出入。如後世流通最廣的羅什譯本，我們現在看到的通行本為七卷二十八品，但羅什初譯此經時原為七卷二十七品。後世補入的內容主要有幾方面：一是南齊法獻於高昌所得〈提婆達多品〉；二是隋闍那崛多等所譯的《添品妙法蓮華經》中的〈普門品偈頌〉；三是唐

代玄奘大師所譯的〈藥王菩薩咒〉；在編入這些內容後，方才形成後世通行的流通本。在上述三種譯本中，一些品目的順序也略有不同。如晉譯本和隋譯本均將〈囑累品〉列為全經的最後一品；而秦譯本中，〈囑累品〉列在第二十二品，其後尚有〈藥王菩薩本事品〉等六品，而將〈普賢菩薩勸發品〉作為全經的最後一品。

《法華經》諸譯本的差別，可能主要是由於譯經所依據的底本不同所致。《正法華經》根據梵文本翻譯，但卻為流行於西域的所謂「胡本」，《妙法蓮華經》則是據西域龜茲文本所譯，而隋代闍那崛多、達摩笈多等的翻譯則是根據從印度傳來的梵文本。

二、《法華經》的主要思想

《法華經》中包含著豐富的哲理思想及信仰體系。限於篇幅，我們在此僅從以下四個方面，對本經的重要思想進行歸納。

1. 開權顯實，會三歸一

本經始終貫穿著一條重要的主線，可歸納為「開權顯實，會三歸一」，這可以說是本經最為核心的思想。所謂「開權顯實」，又稱「開方便門，顯真實義」；「權」即所謂「方便」、「權宜」之法，係指因為眾生具有不同的根機，對於法義的堪受也存在差異，因而佛陀以種種權宜之法，如譬喻、語言等種種不同方式，引導初機眾生，令其入於佛法之門，而走上修行解脫的道路。因此根據眾

生的不同根性，分別說聲聞、緣覺、佛乘（即「三乘」）；但這種法義上的差別歸根結柢，是要引導眾生契悟最為究竟的實相之境（即為與「權」相對之「實」，或與「方便」相對的「真實」），這才是佛陀真正的本懷，也就是說，唯有一佛乘才是佛陀的真實教義和歸趣所在。正如本經〈方便品〉中所說的：「如來但以一佛乘故，為眾生說法，無有餘乘，若二若三。」

基於這一思想，在本經中，佛陀不僅給諸大菩薩授記成佛，也為諸聲聞弟子（包括已證得阿羅漢果者）授記當得作佛。以一佛乘為真實究竟，毫無虛妄。從而令信仰者捨棄相對狹隘的「三乘」之見，以志求無上佛乘，證得諸法實相之究竟無上之智為修行的終極目的。

正是基於把體證諸法實相作為修行的最高目標的認識，《法華經》提出著名的「十如是」說，並指出「唯佛與佛乃能究盡諸法實相」，這意味著唯有志求佛道，並如理修行，才能達到佛陀證得的無上之智，了達一切諸法實相。而眾生欲要達到這一究竟本質的境界，就必須發心修習成就無上佛道。

2.開近顯遠、開跡顯本的佛陀觀

大乘佛教的佛陀觀念中，最有影響的即為法身、報身、應身的「三身論」。在這一理論的形成過程中，《法華經》無疑起到重要的作用。《法華經》中雖未出現完整的「三身」概念，但經中對釋迦牟尼佛的描述，實則已賦予釋迦佛法身的意義。如〈見寶塔品〉中，釋迦佛說《法華經》時，從地湧出的寶塔中，有過去久遠已成佛並且早已「滅度」的多寶如來，因願力緣故，為釋迦佛說《法華經》的真實性加以讚歎證明；並又有分布於十方諸佛國的釋迦分身佛攜同無量眷屬侍者前來聽法；〈從地

涌出品〉中，在此「娑婆世界」地下湧出無量菩薩，都是釋迦佛所教化的弟子，表示將於未來護持、弘傳《法華經》，實現教化眾生的弘願。會中彌勒菩薩及大眾遂起疑問，釋迦如來成道四十餘年，為什麼能在很短暫的時間內教化無量大眾。在接下來的〈如來壽量品〉中，釋迦佛向大眾宣說，如來已於久遠劫前成佛，但為方便教化眾生，令入佛道，而示現滅度（應身）。佛陀常在此娑婆世界說法教化，亦於他方無量無邊國土教化利導眾生。如來壽命亦不可計數（「成佛已來無量無邊百千萬億那由他劫」，「成佛已來，甚大久遠，壽命無量阿僧祇劫，常住不滅」）。在〈如來壽量品〉中出現的佛身「常住不滅」的觀念，實際上已經具有報身兼具法身的意義。

《法華經》中釋迦久遠成佛的思想，又被歸納成「開近顯遠」（示釋迦應身壽命之近，顯釋迦法身壽量之遠）、「開跡顯本」（開示釋迦應身及其說法，顯釋迦法身實相之理）。

3. 菩薩行及一切眾生皆當成佛思想

在《法華經》的思想中，菩薩行的觀念也得到充分地闡釋，這些豐富的修習思想著重體現在〈安樂行品〉及〈常不輕菩薩品〉中。所謂「菩薩行」，是指志求佛果的眾生（菩薩）為證佛果，而必須精勤修習的自利利他的各種方法。如在〈常不輕菩薩品〉中，記述了常不輕比丘隨見四眾悉皆禮拜讚歎，無論人們對他怎樣輕罵侮慢，他都對眾生禮敬如故，並預言眾生皆當作佛。這可被認為是較早出現的「一切眾生皆可成佛」思想。如東晉時期的竺道生，即對當時中土流行的所謂「一闡提人不得成佛」的思想提出異議，而提出「一闡提人亦當成佛」的觀念，他之所以孤明先發地提出這一觀點，實

則與他對《法華經》真實思想的解悟不無關係。這一點可以從他所作《法華經疏》中看出。如在注疏〈譬喻品〉時有言：「聞一切眾生，皆當作佛。」在〈見寶塔品〉的注疏中言：「既云三乘是一，一切眾生，莫不是佛，亦皆泥洹。」由此也可看出《法華經》思想對他的影響。

4. 觀世音菩薩的信仰

從佛教發展的歷史角度看，在大乘佛教的菩薩信仰中，流傳最廣、影響最大的當屬對觀世音菩薩的信仰。而這一信仰的根本依據，則直接地溯源於《法華經》。在《法華經》中，對於菩薩行的修習方法多有論述，而菩薩行的宗旨所在，即是要救度一切苦難眾生，幫助他們得到究竟的解脫；而由於眾生種種因緣不同，菩薩救度眾生的方式也隨之千變萬化。在《法華經》中，至少有兩品的內容集中體現了這一思想，一是〈妙音菩薩品〉，二是〈觀世音菩薩普門品〉，在這兩品中，都出現了隨應眾生機緣差別而顯示相應化身而為說法救度的觀念。如〈妙音菩薩品〉中，妙音菩薩具「現一切色身三昧」，「妙音菩薩住是三昧中，能如是饒益無量眾生」。而在〈觀世音菩薩普門品〉中，則宣說了觀世音菩薩以大威神力的緣故，能夠救度眾生脫於諸難。眾生若聞稱觀世音菩薩名號，當得離諸苦難，並宣說觀世音菩薩以各種應身普門示現救度眾生的功德。〈觀世音菩薩普門品〉成為《法華經》中最廣為人知的篇章，以至於經常被單獨列出，並成為歷代無數修學佛法的信士所必修的諷誦內容。

三、《法華經》的影響

《法華經》自產生以後，其豐富的義理及信仰模式為大乘佛教的發展提供了堅實的理論依據，其所產生的影響廣泛而深遠。在此，我們僅通過以下三個方面，對《法華經》的影響進行介紹。

1. 本經注疏

首先，歷代圍繞《法華經》而進行闡釋的各種著作極為豐富。尤其在中國，早在六朝時期，古印度著名論師世親著的《妙法蓮華經論》即被譯為漢文（此論元魏時先後兩譯：即勒那摩提譯的《妙法蓮華經論》和菩提流支譯的《法華經論》）。這可說是中國最早流傳的對《法華經》的疏論。之後，竺道生、曇影、道融、法雲、法瑤、智顗、吉藏、窺基等諸多大德紛紛為其注釋闡發。據初步統計，目前收錄於《大正藏》及《卍續藏》中的各種《法華經》相關著作約有八十餘種；由此可見《法華經》所受到的重視程度，這也表明《法華經》的廣泛影響。

2. 天臺宗的形成和發展

《法華經》對後世的影響中，最顯著的即是天臺宗的產生。天臺宗又稱「法華宗」，是中國第一個大乘佛教宗派。這一宗派的創始人為隋代智顗（智者大師），並奉持《法華經》為根本經典。天臺宗的創立，是中國佛教發展史上具有里程碑意義的重大事件，也是佛教完成中國化並走向成熟的標誌之一。

由智者大師創立的天臺宗教理中，最重要的即是「三諦圓融」的思想。這一思想的形成，直接來

源於《法華經》中以「十如是」來闡釋「諸法實相」的思想。在《法華經》的諸譯本中，「十如是」的內容為鳩摩羅什譯本中所獨有。但之前羅什本人及其門下弟子，對於「十如是」並未予以特別的重視。直至慧思，才真正注意到「十如是」與「諸法實相」之間所存在的重要意義，他通過《法華經》的修習而證「法華三昧」；並依據本經中著名的「十如是」思想，提出頗具特色的「一心三觀」等觀法原則，形成了獨特的禪法體系。後經過智者大師的發揮，形成了「三諦圓融」的實相義理論，並由此創立了「一心三觀」的圓頓觀法。

智者大師對《法華經》極為推崇，他曾依據《法華經》作《妙法蓮華經玄義》、《妙法蓮華經文句》及《摩訶止觀》等，闡釋法華大義，這三部著作成為天臺宗的重要經典，即著名的「天臺三大部」。在他創立的「五時八教」的判教體系中，更是將《法華經》尊為至高的圓教一乘大法。由此亦可見《法華經》於天臺宗的巨大影響。

天臺宗形成之後，對東亞的日本及朝鮮半島等地的佛教文明也產生了極大的影響。唐代鑑真大師最早把天臺教觀弘傳至日本。後來日本的最澄入唐求法，回國後再傳天臺教觀，天臺宗遂在日本成為一個獨立而兼具「圓義」的宗派。其後日本佛教形成的諸多宗派中，幾乎都與天臺宗有著諸多關係。這些宗派中影響較大的當屬日蓮創立的「日蓮法華宗」。

日蓮（一二二二—一二八二）年輕時，曾遊歷研習包括《法華經》等諸經教義。但他對當時日本佛教的現狀頗多不滿，尤其是對淨土、禪、真言、律諸宗大肆攻擊，卻唯獨對《法華經》極為重

視。尤其是經過十餘年對天臺教典的修學，最終認定在末法時代，唯有以弘揚釋尊教義精髓之《法華經》，才能成為拯救末世眾生的最根本的方式。日蓮認為唯有《法華經》才是真正的佛教。他以《法華經》、《無量義經》、《觀普賢經》等為依據，提出《無量義經》為《法華經》的「開經」，《觀普賢經》則是《法華經》的「結經」，實則是以《法華經》為中心，尊為本宗的根本經典。並承襲了天臺宗的「五時八教」之說，在法脈上，與智者大師亦有溯源。他主張釋迦教化的精髓即為《法華經·如來壽量品》，而於此品中包含的真理——「一念三千」即體現在「南無妙法蓮華經」的七字中，因而提倡禮拜《法華經》、念誦「南無妙法蓮華經」等為基本的修行方式。日蓮一生亦以口誦、身行《法華經》等親身經歷以證《法華經》的真實性。

3.修行方式的影響

《法華經》不僅把體證無相空慧的諸法實相作為佛法修學的最高目標，同樣也極為注重實際的修學。《法華經》包含著極為豐富的佛教修行方法，如根據聖嚴法師的統計：《法華經》中約有六十種修行方式。《法華經》中豐富的修行方式，也對印度佛教和中國佛教諸宗派的修學理念，產生了重大的影響。

在菩薩信仰中，影響最大的當屬觀世音菩薩的信仰，而這一信仰與《法華經》有著密不可分的關係。雖然在《法華經》出現之前的大乘佛教經典中已經出現觀世音菩薩的記載，但後世奉行的經典依據，卻是源於本經中〈觀世音菩薩普門品〉，本品在中國甚至成為一部獨立的經典而得以廣泛奉持。

在《法華經》的諸多信仰中，值得注意的另一個理念，即是禮拜、供養、讀誦《法華經》所具有不可思議的功德。歷代流傳著很多修習《法華經》而產生的靈異記載，這些在如《高僧傳》等著作中是經常見到的。日本佛教的法華信仰也極為普遍，成書於平安時代末期（不晚於一一二〇年）的《今昔物語集》，收錄了大量的佛教故事，很多題材都源自日本歷史上真實存在的人物，或者民間廣為流傳的故事。值得注意的是，其中不少內容都與《法華經》有關，大多是通過讀誦《法華經》而消災免難的事蹟。這也從另一側面反映了《法華經》的重要影響。

四、關於本經注譯的幾點說明

1. **版本**。本書以《大正藏》為底本，參校《乾隆大藏經》，在此基礎上，對其進行注釋、翻譯、解讀。

2. **對於經中佛教名相的注釋**。目前海內外已經出版了一些佛教術語的詞典著作，由於這些佛教詞典所收錄的名相及相關研究均較全面和準確，因此我們在對一些佛教名相進行注釋時，主要參考了《佛光大辭典》、《中華佛教百科全書》、《中國百科全書》（佛教篇）等著作的內容。我們對相關條目與經文中的名相仔細核對後，多有直接引用或稍加整理後引用的情況。由於條目較為分散，文中所引內容並未一一注出原文獻出處，在此加以說明；另外其他主要參考資料可參見書後文獻列表。

本書注譯者在此謹對引用成果的作者致以深深的謝意！

目次

序品第一

本品主要敘述釋迦牟尼佛宣說本經的緣起。逢此法會者有諸大比丘、菩薩眾、天龍八部諸王及眷屬等無量大眾。世尊在耆闍崛山為大眾宣說《無量義經》後，即入無量義三昧，瑞相紛現。如來眉際白毫相光，遍照諸方無量世界，並於光中現出十法界生佛事相。會中大眾多有生疑，未知瑞相預示何者。彌勒菩薩為解眾疑，即向文殊菩薩詢問世尊因何因緣而現瑞相。文殊菩薩告彌勒菩薩云，無量劫前日月燈明如來，演說《法華經》時，亦現瑞相；乃至遞次復有二萬尊同號日月燈明如來。其最後佛未出家時，有八位王子，聞其父出家證得無上正覺，亦捨王位而出家修行。日月燈明如來座下有一位妙光菩薩，亦有八百弟子。他於如來滅度後，持《法華經》為眾生演說，八位王子從其教習，皆於久遠劫後證無上正覺。文殊菩薩言其往世曾為妙光菩薩，而彌勒菩薩即為八百弟子中的求名菩薩。以此為證，故文殊菩薩以今日呈現之瑞相推測，釋迦牟尼佛當為大眾宣說《妙法蓮華經》這部教化菩薩法

門的大乘經典。

本品為全經的首品，按照天臺智者大師的科判，將本品歸結為「迹門」的序分。

如是我聞❶：

一時❷，佛住王舍城耆闍崛山中❸，與大比丘眾萬二千人俱❹，皆是阿羅漢❺，諸漏已盡❻，無復煩惱，逮得己利，盡諸有結❼，心得自在。其名曰：阿若憍陳如❽、摩訶迦葉❾、優樓頻螺迦葉❿、伽耶迦葉⓫、那提迦葉⓬、舍利弗⓭、大目犍連⓮、摩訶迦旃延⓯、阿㝹樓馱⓰、劫賓那⓱，憍梵波提⓲、離婆多⓳、畢陵伽婆蹉⓴、薄拘羅㉑、摩訶拘絺羅㉒、難陀㉓、孫陀羅難陀㉔、富樓那彌多羅尼子㉕、須菩提㉖、阿難㉗、羅睺羅㉘，如是眾所知識大阿羅漢等。復有學、無學二千人。摩訶波闍波提比丘尼與眷屬六千人俱㉙，羅睺羅母耶輸陀羅比丘尼亦與眷屬俱㉚。菩薩摩訶薩八萬人㉛，皆於阿耨多羅三藐三菩提不退轉㉜，皆得陀羅尼㉝，樂說辯才，轉不退轉法輪。供養無量百千諸佛，於諸佛所植眾德本，常為諸佛之所稱歎。以慈修身善入佛慧，通達大智，到於彼岸。名稱普聞無量世界，能度無數百千眾生。其名曰：文殊師利菩薩、觀世音菩薩、得大勢菩薩、常精進菩薩、不休息菩薩、寶掌菩薩、藥王菩薩、勇施菩薩、寶月菩薩、月光菩薩、滿月菩薩、大力菩薩、無量力菩薩、越三

界菩薩㉞、跋陀婆羅菩薩、彌勒菩薩、寶積菩薩、導師菩薩，如是等菩薩摩訶薩八萬人俱。

爾時，釋提桓因與其眷屬二萬天子俱㉟。復有明月天子、普香天子、寶光天子、四大天王㊱，與其眷屬萬天子俱。自在天子、大自在天子，與其眷屬三萬天子俱。娑婆世界主梵天王㊲、尸棄大梵、光明大梵等，與其眷屬萬二千天子俱。有八龍王㊳，難陀龍王、跋難陀龍王、娑伽羅龍王，和修吉龍王、德叉迦龍王、阿那婆達多龍王、摩那斯龍王、優鉢羅龍王等，各與若干百千眷屬俱。有四緊那羅王㊴，法緊那羅王、妙法緊那羅王、大法緊那羅王、持法緊那羅王，各與若干百千眷屬俱。有四乾闥婆王㊵，樂乾闥婆王、樂音乾闥婆王、美乾闥婆王、美音乾闥婆王，各與若干百千眷屬俱。有四阿修羅王，婆稚阿修羅王、佉羅騫馱阿修羅王、毘摩質多羅阿修羅王、羅睺阿修羅王，各與若干百千眷屬俱。有四迦樓羅王，大威德迦樓羅王、大身迦樓羅王、大滿迦樓羅王、如意迦樓羅王，各與若干百千眷屬俱。韋提希子阿闍世王㊶，與若干百千眷屬俱。各禮佛足，退坐一面。

【譯文】

我從釋迦牟尼佛那裡親聞這樣的教言：

當時，釋迦牟尼佛住在王舍城的耆闍崛山中，跟隨世尊的有一萬二千位大比丘，他們都已達到阿羅漢的果位，已經摒除了各種欲望，不再為各種煩惱所纏縛，並由此得到真正的利益，消除了令人

流轉生死的種種障礙，因此內心得到極大的自在。這些大比丘為：阿若憍陳如、摩訶迦葉、優樓頻螺迦葉、伽耶迦葉、那提迦葉、舍利弗、大目犍連、摩訶迦旃延、阿㝹樓馱、劫賓那、憍梵波提、離婆多、畢陵伽婆蹉、薄拘羅、摩訶拘絺羅、難陀、孫陀羅難陀、富樓那彌多羅尼子、須菩提、阿難、羅睺羅等這些大眾廣知的大阿羅漢。另有未達阿羅漢果位的修行者及已斷盡見思二惑的阿羅漢等二千人。佛陀的姨母摩訶波闍波提比丘尼及其眷屬六千人也在此會中，以及佛陀尚為王子時的妻子、羅睺羅的母親耶輸陀羅比丘尼及其眷屬。另有大菩薩八萬人，這些大菩薩們皆已證得無上正等正覺之智而不再退轉，並且都精通咒語，獲得善於說法的辯才，常轉無上正覺法輪，弘法利生。這些菩薩們曾經供養過無量無邊諸佛，並在諸佛世界中種下無量功德善根，他們的修行常常受到諸佛的稱揚讚歎。他們以慈悲之願力修練身心，善於發啟如諸佛平等無二的智慧，獲得極大的般若智慧，並由此到達涅槃解脫的彼岸。他們的弘名傳遍了無量無數的世界，而使得無量無邊的芸芸眾生得到救度。這些大菩薩是：文殊師利菩薩、觀世音菩薩、得大勢菩薩、常精進菩薩、不休息菩薩、寶掌菩薩、藥王菩薩、勇施菩薩、寶月菩薩、月光菩薩、滿月菩薩、大力菩薩、無量力菩薩、越三界菩薩、跋陀婆羅菩薩、彌勒菩薩、寶積菩薩、導師菩薩等大菩薩。像這樣的大菩薩共有八萬人。

當時，天界之王釋提桓因及其眷屬二萬人也來此赴會。另有明月天子、普香天子、寶光天子、四大天王等各與其眷屬一萬天人前來赴會。另有自在天子、大自在天子，與其眷屬三萬天人也前來赴會。另有娑婆世界之主大梵天王、尸棄大梵、光明大梵等，也各自率領自己的眷屬一萬二千天人前來

赴會。另有八大龍王，即：難陀龍王、跋難陀龍王、娑伽羅龍王，和修吉龍王、德叉迦龍王、阿那婆闥多龍王、摩那斯龍王、優鉢羅龍王等，也各自率領數百千計的眷屬前來赴會。另有四位緊那羅王，即：法緊那羅王、妙法緊那羅王、大法緊那羅王、持法緊那羅王等，也各自率領數百千計的眷屬前來赴會。另有四位乾闥婆王：樂乾闥婆王、樂音乾闥婆王、美乾闥婆王、美音乾闥婆王等，也各自率領數百千計的眷屬前來赴會。另有四位阿修羅王，即：婆稚阿修羅王、佉羅騫馱阿修羅王、毘摩質多羅阿修羅王、羅睺阿修羅王，各自率領數百千計的眷屬前來赴會。另有四位迦樓羅王，即：大威德迦樓羅王、大身迦樓羅王、大滿迦樓羅王、如意迦樓羅王，各自率領數百千計的眷屬前來赴會。韋提希夫人的兒子阿闍世王與其數百千計的眷屬等來赴此會。他們各自頂禮佛足後，便退坐一側，俟佛說法。

【注釋】

❶如是我聞：又作「我聞如是」、「聞如是」。為經典之開頭語。釋尊於入滅之際，弟子阿難請問四事，其中所問第四事即「一切經首置何字？」佛陀答言：「一切經首置『如是我聞』等言。」以與外道之經典區別。如是，係指經中所敘述之釋尊之言行舉止；我聞，則指經藏編集者阿難自言聽聞於釋尊之言行。又「如是」意為信順自己所聞之法；「我聞」則為堅持其信之人。此即信成就、聞成就，又作「證信序」。意為此教法是我阿難親自從佛陀那裡聽聞的，這是為了使聽法的人生起信順。

❷一時：指佛說法的那時，非確指。

❸王舍城：古代中印度摩揭陀國之都城。位於恆河中游巴特那市（Patna）南側比哈爾（Behar）地方之拉查基爾（Rajgir）。為頻婆娑羅王、阿闍世王、韋提希夫人等在位時的都城。此城為佛陀傳教中心地之一，城內有許多初期佛教的遺跡，如靈鷲山、竹林精舍及祇園精舍等。耆闍崛山：又譯「闍崛」，意譯為「靈鷲山」、「鷲峰山」，簡稱「靈山」、「靈嶽」、「鷲峰」等，因山上有岩形似鷲頭，又以山中多鷲，故得名。位於中印度摩揭陀國王舍城東北。釋迦牟尼佛曾於此講《般若經》、《法華經》、《金光明經》、《無量壽經》等諸多大乘經，遂成為佛教勝地。

❹比丘：梵語音譯。又作「苾芻」。意譯為「乞士」、「乞士男」、「除士」、「薰士」、「破煩惱」、「除饉」、「怖魔」。乃「七眾」之一。指出家得度，受具足戒之男子。據《大智度論》卷三載，「比丘」之語義有五種，即：㈠乞士（行乞食以清淨自活者），㈡破煩惱，㈢出家人，㈣淨持戒，㈤怖魔。其中，破惡（破煩惱）、怖魔、乞士，稱為「比丘三義」，與「阿羅漢」一詞語義中之殺賊、應供、無生等三義，合稱為「因果六義」（比丘為因，阿羅漢為果）。

❺阿羅漢：梵語，為「聲聞四果」之一。略稱「羅漢」。意譯「應」、「應供」、「應真」、「殺賊」、「不生」、「無生」、「無學」。指斷盡三界見、思之惑，證得盡智，而堪受世間大供養之聖者。此果位通於大、小二乘，然一般皆作狹義之解釋，專指小乘佛教中所得之最高果位而言。據《俱舍論》卷二十四所舉之意，阿羅漢乃「聲聞四果」（四沙門果）之一，為小乘之極

果。可分為二種，即：㈠阿羅漢向，指尚在修行階段，而趨向於阿羅漢果者。㈡阿羅漢果，指斷盡一切煩惱，得盡智而受世間大供養之聖者。

❻諸漏已盡：即指已經斷除三界煩惱。漏，「煩惱」之異稱。諸漏，即諸煩惱。總攝三界諸煩惱，稱為「三漏」。

❼有結：有，生死之果報；結，可招感果報之煩惱。謂貪、瞋、癡等諸煩惱，能束縛人，而使住於生死境界之中，不得出離，故稱「有結」。

❽阿若憍陳如：佛陀最初度化的五比丘之一。憍陳如為中印度迦毘羅城的婆羅門種，擅長占相之術，悉達多太子誕生第五日時，曾應召檢瑞相，並預言太子必將成佛並救度人類。及太子出家修苦行時，憍陳如與另外四人受淨飯王之託，陪伴太子至尼連禪河邊前正覺山從事苦修，後見太子廢苦行接受牧羊女的乳糜，乃與其他四人離太子而去。至釋尊成道以後，於鹿野苑見釋尊之莊嚴威儀，又聞其說法，乃率先皈依佛。相傳當時釋尊初轉法輪，即是為憍陳如等五比丘說法。憍陳如為五比丘中之首先得悟者。由於佛陀曾讚歎他已經開悟，因此後來僧團中人稱呼他時，都在他的姓氏「憍陳如」之前，加上具有「已知者」意義的讚美之詞「阿若」。此外，《增壹阿含經》卷三〈弟子品〉云：「我聲聞中第一比丘，寬仁博識，善能勸化，將養聖眾，不失威儀，所謂阿若拘鄰比丘是。初受法味，思惟四諦，亦是阿若拘鄰比丘。」

❾摩訶迦葉：佛陀十大弟子之一。又常作「大迦葉」。略作「迦葉」。在佛弟子中，有「頭陀第

一」的稱號。據《佛本行集經》卷四十五〈大迦葉因緣品〉、《雜阿含經》卷四十一等記載，迦葉為王舍城摩訶娑陀羅村人，大富婆羅門尼拘盧陀羯波之子。以誕生於畢鉢羅樹下，故取名「畢鉢羅耶那」；又因出自大迦葉種，而稱「大迦葉」。及長，娶毘耶離城婆羅門之女，夫婦二人相約不耽「五欲」之樂，不同室而眠。十二年後，父母俱亡，乃捨財寶，纏白疊無價之僧伽梨衣，與其婦一同出家剃髮。不久，於多子神處（在王舍城至那荼陀村之間）遇見佛陀，蒙受教化。八日後，發正智，於脫卻自身之僧伽梨以奉佛，並穿著佛陀所授之糞掃衣之際，證得阿羅漢果。據《四分律》卷五十四、《五分律》卷三十等所載，師自波婆城歸來的途中，聞佛入涅槃之消息，遂至拘尸那城禮拜佛足。不久，師為令正法流通，乃集五百阿羅漢，以其本人為上首，在王舍城舉行第一次佛法之結集。又據緬甸《佛傳》云，今日之「佛滅紀元」，乃師勸當時之阿闍世王所制定。其後，師付法於阿難，著佛所授之糞掃衣，持己鉢，登摩揭陀國雞足山，敷坐入定，等待彌勒之出世。在中國，與迦葉尊者有關的「拈花微笑」之典故流傳較廣，迦葉尊者被認為「禪宗西土初祖」。師在俗時，以富裕聞名，然於出家後，少欲知足，常行頭陀行。由於其人品、梵行為同輩所推崇，故被尊為教團之上首，亦深為佛陀所重。《增壹阿含經》卷三〈弟子品〉云：「十二頭陀難得之行，所謂大迦葉比丘是。」

⑩ 優樓頻螺迦葉：為佛陀弟子「三迦葉」之一。優樓頻螺係位於佛陀伽耶南方尼連禪河畔之地名，迦葉為其姓。又稱「耆年迦葉」、「上時迦葉」。未皈依佛陀之前，與兩位胞弟伽耶迦葉、那提

迦葉皆信奉事火外道。以其頭上結髮如螺髻形，故又稱「螺髮梵志」。相傳三兄弟領弟子千人住於摩揭陀國時，為有名望之長老，故四方歸信雲集。後佛陀示現種種神通度化，遂成為佛弟子，將祭火器具皆投入尼連禪河。今印度山琦大塔塔門之浮雕中，即有佛陀教化「三迦葉」之事蹟。

⓫伽耶迦葉：又作「誐耶迦葉」、「迦夷迦葉」、「竭夷迦葉」。為佛陀之弟子。「三迦葉」之一，即優樓頻螺迦葉及那提迦葉之弟。生於印度摩揭陀國之伽耶近郊，為事火外道（拜火教徒）之師，有二百五十名弟子，後皆皈依佛陀，成為佛弟子。

⓬那提迦葉：又作「難提迦葉」、「曩提迦葉」、「捺地迦葉波」。略稱「那提」。那提，意譯「江」、「河」、「治恆」。故梵漢或並舉為「江迦葉」、「河迦葉」、「治恆迦葉」。乃「三迦葉」之一。即優樓頻螺迦葉之弟，伽耶迦葉之兄。初為事火外道，領三百弟子住尼連禪河下游。時，佛陀成道，遊化苦行林，度其長兄，那提遂與其弟共率弟子歸佛入道。

⓭舍利弗：有「智慧第一」之稱。又作「舍利弗多」、「舍利弗羅」、「舍利弗怛羅」等。意譯「鶖鷺子」、「鴝鴿子」。梵漢並譯，則稱「舍利子」、「舍梨子」。其母為摩揭陀國王舍城婆羅門論師摩陀羅之女，以眼似舍利鳥，乃名舍利；故「舍利弗」一詞之語意即「舍利之子」之謂。舍利弗生於王舍城外那羅陀村，有七弟一妹。幼時，即與鄰村之目犍連結交，嘗相偕共詣祇離渠呵山大祭，見群眾雜沓，油然心生無常之感，遂相約出家學道。旋入刪闍耶毘羅胝子的門下，七日七夜即會通其教旨，成為其門人二百五十人（一說五百人）中之上首。但舍利弗於內心

仍未得安靜。一日，見馬勝比丘威儀端正、進止有方，乃問其所師何人，所習何法。馬勝答已，並示「一切諸法本，因緣生無主，若能解此者，則得真實道」一偈，舍利弗頓得法眼淨，乃徑告目犍連，各率弟子二百五十人，共受佛戒。皈依佛陀後，常隨從佛陀，破斥外道，論究法義，代佛說法，主持僧事。領導僧團，多方翼贊佛化。舍利弗較佛陀早入滅，七日後荼毘，葬遺骨衣缽於祇園，須達多長者並為之建塔。在佛陀弟子之中，舍利弗與目犍連被稱為佛陀門下的「雙賢」，是佛陀弘法的左右手。佛陀曾說：「舍利子生諸梵行；目連比丘，長養諸梵行。此二人當於我弟子中最為上首，智慧無量，神足第一。」

⓮大目犍連：為佛陀十大弟子之一。又常作「摩訶目犍連」、「大目連」、「目連」等。意譯「天抱」。被譽為「神通第一」。為古代印度摩揭陀國王舍城外拘律陀村人，婆羅門種。生而容貌端正，自幼即與舍利弗交情甚篤，同為刪闍耶外道之弟子，各領徒眾二百五十人。嘗與舍利弗互約，先得悟解脫者必以相告，遂共競精進修行。後舍利弗因逢佛陀弟子阿說示（又名馬勝），而悟諸法無我之理，並告目犍連，目犍連遂率弟子一同拜謁佛陀，蒙其教化，時經一月，證得阿羅漢果。目犍連與舍利弗皈依佛陀後，共同精進修道，遂成諸弟子中之上首，輔翼佛陀之教化，有關其事蹟，於經典中時有記載。如《雜阿含經》、《中阿含卷》、《增壹阿含經》、《大智度論》等經論中，皆特稱之為「神足第一」。據載，目犍連亦曾代替佛陀為眾經說法。另據《盂蘭盆經》載，目犍連曾為救母出離餓鬼道，而於七月十五僧自恣之日供養十方大德僧眾，遂為後世

盂蘭盆會之由來。晚年在王舍城內行乞時，慘遭嫉恨佛陀教團之婆羅門徒執杖梵志，以瓦石擊死，此係佛陀涅槃前之事。佛陀於竹林精舍門邊建塔弔之。

⑮摩訶迦旃延：佛陀十大弟子之一。又作「摩訶迦多衍那」、「摩訶迦底耶夜那」、「摩訶迦氈延」。或稱「大迦旃延」、「迦旃延」。西印度阿槃提國人，其族姓及出家皈依佛陀之因緣有數說，據《佛本行集經》卷三十七〈那羅陀出家品〉載，師乃獮猴食聚落大迦旃延婆羅門之第二子，名那羅陀（又作「那羅迦」、「那羅摩納」）。初入國都優禪耶尼城附近之頻陀山中，從外舅阿私陀仙人學習吠陀之教。後阿私陀仙見釋尊出生時之相好莊嚴，預言將來必能成佛，遂於命終遺言令其禮釋尊為師。彼出家歸佛後，從其本姓稱「大迦旃延」，勤行不懈，證得阿羅漢果。佛陀滅度後，師尚存，仍從事教化，屢與外道論戰，於佛陀弟子中，稱「論議第一」。

⑯阿㝹樓馱：又作「阿尼盧陀」、「阿那律」、「阿難律」、「阿樓陀」。意譯「無滅」、「如意」、「無障」、「無貪」、「隨順義人」、「不爭有無」。乃佛陀十大弟子之一。古代印度迦毘羅衛城之釋氏，佛陀之從弟。關於其身世，《起世經》卷十、《五分律》卷十五、《眾許摩訶帝經》卷二等載為斛飯王之子，《佛本行集經》卷十一、《大智度論》卷三則載為甘露飯王之子。佛陀成道後歸鄉，阿那律與阿難、難陀、優波離等，即於其時出家為佛弟子。出家後之阿那律，修道精進，堪稱模範。彼嘗於佛說法中酣睡，為佛所呵責，遂立誓不眠，而罹眼疾，至於失明。然以修行益進，心眼漸開，終成佛弟子中「天眼第一」，能見天上地下六道眾生。

⑰劫賓那：又作「劫庀那」、「劫譬那」、「劫比拏」。譯為「房宿」。憍薩羅國人。世尊之弟子。能知星宿，眾僧中第一，其名房宿，是廿八星宿中的第四。因其父母禱此星宿而有子，故立此名。另有一說，謂尊者欲從佛出家，途中遇雨，寄宿製陶器者之家，忽有一比丘來此共宿，此比丘即佛化現，聞其說法，便得證果，故以立名，漢譯名「知宿命」，吳譯名「拘私」，唐譯同此譯。尊者善知天象，是當時唯一的天文學家，故為「知星宿第一」。

⑱憍梵波提：佛弟子之一。又作「憍梵跋提」、「笈房缽底」、「伽婆跋帝」、「伽梵波提」、「伽傍簸帝」、「迦為拔抵」、「憍恆缽」、「房缽底」。意譯「牛跡」、「牛司」、「牛主」、「牛王」、「牛齝」、「牛相」。曾受舍利弗之指導。因其於過去世，摘一莖之禾，有數顆穀粒墮地，遂於五百世中受生牛身，故尚遺有牛之習性，食後常如牛之虛哺咀嚼，故有「牛相比丘」之稱。由於其態度鈍重，因而表現恬淡無爭之寬宏氣度。釋尊憐憫其常遭人誹謗，而墮於眾苦，乃命住忉利天宮尸利沙園修習禪定。佛陀入滅後，迦葉等諸尊者結集法藏時，遣人至天宮將其迎回，師始知世尊及舍利弗等已入滅，未久，亦歸寂。

⑲離婆多：又作「隸婆哆」、「哩嚩帝」、「離婆」等。意譯「常作聲」、「所供養」、「金」、「室星」、「適時」。佛弟子之一，為舍利弗之弟。常坐禪入定，心無錯亂。因其父母祈離婆多星而得，故取此名。曾遭雨而止宿神祠，至深夜見有二鬼爭屍而食，乃思人身之虛幻。復詣佛所，聞人身由四大假和合之理，遂出家入道。後遊行陀婆國，遇寒雪，因無著革屣，腳為之凍

傷；佛讚其少欲知足，爾後聽許於寒地得著富羅（短靴）或革屣等。

⓴ 畢陵伽婆蹉：為佛陀弟子。又譯「畢陵伽筏蹉」、「畢陵伽波蹉」等。略稱「畢陵迦」、「畢陵」。梵漢並舉作「畢鄰陀子」。意譯「餘習」、「惡口」。「畢陵伽」為姓，「婆蹉」為名。依巴利文獻《真諦解釋》所載，師為舍衛城人、婆羅門種。初學隱身咒術而聞名，後見佛而失咒力，遂出家為佛弟子。《增壹阿含經》卷三〈弟子品〉謂其言語粗獷，不避尊貴。《大智度論》卷二載，畢陵曾渡恆河乞食，因罵恆河神，神至佛所告此事，佛使畢陵向恆河神懺謝。並謂其因五百世以來生婆羅門家，常自驕貴，輕賤餘人，故為本來所習之口言而已。蓋「餘習」又有「惡口」之稱，係基於此。

㉑ 薄拘羅：為佛弟子之一。又作「婆拘羅」、「波拘盧」、「縛矩羅」、「薄羅」。意譯作「重姓」、「賣姓」、「善容」。幼時，繼母五度殺害不果。出家之後，畢生無病苦，世壽一六〇，世稱「長壽第一」。

㉒ 摩訶拘絺羅：摩陀羅次生一子，膝骨粗大，故名「拘絺羅」。秦言「大膝」。舍利弗舅，與姊舍利，論義不如。拘絺羅思維念言：非姊力也，必懷智人。寄言母口，未生乃爾，及生長大，當如之何？故出家做梵志，入南天竺，誓不剪爪，讀十八種經。

㉓ 難陀：本為牧牛者，故稱「牧牛難陀」。頻婆娑羅王曾請佛陀及僧眾三月安居，時牧牛者住於附近，日日送乳酪，如是三月而不懈怠；王甚嘉許，遂令之拜見佛陀。牧者以佛陀雖為一切智人，

然出自王宮，豈知牧牛之事，故於參詣佛時，以牧牛之事請問。佛即以十一事為彼說牧牛之法，牧者始起恭敬心，並出家為佛弟子。

㉔孫陀羅難陀：本名「難陀」。為與牧牛難陀相區別，因其娶妻孫陀利，故以「孫陀羅難陀」名之。意譯作「歡喜」、「嘉樂」。為淨飯王第二子，釋尊之異母弟。傳其身長一丈五尺四寸，容貌端正，具三十相（唯缺佛相中之白毫相，又耳垂較佛稍短）。佛陀於尼拘律園度其出家，然出家後猶難忘其妻，屢歸妻處。後以佛陀之方便教誡，始斷除愛欲，證阿羅漢果。於佛弟子中，被譽為「調和諸根第一」者。

㉕富樓那彌多羅尼子：佛陀十大弟子之一。或略作「富婁那」、「彌多羅尼子」。意譯為「滿慈子」、「滿祝子」、「滿願子」。「滿」是其名，「慈」是其母姓，從母得名，故稱「滿慈子」。「彌多羅」為其母之族名，有祝、願之義，故稱「滿祝子」、「滿願子」。為迦毘羅婆蘇（即迦毘羅衛）人，淨飯王國師之子，屬婆羅門種。容貌端正，自幼聰明，能解韋陀等諸論，長而厭俗，欲求解脫，遂於悉達多太子出城之夜，與朋友三十人同時於波梨婆遮迦法中出家，入雪山，苦行精進，終得四禪五通。及佛成道，於鹿野苑轉法輪，師乃至佛所求出家受具足戒，後證得阿羅漢果。以其長於辯才，善於分別義理，後專事演法教化，因聞其說法而解脫得度者，多達九萬九千人，故被譽為「說法第一」。據《雜阿含經》、《摩訶僧祇律》等所載，西方輸盧那人兇惡弊暴，好嘲罵，師聞之，徵得佛陀允許，乃前往教化其國，為五百優婆塞說法，建立五百僧

伽藍，令其具足夏安居等事，後於彼地入無餘涅槃。

㉖須菩提：乃佛陀十大弟子之一。意譯為「善業」、「善吉」、「善現」、「善實」、「善見」、「空生」。原為古代印度舍衛國婆羅門之子，智慧過人，然性惡劣，瞋恨熾盛，為親友厭患，遂捨家入山林。山神導之詣佛所，佛陀為說瞋恚之過患，師自悔責懺罪。後得須陀洹果，復證阿羅漢果。係佛陀弟子中最善解空理者，被譽為「解空第一」。

㉗阿難：為佛陀十大弟子之一。全稱「阿難陀」。意譯為「歡喜」、「慶喜」、「無染」。係佛陀之堂弟，出家後二十餘年間為佛陀之常隨弟子，善記憶，對於佛陀之說法多能朗朗記誦，故譽為「多聞第一」。阿難天生容貌端正，面如滿月，眼如青蓮花，其身光淨如明鏡，故雖已出家，卻屢遭婦女之誘惑，然阿難志操堅固，終得保全梵行。阿難於佛陀生前未能開悟，佛陀入滅時悲而慟哭；後受摩訶迦葉教誡，發憤用功而開悟。於首次經典結集會中被選為誦出經文者，對於經法之傳持，功績極大。初時，佛陀之姨母摩訶波闍波提欲入教團，阿難即從中斡旋，終蒙佛陀許可，對比丘尼教團之成立，功勞巨大。又據《付法藏因緣傳》卷二載，佛陀傳法於摩訶迦葉，摩訶迦葉後又傳法於阿難，故阿難為付法藏之第二祖。阿難於佛陀入滅後二十年至二十五年間於殑伽河中游示寂，入寂前，將法付囑於商那和修。

㉘羅睺羅：佛陀十大弟子之一。係佛陀出家前之子。又作「羅護羅」、「羅怙羅」、「羅吼羅」、「曷羅怙羅」、「羅雲」。意譯作「覆障」、「障月」、「執日」。以其生於羅睺羅阿修羅王障

蝕月時，又因六年處於母胎中，為胎所覆，故有「障月」、「覆障」之名。據《未曾有因緣經》載，佛陀成道後六年始還迦毘羅城，令羅睺羅出家受戒，以舍利弗為「和尚」、目犍連為「阿闍梨」，此即佛教有沙彌之始。其為沙彌時，有種種不如法，受佛訓誡，後嚴守制戒，精進修道，得阿羅漢果，自古譽稱「密行第一」。

㉙摩訶波闍波提比丘尼：又譯作「摩訶鉢剌闍鉢底」、「摩訶卑耶和題」，或略稱「波闍波提」，意譯作「大愛道」、「大勝生主」、「大生主」、「大世主」。又稱「波提夫人」。或稱「摩訶簸邏闍鉢提瞿曇彌」，譯作「大愛道瞿曇彌」、「瞿曇彌大愛」，或略稱「瞿曇彌」，意為釋迦族瞿曇姓之女。摩訶波闍波提為古印度天臂城善覺王之女，佛母摩訶摩耶之妹，釋迦牟尼佛之姨母。釋尊出生七日，母摩耶夫人即謝世，由姨母代為養育。釋尊成道後第五年，淨飯王命終，大愛道率耶輸陀羅及五百釋迦族女，請求隨釋尊出家，為佛門有比丘尼之始。彼出家後親自統理比丘尼，住於精舍附近之尼院，為請求出家之女眾授具足戒，助佛陀化導甚多。後於佛陀入滅之前三月，由於不忍見佛陀滅度，乃於毘舍離城結跏趺坐，由初禪天漸次入於四禪天而捨命。

㉚耶輸陀羅比丘尼：又作「耶輸多羅」、「耶惟檀」。意譯作「持譽」、「持稱」、「華色」。中印度迦毘羅城釋種執杖之女，悉達多太子之正妃，羅睺羅之生母。一說為婆私吒族釋種大臣摩訶那摩之女，或謂係天臂城善覺王之女，提婆之妹。相好端嚴，姝妙第一，具諸德貌。釋尊成道五年後，與釋尊之姨母摩訶波闍波提等五百名釋迦族女，亦剃染受具足戒為比丘尼。

㉛ 菩薩摩訶薩：「菩薩」為「菩提薩埵」之略稱。菩提薩埵，又作「菩提索多」、「冒地薩怛縛」，或「扶薩」。意譯作「道眾生」、「覺有情」、「大覺有情」、「道心眾生」。意即求道求大覺之人、求道之大心人。菩提，覺、智、道之意；薩埵，眾生、有情之意。與聲聞、緣覺合稱「三乘」。又為「十界」之一。即指以智上求無上菩提，以悲下化眾生，修諸波羅蜜行，於未來成就佛果之修行者。亦即自利利他二行圓滿、勇猛求菩提者。對於聲聞、緣覺二乘而言，若由其求菩提（覺智）之觀點視之，亦可稱為菩薩；而特別指求無上菩提之大乘修行者，則稱為「摩訶薩埵」、「摩訶薩」、「菩薩摩訶薩」、「菩提薩埵摩訶薩埵」、「摩訶菩提質帝薩埵」等，以與「二乘」區別。

㉜ 阿耨多羅三藐三菩提：梵語音譯。略稱「阿耨三菩提」、「阿耨菩提」。意譯「無上正等正覺」、「無上正等覺」、「無上正真道」、「無上正遍知」。「阿耨多羅」意譯為「無上」，「三藐三菩提」意譯為「正遍知」。乃佛陀所覺悟之智慧，含有平等、圓滿之意。以其所悟之道為至高，故稱「無上」；以其道周遍而無所不包，故稱「正遍知」。大乘菩薩行之全部內容，即在成就此種覺悟。

㉝ 陀羅尼：意譯「總持」、「能持」、「能遮」。即能總攝憶持無量佛法而不忘失之念慧力。換言之，陀羅尼即為一種記憶術。《大智度論》卷五、《佛地經論》卷五載，陀羅尼為一種記憶術，即於一法之中，持一切法；於一文之中，持一切文；於一義之中，持一切義；故由記憶此一法一

文一義，而能聯想一切之法，總持無量佛法而不散失。陀羅尼能持各種善法，能遮除各種惡法。蓋菩薩以利他為主，為教化他人，故必須得陀羅尼，得此則能不忘失無量之佛法，而在眾中無所畏，同時亦能自由自在的說教。有關菩薩所得之陀羅尼，諸經論所說頗多。及至後世，因陀羅尼之形式，類同誦咒，因此後人將其與咒混同，遂統稱「咒」為「陀羅尼」。然一般仍以字句長短加以區分，長句者為陀羅尼，短句者為真言，一字二字者為種子。關於陀羅尼之種類，依《大智度論》分為四類：㈠聞持陀羅尼，得陀羅尼者耳聞之事不忘。㈡分別知陀羅尼，能區別一切邪正、好醜之能力。㈢入音聲陀羅尼，聞一切言語音聲，歡喜而不瞋。㈣字入門陀羅尼，聽聞「阿羅波遮那」等四十二字門，即可體達諸法實相；蓋以悉曇四十二字門總攝一切言語之故。上述之前三者稱為「三陀羅尼」。另《瑜伽師地論》中亦舉出四陀羅尼，即：㈠法陀羅尼，能記憶經句不忘。㈡義陀羅尼，能理解經義不忘。㈢咒陀羅尼，依禪定力起咒術，能消除眾生之災厄。㈣忍陀羅尼，通達諸法離言之實相，了知其本性，忍法性而不失。

㉞三界：指眾生所居之欲界、色界、無色界。此乃迷妄之有情在生滅變化中流轉，依其境界所分之三階級；係迷於生死輪迴等生存界（即有）之分類，故稱作「三有生死」，或單稱「三有」。又「三界」迷苦之領域如大海之無邊際，故又稱「苦界」、「苦海」。㈠欲界，即具有淫欲、情欲、色欲、食欲等有情所居之世界。上自第六他化自在天，中包括人界之四大洲，下至無間地獄等二十處；因男女參居，多諸染欲，故稱「欲界」。㈡色界，色為變礙之義或示現之義，乃遠

離欲界淫、食二欲而仍具有清淨色質等有情所居之世界。此界在欲界之上，無有欲染，亦無女形，其眾生皆由化生；其宮殿高大，係由色之化生，一切均殊妙精好。以其尚有色質，故稱「色界」。此界依禪定之深淺粗妙而分四級，從初禪梵天，終至阿迦尼吒天，凡有十八天。㈢無色界，唯有受、想、行、識「四心」而無物質之有情所住之世界。此界無一物質之物，亦無身體、宮殿、國土，唯以心識住於深妙之禪定，故稱「無色界」。此界在色界之上，共有四天（空無邊處天、識無邊處天、無所有處天、非想非非想處天），又稱「四無色」、「四空處」。

㉟釋提桓因：忉利天之主，簡稱「釋帝」，或「帝釋」。忉利天又作「三十三天」。於佛教之宇宙觀中，此天位於欲界六天之第二天，係帝釋天所居之天界，位於須彌山頂；山頂四方各八天城，加上中央帝釋天所止住之善見城（喜見城），共有三十三處，故稱「三十三天」。

㊱四大天王：佛教的護法神，又稱「護世四天王」，是佛教二十諸天中的四位天神。根據佛教理論，世間一切有情眾生都處在「三界」（即欲界、色界、無色界）之中輪迴不已。其中欲界又有六天，稱「六欲天」。「六欲天」的第一重天即是四天王天，一世界以須彌山為中心，圍繞須彌山腰有四山頭，為四天王及其隨從之住所。四天王各居一山，護一天下（四天下指須彌山東南西北之四大部洲，即東勝神洲（亦作「東勝身洲」）、南贍部洲、西牛賀洲（亦作「西牛貨洲」）、北俱盧洲），故又稱「護世四天王」。四大天王分別是：東方持國天王（名多羅吒，居須彌山腰東，黃金為地）、南方增長天王（名毘琉璃，居須彌山腰南，琉璃為地）、西方廣目天王（名毘

留博叉，居須彌山腰西，白銀為地）、北方多聞天王（名毘沙門，居須彌山腰北，水晶為地）。

㊲娑婆世界：意譯「忍」、「堪忍」、「能忍」、「忍土」。娑婆世界，即釋迦牟尼佛進行教化之現實世界。此界眾生安於「十惡」，忍受諸煩惱，不肯出離，故名為「忍」。又有諸佛菩薩行利樂時，堪受諸苦惱之義，表其無畏與慈悲。又譯作「雜惡」、「雜會」。謂娑婆國土為「三惡」、「五趣」雜會之所。另「娑婆」一詞原指閻浮提世界，後世遂成為一釋迦佛所教化之三千大千世界，而總稱百億須彌山世界為「娑婆」，並以釋尊為娑婆世界之本師。

㊳龍：音譯「那伽羅惹」。為龍中威德特勝者，係對其眷屬而稱為王。諸龍王能興雲布雨，令諸眾生之熱惱消滅。傳說釋尊誕生時，有難陀、跋難陀二龍王為其灌沐。

㊴緊那羅王：緊那羅，意譯作「疑神」、「疑人」、「人非人」。原為印度神話中之神，後被佛教吸收為「八部眾」之第七。此為緊那羅眾中之王。

㊵乾闥婆：與下文的「阿修羅」、「迦樓羅」均屬「天龍八部眾」。

㊶韋提希：亦稱「韋提希夫人」，又作「韋提」、「毘提希」、「鞞陀提」、「吠題呬」。為釋迦牟尼佛住世之時，頻婆娑羅王之妃，阿闍世王之母。《佛說慧印三昧經》作「拔陀斯利」，謂其為毘提訶族人。一說謂其為憍薩羅國舍衛城波斯匿王之妹，即憍薩羅夫人。阿闍世王：為佛世時中印度摩揭陀國頻婆娑羅王之子。略作「闍世王」。又作「阿闍多沙兜樓王」、「阿闍貰王」、「阿闍多設咄路王」、「阿社多設咄路王」。意譯「未生怨王」、「法逆王」。其母名韋提希，

故亦稱「阿闍世韋提希子」。後弒父王自立，大張中印度霸權。其處母胎時，占師預言此子降生後將弒父，父王聽占師預言，十分驚恐，遂自樓上將之投棄，然僅折斷手指而未死，故又稱「婆羅留支」（折指之義），並以其未生前即已結怨，而稱之為「未生怨」。及長，立為太子，因聽信提婆達多之唆使，幽禁父王於地牢中，欲致之死。即位後，併吞鄰近諸小國，威震四方，奠定印度統一之基礎。後因弒父之罪而遍體生瘡，至佛前懺悔即平癒，遂皈依佛陀。佛陀滅度後，為佛教教團之大護法。摩訶迦葉於七葉窟結集經典時，阿闍世王為大檀越，供給一切之資具。

爾時世尊❶，四眾圍繞，供養、恭敬、尊重、讚歎，為諸菩薩說大乘經❷，名《無量義》，教菩薩法，佛所護念。佛說此經已，結跏趺坐❸，入於無量義處三昧，身心不動。是時，天雨曼陀羅華❹、摩訶曼陀羅華、曼殊沙華、摩訶曼殊沙華，而散佛上及諸大眾，普佛世界六種震動。爾時會中，比丘、比丘尼、優婆塞、優婆夷❺，天、龍、夜叉、乾闥婆、阿修羅、迦樓羅、緊那羅、摩睺羅伽、人非人❻，及諸小王、轉輪聖王❼，是諸大眾得未曾有，歡喜合掌❽，一心觀佛。

爾時，佛放眉間白毫相光❾，照東方萬八千世界靡不周遍，下至阿鼻地獄❿，上至阿迦尼吒天⓫，於此世界，盡見彼土六趣眾生⓬；又見彼土現在諸佛，及聞諸佛所說經法；并見

彼諸比丘、比丘尼、優婆塞、優婆夷諸修行得道者⑬；復見諸菩薩摩訶薩種種因緣⑭、種種信解⑮、種種相貌，行菩薩道⑯；復見諸佛般涅槃者⑰；復見諸佛般涅槃後，以佛舍利起七寶塔⑱。

【譯文】

當時四眾弟子圍繞佛陀，紛紛以各種方式供養、頂禮、尊重、讚歎釋迦牟尼佛，佛為會中諸菩薩宣講大乘經典，經名稱《無量義經》，此為教化大乘菩薩的甚深法義，並且得到諸佛護持憶念。佛說完此經後，便結跏趺坐，入於無量義趣的三摩地定中，於身心皆入寂然不動的甚深境界。就在那時，天空中落下如雨一般密集的曼陀羅花、大曼陀羅花、曼殊沙花、大曼殊沙花等，散落在佛身上及法會中所有大眾的身上，於諸佛世界發生六種震動之相。當時，參加法會的比丘、比丘尼、優婆塞、優婆夷等四眾弟子，以及天、龍、夜叉、乾闥婆、阿修羅、迦樓羅、緊那羅、摩睺羅伽等天龍八部，還有人，非人，以及諸小王、轉輪聖王，所有大眾，過去從未遇見過如此祥瑞的景象，因此歡喜不已，紛紛合掌禮敬，以無比虔敬之心，專注地仰望著佛陀。

那時，佛陀從眉間放出白毫相光，遍照東方一萬八千個世界，無不周遍。從下至阿鼻地獄，上至阿迦尼吒天範圍的這些世界所有六道眾生，都能全部地觀照詳盡；又觀照見這些國土中的現在諸佛，並能聽見諸佛所宣說的經教；又可觀照到諸比丘、比丘尼、優婆塞、優婆夷及那些修行得道者；又可

觀照到諸大菩薩們的各種因緣、各種信解、各種相貌等，以及他們行菩薩道的方式；又可觀照到已經入於涅槃的諸佛及諸佛涅槃後，以佛之舍利所建立的七寶佛塔。

【注釋】

❶ 世尊：如來十號之一。即為世間所尊重者之意，亦指世界中之最尊者。

❷ 大乘：音譯「摩訶衍那」、「摩訶衍」。又作「上衍」、「上乘」、「勝乘」、「第一乘」。為「小乘」之相反詞。乘，即交通工具之意，係指能將眾生從煩惱之此岸載至覺悟之彼岸之教法而言。

❸ 結跏趺坐：又作「結加趺坐」、「跏趺坐」、「加趺坐」、「跏坐」、「結坐」。即互交二足，結跏安坐。白傘蓋大佛頂念誦法要之「勇健坐」，即同於此。諸坐法中，「結跏趺坐」最安穩而不易疲倦。又稱交一足為「半跏趺坐」、「半跏坐」、「半跏」、「賢坐」；稱交二足為「全跏坐」、「本跏坐」、「全跏」、「大坐」、「蓮華坐」。此為圓滿安坐之相，諸佛皆依此法而坐，故又稱「如來坐」、「佛坐」。其坐法即雙膝彎曲，兩足掌向上之形式，可分為降魔、吉祥二種：㈠先以右足壓左股，後以左足壓右股，二足掌仰於二股之上，手亦左手居上，稱為「降魔坐」。天臺、禪宗等顯教諸宗多傳此坐。㈡先以左足壓右股，後以右足壓左股，手亦右手壓左手，稱為「吉祥坐」。密宗亦稱之為「蓮花坐」。如來於菩提樹下成正覺時，身安吉祥之坐，手

作降魔印。此多於密教中行之，蓋以右足表示佛界，左足表示眾生界。以右足壓左足，乃佛界攝取眾生界，眾生界歸佛界之意，即表示生佛不二之義。多用於修法中之「增益法」或「息災法」。

❹曼陀羅華：音譯又作「曼陀勒華」、「曼那羅華」、「曼陀羅梵華」、「曼陀羅帆華」。意為適意、成意、雜色等名。曼陀羅花為四種天花之一，乃天界之花名。花色似赤而美，見者心悅。玄奘譯《稱讚淨土佛攝受經》以之為上妙天華。《大智度論》卷九十九云：「天華中妙者，名曼陀羅。」屬茄科，為一年生的草本毒草。印度、日本及中國皆有產。此植物莖高三、四尺，枝葉皆似茄子。葉無刺，綠色互生。夏秋之間開花，花冠為大形一瓣，作漏斗狀，長凡三寸，端有五尖，裂片排列成褶襞形，其色白質。果實卵圓形。種子、殼、莖、葉均有毒，也供作藥用。

❺優婆塞、優婆夷：優婆塞意譯為「近事」、「近事男」、「近善男」、「信士」、「信男」、「清信士」。即在家親近奉事三寶、受持五戒之男居士。優婆夷意譯為「清信女」、「近善女」、「近事女」、「近宿女」、「信女」。即親近三寶、受三歸、持五戒、施行善法之女眾。優婆塞、優婆夷為在家二眾，亦各為「四眾」或「七眾」之一。

❻「天、龍」句：為「天龍八部眾」。據《舍利弗問經》說有：㈠天眾，指梵天、帝釋天、四天王等天神。果報殊勝，光明清淨。㈡龍眾，指八大龍王等水族之主。㈢夜叉眾，又名「藥叉」，指能飛騰空中的鬼神。㈣乾闥婆眾，係帝釋天的音樂神，以香為食。㈤阿修羅眾，意譯作「非

天」、「無端正」、「無酒」。此神性好鬥，常與帝釋戰。㈥迦樓羅眾，又名「揭路荼」，即金翅鳥，身形巨大，其兩翅相去三三六萬里，取龍為食。㈦緊那羅眾，又名「緊捺洛」，似人而有角，故又名「人非人」，乃是天伎神、歌神。㈧摩睺羅伽眾，又名「莫呼落伽」，即大蟒神。此八部眾受佛威德所化，而護持佛法。八部眾中，以天、龍二眾為上首，故標舉其名，統稱「天龍八部」。人非人：人與非人之並稱。「非人」謂天龍八部、夜叉、惡鬼王眾等。

❼轉輪聖王：佛教政治理想中之統治者。又譯作「轉輪王」、「轉輪聖帝」、「輪王」等。意即旋轉輪寶（相當於戰車）之王。王擁有七寶（輪、象、馬、珠、女、居士、主兵臣），具足四德（長壽、無疾病、容貌出色、寶藏豐富），統一須彌四洲，以正法御世，其國土豐饒，人民和樂。一般而言，輪王有四種，依所具輪寶之不同，而有優劣之分。由劣而勝，依次分為㈠鐵輪王：掌須彌東西南北四洲中的南洲。㈡銅輪王：掌東、南二洲。㈢銀輪王：掌東、南、西三洲。㈣金輪王：掌須彌四洲。據《大毘婆沙論》載，唯有在增劫之世，人壽八萬歲以上時，始有轉輪王出世。

❽合掌：又作「合十」。即合併兩掌，集中心思，而恭敬禮拜之意。本為印度自古所行之禮法，印度人認為右手為神聖之手，左手為不淨之手，故有分別使用兩手之習慣；然若兩手合而為一，則為人類神聖面與不淨面之合一，故借合掌來表現人類最真實之面目。佛教沿用之，以表恭敬之意。

❾白毫相：又作「毫眉」、「毫相」、「白毛相」、「眉間白毫相」、「白毫莊嚴面相」、「白毫毛光相」、「眉間白毫光相」、「眉間毫相」、「額上毫相功德滿足相」。為如來「三十二相」之一。世尊在兩眉之間有柔軟細澤之白毫，引之則長一尋（或謂初生時長五尺，成道時長一丈五尺），放之則右旋宛轉，猶如旋螺，鮮白光淨，一似真珠，如日之正中，能放光明，稱為「白毫光」。眾生若遇其光，可消除業障、身心安樂。據《無上依經》卷下之說，此妙相係佛於因位時，見善眾生修習「戒、定、慧」三學，而稱揚讚歎之，遂感得此相，表示除卻百億那由他恆河沙劫生死罪之德。又《觀佛三昧海經．觀相品》謂，如來有無量之相好，然以此相為諸相中之最殊勝者。此外，具有此相者，不限於佛陀，最著名者，如《觀無量壽經》所載，無量壽佛眉間之白毫如五須彌山，見其相者，自然得見八萬四千之相好。另如菩薩像之中亦有白毫相，且有於其兩眉間鑲入白玉、水晶，以表此相者。

❿阿鼻地獄：為「八熱地獄」之一。阿鼻，又作「阿毘地獄」、「阿鼻旨地獄」。意譯「無間地獄」。此地獄位於諸獄之最底層，有七重鐵城、七層鐵網，七重城內有劍林，下有十八鬲，周匝七重皆是刀林。有十八獄卒。阿鼻四門於門閫上有八十釜，沸銅湧出，從門漫流。此即是受苦無間斷的地獄，也是造極重罪的人死後所墮落的地方。

⓫阿迦尼吒天：乃「色界十八天」之一，「五淨居天」之一。又作「阿迦膩吒天」、「阿迦尼師吒天」。意譯「一究竟天」、「一善天」。位於第四禪天之最頂位，亦為「色界十八天」之最上

天，為有形體之天處之究竟，故又稱「質礙究竟天」、「色究竟天」。過此天則為無色界之天，僅有心識而無形體。

⓬六趣：為地獄趣、餓鬼趣、畜生趣、阿修羅趣、人趣、天趣之統稱。趣是趨向之義，眾生受報，皆由因趨果，故「六道」又名「六趣」。眾生由業因之差別而有六所趣向之處，又稱「六道」：一、地獄趣，八寒八熱等之苦處也，此在地下，故曰地獄。二、餓鬼趣，常求飯食之鬼類生處也。與人趣雜處而不可見。三、畜生趣，新譯曰「旁生趣」，即禽獸之生所也，多以人界為依所而眼可見。四、阿修羅趣，常懷瞋心而好戰鬥，大力神之生所也。以深山幽谷為依所而與人隔離。五、人趣，人類之生所也，分閻浮提等四大洲，但四大洲隔離，不得通力者不能到。六、天趣，身有光明，自然受快樂之眾生，名為天，有欲界六所，謂之「六欲天」，色界無色界，皆為彼之生所。

⓭得道：又作「得度」。道，指三乘各斷惑證理之智慧。得道，即「三乘」行戒、定、慧而證得道果。亦即得無漏之聖道，或菩薩之無生法忍、無上菩提佛果，故通常又與「成佛」一詞並用，而稱「成佛得道」。

⓮因緣：為「因」與「緣」之並稱。因，指引生結果之直接內在原因；緣，指由外來相助之間接原因。依此，因緣又有「內因外緣」、「親因疏緣」之稱。廣義而言，因即意謂因與緣，包含內因與外緣。一切萬有皆由因緣之聚散而生滅，稱為「因緣生」、「緣生」、「緣成」、「緣起」。

因此，由因緣生滅之一切法，稱為「因緣生滅法」；而由因與緣和合所產生之結果，稱為「因緣和合」。一切萬有皆由因緣和合而假生，無有自性，此即「因緣即空」之理。若以煩惱為因，以業為緣，能招感迷界之果；以智為因，以定為緣，則能招感悟界之果。

⓯信解：起信生解之意。

⓰菩薩道：菩薩之修行之內容。即修「六度」（布施、持戒、忍辱、精進、禪定、智慧）萬行，圓滿自利利他，成就佛果之道。故菩薩道乃成佛之正因，成佛乃菩薩道之結果；欲成佛，必先行菩薩道。

⓱般涅槃：通常作「涅槃」，又作「泥洹」、「泥曰」、「涅槃那」、「涅隸槃那」等。意譯作「滅」、「寂滅」、「滅度」、「寂」、「無生」。與擇滅、離繫、解脫等詞同義。原來指吹滅，或表吹滅之狀態；其後轉指燃燒煩惱之火滅盡，完成悟智（即菩提）之境地。此乃超越生死（迷界）之悟界，亦為佛教終極之實踐目的。佛教大乘、小乘對涅槃之解釋，異說紛紜。若依大乘較成熟的法相宗理論，則立四種涅槃。即：㈠本來自性清淨涅槃，又稱「自性清淨涅槃」、「本來清淨涅槃」、「性淨涅槃」。謂一切法之實性即為真如之理。一切諸法雖為客塵煩惱所覆障，然本來自性清淨，具有無量微妙功德，無生無滅，湛然如虛空，一切有情皆平等共有，與一切法不一不異，又離一切相而無有分別，且言語、思慮皆泯絕，唯聖者始能自內證之。㈡有餘依涅槃，略稱「有餘涅槃」。謂斷盡煩惱障所顯現之真如之理。煩惱障雖滅，然尚餘欲界五陰之身

而為所依，故稱「有餘依涅槃」。㈢無餘依涅槃，略稱「無餘涅槃」。謂出離生死苦所顯現之真理。即煩惱斷盡，所餘五陰之身亦滅，失去一切有為法之所依，自然歸於滅盡，眾苦永寂。㈣無住處涅槃，謂斷所知障所顯現之真理。即斷智之障，則得生死、涅槃無差別之深智，於二者無有欣厭，不住生死，亦不住涅槃，唯常與大智大悲相輔，窮未來際，利樂有情，然雖起悲智二用而體性恆寂。以上四種涅槃之真如理體雖然有別，但其真正所顯得者，則為後三種涅槃，因本來自性清淨涅槃其性本寂，不由實相真如所顯，而後三種涅槃則為滅盡煩惱、依身、所知障後，方顯得者。

⑱七寶：即七種珍寶。又稱「七珍」。指世間七種珍貴之寶玉。諸經說法不一，《阿彌陀經》、《大智度論》等經論中謂「七寶」即：㈠金。㈡銀。㈢琉璃，又作「琉璃」、「毘琉璃」、「吠琉璃」等。屬青玉類。㈣頗梨，又作「頗胝迦」，意譯作「水精」（晶）。指赤、白等之水晶。㈤車渠，又作「硨磲」。經常與瑪瑙混同，概指大蛤或白珊瑚之類。㈥赤珠，又稱「赤真珠」。㈦瑪瑙，深綠色之玉，但異於後世所稱之瑪瑙。但本經卷四則以金、銀、琉璃、硨磲、瑪瑙、真珠、玫瑰為「七寶」。

爾時，彌勒菩薩作是念❶：「今者世尊現神變相，以何因緣而有此瑞？今佛世尊入於三

昧，是不可思議現希有事，當以問誰？誰能答者？」復作此念：「是文殊師利法王之子，已曾親近供養過去無量諸佛，必應見此希有之相，我今當問。」爾時，比丘、比丘尼、優婆塞、優婆夷，及諸天、龍、鬼、神等咸作此念：「是佛光明神通之相，今當問誰？」

爾時，彌勒菩薩欲自決疑，又觀四眾比丘、比丘尼、優婆塞、優婆夷，及諸天、龍、鬼、神等眾會之心，而問文殊師利言：「以何因緣而有此瑞神通之相，放大光明照於東方萬八千土，悉見彼佛國界莊嚴？」

於是彌勒菩薩欲重宣此義，以偈問曰❷：

文殊師利，導師何故，眉間白毫，大光普照？
雨曼陀羅，曼殊沙華，栴檀香風❸，悅可眾心。
以是因緣，地皆嚴淨，而此世界，六種震動。
時四部眾，咸皆歡喜，身意快然，得未曾有。
眉間光明，照於東方，萬八千土，皆如金色，
從阿鼻獄，上至有頂，諸世界中，六道眾生，
生死所趣，善惡業緣，受報好醜，於此悉見。
又覩諸佛，聖主師子，演說經典，微妙第一。

其聲清淨，出柔軟音，教諸菩薩，無數億萬。
梵音深妙，令人樂聞，各於世界，講說正法。
種種因緣，以無量喻，照明佛法，開悟眾生。
若人遭苦❹，厭老病死，為說涅槃，盡諸苦際。
若人有福，曾供養佛，志求勝法，為說緣覺。
若有佛子❺，修種種行，求無上慧，為說淨道。
文殊師利，我住於此，見聞若斯，
及千億事，如是眾多，今當略說。
我見彼土，恆沙菩薩，種種因緣，而求佛道。
或有行施，金銀珊瑚，真珠摩尼❻，硨磲瑪瑙❼，
金剛諸珍，奴婢車乘，寶飾輦輿❽，歡喜布施，
迴向佛道，願得是乘，三界第一，諸佛所歎。
或有菩薩，駟馬寶車，欄楯華蓋，軒飾布施。
復見菩薩，身肉手足，及妻子施，求無上道。
又見菩薩，頭目身體，欣樂施與，求佛智慧。
文殊師利，我見諸王，往詣佛所，問無上道，

便捨樂土，宮殿臣妾，剃除鬚髮，而被法服。
或見菩薩，而作比丘，獨處閑靜，樂誦經典。
又見菩薩，勇猛精進，入於深山，思惟佛道。
又見離欲❾，常處空閑，深修禪定，得五神通。
又見菩薩，安禪合掌，以千萬偈，讚諸法王。
復見菩薩，智深志固，能問諸佛，聞悉受持。
又見佛子，定慧具足，以無量喻，為眾講法，
欣樂說法，化諸菩薩，破魔兵眾，而擊法鼓。
又見菩薩，寂然宴默，天龍恭敬，不以為喜。
又見菩薩，處林放光，濟地獄苦，令入佛道。
又見佛子，未嘗睡眠，經行林中，勤求佛道。
又見具戒，威儀無缺，淨如寶珠，以求佛道。
又見佛子，住忍辱力，增上慢人❿，
惡罵捶打，皆悉能忍，以求佛道。
又見菩薩，離諸戲笑，及癡眷屬，親近智者，
一心除亂，攝念山林，億千萬歲，以求佛道。

或見菩薩，肴膳飲食，百種湯藥，施佛及僧；
名衣上服，價值千萬，或無價衣，施佛及僧；
千萬億種，栴檀寶舍，眾妙臥具，施佛及僧；
清淨園林，華菓茂盛，流泉浴池，施佛及僧；
如是等施⓫，種果微妙，歡喜無厭，求無上道。
或有菩薩，說寂滅法⓬，種種教詔，無數眾生。
或見菩薩，觀諸法性⓭，無有二相，猶如虛空。
又見佛子，心無所著，以此妙慧，求無上道。
文殊師利，又有菩薩，佛滅度後，供養舍利⓮。
又見佛子，造諸塔廟，無數恆沙⓯，嚴飾國界。
寶塔高妙，五千由旬，縱廣正等，二千由旬⓰。
一一塔廟，各千幢幡⓱，珠交露幔，寶鈴和鳴。
諸天龍神，人及非人，香華伎樂，常以供養。
文殊師利，諸佛子等，為供舍利，嚴飾塔廟。
國界自然，殊特妙好，如天樹王，其華開敷。
佛放一光，我及眾會，見此國界，種種殊妙。

諸佛神力，智慧希有，放一淨光，照無量國。
我等見此，得未曾有，佛子文殊，願決眾疑。
四眾欣仰⑱，瞻仁及我，世尊何故，放斯光明？
佛子時答，決疑令喜，何所饒益，演斯光明？
佛坐道場，所得妙法，為欲說此，為當授記。
示諸佛土，眾寶嚴淨，及見諸佛，此非小緣。
文殊當知，四眾龍神，瞻察仁者，為說何等？

【譯文】

這時，彌勒菩薩生起這樣的念頭：「如今世尊現出神變之相，究竟是什麼樣的因緣而出現如此祥瑞之相？現在世尊已經進入甚深的禪定之中，這是常人難以達到的稀有奇特之事，應該向誰詢問此因緣？誰又能回答這樣的問題呢？」

彌勒菩薩轉念又想：「那位文殊師利菩薩如同無上佛陀付法之王子，他曾親近供養過去世中的無量無邊的諸佛，必定曾見過如此稀有的瑞相，如今我可以去向他詢問。」與此同時，法會上的比丘、比丘尼、優婆塞、優婆夷，以及天龍、鬼神等都產生這樣的想法：「佛陀的這種光明神通之瑞相，如今應當向誰去詢問因緣？」

那時，彌勒菩薩非常希望消除自己的疑惑，又見到比丘、比丘尼、優婆塞、優婆夷等四眾弟子，及諸天龍、鬼神等與會諸大眾心存的疑惑，於是向文殊菩薩請問道：「究竟是什麼樣的因緣，而使得佛陀如今現出如此祥瑞神通之相，放射出如此大光明，照耀於東方一萬八千個諸佛國土，並且得以詳盡地見到這些佛土中種種莊嚴之象？」

於是，彌勒菩薩想再次表達所言之意，而以偈頌形式發問道：

文殊師利，導師何故，眉間白毫，大光普照？
雨曼陀羅，曼殊沙華，栴檀香風，悅可眾心。
以是因緣，地皆嚴淨，而此世界，六種震動。
時四部眾，咸皆歡喜，身意快然，得未曾有。
眉間光明，照於東方，萬八千土，皆如金色，
從阿鼻獄，上至有頂，諸世界中，六道眾生，
生死所趣，善惡業緣，受報好醜，於此悉見。
又覩諸佛，聖主師子，演說經典，微妙第一。
其聲清淨，出柔軟音，教諸菩薩，無數億萬。
梵音深妙，令人樂聞，各於世界，講說正法。
種種因緣，以無量喻，照明佛法，開悟眾生。

若人遭苦，厭老病死，為說涅槃，盡諸苦際。
若人有福，曾供養佛，志求勝法，為說緣覺。
若有佛子，修種種行，求無上慧，為說淨道。
文殊師利，我住於此，見聞若斯，
及千億事，如是眾多，今當略說。
我見彼土，恆沙菩薩，種種因緣，而求佛道。
或有行施，金銀珊瑚，真珠摩尼，硨磲瑪瑙，
金剛諸珍，奴婢車乘，寶飾輦輿，歡喜布施，
迴向佛道，願得是乘，三界第一，諸佛所歎。
或有菩薩，駟馬寶車，欄楯華蓋，軒飾布施。
復見菩薩，身肉手足，及妻子施，求無上道。
又見菩薩，頭目身體，欣樂施與，求佛智慧。
文殊師利，我見諸王，往詣佛所，問無上道，
便捨樂土，宮殿臣妾，剃除鬚髮，而被法服。
或見菩薩，而作比丘，獨處閑靜，樂誦經典。
又見菩薩，勇猛精進，入於深山，思惟佛道。

又見離欲，常處空閑，深修禪定，得五神通。
又見菩薩，安禪合掌，以千萬偈，讚諸法王。
復見菩薩，智深志固，能問諸佛，聞悉受持。
又見佛子，定慧具足，以無量喻，為眾講法，
欣樂說法，化諸菩薩，破魔兵眾，而擊法鼓。
又見菩薩，寂然宴默，天龍恭敬，不以為喜。
又見菩薩，處林放光，濟地獄苦，令入佛道。
又見佛子，未嘗睡眠，經行林中，勤求佛道。
又見具戒，威儀無缺，淨如寶珠，以求佛道。
又見佛子，住忍辱力，增上慢人，
惡罵捶打，皆悉能忍，以求佛道。
又見菩薩，離諸戲笑，及癡眷屬，親近智者，
一心除亂，攝念山林，億千萬歲，以求佛道。
或見菩薩，肴膳飲食，百種湯藥，施佛及僧；
名衣上服，價值千萬，或無價衣，施佛及僧；
千萬億種，栴檀寶舍，眾妙臥具，施佛及僧；

清淨園林，華菓茂盛，流泉浴池，施佛及僧；
如是等施，種果微妙，歡喜無厭，求無上道。
或有菩薩，說寂滅法，種種教詔，無數眾生。
或見菩薩，觀諸法性，無有二相，猶如虛空。
又見佛子，心無所著，以此妙慧，求無上道。
文殊師利，又有菩薩，佛滅度後，供養舍利。
又見佛子，造諸塔廟，無數恆沙，嚴飾國界。
寶塔高妙，五千由旬，縱廣正等，二千由旬。
一一塔廟，各千幢幡，珠交露幔，寶鈴和鳴。
諸天龍神，人及非人，香華伎樂，常以供養。
文殊師利，諸佛子等，為供舍利，嚴飾塔廟。
國界自然，殊特妙好，如天樹王，其華開敷。
佛放一光，我及眾會，見此國界，種種殊妙。
諸佛神力，智慧稀有，放一淨光，照無量國。
我等見此，得未曾有，佛子文殊，願決眾疑。
四眾欣仰，瞻仁及我，世尊何故，放斯光明？

佛子時答，決疑令喜，何所饒益，演斯光明？
佛坐道場，所得妙法，為欲說此，為當授記。
示諸佛土，眾寶嚴淨，及見諸佛，此非小緣。
文殊當知，四眾龍神，瞻察仁者，為說何等？

【注釋】

❶彌勒菩薩：為「八大菩薩」之一。意譯「慈氏」。未來世降生閻浮提世界，繼釋尊之後將會成佛的菩薩。佛教經典中亦常稱之為「阿逸多」。彌勒原為釋迦牟尼佛座下大弟子之一，由於他即將繼釋迦牟尼佛之後，在閻浮提世界成佛，所以習俗相沿，也稱他為「彌勒佛」。因為彌勒菩薩現居兜率天，盡其一生之後，將到人間繼釋迦之後成佛，所以又稱為「一生補處菩薩」。據佛典所載，彌勒菩薩現在兜率天的內院弘法，教化天眾。相傳兜率天上有五百億天子，各以天福力，造作宮殿，發願布施彌勒菩薩，莊嚴兜率天宮。因而使兜率天成為殊勝的國土。在經過兜率天之四千歲，亦即人間五十六億七千萬（一說五十七億六千萬）年之後，彌勒菩薩將降生到娑婆世界，而在華林園龍華樹下成佛。並三會度生，轉妙法輪。這三次度眾法會，號稱「龍華三會」。彌勒菩薩的信仰，是淨土教的一型。此種信仰在印度、中亞、中國、日本、韓國等地都曾經流行。

❷偈：有廣狹二義。廣義之偈，包括「十二部教」中之「伽陀」與「祇夜」。兩者均為偈頌之體，然兩者之意義互異：偈前無散文（長行），而直接以韻文記錄之教說，稱為「孤起偈」，即伽陀；偈前有散文，而尚以韻文重複其義者，稱為「重頌偈」，即祇夜。然諸經論中或有混用此二者之情形。狹義之偈則單指梵語之gāthā。音譯「伽陀」、「伽他」、「偈陀」、「偈他」。意譯「諷誦」、「偈頌」、「造頌」、「孤起頌」、「不重頌偈」、「頌」、「歌謠」。為「九部教」之一，「十二部經」之一。此文體之語句，則稱「偈語」。偈之種類極多，佛典中最常用者為兩行十六音節（兩句八音節）所組成，稱「首盧迦」，又稱「通偈」。

❸栴檀：「栴檀那」的省稱。即檀香。

❹苦：音譯作「豆佉」、「諾佉」、「納佉」。泛指逼迫身心苦惱之狀態。苦與樂乃相對性之存在，若心向著如意之對象，則感受到樂；若心向著不如意之對象，則感受到苦。「一切行皆苦」乃佛教根本思想之一，亦為「四法印」之一。苦之分類有多種，其大別如下：㈠二苦，起自一己身心之苦，稱為「內苦」；受外界逼迫所產生之苦（如惡賊、天災等），稱為「外苦」。㈡三苦，對不如意之對象感受其苦，是為「苦苦」。對所愛者之毀壞感受其苦，是為「壞苦」。見世間一切無常而感受其苦，是為「行苦」。以上三者相當於苦、樂、捨（不苦不樂）之順序。數論外道舉三苦為：依內苦、依外苦（惡賊等）、依天苦（天災等）。㈢四苦，指生苦（以有生，故有苦）、老苦、病苦、死苦四者。㈣八苦，生老病死等四苦，再加上愛別離苦、怨憎會苦、求不

得苦、五陰熾盛苦。㈤十八苦，即老苦、死苦、憂苦、悲苦、苦苦、惱苦、大苦聚等七苦，再加上無明苦、行苦、識苦、名色苦、六入苦、觸苦、受苦、愛苦、取苦、有苦、生苦等十一苦，合為「十八苦」。以上分類中以「八苦」之說最為常見。

❺佛子：㈠指信順佛之教法，而承其家業者，即欲成佛而使佛種不斷絕者。乃大乘用為菩薩之美稱。㈡指佛教徒受大乘菩薩戒者。㈢指佛弟子、佛教信者。㈣指一切眾生。眾生常依順佛，佛之憶念眾生，亦猶如父母之於子女；且眾生本具成佛之性，故稱「眾生」為「佛子」。

❻摩尼：又作「末尼」。意譯作「珠」、「寶珠」。為珠玉之總稱。一般傳說摩尼有消除災難、疾病，及澄清濁水、改變水色之德。又，音譯為「真陀摩尼」、「振多摩尼」、「震多摩尼」，意譯「如意寶」、「如意珠」，又作「如意摩尼」、「摩尼寶珠」、「末尼寶」、「無價寶珠」。凡意有所求，此珠皆能出之，故稱「如意寶珠」。

❼硨磲：為「五寶」或「七寶」之一。又作「車渠」、「紫色寶」、「紺色寶」。音譯作「麻薩羅揭婆」、「牟娑羅揭婆」、「牟沙羅」。據《增廣本草綱目》卷四十六載，車渠乃海中大蛤，外殼上有似壟之紋，如車輪之渠，其殼內白皙如玉，故常被誤作玉石類。後世多以白珊瑚及貝殼所製之物為硨磲。

❽輦輿：古指用人拉動的大車。亦指後世由人抬動之轎子。

❾離欲：指遠離貪欲，或狹義指戒除淫欲。

⑩增上慢：即對於教理或修行境地尚未有所得、有所悟，卻起高傲自大之心。如經論中常舉示的未得謂得、未獲謂獲、未觸謂觸、未證謂證等，均屬修行人生起增上慢之例。此外，將他人與自己比較而產生自負高傲之心，亦稱為「增上慢」，即通常所謂的「貢高我慢」。「增上慢」，為《大毘婆沙論》、《俱舍論》等所說的「七慢」之一。又《法華論》卷下列舉七種增上慢之心，詳加解說，並分別以「法華七喻」配當、對治之，即：㈠顛倒求諸功德增上慢心，以「火宅喻」對治之。㈡聲聞一向決定增上慢心，以「窮子喻」對治之。㈢大乘一向決定增上慢心，以「雲雨喻」對治之。㈣實無謂有增上慢心，以「化城喻」對治之。㈤散亂增上慢心，以「繫珠喻」對治之。㈥實有功德增上慢心，以「頂珠喻」對治之。㈦實無功德增上慢心，以「醫子喻」（又作「醫師喻」）對治之。

⑪施：「布施」之略稱。音譯為「檀那」、「柁那」、「檀」。意譯為「財施」、「施頌」。即以慈悲心而施福利於人之義。蓋布施原為佛陀勸導優婆塞等之行法，其本義乃以衣、食等物施予大德及貧窮者；至大乘時代，則為「六波羅蜜」之一，再加上法施、無畏施二者，擴大布施之意義。亦即指施予他人以財物、體力、智慧等，為他人造福成智而求得累積功德，以致解脫之一種修行方法。

⑫寂滅：略作「滅」。即指度脫生死，進入寂靜無為之境地。此境地遠離迷惑世界，含快樂之意，故稱「寂滅」為「樂」。

⑬法性：指諸法之真實體性。亦即宇宙一切現象所具有之真實不變之本性。又作「真如法性」、「真法性」、「真性」。又為「真如」之異稱。法性乃萬法之本，故又作「法本」。《大智度論》中即以一切法之總相、別相同歸於法性，謂諸法有各各相（即現象之差別相）與實相。所謂各各相，例如蠟炙火溶，頓失以前之相，以其為不固定者，故分別求之而不可得；不可得故空（無自性），即說空為諸法之實相。對一切差別相而言，因其自性是空，故皆為同一，稱之為「如」。一切相同歸於空，故稱「空」為「法性」。

⑭舍利：遺骨之意。意譯「體」、「身」、「身骨」、「遺身」。通常指佛陀之遺骨，而稱「佛骨」、「佛舍利」，其後亦指高僧死後焚燒所遺之骨頭。如依《金光明經．捨身品》所言：「舍利者，是戒定慧之所熏修，甚難可得，最上福田。」

⑮恆沙：即恆河之沙。又作「恆邊沙」、「恆水邊流沙」、「江河沙」、「兢伽沙」、「恆沙」、「恆河沙數」等。恆河沙粒至細，其量無法計算。諸經中凡形容無法計算之數，多以「恆河沙」一詞為喻。

⑯由旬：意譯「合」、「和合」、「應」、「限量」、「一程」、「驛」等。又作「踰闍那」、「踰繕那」、「瑜膳那」、「俞旬」、「由延」。為印度計算里程之單位。即指公牛掛軛行走一日之旅程。另據《大唐西域記》卷二載，一由旬指帝王一日行軍之路程。有關由旬之計數有各種不同說法，合中國的計量單位，每由旬有三十里、四十里、五十里、六十里的四種說法，但說

四十里為一由旬者居多。

⓱幢幡：幢幡皆為旌旗之屬。竿柱高秀，頭安寶珠，以種種之彩帛莊嚴之者曰幢。長帛下垂者曰幡。又自幢竿垂幡曰幢幡。

⓲四眾：指構成佛教教團之四種弟子眾。又稱「四輩」、「四部眾」、「四部弟子」。即比丘、比丘尼、優婆塞、優婆夷；或僅指出家四眾，即比丘、比丘尼、沙彌、沙彌尼。通常以前一種為最常見。

爾時，文殊師利語彌勒菩薩摩訶薩及諸大士❶：「善男子等，如我惟忖，今佛世尊欲說大法，雨大法雨，吹大法螺，擊大法鼓，演大法義。諸善男子，我於過去諸佛曾見此瑞，放斯光已即說大法。是故當知，今佛現光亦復如是，欲令眾生咸得聞知一切世間難信之法，故現斯瑞。

「諸善男子，如過去無量無邊不可思議阿僧祇劫❷，爾時有佛，號日月燈明如來、應供、正遍知、明行足、善逝、世間解、無上士、調御丈夫、天人師、佛世尊，演說正法，初善、中善、後善，其義深遠，其語巧妙，純一無雜，具足清白梵行之相❸。為求聲聞者❹，說應四諦法❺，度生老病死，究竟涅槃。為求辟支佛者❻，說應十二因緣法❼。為諸菩薩說

應六波羅蜜❽，令得阿耨多羅三藐三菩提，成一切種智。

「次復有佛，亦名日月燈明；次復有佛，亦名日月燈明；如是二萬佛，皆同一字，號日月燈明，又同一姓，姓頗羅墮。彌勒當知，初佛後佛皆同一字，名日月燈明，十號具足❾，所可說法初中後善。

「其最後佛未出家時，有八王子：一名有意，二名善意，三名無量意，四名寶意，五名增意，六名除疑意，七名向意，八名法意。是八王子，威德自在，各領四天下。是諸王子，聞父出家得阿耨多羅三藐三菩提，悉捨王位亦隨出家，發大乘意，常修梵行，皆為法師，已於千萬佛所植諸善本。是時日月燈明佛，說大乘經，名《無量義》，教菩薩法佛所護念。說是經已，即於大眾中結跏趺坐，入於無量義處三昧，身心不動。是時，天雨曼陀羅華、摩訶曼陀羅華、曼殊沙華、摩訶曼殊沙華，而散佛上及諸大眾，普佛世界六種震動。爾時，會中比丘、比丘尼、優婆塞、優婆夷，天、龍、夜叉、乾闥婆、阿修羅、迦樓羅、緊那羅、摩睺羅伽、人非人，及諸小王、轉輪聖王等，是諸大眾得未曾有，歡喜合掌一心觀佛。爾時，如來放眉間白毫相光，照東方萬八千佛土靡不周遍，如今所見是諸佛土。

「彌勒當知，爾時會中有二十億菩薩樂欲聽法。是諸菩薩見此光明普照佛土，得未曾有，欲知此光所為因緣。時有菩薩，名曰妙光，有八百弟子。是時日月燈明佛從三昧起，因妙光菩薩說大乘經，名《妙法蓮華》，教菩薩法佛所護念，六十小劫不起於座。時會聽者亦

坐一處，六十小劫身心不動，聽佛所說謂如食頃。是時眾中，無有一人若身若心而生懈倦。日月燈明佛，於六十小劫說是經已，即於梵、魔⑩、沙門⑪、婆羅門⑫，及天、人、阿修羅眾中，而宣此言：『如來於今日中夜當入無餘涅槃⑬。』

「時有菩薩，名曰德藏，日月燈明佛即授其記，告諸比丘：『是德藏菩薩，次當作佛，號曰淨身多陀阿伽度阿羅訶三藐三佛陀。』佛授記已，便於中夜入無餘涅槃。

「佛滅度後，妙光菩薩持《妙法蓮華經》，滿八十小劫為人演說。日月燈明佛八子，皆師妙光。妙光教化令其堅固阿耨多羅三藐三菩提。是諸王子，供養無量百千萬億佛已，皆成佛道。其最後成佛者，名曰燃燈。八百弟子中有一人，號曰求名，貪著利養，雖復讀誦眾經而不通利，多所忘失，故號求名。是人亦以種諸善根因緣故，得值無量百千萬億諸佛，供養恭敬，尊重讚歎。

「彌勒當知，爾時妙光菩薩，豈異人乎？我身是也。求名菩薩，汝身是也。今見此瑞與本無異，是故惟忖，今日如來當說大乘經，名《妙法蓮華》，教菩薩法佛所護念。」

爾時，文殊師利於大眾中，欲重宣此義，而說偈言：

我念過去世，無量無數劫，
有佛人中尊，號日月燈明。
世尊演說法，度無量眾生，

無數億菩薩，令入佛智慧。
佛未出家時，所生八王子，
見大聖出家，亦隨修梵行。
時佛說大乘，經名《無量義》，
於諸大眾中，而為廣分別。
佛說此經已，即於法座上，
跏趺坐三昧，名無量義處。
天雨曼陀華，天鼓自然鳴，
諸天龍鬼神，供養人中尊。
一切諸佛土，即時大震動，
佛放眉間光，現諸希有事。
此光照東方，萬八千佛土，
示一切眾生，生死業報處⓮。
有見諸佛土，以眾寶莊嚴，
琉璃頗梨色⓯，斯由佛光照。
及見諸天人，龍神夜叉眾，

乾闥緊那羅，各供養其佛。
又見諸如來，自然成佛道，
身色如金山，端嚴甚微妙，
如淨琉璃中，內現真金像。
世尊在大眾，敷演深法義，
一一諸佛土，聲聞眾無數，
因佛光所照，悉見彼大眾。
或有諸比丘，在於山林中，
精進持淨戒，猶如護明珠。
又見諸菩薩，行施忍辱等，
其數如恆沙，斯由佛光照。
又見諸菩薩，深入諸禪定，
身心寂不動，以求無上道。
又見諸菩薩，知法寂滅相，
各於其國土，說法求佛道。
爾時四部眾，見日月燈佛，

現大神通力，其心皆歡喜，
各各自相問，是事何因緣？
天人所奉尊，適從三昧起，
讚妙光菩薩：汝為世間眼，
一切所歸信，能奉持法藏，
如我所說法，唯汝能證知。
世尊既讚歎，令妙光歡喜，
說是《法華經》，滿六十小劫，
不起於此座，所說上妙法，
是妙光法師，悉皆能受持。
佛說是《法華》，令眾歡喜已，
尋即於是日，告於天人眾：
諸法實相義，已為汝等說，
我今於中夜，當入於涅槃。
汝一心精進，當離於放逸，
諸佛甚難值，億劫時一遇。

世尊諸子等，聞佛入涅槃，
各各懷悲惱，佛滅一何速！
聖主法之王，安慰無量眾：
我若滅度時，汝等勿憂怖，
是德藏菩薩，於無漏實相⑯，
心已得通達，其次當作佛，
號曰為淨身，亦度無量眾。
佛此夜滅度，如薪盡火滅，
分布諸舍利，而起無量塔。
比丘比丘尼，其數如恆沙，
倍復加精進，以求無上道。
是妙光法師，奉持佛法藏，
八十小劫中，廣宣《法華經》。
是諸八王子，妙光所開化，
堅固無上道，當見無數佛。
供養諸佛已，隨順行大道，

相繼得成佛，轉次而授記。
最後天中天，號曰燃燈佛，
諸仙之導師，度脫無量眾。
是妙光法師，時有一弟子，
心常懷懈怠，貪著於名利，
求名利無厭，多遊族姓家，
棄捨所習誦，廢忘不通利，
以是因緣故，號之為求名。
亦行眾善業，得見無數佛，
供養於諸佛，隨順行大道，
具六波羅蜜，今見釋師子，
其後當作佛，號名曰彌勒，
廣度諸眾生，其數無有量。
彼佛滅度後，懈怠者汝是，
妙光法師者，今則我身是。
我見燈明佛，本光瑞如此，

以是知今佛，欲說法華經。
今相如本瑞，是諸佛方便，
今佛放光明，助發實相義。
諸人今當知，合掌一心待，
佛當雨法雨，充足求道者。
諸求三乘人⑰，若有疑悔者，
佛當為除斷，令盡無有餘。

【譯文】

這時，文殊師利菩薩對彌勒菩薩、諸菩薩及大眾說：「善男子等，依照我的想法，如今釋迦牟尼佛將要說大乘教法，就如同降下大法雨，如同吹響大法螺，如同捶擊大法鼓一樣，是為了宣示暢演甚深法義。諸位善男子，我在過去世中，也曾看到諸佛曾經現出這樣的瑞相，在現出如此祥瑞稀有的光明之後，則會繼之宣示無上之法。所以各位應當知道，如今佛陀現此祥瑞之光明，也意味著要宣示無上之法。這是為了讓眾生都能夠聽聞一切世間甚深難信的教法，因此先現出如此的祥瑞之相。

「各位善男子，正如往昔，於過去難以測計的無數無量劫中，出現一位古佛，佛號稱作日月燈明如來，或稱日月燈明應供、日月燈明正遍知、日月燈明明行足、日月燈明善逝、日月燈明世間解、日

月燈明無上士、日月燈明調御丈夫、日月燈明天人師、日月燈明佛世尊，此佛為眾生演說正法，從初期到中期，再到後期，法義意趣深遠，說法時語言巧妙，純一而無夾雜，具足清淨梵行之相。日月燈明佛為求聲聞乘的修行者宣說苦、集、滅、道等四諦之法，以使他們度脫生、老、病、死，進入究竟的涅槃解脫境界。又為求辟支佛乘者宣說十二因緣之法。又為求大乘的諸菩薩宣說六波羅蜜之法，以使他們證得無上正等正覺，而獲得通達一切的一切種智。

「在這位日月燈明佛之後，又有一位佛，也有同樣的名號，稱作日月燈明佛；之後再有一位佛，名號也是日月燈明佛；如此依次共有兩萬位佛都是同一名號，稱作日月燈明佛。以上諸佛又具有同樣的姓氏，為頗羅墮。彌勒菩薩，你應當知道，從最初的那位佛，及之後的諸位佛，都有著相同的名號，稱作日月燈明佛。諸佛都具有十種稱號，他們演說佛法也都分初、中、後三個階段。

「在如上兩萬位日月燈明佛中，最後那位佛陀在未出家時，有八位王子：第一位叫有意，第二位叫善意，第三位叫無量意，第四位叫寶意，第五位叫增意，第六位叫除疑意，第七位叫向意，第八位叫法意。這八位王子，都具足自在的威儀德行，各自統領四天下。諸王子聽說他們的父親出家修行並獲得無上正等正覺之聖智後，全部都捨棄王位，跟隨父王出家為僧，以大乘之發心願力，修諸清淨梵行，並成為福慧具足的大乘法師，這些王子已於成千上萬的佛陀面前，種下無量的善根功德。那時，日月燈明佛演說大乘經典，經名叫《無量義經》。這是教化菩薩的法門，深受諸佛的護持和憶念。日月燈明佛說完《無量義經》後，便於大眾中結跏趺坐，進入義趣無盡的甚深禪定之中，身心安穩不

亂。就在那時，空中降下如雨般密集的曼陀羅花、大曼陀羅花、曼殊沙花、大曼殊沙花，散落在日月燈明佛及與會聞法的大眾身上，與此同時，佛土大地也產生了六種震動。那時，法會中的比丘、比丘尼、優婆塞、優婆夷、天、龍、夜叉、乾闥婆、阿修羅、迦樓羅、緊那羅、摩睺羅迦、人、非人，以及諸小王、轉輪聖王等大眾往昔都未曾見此稀有之相，因而非常歡喜地合掌禮敬，全身心地注視著日月燈明佛。正在此時，日月燈明佛從其眉間放出白毫相光，遍照東方一萬八千諸佛世界，諸世界無不映照於此光明之中，就如同現在大家所見到的那些佛土一樣。

「彌勒菩薩，你應當知道，那時法會中有二十億位菩薩，都極為希望聞佛說法。這些菩薩看見佛的白毫相光照耀東方諸佛土後，都是以前從未見到過的景象，因此也都懷著極大的願望，想得知此稀有之相的因緣。那時，會中有一位菩薩，名叫妙光，他有八百位弟子，日月燈明佛從禪定之境中出定後，因為妙光菩薩的因緣而宣講大乘經典，經名即為《妙法蓮華經》。這是教化大乘菩薩的無上法門，常受諸佛的護持與憶念。日月燈明佛講說《妙法蓮華經》一共歷時六十小劫，在如此漫長的時間裡，日月燈明佛一直安坐於法座上，身心不亂。那時法會中的聞法者也同樣各坐於本處，不起於座，歷時六十小劫而身心不動，聽聞日月燈明佛宣說妙法，由於大眾皆全神貫注，六十小劫的漫長時間，感覺起來即如同吃飯那樣短的工夫。當時，法會之中的大眾，沒有一人出現身體疲倦，心神懈怠的狀況。日月燈明佛歷經六十小劫而說完此經後，便對在座的梵天、魔眾、沙門、婆羅門以及天人、人眾、阿修羅等大眾宣說道：『如來將於今天夜裡入於無餘涅槃。』

「那時，會中大眾中有一位菩薩，名號為德藏。日月燈明佛即為他授記，告訴諸比丘們說：『這位德藏菩薩，將繼我之後成就佛果，他的名號為淨身、多陀阿伽度、阿羅訶、三藐三佛陀。』日月燈明佛完成授記後，便於半夜之時，入於無餘涅槃。

「日月燈明佛滅度後，妙光菩薩便奉持《妙法蓮華經》，於八十小劫的時間內，為眾生演說開示。日月燈明佛的八位王子皆師從於妙光菩薩。在妙光菩薩的殷勤教化下，使得諸王子堅定了求證佛智的決心。這八位王子供養了無量百千萬億諸佛後，都證得佛的果位。其中最後一位成佛者，名號稱為燃燈。妙光菩薩的八百弟子中，有一位號稱求名的人，此人貪求名聞利養，雖然讀誦眾多的經典，但卻總是無法理解法義，對於讀誦的經典多半都忘記了，所以稱其為求名。但他也由於種種深厚的善根因緣，在無量無數的諸佛面前，供養、恭敬、尊重、讚歎。

「彌勒菩薩，你應當知道，那時的妙光菩薩是誰？他不是別人，正是我的前身。而那位求名菩薩正是你的前身。今天，我於此會中又見釋迦牟尼佛所現如此瑞祥之相，與過去日月燈明佛說法時的瑞相毫無差別，所以，我推測如今如來將要宣說大乘經，經名號稱《妙法蓮華經》，這是教化大乘菩薩的法門，常得到諸佛的護持和憶念。」

這時，文殊師利菩薩想對大眾再次宣說其義，即以偈頌形式宣說道：

我念過去世，無量無數劫，有佛人中尊，號日月燈明。
世尊演說法，度無量眾生，無數億菩薩，令入佛智慧。

佛未出家時，所生八王子，見大聖出家，亦隨修梵行。
時佛說大乘，經名《無量義》，於諸大眾中，而為廣分別。
佛說此經已，即於法座上，跏趺坐三昧，名無量義處。
天雨曼陀華，天鼓自然鳴，諸天龍鬼神，供養人中尊。
一切諸佛土，即時大震動，佛放眉間光，現諸希有事。
此光照東方，萬八千佛土，示一切眾生，生死業報處。
有見諸佛土，以眾寶莊嚴，琉璃頗梨色，斯由佛光照。
及見諸天人，龍神夜叉眾，乾闥緊那羅，各供養其佛。
又見諸如來，自然成佛道，身色如金山，
端嚴甚微妙，如淨琉璃中，內現真金像。
世尊在大眾，敷演深法義，一一諸佛土，
聲聞眾無數，因佛光所照，悉見彼大眾。
或有諸比丘，在於山林中，精進持淨戒，猶如護明珠。
又見諸菩薩，行施忍辱等，其數如恆沙，斯由佛光照。
又見諸菩薩，深入諸禪定，身心寂不動，以求無上道。
又見諸菩薩，知法寂滅相，各於其國土，說法求佛道。

爾時四部眾，見日月燈佛，現大神通力，
其心皆歡喜，各各自相問，是事何因緣？
天人所奉尊，適從三昧起，讚妙光菩薩：汝為世間眼，
一切所歸信，能奉持法藏，如我所說法，唯汝能證知。
世尊既讚歎，令妙光歡喜，說是《法華經》，滿六十小劫，
不起於此座，所說上妙法，是妙光法師，悉皆能受持。
佛說是《法華》，令眾歡喜已，尋即於是日，告於天人眾：
諸法實相義，已為汝等說，我今於中夜，當入於涅槃。
汝一心精進，當離於放逸，諸佛甚難值，億劫時一遇。
世尊諸子等，聞佛入涅槃，各各懷悲惱，佛滅一何速！
聖主法之王，安慰無量眾：我若滅度時，汝等勿憂怖，
是德藏菩薩，於無漏實相，心已得通達，
其次當作佛，號曰為淨身，亦度無量眾。
佛此夜滅度，如薪盡火滅，分布諸舍利，而起無量塔。
比丘比丘尼，其數如恆沙，倍復加精進，以求無上道。
是妙光法師，奉持佛法藏，八十小劫中，廣宣《法華經》。

是諸八王子，妙光所開化，堅固無上道，當見無數佛。
供養諸佛已，隨順行大道，相繼得成佛，轉次而授記。
最後天中天，號曰燃燈佛，諸仙之導師，度脫無量眾。
是妙光法師，時有一弟子，心常懷懈怠，貪著於名利，
求名利無厭，多遊族姓家，棄捨所習誦，
廢忘不通利，以是因緣故，號之為求名。
亦行眾善業，得見無數佛，供養於諸佛，隨順行大道，
具六波羅蜜，今見釋師子，其後當作佛，
號名曰彌勒，廣度諸眾生，其數無有量。
彼佛滅度後，懈怠者汝是，妙光法師者，今則我身是。
我見燈明佛，本光瑞如此，以是知今佛，欲說法華經。
今相如本瑞，是諸佛方便，今佛放光明，助發實相義。
諸人今當知，合掌一心待，佛當雨法雨，充足求道者。
諸求三乘人，若有疑悔者，佛當為除斷，令盡無有餘。

【注釋】

❶ 文殊師利：為「八大菩薩」之一。音譯作「文殊師利」、「曼殊室利」、「滿祖室哩」，意譯為「妙德」、「妙吉祥」、「妙樂」、「法王子」。又稱「文殊師利童真」、「孺童文殊菩薩」。為中國佛教四大菩薩之一。與般若經典關係甚深。或謂其為已成之佛，如《首楞嚴三昧經》載，過去久遠劫有龍種上如來，於南方平等世界成無上正等覺，壽四百四十萬歲而入涅槃，彼佛即今之文殊師利法王子。或謂其為實在人物，如《文殊師利般涅槃經》謂，此菩薩生於舍衛國多羅聚落梵德婆羅門家，生時屋宅化如蓮花，由其母之右脅（脇）出生，後至釋迦牟尼佛所出家學道。此外，亦有說文殊菩薩為諸佛菩薩之父母者。一般稱文殊師利菩薩，與普賢菩薩同為釋迦佛之脅侍，分別表示佛智、佛慧之別德。所乘之獅子，象徵其威猛。

❷ 阿僧祇：為印度數目之一，無量數或極大數之意。又作「阿僧伽」、「阿僧企耶」、「阿僧」、「僧祇」。意譯「不可算計」，或「無量數」、「無央數」。據稱一阿僧祇有一千萬萬萬萬萬萬萬兆（萬萬為億，萬億為兆）。

❸ 梵行：意譯「淨行」。即道俗二眾所修之清淨行為。以梵天斷淫欲、離淫欲者，故稱「梵行」；反之，行淫欲之法，即稱「非梵行」。婆羅門將一生分為四期，其中第一期即稱「梵行期」，於此期間，其生活遵守不淫之戒，並學吠陀、祭儀等。於佛教以不淫，受持諸戒，稱為「梵行」。

❹ 聲聞：音譯「舍羅婆迦」。又意譯作「弟子」。為「二乘」或「三乘」之一。通常指聽聞佛陀聲教而證悟之出家弟子。

❺四諦：為佛教基本核心理論之一。即指苦、集、滅、道四種正確無誤之真理。此四者皆真實不虛，故稱「四諦」、「四真諦」；又此四者為聖者所知見，故稱「四聖諦」。其中，「苦」與「集」表示迷妄世界之「果」與「因」，而「滅」與「道」表示證悟世界之果與因；即世間有漏之果為「苦諦」，世間有漏之因為「集諦」，出世無漏之果為「滅諦」，出世無漏之因為「道諦」。四諦係佛陀成道之後，於鹿野苑為五比丘初轉法輪之說，為佛教中之基本教義，並為生死解脫之唯一方法。後世雖以四諦為聲聞之法，然除小乘教中有此生死解脫之說外，於大乘經典中亦有此「四諦」之說。

❻辟支佛：梵語音譯。意譯作「緣覺」、「獨覺」。又作「貝支迦」、「辟支」。為「二乘」之一，亦為「三乘」之一。乃指無師而能自覺自悟之聖者。據《大智度論》卷十八、《大乘義章》卷十七本載，有二義：㈠出生於無佛之世，當時佛法已滅，但因前世修行之因緣（先世因緣），自以智慧得道。㈡自覺不從他聞，觀悟「十二因緣」之理而得道。

❼十二因緣：十二種因緣生起之意。又作「二六之緣」、「十二支緣起」、「十二因緣起」、「十二緣起」、「十二緣生」、「十二緣門」、「十二因生」。即構成有情生存之十二條件（即十二有支）。《阿含經》所說根本佛教之基本教義，即：無明、行、識、名色、六處、觸、受、愛、取、有、生、老死。此十二支中，前者為後者生起之因，前者若滅，後者亦滅。此說明諸有為法皆相依相待之關係。即一切事物皆具有相依性，皆由因、緣所成立，並由此可領悟無常、

苦、無我之道理。

❽ 六波羅蜜：全稱「六波羅蜜多」。譯作「六度」、「六度無極」、「六到彼岸」。「波羅蜜」譯為「度」，為到彼岸之意。即為達成理想、完成之意。乃大乘佛教中菩薩欲成佛道所實踐之六種德目。即㈠布施波羅蜜，又作「施波羅蜜」、「檀那波羅蜜」、「布施度無極」。有財施、法施（教以真理）、無畏施（除去眾生恐怖，使其安心）三種，能對治慳貪，消除貧窮。㈡持戒波羅蜜，又作「戒波羅蜜」、「尸羅波羅蜜」、「戒度無極」。持守戒律，並常自省，能對治惡業，使身心清涼。㈢忍辱波羅蜜，又作「忍波羅蜜」、「羼提波羅蜜」、「忍辱度無極」。忍耐迫害，能對治瞋恚，使心安住。㈣精進波羅蜜，又作「進波羅蜜」、「毘梨耶波羅蜜」、「精進度無極」。實踐其他五德目時，上進不懈，不屈不撓，能對治懈怠，生長善法。㈤禪定波羅蜜，又作「禪波羅蜜」、「禪那波羅蜜」、「禪度無極」。修習禪定，能對治亂意，使心安定。㈥智慧波羅蜜，又作「慧波羅蜜」、「般若波羅蜜」、「明度無極」。能對治愚癡，開真實之智慧，即可把握生命之真諦。以上「六波羅蜜」，始於布施，而終於智慧，由此可知大乘菩薩之偉大胸襟。

❾ 十號：如來、應供、正遍知、明行足、善逝、世間解、無上士、調御丈夫、天人師、佛世尊。

❿ 魔：全稱為「魔羅」。意譯為「殺者」、「奪命」、「能奪」、「能奪命者」、「障礙」。又稱「惡魔」。指奪取吾人生命，而妨礙善事之惡鬼神。

⑪ 沙門：音譯「室羅末拏」、「舍囉摩拏」等。意譯「勤勞」、「功勞」、「劬勞」、「勤懇」、「靜志」、「淨志」、「息止」、「息心」、「息惡」、「勤息」、「修道」、「貧道」、「乏道」。為出家者之總稱，通於內、外二道。亦即指剃除鬚髮，止息諸惡，善調身心，勤行諸善，期以行趣涅槃之出家修道者。

⑫ 婆羅門：意譯「淨行」、「梵行」、「梵志」、「承習」。印度四姓中，最上位之僧侶、學者階級。為古印度一切知識之壟斷者，自認為印度社會之最勝種姓。按其教義，此階級由梵天之口生，顏貌端正，清淨高潔，以習吠陀、司祭祀為業。依《摩奴法典》規定，四姓中婆羅門有六法，即學習吠陀、教授吠陀、為自己祭祀、為他人祭祀、布施、受施。故四姓中除最下之首陀羅族外，其餘三姓皆得誦吠陀、自作祭祀，然為他人祭師、教他人吠陀、受施等則僅限於婆羅門。婆羅門一生可分四期：㈠梵行期，八歲就師，其後十二年學吠陀，習祭儀。㈡家住期，返家結婚生子，祭祖靈，營俗務。㈢林棲期，年老則家產讓子，棲居樹林修苦行，專心思維，入宗教生活。㈣遁世期，絕世俗之執著，被粗衣，持水瓶，遊行遍歷。遁世期婆羅門之行法，其後為佛教沿用者不少，如遊行、乞食、雨安居等即是。

⑬ 無餘涅槃：四種涅槃之一。為「有餘涅槃」之對稱。「九諦」之一。新譯為「無餘依涅槃」。依，指依身，即人之身體。無餘依涅槃係指斷煩惱障，滅異熟苦果五蘊所成之身，而完全無所依處之涅槃。

⑭業報：「業」與「報」並稱。意為業之報應或業之果報。謂由身口意之善惡業因所必招感之苦樂果報。或指業因與果報。又作「業果」。此為佛教之重要基本觀念。據《成實論》卷七載，業報有善、不善、無記三種，善得愛報，不善得不愛報，無記則不報；此即佛教所主張之必然業報法則。於此法則中，業不但為受身因緣，萬物亦從業因生。蓋於業與異熟、等流、離繫、士用、增上等五種果之關係中，有漏之善、不善有異熟、等流之諸果，無記及無漏之業，則唯有等流、離繫等果而無異熟果。又其中唯有漏之善、不善業所招之異熟果稱為「業報」。

⑮頗梨：梵語sphatika。為七寶之一。意譯「水玉」、「白珠」、「水精」（水晶）。又作「玻璃」、「玻瓈」。其質瑩淨通明，有紫、白、紅、碧等多種顏色，其中，以紅色、碧色最珍貴，紫色、白色次之。據增廣本草綱目卷八載，玻瓈本作頗黎，光瑩如水，堅實如玉，故又稱水玉。

⑯實相：原意為本體、實體、真相、本性等；引申指一切萬法真實不虛之體相，或真實之理法、不變之理、真如、法性等。此係佛陀覺悟之內容，意即本然之真實，舉凡一如、實性、實際、真性、涅槃、無為、無相等，皆為實相之異名。以世俗認識之一切現象均為假象，唯有擺脫世俗認識才能顯示諸法常住不變之真實相狀，故稱「實相」。據南本《大般涅槃經》卷三十六、《大智度論》卷三十二之意，一切諸法之個別相（如地之堅相、水之濕相、火之熱相）皆為虛妄，一一皆可破可壞；相對於此，無漏智所證之實相則離虛妄之諸相而平等一如，在妄情之中，實相悉皆不可得。在鳩摩羅什之翻譯中，「實相」亦包含空之意義，龍樹以來強調為佛教真諦之內容。

而「諸法實相」之說，為大乘佛教之標幟（即法印），亦即相對於小乘佛教所立之「三法印」（無常、無我、涅槃），大乘佛教所立者稱為「實相印」。一切諸法之真實相狀，稱為「諸法實相」，其內容雖依各宗而異，然自其各宗之立場判斷，凡被視為最後而究竟者，俱以此語表示之。此實相之相狀，一般認為不能以言語或心推測之。

⑯三乘：就眾生根機之鈍、中、利，佛應之而說聲聞乘、緣覺乘、菩薩乘等三種教法。㈠聲聞乘，聞佛聲教而得悟道，故稱「聲聞」。其知苦斷集、慕滅修道，以此「四諦」為乘。㈡緣覺乘，又作「辟支佛乘」、「獨覺乘」。觀「十二因緣」覺真諦理，故稱「緣覺」。始觀無明乃至老死，次觀無明滅乃至老死滅，由此因緣生滅，即悟非生非滅，乃以此「十二因緣」為乘。㈢菩薩乘，又作「大乘」、「佛乘」、「如來乘」。求無上菩提，願度一切眾生，修「六度」萬行，以此「六度」為「乘」。

方便品第二

本品是《法華經》中最為核心的四品之一，又為「迹門」正宗分之首。揭示「開權顯實，會三歸一」之大乘教義。佛陀出定後，即對舍利弗等諸聲聞眾，盛讚諸佛權實二智深廣無量難知難入，並且指出諸法實相唯成就佛果者方能證知，而其他一切二乘則無法得解，說明此係「第一希有難解之法」。諸已證聲聞、辟支佛果者及發二乘心之大眾均生起驚疑。舍利弗代眾三請，佛陀三止，末後佛陀見因緣具足，即答應說法。當時會中有五千人等因不堪任受，即退出法會。世尊即為與會大眾宣說「開權顯實，會三歸一」之理。言諸佛世尊唯以一大事因緣故出現於世，欲令眾生開、示、悟、入佛之知見。因為眾生根機不同，因而所能接受的方法亦有差異，因此諸佛世尊則以種種方便善巧的權宜之計，來度化眾生；因此分別說為聲聞、緣覺、菩薩等三乘，實無三乘之別，說二（乘）三（乘）實為方便之法，非為究竟；而唯有一佛乘是真實究竟妙法。唯時機成熟，方可直入本懷，宣示一乘之

教。

按智者大師的科判，本品始至第九品〈授學無學人記品〉為「迹門」的正宗分。

本品係《法華經》中著名的「三周說法」（又稱法華三周）的初周所關涉的內容，初周又稱「法說周」。所謂「三周說法」，係指佛為令聲聞、辟支佛乘者契悟一乘實相之理，而對上中下三種根機的大眾反覆進行的三次說法。初周說法係世尊為上根機者，而以「十如是」闡明諸法實相。開三乘之方便，以使悟一乘之真實。此初周說法時會中大眾中僅有大智舍利弗一人得入悟解。

爾時，世尊從三昧安詳而起❶，告舍利弗：「諸佛智慧甚深無量，其智慧門難解難入，一切聲聞、辟支佛所不能知。所以者何？佛曾親近百千萬億無數諸佛，盡行諸佛無量道法，勇猛精進，名稱普聞，成就甚深未曾有法。隨宜所說，意趣難解。

「舍利弗，吾從成佛已來，種種因緣，種種譬喻，廣演言教，無數方便引導眾生，令離諸著。所以者何？如來方便知見波羅蜜❷，皆已具足。舍利弗，如來知見廣大深遠，無量無礙，力無所畏，禪定解脫三昧，深入無際，成就一切未曾有法。舍利弗，如來能種種分別巧說諸法，言辭柔軟悅可眾心。舍利弗，取要言之，無量無邊未曾有法，佛悉成就。

「止！舍利弗，不須復說。所以者何？佛所成就第一希有難解之法，唯佛與佛乃能究盡

諸法實相，所謂諸法，如是相，如是性，如是體，如是力，如是作，如是因，如是緣，如是果，如是報，如是本末究竟等❸。」

爾時，世尊欲重宣此義，而說偈言：

世雄不可量，諸天及世人，
一切眾生類，無能知佛者。
佛力無所畏，解脫諸三昧，
及佛諸餘法，無能測量者。
本從無數佛，具足行諸道，
甚深微妙法，難見難可了。
於無量億劫，行此諸道已，
道場得成果，我已悉知見。
如是大果報，種種性相義，
我及十方佛，乃能知是事。
是法不可示，言辭相寂滅，
諸餘眾生類，無有能得解，
除諸菩薩眾，信力堅固者。

諸佛弟子眾，曾供養諸佛，
一切漏已盡，住是最後身，
如是諸人等，其力所不堪。
假使滿世間，皆如舍利弗，
盡思共度量，不能測佛智。
正使滿十方，皆如舍利弗，
及餘諸弟子，亦滿十方剎，
盡思共度量，亦復不能知。
辟支佛利智，無漏最後身，
亦滿十方界，其數如竹林，
斯等共一心，於億無量劫，
欲思佛實智，莫能知少分。
新發意菩薩，供養無數佛，
了達諸義趣，又能善說法，
如稻麻竹葦，充滿十方剎，
一心以妙智，於恆河沙劫，

咸皆共思量，不能知佛智。
不退諸菩薩，其數如恆沙，
一心共思求，亦復不能知。
又告舍利弗，無漏不思議，
甚深微妙法，我今已具得，
唯我知是相，十方佛亦然。
舍利弗當知，諸佛語無異，
於佛所說法，當生大信力。
世尊法久後，要當說真實，
告諸聲聞眾，及求緣覺乘，
我令脫苦縛，逮得涅槃者，
佛以方便力，示以三乘教，
眾生處處著，引之令得出。

【譯文】

這時，世尊從甚深的禪定中安然出定，告訴舍利弗說：「諸佛的智慧極為深奧，無可測度；諸佛

的智慧法門，從眾生的角度上看，是很難深入了解的，即使一切已證得聲聞、辟支佛果位的二乘之人也是無法知道。為什麼如此說呢？那是由於佛陀曾親近供養過百千萬億難以計數的無量諸佛，並隨順諸佛實踐修習無量的成道法門，勇猛無畏，精進不怠，如此聲名已經為廣泛知曉，並成就了前所未有的深妙法門。佛陀隨順不同眾生的根性，予以對機的說法，所演說的法義微妙難解。

「舍利弗，我從成佛以來，因種種的因緣，以種種的譬喻，廣泛地宣講教法，用無量的方便法門，來引導眾生遠離各種執著。為什麼能夠做到這樣呢？那是由於如來已經具足各種引導眾生到達彼岸的方便見地。舍利弗，佛的見地是如此廣大深遠，無量無數，無有障礙，如來具有十力、四種無畏、禪定和解脫定等皆深奧無邊的、能夠使得一切稀有難得的法門都能得到成就。舍利弗，如來通過分辨眾生不同的根機，非常巧妙地宣說各種法門，以柔和細軟之言辭，使得眾生聞法後極為歡喜愉悅。舍利弗，取要言之，如來已成就了無量無邊眾生未曾遇見的稀有法門。

「停下來吧！舍利弗，你現在不必多言。為什麼這樣說呢？因為，如來所成就的最上稀有之法是如此地深奧難解，唯有已經達到圓滿佛果的諸佛之間，方能覺證諸法最根本的實相，這即是所謂諸法所具有的十種真實無偽的如是，即如是相，如是性，如是體，如是力，如是作，如是因，如是緣，如是果，如是報，如是本末究竟等。」

這時，世尊為了對會中諸眾再次宣說法義，即以偈頌形式說道：

世雄不可量，諸天及世人，一切眾生類，無能知佛者。

佛力無所畏，解脫諸三昧，及佛諸餘法，無能測量者。
本從無數佛，具足行諸道，甚深微妙法，難見難可了。
於無量億劫，行此諸道已，道場得成果，我已悉知見。
如是大果報，種種性相義，我及十方佛，乃能知是事。
是法不可示，言辭相寂滅，諸餘眾生類，
無有能得解，除諸菩薩眾，信力堅固者。
諸佛弟子眾，曾供養諸佛，一切漏已盡，
住是最後身，如是諸人等，其力所不堪。
假使滿世間，皆如舍利弗，盡思共度量，不能測佛智。
正使滿十方，皆如舍利弗，及餘諸弟子，
亦滿十方剎，盡思共度量，亦復不能知。
辟支佛利智，無漏最後身，亦滿十方界，其數如竹林，
斯等共一心，於億無量劫，欲思佛實智，莫能知少分。
新發意菩薩，供養無數佛，了達諸義趣，又能善說法，
如稻麻竹葦，充滿十方剎，一心以妙智，
於恆河沙劫，咸皆共思量，不能知佛智。

不退諸菩薩，其數如恆沙，一心共思求，亦復不能知。
又告舍利弗，無漏不思議，甚深微妙法，
我今已具得，唯我知是相，十方佛亦然。
舍利弗當知，諸佛語無異，於佛所說法，當生大信力。
世尊法久後，要當說真實，告諸聲聞眾，及求緣覺乘，
我令脫苦縛，逮得涅槃者，佛以方便力，
示以三乘教，眾生處處著，引之令得出。

【注釋】

❶三昧：又作「三摩地」、「三摩提」、「三摩帝」。意譯為「等持」、「定」、「正定」、「定意」、「調直定」、「正心行處」等。即將心定於一處（或一境）的一種安定狀態。處於此狀態時心不散亂，而保持安靜，稱為「三昧」。達三昧之狀態時，即起正智慧而開悟真理，故以此三昧修行而達到佛之聖境者，則稱三昧「發得」或「發定」。

❷方便：「十波羅蜜」之一。又作「善權」、「變謀」。指巧妙地接近、施設、安排等。乃一種向上進展之方法。諸經論中常用此一名詞，歸納之，其意義可分為下列四種，即：㈠對真實法而言，為誘引眾生入於真實法而權設之法門。故稱為「權假方便」、「善巧方便」。即佛菩薩應眾

生之根機，而用種種方法施予化益。㈡對般若之實智而言，據曇鸞之《往生論註》舉出，般若者，達如之慧；方便者，通權之智。以權智觀照於平等實智所現之差別。㈢權實二智皆係佛菩薩為一切眾生，而盡己身心所示化之法門。㈣為證悟真理而修之加行。

❸「如是相」及以下幾句：此為本經中著名的「十如是」，後天臺宗智者大師就此發揮，成為天臺宗的核心理論之一。

爾時，大眾中有諸聲聞漏盡阿羅漢，阿若憍陳如等千二百人，及發聲聞、辟支佛心比丘、比丘尼、優婆塞、優婆夷，各作是念：「今者世尊，何故殷勤稱歎方便而作是言？佛所得法甚深難解，有所言說意趣難知，一切聲聞、辟支佛所不能及。佛說一解脫義，我等亦得此法到於涅槃，而今不知是義所趣。」

爾時，舍利弗知四眾心疑，自亦未了，而白佛言：「世尊，何因何緣，殷勤稱歎諸佛第一方便，甚深微妙難解之法？我自昔來，未曾從佛聞如是說，今者四眾咸皆有疑。唯願世尊，敷演斯事，世尊何故殷勤稱歎甚深微妙難解之法？」

爾時，舍利弗欲重宣此義，而說偈言：

慧日大聖尊，久乃說是法，

自說得如是，力無畏三昧，
禪定解脫等，不可思議法，
道場所得法，無能發問者，
我意難可測，亦無能問者，
無問而自說，稱歎所行道，
智慧甚微妙，諸佛之所得。
無漏諸羅漢，及求涅槃者，
今皆墮疑網，佛何故說是？
其求緣覺者，比丘比丘尼，
諸天龍鬼神，及乾闥婆等，
相視懷猶豫，瞻仰兩足尊，
是事為云何？願佛為解說。
於諸聲聞眾，佛說我第一，
我今自於智，疑惑不能了，
為是究竟法？為是所行道？
佛口所生子，合掌瞻仰待，

願出微妙音，時為如實說。
諸天龍神等，其數如恆沙，
求佛諸菩薩，大數有八萬，
又諸萬億國，轉輪聖王至，
合掌以敬心，欲聞具足道。

爾時，佛告舍利弗：「止！止！不須復說。若說是事，一切世間諸天及人皆當驚疑。」

舍利弗重白佛言：「世尊，唯願說之，唯願說之。所以者何？是會無數百千萬億阿僧祇眾生曾見諸佛，諸根猛利，智慧明了，聞佛所說則能敬信。」

爾時，舍利弗欲重宣此義，而說偈言：

法王無上尊❶，唯說願勿慮，
是會無量眾，有能敬信者。

佛復止舍利弗：「若說是事，一切世間天、人、阿修羅皆當驚疑，增上慢比丘將墜於大坑。」

爾時，世尊重說偈言：

止止不須說，我法妙難思，
諸增上慢者，聞必不敬信。

爾時，舍利弗重白佛言：「世尊，唯願說之，唯願說之。今此會中，如我等比百千萬億，世世已曾從佛受化。如此人等必能敬信，長夜安隱，多所饒益。」

爾時，舍利弗欲重宣此義，而說偈言：

無上兩足尊❷，願說第一法，

我為佛長子，唯垂分別說。

是會無量眾，能敬信此法，

佛已曾世世，教化如是等。

皆一心合掌，欲聽受佛語，

我等千二百，及餘求佛者。

願為此眾故，唯垂分別說，

是等聞此法，則生大歡喜。

爾時，世尊告舍利弗：「汝已殷勤三請，豈得不說？汝今諦聽，善思念之，吾當為汝分別解說。」說此語時，會中有比丘、比丘尼、優婆塞、優婆夷五千人等，即從座起，禮佛而退。所以者何？此輩罪根深重及增上慢，未得謂得，未證謂證，有如此失，是以不住。世尊默然而不制止。

【譯文】

佛說此義時，法會之中那些修行聲聞乘並已經斷盡煩惱的阿羅漢，如阿若憍陳如等一千二百人，及那些發心求聲聞乘或辟支佛乘的比丘、比丘尼、優婆塞、優婆夷等四眾弟子，各自都產生這樣的念頭：「今天，世尊為什麼要再三反覆稱揚讚歎這些方便法門，並且如此宣說，佛陀所宣示的法義是如此地深奧難解，而這些言說的旨趣又是如此地難以理解，以至於一切修習聲聞乘或辟支佛乘的弟子都無法理解這些深奧的法義。佛陀以前所宣示的涅槃解脫法義，我們都已領會，並將修習漸達涅槃境界。可是如今如佛陀所說之意，我們卻無法了解其旨趣所在。」

這時，舍利弗知道四眾弟子心中的疑惑，並且他自己也未明佛陀所言之義旨，於是向佛陀問道：「世尊，您今天為什麼如此反覆勤勉地稱讚諸佛中最為方便、深奧微妙且難以入解的法門呢？我從往昔以來，跟隨您學法修行至今，從來未曾聽您這樣說過。如今四眾弟子對此都有疑惑。還懇請世尊為弟子們宣說此事，為什麼世尊您要如此勤勉地讚揚讚歎極為深奧微妙難解之法門？」

這時，舍利弗想再重申他的意思，即以偈頌形式說道：

慧日大聖尊，久乃說是法，自說得如是，力無畏三昧，
禪定解脫等，不可思議法，道場所得法，無能發問者，
我意難可測，亦無能問者，無問而自說，
稱歎所行道，智慧甚微妙，諸佛之所得。

無漏諸羅漢，及求涅槃者，今皆墮疑網，佛何故說是？
其求緣覺者，比丘比丘尼，諸天龍鬼神，及乾闥婆等，
相視懷猶豫，瞻仰兩足尊，是事為云何？願佛為解說。
於諸聲聞眾，佛說我第一，我今自於智，
疑惑不能了，為是究竟法？為是所行道？
佛口所生子，合掌瞻仰待，願出微妙音，時為如實說。
諸天龍神等，其數如恆沙，求佛諸菩薩，大數有八萬，
又諸萬億國，轉輪聖王至，合掌以敬心，欲聞具足道。

這時，佛對舍利弗說：「停下來吧！停下來吧！你無須再三重複這些話。如果宣說此法，一切世間諸天和人都會驚異懷疑。」

舍利弗又再次對佛說：「世尊啊，懇請您宣說此法門吧！弟子殷勤懇請您宣說此法門吧！為什麼我要如此再三反覆勸請呢？那是由於赴會的無邊無量眾生，都是曾經得遇諸佛，因此具有極為聰慧的根性，他們的智慧也都十分通達，如果他們親聞佛陀宣說的法義，就會產生無比虔敬的信心。」

這時，舍利弗為了想再表達自己的意思，即以偈頌形式說道：

法王無上尊，唯說願勿慮，
是會無量眾，有能敬信者。

佛又一次制止舍利弗說：「如果宣說此法，一切世間諸天和人、阿修羅都會驚異懷疑，尤其是那些懷有增上慢的比丘，將由於不信、懷疑或誹謗的業報，而墮入地獄、餓鬼或畜生道中。」

這時，世尊又以偈頌形式復言道：

止止不須說，我法妙難思，
諸增上慢者，聞必不敬信。

這時，舍利弗又再一次向佛懇請說道：「世尊啊，請您為我們宣說吧！請您為我們宣說吧！今日在這個盛大法會中，像我們這樣根性的弟子們足有百千萬億，都已累世隨順佛陀的教化。這樣根性的弟子必然會對佛所說的妙法產生清淨無偽的信仰，他們如果能夠聽聞佛陀宣說這樣的妙法，將會在漫漫的長夜之中，身心安穩，得到無窮的益處。」

這時，舍利弗為了再次表達他的意思，又以偈頌形式說道：

無上兩足尊，願說第一法，
我為佛長子，唯垂分別說。
是會無量眾，能敬信此法，
佛已曾世世，教化如是等。
皆一心合掌，欲聽受佛語，
我等千二百，及餘求佛者。

願為此眾故，唯垂分別說，

是等聞此法，則生大歡喜。

這時，世尊告訴舍利弗說：「你已經如此懇切請求三次，我又如何能夠不宣此法呢？你現在可以仔細地聆聽，並且好好地思維法義，我將為你們分別解說。」如來說此言時，法會中有五千位比丘、比丘尼、優婆塞、優婆夷等四眾弟子，立即從其座位上站起來，對佛行禮之後，退出了法會。這是什麼緣故呢？因為他們累世曾經種下的深重的罪根，且增上慢心極重，往往對於尚未獲得的法，卻自言已經得到；自己尚未證明的境界，卻說自己已經證得，因為有如此的過失，所以不堪住聽受法。世尊面對此景，默然無語而不加制止。

【注釋】

❶ 法王：此處為佛之尊稱。王有最勝、自在之義，佛為法門之主，能自在教化眾生，故稱「法王」。

❷ 兩足尊：又作「無上兩足尊」、「二足尊」。為佛之尊號，因佛具足「三十二相」、「八十種好」，成就盡智、無生智等無漏之無學法，及「十力」、「四無畏」等諸不共法，故此尊號有二義，即：㈠於天、人之中，所有兩足生類中之最尊貴者。據《大乘本生心地觀經》卷二〈報恩品〉、《大智度論》卷二十七等載，佛為無足、二足、四足、多足、有色、無色、有想、無想、

非有想、非無想等一切眾生中之第一。㈡以兩足喻為權實、戒定、福慧、解行等，佛即具足此兩足，而遊行法界，無所障礙。

爾時，佛告舍利弗：「我今此眾無復枝葉，純有真實❶。舍利弗，如是增上慢人，退亦佳矣。汝今善聽，當為汝說。」

舍利弗言：「唯然，世尊，願樂欲聞。」

佛告舍利弗：「如是妙法，諸佛如來時乃說之，如優曇鉢華時一現耳❷！舍利弗，汝等當信佛之所說，言不虛妄。舍利弗，諸佛隨宜說法，意趣難解。所以者何？我以無數方便、種種因緣、譬喻言辭演說諸法。是法非思量分別之所能解，唯有諸佛乃能知之。所以者何？諸佛世尊唯以一大事因緣故出現於世。

「舍利弗，云何名諸佛世尊唯以一大事因緣故出現於世？諸佛世尊，欲令眾生開佛知見使得清淨故出現於世❸，欲示眾生佛之知見故出現於世，欲令眾生悟佛知見故出現於世，欲令眾生入佛知見道故出現於世。舍利弗，是為諸佛以一大事因緣故出現於世。」

佛告舍利弗：「諸佛如來但教化菩薩，諸有所作，常為一事，唯以佛之知見示悟眾生。舍利弗，如來但以一佛乘故，為眾生說法，無有餘乘，若二若三。舍利弗，一切十方諸佛法

亦如是。

「舍利弗，過去諸佛以無量無數方便、種種因緣、譬喻言辭，而為眾生演說諸法，是法皆為一佛乘故。是諸眾生從諸佛聞法，究竟皆得一切種智。舍利弗，未來諸佛當出於世，亦以無量無數方便、種種因緣、譬喻言辭，而為眾生演說諸法，是法皆為一佛乘故。是諸眾生從佛聞法，究竟皆得一切種智。舍利弗，現在十方無量百千萬億佛土中諸佛世尊，多所饒益安樂眾生。是諸佛亦以無量無數方便、種種因緣、譬喻言辭，而為眾生演說諸法，是法皆為一佛乘故。是諸眾生從佛聞法，究竟皆得一切種智。舍利弗，是諸佛但教化菩薩，欲以佛之知見示眾生故，欲以佛之知見悟眾生故，欲令眾生入佛之知見故。

「舍利弗，我今亦復如是。知諸眾生有種種欲，深心所著，隨其本性，以種種因緣、譬喻言辭、方便力而為說法。舍利弗，如此皆為得一佛乘、一切種智故❹。舍利弗，十方世界中尚無二乘，何況有三？

「舍利弗，諸佛出於五濁惡世❺，所謂劫濁、煩惱濁、眾生濁、見濁、命濁。如是，舍利弗，劫濁亂時，眾生垢重，慳貪嫉妒，成就諸不善根故，諸佛以方便力，於一佛乘分別說三。

「舍利弗，若我弟子，自謂阿羅漢、辟支佛者，不聞不知諸佛如來但教化菩薩事，此非佛弟子，非阿羅漢，非辟支佛。又舍利弗，是諸比丘、比丘尼，自謂已得阿羅漢，是最後身

究竟涅槃，便不復志求阿耨多羅三藐三菩提，當知此輩皆是增上慢人。所以者何？若有比丘實得阿羅漢，若不信此法，無有是處。除佛滅度後，現前無佛。所以者何？佛滅度後，如是等經，受持讀誦解義者，是人難得。若遇餘佛，於此法中便得決了。舍利弗，汝等當一心信解受持佛語。諸佛如來言無虛妄，無有餘乘，唯一佛乘。」

【譯文】

等這些福薄的弟子退出法會後，釋迦牟尼佛對舍利弗說：「現在留下的已不再有碎枝雜葉，全是有善根的堪受大法的眾生。舍利弗，這些懷有甚深增上慢的人退出也是妥當的。現在你們可要仔細地聽聞，我就為你們說此甚深法義。」

舍利弗說：「確實如此！世尊，我們都非常願意聽聞您宣說的法義。」

佛陀告訴舍利弗說：「這種妙法，諸佛出現於世的時候才會宣說，就如同優曇缽花一樣，只是在很短促的時間才會出現。舍利弗，你們應當相信，佛所說的教法都是真實不虛的。舍利弗，諸佛隨順不同的因緣和眾生宣說不同的法門，其旨趣是頗為深奧難解的。為什麼如此說呢？我曾經以種種方便法門、種種因緣法、種種的比喻言辭來演說諸法。但今天我所宣說的這種法門並非通過思維忖度進行分別就能對其理解的，唯有諸佛才能真正知解這種法門的奧妙。為什麼這麼說呢？諸佛世尊都是因為一件大事的因緣才出現於世的。

「舍利弗，為什麼說諸佛世尊只是因為一件大事才出現於世呢？諸佛世尊為了使眾生開啟如佛一般無二的智慧見地，讓他們通過修證得到清淨的果位，因為這個原因，諸佛才出現於世間；諸佛世尊為了向眾生宣示與佛陀無二的智慧見地，而出現於世間；諸佛世尊為了使眾生悟解與佛陀無二的智慧見地，而出現於世間；諸佛世尊為了使眾生真正踏上與佛無二的智慧見地的道路，而出現於世間。舍利弗，如上所言，則是諸佛因為一件大事的因緣，而出現於世間。」

佛陀又對舍利弗說：「諸佛如來只是教化欲修菩薩道的眾生，讓他們真正明白，各種如法行事都最終歸結到一個方面，即是唯有用佛陀所具有的智慧見地，去向眾生顯示並使之悟入與佛無二的境界。舍利弗，如來僅以此唯一的佛乘，來為眾生說法，除此一佛乘之外，再沒有什麼其他的二乘、三乘。舍利弗，所有十方諸佛所說的法也都是如此。

「舍利弗，過去世中的諸佛以無數方便權宜之法，依照種種因緣、採用種種譬喻言辭等為眾生演說了各種佛法，而這些佛法都是為了歸結到最根本的一佛乘上。這些眾生隨從諸佛聽聞佛法，最終將獲得最圓滿究竟的一切種智。舍利弗，未來世中的諸佛，以無數方便權宜之法，依照種種因緣、採用種種譬喻言辭等為眾生演說了各種佛法，而這些佛法都是為了歸結到最根本的一佛乘上。這些眾生隨從諸佛聽聞佛法，最終將獲得最圓滿究竟的一切種智。舍利弗，現在世中十方無量無數的諸佛土中，諸佛世尊都是為了饒益眾生，使眾生得到安穩和快樂。如此眾多的諸佛，以無數方便權宜之法，依照種種因緣、採用種種譬喻言辭等為眾生演說了各種佛法，而這些佛法都是為了歸結到最根本的一佛乘

上。這些眾生隨從諸佛聽聞佛法，最終將獲得最圓滿究竟的一切種智。舍利弗，無論是過去、現在、未來諸佛的宗旨就是教化菩薩，為了以與佛無二的知見指示眾生，為了以與佛無二的知見覺悟眾生，為了使眾生證得與佛無二的知見，達到與佛無二的究竟果位。

「舍利弗，我如今也是這樣。我深知眾生有各種各樣的欲望，並且這些欲望已深刻地植根在眾生的心念之中，因此，我方根據眾生不同的本性，以各種因緣，通過譬喻言辭及其他各種方便之機而為他們說法。舍利弗，我如此教化眾生，也都是為了使他們能夠最終達到唯一的佛乘，並最終獲證與佛無二的智慧見地。舍利弗，十方世界中尚且沒有二乘之分，哪裡還有什麼三乘呢？

「舍利弗，諸佛出現於這樣的五濁惡世，所謂五濁是指劫濁、煩惱濁、眾生濁、見濁、命濁。舍利弗，如同劫濁大亂時，眾生的罪垢非常嚴重，慳吝、貪婪、嫉妒等，都能種下不善之根。因此諸佛以其方便之力，把本僅一佛乘的佛法，分別敷演開講宣示為三乘。

「舍利弗，如果我的弟子中，有人自稱獲證阿羅漢果者，或者自稱獲證辟支佛果者，卻不曾聽聞諸佛如來以方便法門教化菩薩的緣故，妄執二乘為究竟，那麼，他們即非佛弟子，也非阿羅漢，也非辟支佛。另外，舍利弗，這些比丘、比丘尼自認為已證得阿羅漢果，並且此身已經獲得究竟的涅槃，由於這種認識，而不再發心欣求無上正等正覺，你應當知道，這些人都是懷有增上慢的無知之徒。為什麼這樣說呢？如果有比丘確實已經證得阿羅漢的果位，但卻於此妙法不加信受，這樣的情形是絕對不可能出現的。除非在佛滅度後，於此世間不再有佛出現於世。為什麼這樣說呢？因為在佛滅度後，

能夠遇到像《妙法蓮華經》這樣的經典，並且能夠受持、讀誦、理解其義趣的人，是極為難得的。如果能遇到其他的佛陀，那麼就能對此《妙法蓮華經》之甚深法義有所理解。舍利弗，你們應當專心一意地信奉、理解、受持佛之言說。諸佛如來的言語，絕對沒有絲毫的虛妄不實，除了唯一的佛乘，確實沒有其餘更多的他乘。」

【注釋】

❶無復枝葉，純有真實：以「枝葉」喻「不堪承受大法之二乘之人」，以「真實」喻「堪受大乘之人」；《大正藏》用「貞實」。此指法華會上五千四眾弟子因不堪受法而避席離開後，會中餘下的都為堪受大法者。

❷優曇缽華：花名，即曇花；又作「優曇盋」。據《慧琳音義》卷八記載，此為祥瑞靈異之所感，乃天花，為世間所無，若如來下生，以大福德力故，能感得此花出現。又以其稀有難遇，世稱三千年開花一度，值佛出世始開。

❸開，與下文的「示」、「悟」、「入」：開，開發之意；即破除眾生之無明，開如來藏，見實相之理。示，顯示之意；惑障既除則知見體顯，法界萬德顯示分明。悟，證悟之意；障除體顯後，則事（現象）、理（本體）融通而有所悟。入，證入之意；謂事理既已融通，則可自在無礙，證入智慧海。

❹一切種智：「三智」之一（「三智」指一切智、道種智與一切種智。這三智分別是聲聞緣覺二乘、菩薩與佛陀的智慧）。又作「佛智」。就廣義言之，一切種智同於薩婆若（一切智）。然於「三智」中，相對一切智，則指惟佛能得之智。即能以一種智慧覺知一切道法、一切眾生之因種，並了達諸法之寂滅相及其行類差別之智。

❺五濁惡世：末法時代之五種惡劣的生存狀態。在佛教的宇宙觀裡，是指減劫時所起的五種滓濁（污濁）。又名「五滓」。據《悲華經》卷五、《法苑珠林》卷九十八之說，「五濁」即指：㈠劫濁。減劫中，人壽減至三十歲時饑饉災起，減至二十歲時疾疫災起，減至十歲時刀兵災起，世界眾生無不被害。㈡見濁。正法已滅，像法漸起，邪法轉生，邪見增盛，使人不修善道。㈢煩惱濁。眾生多諸愛欲，慳貪鬥諍，諂曲虛誑，攝受邪法而惱亂心神。㈣眾生濁，又作「有情濁」。眾生多諸弊惡，不孝敬父母尊長，不畏惡業果報，不作功德，不修慧施、齋法，不持禁戒等。㈤命濁，又作「壽濁」。往古之世，人壽八萬歲，今時以惡業增加，人壽轉減，故壽命短促，百歲者稀。五濁之中，以劫濁為總，以其餘四濁為別。四濁中又以見濁、煩惱濁二者為濁之自體，而成眾生濁與命濁二者。

爾時，世尊欲重宣此義，而說偈言：

比丘比丘尼，有懷增上慢，
優婆塞我慢，優婆夷不信，
如是四眾等，其數有五千，
不自見其過，於戒有缺漏，
護惜其瑕疵，是小智已出，
眾中之糟糠，佛威德故去。
斯人尠福德❶，不堪受是法，
此眾無枝葉，唯有諸真實。
舍利弗善聽，諸佛所得法，
無量方便力，而為眾生說。
眾生心所念，種種所行道，
若干諸欲性，先世善惡業，
佛悉知是已，以諸緣譬喻，
言辭方便力，令一切歡喜。
或說修多羅，伽陀及本事，
本生未曾有，亦說於因緣，

譬喻并祇夜，優波提舍經。
鈍根樂小法，貪著於生死，
於諸無量佛，不行深妙道，
眾苦所惱亂，為是說涅槃。
我設是方便，令得入佛慧，
未曾說汝等，當得成佛道。
所以未曾說，說時未至故，
今正是其時，決定說大乘。
我此九部法，隨順眾生說，
入大乘為本，以故說是經。
有佛子心淨，柔軟亦利根，
無量諸佛所，而行深妙道，
為此諸佛子，說是大乘經。
我記如是人，來世成佛道，
以深心念佛，修持淨戒故。
此等聞得佛，大喜充遍身，

佛知彼心行，故為說大乘，
聲聞若菩薩，聞我所說法，
乃至於一偈，皆成佛無疑。
十方佛土中，唯有一乘法，
無二亦無三，除佛方便說，
但以假名字，引導於眾生。
說佛智慧故，諸佛出於世，
唯此一事實，餘二則非真，
終不以小乘，濟度於眾生。
佛自住大乘，如其所得法，
定慧力莊嚴，以此度眾生。
自證無上道，大乘平等法，
若以小乘化，乃至於一人，
我則墮慳貪，此事為不可。
若人信歸佛，如來不欺誑，
亦無貪嫉意，斷諸法中惡，

故佛於十方，而獨無所畏。
我以相嚴身，光明照世間，
無量眾所尊，為說實相印。
舍利弗當知，我本立誓願，
欲令一切眾，如我等無異。
如我昔所願，今者已滿足，
化一切眾生，皆令入佛道。
若我遇眾生，盡教以佛道，
無智者錯亂，迷惑不受教。
我知此眾生，未曾修善本，
堅著於五欲，癡愛故生惱，
以諸欲因緣，墜墮三惡道，
輪迴六趣中，備受諸苦毒，
受胎之微形，世世常增長。
薄德少福人，眾苦所逼迫，
入邪見稠林，若有若無等，

依止此諸見，具足六十二，
深著虛妄法，堅受不可捨，
我慢自矜高，諂曲心不實，
於千萬億劫，不聞佛名字，
亦不聞正法，如是人難度。
是故舍利弗，我為設方便，
說諸盡苦道，示之以涅槃。
我雖說涅槃，是亦非真滅，
諸法從本來，常自寂滅相。
佛子行道已，來世得作佛，
我有方便力，開示三乘法。
一切諸世尊，皆說一乘道，
今此諸大眾，皆應除疑惑，
諸佛語無異，唯一無二乘。
過去無數劫，無量滅度佛，
百千萬億種，其數不可量，

如是諸世尊，種種緣譬喻，
無數方便力，演說諸法相，
是諸世尊等，皆說一乘法，
化無量眾生，令入於佛道。
又諸大聖主，知一切世間，
天人群生類，深心之所欲，
更以異方便，助顯第一義。
若有眾生類，值諸過去佛，
若聞法布施，或持戒忍辱，
精進禪智等，種種修福慧，
如是諸人等，皆已成佛道。
諸佛滅度已，若人善軟心，
如是諸眾生，皆已成佛道。
諸佛滅度已，供養舍利者，
起萬億種塔，金銀及頗梨，
硨磲與瑪瑙，玫瑰琉璃珠，

清淨廣嚴飾，莊校於諸塔；
或有起石廟，栴檀及沉水，
木櫁并餘材，磚瓦泥土等；
若於曠野中，積土成佛廟，
乃至童子戲，聚沙為佛塔，
如是諸人等，皆已成佛道。
若人為佛故，建立諸形像，
刻雕成眾相，皆已成佛道。
或以七寶成，鍮鉐赤白銅，
白鑞及鉛錫，鐵木及與泥，
或以膠漆布，嚴飾作佛像，
如是諸人等，皆已成佛道。
彩畫作佛像，百福莊嚴相，
自作若使人，皆已成佛道。
乃至童子戲，若草木及筆，
或以指爪甲，而畫作佛像，

如是諸人等，漸漸積功德，
具足大悲心，皆已成佛道，
但化諸菩薩，度脫無量眾。
若人於塔廟，寶像及畫像，
以華香幡蓋，敬心而供養；
若使人作樂，擊鼓吹角貝，
簫笛琴箜篌❷，琵琶鐃銅鈸，
如是眾妙音，盡持以供養；
或以歡喜心，歌唄頌佛德，
乃至一小音，皆已成佛道。
若人散亂心，乃至以一華，
供養於畫像，漸見無數佛；
或有人禮拜，或復但合掌，
乃至舉一手，或復小低頭，
以此供養像，漸見無量佛，
自成無上道，廣度無數眾，

入無餘涅槃，如薪盡火滅。
若人散亂心，入於塔廟中，
一稱南無佛，皆已成佛道。
於諸過去佛，在世或滅度，
若有聞是法，皆已成佛道。
未來諸世尊，其數無有量，
是諸如來等，亦方便說法。
一切諸如來，以無量方便，
度脫諸眾生，入佛無漏智，
若有聞法者，無一不成佛。
諸佛本誓願，我所行佛道，
普欲令眾生，亦同得此道。
未來世諸佛，雖說百千億，
無數諸法門，其實為一乘。
諸佛兩足尊，知法常無性，
佛種從緣起，是故說一乘。

是法住法位，世間相常住，
於道場知已，導師方便說。
天人所供養，現在十方佛，
其數如恆沙，出現於世間，
安隱眾生故，亦說如是法。
知第一寂滅，以方便力故，
雖示種種道，其實為佛乘。
知眾生諸行，深心之所念，
過去所習業，欲性精進力，
及諸根利鈍，以種種因緣，
譬喻亦言辭，隨應方便說。
今我亦如是，安隱眾生故，
以種種法門，宣示於佛道。
我以智慧力，知眾生性欲，
方便說諸法，皆令得歡喜。
舍利弗當知，我以佛眼觀，

見六道眾生，貧窮無福慧，
入生死險道，相續苦不斷，
深著於五欲，如犛牛愛尾，
以貪愛自蔽，盲瞑無所見，
不求大勢佛，及與斷苦法，
深入諸邪見，以苦欲捨苦，
為是眾生故，而起大悲心。
我始坐道場，觀樹亦經行，
於三七日中，思惟如是事：
我所得智慧，微妙最第一，
眾生諸根鈍，著樂癡所盲，
如斯之等類，云何而可度？
爾時諸梵王，及諸天帝釋，
護世四天王，及大自在天，
並餘諸天眾，眷屬百千萬，
恭敬合掌禮，請我轉法輪。

我即自思惟：若但讚佛乘，
眾生沒在苦，不能信是法，
破法不信故，墜於三惡道，
我寧不說法，疾入於涅槃！
尋念過去佛，所行方便力，
我今所得道，亦應說三乘。
作是思惟時，十方佛皆現，
梵音慰喻我：善哉釋迦文，
第一之導師，得是無上法。
隨諸一切佛，而用方便力，
我等亦皆得，最妙第一法，
為諸眾生類，分別說三乘。
少智樂小法，不自信作佛，
是故以方便，分別說諸果，
雖復說三乘，但為教菩薩。
舍利弗當知，我聞聖師子，

深淨微妙音，喜稱南無佛。
復作如是念：我出濁惡世，
如諸佛所說，我亦隨順行。
思惟是事已，即趣波羅柰。
諸法寂滅相，不可以言宣，
以方便力故，為五比丘說，
是名轉法輪，便有涅槃音，
及以阿羅漢，法僧差別名。
從久遠劫來，讚示涅槃法，
生死苦永盡，我常如是說。
舍利弗當知，我見佛子等，
志求佛道者，無量千萬億，
咸以恭敬心，皆來至佛所，
曾從諸佛聞，方便所說法。
我即作是念：如來所以出，
為說佛慧故，今正是其時。

舍利弗當知，鈍根小智人，
著相憍慢者，不能信是法。
今我喜無畏，於諸菩薩中，
正直捨方便，但說無上道。
菩薩聞是法，疑網皆已除，
千二百羅漢，悉亦當作佛。
如三世諸佛，說法之儀式，
我今亦如是，說無分別法。
諸佛興出世，懸遠值遇難，
正使出於世，說是法復難，
無量無數劫，聞是法亦難，
能聽是法者，斯人亦復難。
譬如優曇花，一切皆愛樂，
天人所希有，時時乃一出；
聞法歡喜讚，乃至發一言，
則為已供養，一切三世佛，

是人甚希有，過於優曇花。
汝等勿有疑，我為諸法王，
普告諸大眾，但以一乘道，
教化諸菩薩，無聲聞弟子。
汝等舍利弗，聲聞及菩薩，
當知是妙法，諸佛之祕要。
以五濁惡世，但樂著諸欲，
如是等眾生，終不求佛道。
當來世惡人，聞佛說一乘，
迷惑不信受，破法墮惡道。
有慚愧清淨，志求佛道者，
當為如是等，廣讚一乘道。
舍利弗當知，諸佛法如是，
以萬億方便，隨宜而說法，
其不習學者，不能曉了此。
汝等既已知，諸佛世之師，

隨宜方便事，無復諸疑惑，
心生大歡喜，自知當作佛。

【譯文】

這時，世尊想對大眾再次宣說法義，即以偈頌形式說道：

比丘比丘尼，有懷增上慢，優婆塞我慢，優婆夷不信，
如是四眾等，其數有五千，不自見其過，於戒有缺漏，
護惜其瑕疵，是小智已出，眾中之糟糠，佛威德故去。
斯人尠福德，不堪受是法，此眾無枝葉，唯有諸真實。
舍利弗善聽，諸佛所得法，無量方便力，而為眾生說。
眾生心所念，種種所行道，若干諸欲性，先世善惡業，
佛悉知是已，以諸緣譬喻，言辭方便力，令一切歡喜。
或說修多羅，伽陀及本事，本生未曾有，
亦說於因緣，譬喻并祇夜，優波提舍經。
鈍根樂小法，貪著於生死，於諸無量佛，
不行深妙道，眾苦所惱亂，為是說涅槃。

我設是方便，令得入佛慧，未曾說汝等，當得成佛道。
所以未曾說，說時未至故，今正是其時，決定說大乘。
我此九部法，隨順眾生說，入大乘為本，以故說是經。
有佛子心淨，柔軟亦利根，無量諸佛所，
而行深妙道，為此諸佛子，說是大乘經。
我記如是人，來世成佛道，以深心念佛，修持淨戒故。
此等聞得佛，大喜充遍身，佛知彼心行，故為說大乘，
聲聞若菩薩，聞我所說法，乃至於一偈，皆成佛無疑。
十方佛土中，唯有一乘法，無二亦無三，
除佛方便說，但以假名字，引導於眾生。
說佛智慧故，諸佛出於世，唯此一事實，
餘二則非真，終不以小乘，濟度於眾生。
佛自住大乘，如其所得法，定慧力莊嚴，以此度眾生。
自證無上道，大乘平等法，若以小乘化，
乃至於一人，我則墮慳貪，此事為不可。
若人信歸佛，如來不欺誑，亦無貪嫉意，

斷諸法中惡，故佛於十方，而獨無所畏。
我以相嚴身，光明照世間，無量眾所尊，為說實相印。
舍利弗當知，我本立誓願，欲令一切眾，如我等無異。
如我昔所願，今者已滿足，化一切眾生，皆令入佛道。
若我遇眾生，盡教以佛道，無智者錯亂，迷惑不受教。
我知此眾生，未曾修善本，堅著於五欲，癡愛故生惱，
以諸欲因緣，墜墮三惡道，輪迴六趣中，
備受諸苦毒，受胎之微形，世世常增長。
薄德少福人，眾苦所逼迫，入邪見稠林，若有若無等，
依止此諸見，具足六十二，深著虛妄法，堅受不可捨，
我慢自矜高，諂曲心不實，於千萬億劫，
不聞佛名字，亦不聞正法，如是人難度。
是故舍利弗，我為設方便，說諸盡苦道，示之以涅槃。
我雖說涅槃，是亦非真滅，諸法從本來，常自寂滅相。
佛子行道已，來世得作佛，我有方便力，開示三乘法。
一切諸世尊，皆說一乘道，今此諸大眾，

皆應除疑惑，諸佛語無異，唯一無二乘。
過去無數劫，無量滅度佛，百千萬億種，其數不可量，
如是諸世尊，種種緣譬喻，無數方便力，演說諸法相，
是諸世尊等，皆說一乘法，化無量眾生，令入於佛道。
又諸大聖主，知一切世間，天人群生類，
深心之所欲，更以異方便，助顯第一義。
若有眾生類，值諸過去佛，若聞法布施，或持戒忍辱，
精進禪智等，種種修福慧，如是諸人等，皆已成佛道。
諸佛滅度已，若人善軟心，如是諸眾生，皆已成佛道。
諸佛滅度已，供養舍利者，起萬億種塔，金銀及頗梨，
硨磲與瑪瑙，玫瑰琉璃珠，清淨廣嚴飾，莊校於諸塔；
或有起石廟，栴檀及沉水，木櫁并餘材，磚瓦泥土等；
若於曠野中，積土成佛廟，乃至童子戲，
聚沙為佛塔，如是諸人等，皆已成佛道。
若人為佛故，建立諸形像，刻雕成眾相，皆已成佛道。
或以七寶成，鍮鉐赤白銅，白鑞及鉛錫，鐵木及與泥，

或以膠漆布，嚴飾作佛像，如是諸人等，皆已成佛道。
彩畫作佛像，百福莊嚴相，自作若使人，皆已成佛道。
乃至童子戲，若草木及筆，或以指爪甲，而畫作佛像，
如是諸人等，漸漸積功德，具足大悲心，
皆已成佛道，但化諸菩薩，度脫無量眾。
若人於塔廟，寶像及畫像，以華香幡蓋，敬心而供養；
若使人作樂，擊鼓吹角貝，簫笛琴箜篌，琵琶鐃銅鈸，
如是眾妙音，盡持以供養，或以歡喜心，
歌唄頌佛德，乃至一小音，皆已成佛道。
若人散亂心，乃至以一華，供養於畫像，漸見無數佛；
或有人禮拜，或復但合掌，乃至舉一手，或復小低頭，
以此供養像，漸見無量佛，自成無上道，
廣度無數眾，入無餘涅槃，如薪盡火滅。
若人散亂心，入於塔廟中，一稱南無佛，皆已成佛道。
於諸過去佛，在世或滅度，若有聞是法，皆已成佛道。
未來諸世尊，其數無有量，是諸如來等，亦方便說法。

一切諸如來，以無量方便，度脫諸眾生，
入佛無漏智，若有聞法者，無一不成佛。
諸佛本誓願，我所行佛道，普欲令眾生，亦同得此道。
未來世諸佛，雖說百千億，無數諸法門，其實為一乘。
諸佛兩足尊，知法常無性，佛種從緣起，是故說一乘。
是法住法位，世間相常住，於道場知已，導師方便說。
天人所供養，現在十方佛，其數如恆沙，
出現於世間，安隱眾生故，亦說如是法。
知第一寂滅，以方便力故，雖示種種道，其實為佛乘。
知眾生諸行，深心之所念，過去所習業，欲性精進力，
及諸根利鈍，以種種因緣，譬喻亦言辭，隨應方便說。
今我亦如是，安隱眾生故，以種種法門，宣示於佛道。
我以智慧力，知眾生性欲，方便說諸法，皆令得歡喜。
舍利弗當知，我以佛眼觀，見六道眾生，貧窮無福慧，
入生死險道，相續苦不斷，深著於五欲，如犛牛愛尾，
以貪愛自蔽，盲瞑無所見，不求大勢佛，及與斷苦法，

深入諸邪見，以苦欲捨苦，為是眾生故，而起大悲心。
我始坐道場，觀樹亦經行，於三七日中，思惟如是事：
我所得智慧，微妙最第一，眾生諸根鈍，
著樂癡所盲，如斯之等類，云何而可度？
爾時諸梵王，及諸天帝釋，護世四天王，及大自在天，
并餘諸天眾，眷屬百千萬，恭敬合掌禮，請我轉法輪。
我即自思維：若但讚佛乘，眾生沒在苦，不能信是法，
破法不信故，墜於三惡道，我寧不說法，疾入於涅槃！
尋念過去佛，所行方便力，我今所得道，亦應說三乘。
作是思維時，十方佛皆現，梵音慰喻我：
善哉釋迦文，第一之導師，得是無上法。
隨諸一切佛，而用方便力，我等亦皆得，
最妙第一法，為諸眾生類，分別說三乘。
少智樂小法，不自信作佛，是故以方便，
分別說諸果，雖復說三乘，但為教菩薩。
舍利弗當知，我聞聖師子，深淨微妙音，喜稱南無佛。

復作如是念：我出濁惡世，如諸佛所說，我亦隨順行。
思維是事已，即趣波羅柰。
諸法寂滅相，不可以言宣，以方便力故，為五比丘說，
是名轉法輪，便有涅槃音，及以阿羅漢，法僧差別名。
從久遠劫來，讚示涅槃法，生死苦永盡，我常如是說。
舍利弗當知，我見佛子等，志求佛道者，無量千萬億，
咸以恭敬心，皆來至佛所，曾從諸佛聞，方便所說法。
我即作是念：如來所以出，為說佛慧故，今正是其時。
舍利弗當知，鈍根小智人，著相憍慢者，不能信是法。
今我喜無畏，於諸菩薩中，正直捨方便，但說無上道。
菩薩聞是法，疑網皆已除，千二百羅漢，悉亦當作佛。
如三世諸佛，說法之儀式，我今亦如是，說無分別法。
諸佛興出世，懸遠值遇難，正使出於世，說是法復難，
無量無數劫，聞是法亦難，能聽是法者，斯人亦復難。
譬如優曇花，一切皆愛樂，天人所希有，時時乃一出；
聞法歡喜讚，乃至發一言，則為已供養，

一切三世佛，是人甚希有，過於優曇花。
汝等勿有疑，我為諸法王，普告諸大眾，
但以一乘道，教化諸菩薩，無聲聞弟子。
汝等舍利弗，聲聞及菩薩，當知是妙法，諸佛之秘要。
以五濁惡世，但樂著諸欲，如是等眾生，終不求佛道。
當來世惡人，聞佛說一乘，迷惑不信受，破法墮惡道。
有慚愧清淨，志求佛道者，當為如是等，廣讚一乘道。
舍利弗當知，諸佛法如是，以萬億方便，
隨宜而說法，其不習學者，不能曉了此。
汝等既已知，諸佛世之師，隨宜方便事，
無復諸疑惑，心生大歡喜，自知當作佛。

【注釋】

❶ 尠：同「鮮」，少。

❷ 箜篌：古代來自西域的樂器名。一種撥弦樂器，弦數因樂器大小而不同，最少的五根弦，最多的二十五根弦，分臥式和豎式兩種。琴弦一般係在敞開的框架上，用手指撥彈。

譬喻品第三

本品承接上品，進一步說明「開權顯實，會三歸一」之理。上智舍利弗悟解法義，世尊則於舍利弗授記未來當成就佛道，號「華光如來」。世尊又再次強調如來方便說法皆為引導眾生趨向菩薩道修習故。並為中根機者宣說譬喻更明此義。而令諸有智者，以譬喻得解悟。故名〈譬喻品〉。世尊宣說「火宅四車」之譬喻，內容為：大宅起火，長者諸子於門內嬉戲，不肯從火宅中出來。長者為使諸子得免諸難，而以權宜之計告訴諸子說，門外有三車，可供娛樂，諸子為其所誘，競相出離火宅。長者則不予三車，而賜給諸子更為華麗珍貴的大白牛車。此中以「長者」譬喻「如來」；以「家」譬喻「三界」；以「門」譬喻「一乘究竟佛乘」；以「五百人」譬喻「五道眾生」；以「火」譬喻「五濁八苦」；以「三車」譬喻「三乘」；以「大白牛車」譬喻「一乘」。終不予三車，而賜以大白牛車之喻，顯示開三乘之權，顯一乘之實。本品中著重強調如來所言無有虛妄，初說三乘引導眾生，然後但

以大乘而度脫之。如來有無量智慧力無所畏諸法之藏，能予一切眾生大乘之法，但由於眾生根機差異，不盡能受。因此諸佛以方便力故，於一佛乘分別說三，從而進一步說明「三乘方便、一乘真實」之旨。

本品中的「火宅四車」之喻為著名的「法華七喻」之第一喻。

爾時，舍利弗踊躍歡喜，即起合掌，瞻仰尊顏，而白佛言：「今從世尊聞此法音，心懷踊躍，得未曾有。所以者何？我昔從佛聞如是法，見諸菩薩授記作佛，而我等不豫斯事，甚自感傷，失於如來無量知見。世尊，我常獨處山林樹下，若坐若行，每作是念：『我等同入法性，云何如來以小乘法而見濟度？是我等咎，非世尊也。所以者何？若我等待說所因成就阿耨多羅三藐三菩提者，必以大乘而得度脫；然我等不解方便隨宜所說，初聞佛法，遇便信受思惟取證。』世尊，我從昔來終日竟夜每自剋責，而今從佛聞所未聞未曾有法，斷諸疑悔，身意泰然，快得安隱。今日乃知真是佛子，從佛口生，從法化生，得佛法分。」

爾時，舍利弗欲重宣此義，而說偈言：

我聞是法音，得所未曾有，
心懷大歡喜，疑網皆已除。

昔來蒙佛教，不失於大乘，
佛音甚希有，能除眾生惱，
我已得漏盡，聞亦除憂惱。
我處於山谷，或在樹林下，
若坐若經行，常思惟是事：
嗚呼深自責，云何而自欺？
我等亦佛子，同入無漏法，
不能於未來，演說無上道；
金色三十二❶，十力諸解脫❷，
同共一法中，而不得此事；
八十種妙好❸，十八不共法❹，
如是等功德，而我皆已失。
我獨經行時，見佛在大眾，
名聞滿十方，廣饒益眾生，
自惟失此利，我為自欺誑。
我常於日夜，每思惟是事，

欲以問世尊，為失為不失？
我常見世尊，稱讚諸菩薩，
以是於日夜，籌量如此事。
今聞佛音聲，隨宜而說法，
無漏難思議，令眾至道場。
我本著邪見，為諸梵志師❺，
世尊知我心，拔邪說涅槃。
我悉除邪見，於空法得證，
爾時心自謂，得至於滅度，
而今乃自覺，非是實滅度。
若得作佛時，具三十二相，
天人夜叉眾，龍神等恭敬，
是時乃可謂，永盡滅無餘。
佛於大眾中，說我當作佛，
聞如是法音，疑悔悉已除。
初聞佛所說，心中大驚疑，

將非魔作佛，惱亂我心耶？
佛以種種緣，譬喻巧言說，
其心安如海，我聞疑網斷。
佛說過去世，無量滅度佛，
安住方便中，亦皆說是法。
現在未來佛，其數無有量，
亦以諸方便，演說如是法。
如今者世尊，從生及出家，
得道轉法輪，亦以方便說。
世尊說實道，波旬無此事❻，
以是我定知，非是魔作佛，
我墮疑網故，謂是魔所為。
聞佛柔軟音，深遠甚微妙，
演暢清淨法，我心大歡喜，
疑悔永已盡，安住實智中。
我定當作佛，為天人所敬，

轉無上法輪❼，教化諸菩薩。

【譯文】

這時，舍利弗極為歡喜，即站起身來，雙手合掌，雙目仰望凝視世尊，開口說道：「今天，我們從世尊這裡聽聞了如此微妙的法門，心中充滿喜悅之情，這是從前沒有出現過的。為什麼這樣說呢？我過去曾跟從佛陀，聽聞過此稀有之法，又看到各位菩薩都蒙佛授記作佛，而我等二乘弟子卻沒有獲得佛陀的授記，心中覺得十分悲傷，錯失如來無量難測的智慧見地。世尊，我經常獨自一人，在山林之中，或者靜坐，或者經行漫步，常常產生這樣的想法：『我們這些弟子同樣得入如來的智慧法性，為何如來佛以小乘法來度化我們呢？這都要歸咎於我們的根性不夠，並非因為世尊的偏心。為什麼如此呢？如果我們這些修習小乘之人，能夠達到大乘的根性，那麼慈悲的佛陀必然會以大乘法門教習我等修行，而讓我們修習大乘法而獲得解脫；但是，我們未能了解佛陀以方便之法，隨宜不同根器的眾生相機說教，因此初聞佛陀方便說法時，便執其為究竟之法義而信奉受持，思維以求獲得小乘的果位。』世尊，我從過去至今，日日夜夜，常常因此而自責，如今從佛這裡聽聞到過去從未聽聞過的稀有妙法，方能斷除了心中的諸多疑惑和悔意，達到身心愉快、安穩自得的狀態。今天，我才知道自己為真正的佛弟子，這一切都是從佛陀親口所宣的言教中產生的，也可以說是佛陀宣說的法義讓我們發生這種變化，這才可算是真正得到了如來的清淨妙法。」

這時，舍利弗想再次重述他所說的言意，即用偈頌說道：

我聞是法音，得所未曾有，心懷大歡喜，疑網皆已除。
昔來蒙佛教，不失於大乘，佛音甚希有，
能除眾生惱，我已得漏盡，聞亦除憂惱。
我處於山谷，或在樹林下，若坐若經行，
常思惟是事：嗚呼深自責，云何而自欺？
我等亦佛子，同入無漏法，不能於未來，演說無上道；
金色三十二，十力諸解脫，同共一法中，而不得此事；
八十種妙好，十八不共法，如是等功德，而我皆已失。
我獨經行時，見佛在大眾，名聞滿十方，
廣饒益眾生，自惟失此利，我為自欺誑。
我常於日夜，每思惟是事，欲以問世尊，為失為不失？
我常見世尊，稱讚諸菩薩，以是於日夜，籌量如此事。
今聞佛音聲，隨宜而說法，無漏難思議，令眾至道場。
我本著邪見，為諸梵志師，世尊知我心，拔邪說涅槃。
我悉除邪見，於空法得證，爾時心自謂，

得至於滅度，而今乃自覺，非是實滅度。
若得作佛時，具三十二相，天人夜叉眾，
龍神等恭敬，是時乃可謂，永盡滅無餘。
佛於大眾中，說我當作佛，聞如是法音，疑悔悉已除。
初聞佛所說，心中大驚疑，將非魔作佛，惱亂我心耶？
佛以種種緣，譬喻巧言說，其心安如海，我聞疑網斷。
佛說過去世，無量滅度佛，安住方便中，亦皆說是法。
現在未來佛，其數無有量，亦以諸方便，演說如是法。
如今者世尊，從生及出家，得道轉法輪，亦以方便說。
世尊說實道，波旬無此事，以是我定知，
非是魔作佛，我墮疑網故，謂是魔所為。
聞佛柔軟音，深遠甚微妙，演暢清淨法，
我心大歡喜，疑悔永已盡，安住實智中。
我定當作佛，為天人所敬，轉無上法輪，教化諸菩薩。

【注釋】

❶三十二（相）：係轉輪聖王及佛之應化身所具足之三十二種殊勝容貌與微妙形相。又作「三十二大人相」、「三十二大丈夫相」、「三十二大士相」、「大人三十二相」。《三藏法數》四十八謂：㈠足安平相，足裡無凹處者。㈡千輻輪相，足下有輪形者。㈢手指纖長相，手指細長者。㈣手足柔軟相，手足之柔者。㈤手足縵網相，手足指與指間有縵網之纖緯交互聯絡如鵝鴨者。㈥足跟滿足相，跟是足踵，踵圓滿無凹處者。㈦足趺高好相，趺者足背也，足背高起而圓滿者。㈧腨如鹿王相，腨為股肉，佛之股肉纖圓如鹿王者。㈨手過膝相，手長過膝者。㈩馬陰藏相，佛之男根密藏體內如馬陰也。⑪身縱廣相，頭足之高與張兩手之長相齊者。⑫毛孔生青色相，一一毛孔，生青色之一毛而不雜亂者。⑬身毛上靡相，身毛之頭右施向上偃伏者。⑭身金色相，身體之色如黃金也。⑮常光一丈相，身放光明四面各一丈者。⑯皮膚細滑相，皮膚軟滑者。⑰七處平滿相，七處為兩足下兩掌兩肩並頂中，此七處皆平滿無缺陷也。⑱兩腋滿相，腋下充滿者。⑲身如獅子相，身體平正威儀嚴肅如獅子王者。⒇身端直相，身形端正無傴曲者。㉑肩圓滿相，兩肩圓滿而豐腴者。㉒四十齒相，具足四十齒者。㉓齒白齊密相，四十齒皆白淨而堅密者。㉔四牙白淨相，四牙最白而大者。㉕頰車如獅子相，兩頰隆滿如獅子之頰者。㉖咽中津液得上味相，佛之咽喉中，常有津液，凡食物因之得上味也。㉗廣長舌相，舌廣而長，柔軟細薄，展之則覆面而至於髮際者。㉘梵音深遠相，梵者清淨之義，佛之音聲清淨而遠聞也。㉙眼色如紺青相，眼睛之色如紺青

者。(卅)眼睫如牛王相，眼毛殊勝如牛王也。(卅一)眉間白毫相，兩眉之間有白毫，右旋常放光也。(卅二)頂成肉髻相，梵名「烏瑟膩」，譯作「肉髻」，頂上有肉，隆起為髻形者。亦名「無見頂相」。以一切有情皆不能見故也。

❷十力：指如來十力，唯如來具足之十種智力，即佛十八不共法中之十種。又作「十神力」。謂如來證得實相之智，了達一切，無能壞，無能勝，故稱為「力」。十力即：㈠處非處智力，又作「知是處非處智力」、「是處不是力」、「是處非處力」。處，謂道理。謂如來於一切因緣果報審實能知，如作善業，即知定得樂報，稱為「知是處」；若作惡業，得受樂報無有是處，稱為「知非處」。如是種種，皆悉遍知。㈡業異熟智力，又作「知業報智力」、「知三世業智力」、「業報集智力」、「業力」。謂如來於一切眾生過去、未來、現在三世業緣果報生處，皆悉遍知。㈢靜慮解脫等持等至智力，又作「靜慮解脫等持等至發起雜染清淨智力」、「知諸禪解脫三昧智力」、「禪定解脫三昧淨垢分別智力」、「定力」。謂如來於諸禪定自在無礙，其淺深次第如實遍知。㈣根上下智力，又作「知諸根勝劣智力」、「知眾生上下根智力」、「根力」。謂如來於諸眾生根性勝劣、得果大小皆實遍知。㈤種種勝解智力，又作「知種種解智力」、「知眾生種種欲智力」、「欲力」。謂如來於諸眾生種種欲樂善惡不同，如實遍知。㈥種種界智力，又作「是性力」、「知性智力」、「性力」。謂如來於世間眾生種種界分不同，如實遍知。㈦遍趣行智力，又作「知一切至處道智力」、「至處道力」。謂如來於「六道」有漏行所至處、涅槃無漏

行所至處如實遍知。(八)宿住隨念智力，又作「知宿命無漏智力」、「宿命智力」、「宿命力」。即如實了知過去世種種事之力；如來於種種宿命，一世乃至百千萬世，一劫乃至百千萬劫，死此生彼，死彼生此，姓名飲食、苦樂壽命，如實遍知。(九)死生智力，又作「知天眼無礙智力」、「宿住生死智力」、「天眼力」。謂如來借天眼如實了知眾生死生之時與未來生之善惡趣，乃至美醜貧富等善惡業緣。(十)漏盡智力，又作「知永斷習氣智力」、「結盡力」、「漏盡力」。謂如來於一切惑餘習氣分永斷不生，如實遍知。

❸ 八十種（好）：為佛菩薩之身所具足之八十種好相。又稱「八十隨形好」、「八十隨好」、「八十微妙種好」、「八十種小相」、「眾好八十章」。佛、菩薩之身所具足之殊勝容貌形相中，顯著者有三十二種，稱為「三十二相」；微細隱密難見者有八十種，稱為「八十種好」。兩者亦合稱「相好」。轉輪聖王亦能具足三十二相，而八十種好則唯佛、菩薩始能具足。有關「八十種好」之順序與名稱，異說紛紜。據《大般若經》卷三八一載，「八十種好」指：(一)指爪狹長，薄潤光潔。(二)手足之指圓而纖長、柔軟。(三)手足各等無差，諸指間皆充密。(四)手足光澤紅潤。(五)筋骨隱而不現。(六)兩踝俱隱。(七)行步直進，威儀和穆如龍象王。(八)行步威容齊肅如獅子王。(九)行步安平猶如牛王。(十)進止儀雅宛如鵝王。(十一)回顧必皆右旋如龍象王之舉身隨轉。(十二)肢節均勻圓妙。(十三)骨節交結猶若龍盤。(十四)膝輪圓滿。(十五)隱處之紋妙好清淨。(十六)身肢潤滑潔淨。(十七)身容敦肅無畏。(十八)身肢健壯。(十九)身體安康圓滿。(二十)身相猶如仙王，周匝端嚴光淨。(二十一)身之周匝圓光，

恆自照耀。(廿二)腹形方正、莊嚴。(廿三)臍深右旋。(廿四)臍厚不凹不凸。(廿五)皮膚無疥癬。(廿六)手掌柔軟，足下安平。(廿七)手紋深長明直。(廿八)唇色光潤丹暉，(廿九)面門不長不短，不大不小如量端嚴。(卅)舌相軟薄廣長。(卅一)聲音威遠清澈。(卅二)音韻美妙如深谷響。(卅三)鼻高且直，其孔不現。(卅四)齒方整鮮白。(卅五)牙圓白光潔鋒利。(卅六)眼淨青白分明。(卅七)眼相修廣。(卅八)眼睫齊整稠密。(卅九)雙眉長而細軟。(四十)雙眉呈紺琉璃色。(四一)眉高顯形如初月。(四二)耳厚廣大修長輪埵成就。(四三)兩耳齊平，離眾過失。(四四)容儀令見者皆生愛敬。(四五)額廣平正。(四六)身威嚴具足。(四七)髮修長紺青，密而不白。(四八)髮香潔細潤。(四九)髮齊不交雜。(五十)髮不斷落。(五一)髮光滑殊妙，塵垢不著。(五二)身體堅固充實。(五三)身體長大端直。(五四)諸竅清淨圓好。(五五)身力殊勝無與等者。(五六)身相眾所樂觀。(五七)面如秋滿月。(五八)顏貌舒泰。(五九)面貌光澤無有顰蹙。(六十)身皮清淨無垢，常無臭穢。(六一)諸毛孔常出妙香。(六二)面門常出最上殊勝香。(六三)相周圓妙好。(六四)身毛紺青光淨。(六五)法音隨眾，應理無差。(六六)頂相無能見者。(六七)手足指網分明。(六八)行時其足離地。(六九)自持不待他衛。(七十)威德攝一切。(七一)音聲不卑不亢，隨眾生意。(七二)隨諸有情，樂為說法。(七三)一音演說正法，隨有情類各令得解。(七四)說法依次第，循因緣。(七五)觀有情，讚善毀惡而無愛憎。(七六)所為先觀後作，具足軌範。(七七)相好，有情無能觀盡。(七八)頂骨堅實圓滿。(七九)顏容常少不老。(八十)手足及胸臆前，俱有吉祥喜旋德相（即卍字）。

❹十八不共法：指佛之「十八不共法」。全稱「十八不共佛法」。依《大品般若經》卷五〈廣乘品〉載，「十八不共法」為：(一)諸佛身無失，佛自無量劫來，持戒清淨，以此功德滿足之故，一

切煩惱皆盡，故於身無失。㈡口無失，佛具無量之智慧辯才，所說之法隨眾機宜而使皆得證悟之謂。㈢念無失，佛修諸甚深禪定，心不散亂，心於諸法無所著，得第一義之安穩。以上三法指身、口、意三業皆無過失。㈣無異想，佛於一切眾生平等普度，心無簡擇。㈤無不定心，佛之行住坐臥常不離甚深之勝定，攝心住善法中，於諸法實相中不退失。㈥無不知已捨心，於苦等之受，佛念念之中覺知其生住滅等相，而住於寂靜平等。㈦欲無減，佛具眾善，常欲度諸眾生，心無厭足。㈧精進無減，佛之身心精進滿足，為度眾生恆行種種方便，無有休息。㈨念無減，三世諸佛之法、一切智慧，相應滿足，無有退轉。㈩慧無減，指佛具一切智慧，又三世之智慧無礙故，於慧無缺減。⑪解脫無減，佛遠離一切執著，具有為、無為二種解脫，一切煩惱之習悉盡無餘，即於解脫無缺減。⑫解脫知見無減，佛知見諸解脫相，了了無暗障。⑬一切身業隨智慧行。⑭一切口業隨智慧行。⑮一切意業隨智慧行。以上三項，乃佛造作身、口、意三業時，先觀察得失，後隨智慧而行，故無過失，皆能利益眾生。⑯智慧知見過去世無閡無障。⑰智慧知見未來世無閡無障。⑱智慧知見現在世無閡無障。以上三者謂佛之智慧照知過去、未來、現在三世所有一切之事，皆通達無礙。

❺梵志：音譯「婆羅門」、「梵士」。意譯「淨裔」、「淨行」。又稱「淨行者」、「淨行梵志」。婆羅門志求住無垢清淨得生梵天，故有此稱。另據《大智度論》等，亦可指一切外道之出家者。

❻波旬：經典中又常作「魔波旬」。意譯「殺者」、「惡物」、「惡中惡」、「惡愛」。指斷除人之生命與善根之惡魔。為釋迦在世時之魔王名。

❼法輪：為對於佛法之喻稱。以「輪」比喻「佛法」，其義有三：㈠摧破之義，因佛法能摧破眾生之罪惡，猶如轉輪聖王之輪寶，能輾摧山嶽巖石，故喻之為「法輪」。㈡輾轉之義，因佛之說法不停滯於一人一處，猶如車輪輾轉不停，故稱「法輪」。㈢圓滿之義，因佛所說之教法圓滿無缺，故以輪之圓滿喻之，而稱「法輪」。

爾時，佛告舍利弗：「吾今於天、人、沙門、婆羅門等大眾中說：我昔曾於二萬億佛所，為無上道故常教化汝，汝亦長夜隨我受學，我以方便引導汝故生我法中。舍利弗，我昔教汝志願佛道，汝今悉忘，而便自謂已得滅度。我今還欲令汝憶念本願所行道故，為諸聲聞說是大乘經，名《妙法蓮華》，教菩薩法佛所護念。

「舍利弗，汝於未來世過無量無邊不可思議劫，供養若干千萬億佛，奉持正法，具足菩薩所行之道，當得作佛，號曰華光如來、應供、正遍知、明行足、善逝、世間解、無上士、調御丈夫、天人師、佛世尊。國名離垢，其土平正清淨嚴飾，安隱豐樂，天人熾盛。琉璃為地，有八交道，黃金為繩以界其側，其傍各有七寶行樹，常有華菓。華光如來亦以三乘教化

眾生。

「舍利弗，彼佛出時雖非惡世，以本願故說三乘法。其劫名大寶莊嚴。何故名曰大寶莊嚴？其國中以菩薩為大寶故。彼諸菩薩無量無邊不可思議，算數譬喻所不能及，非佛智力無能知者。若欲行時，寶華承足。此諸菩薩非初發意，皆久植德本，於無量百千萬億佛所淨修梵行，恆為諸佛之所稱歎，常修佛慧，具大神通，善知一切諸法之門，質直無偽，志念堅固。如是菩薩充滿其國。

「舍利弗，華光佛壽十二小劫，除為王子未作佛時。其國人民壽八小劫❶。華光如來過十二小劫，授堅滿菩薩阿耨多羅三藐三菩提記，告諸比丘：『是堅滿菩薩次當作佛，號曰華足安行、多陀阿伽度、阿羅訶、三藐三佛陀，其佛國土亦復如是。』舍利弗，是華光佛滅度之後，正法住世三十二小劫，像法住世亦三十二小劫❷。」

爾時，世尊欲重宣此義，而說偈言：

舍利弗來世，成佛普智尊，
號名曰華光，當度無量眾。
供養無數佛，具足菩薩行，
十力等功德，證於無上道。
過無量劫已，劫名大寶嚴，

世界名離垢，清淨無瑕穢，
以琉璃為地，金繩界其道，
七寶雜色樹，常有華菓實。
彼國諸菩薩，志念常堅固，
神通波羅蜜，皆已悉具足，
於無數佛所，善學菩薩道，
如是等大士❸，華光佛所化。
佛為王子時，棄國捨世榮，
於最末後身，出家成佛道。
華光佛住世，壽十二小劫；
其國人民眾，壽命八小劫；
佛滅度之後，正法住於世，
三十二小劫，廣度諸眾生；
正法滅盡已，像法三十二，
舍利廣流布，天人普供養。
華光佛所為，其事皆如是，

其兩足聖尊，最勝無倫匹，
彼即是汝身，宜應自欣慶。

【譯文】

這時，佛告訴舍利弗說：「今天，我於會中諸天、人、沙門、婆羅門等大眾之前如此說：我曾經於兩萬億佛以前的燈明佛那裡，為了追求無上的成等正覺之道，經常教化你，你也在漫長的歲月中跟隨我修學，我用種種方便法門引導你，明解我所宣說的一乘法義。舍利弗，我過去曾教化你發心發願志求佛道，如今你卻全然忘卻，反而自以為已得到解脫。我今天還是希望你能回憶並記起當初所發成就佛道的本願，所以為諸位聲聞弟子說此大乘經典，名《妙法蓮華經》。這是教化大乘菩薩的法門，常受諸佛的護持與憶念。

「舍利弗，你將於未來，經過無量無邊的長久歲月，供養億萬諸佛，受持奉行正法，具足各種菩薩道的修習，從而證得佛果，名號稱作華光如來，具足其他一切如來所具有的名號——應供、正遍知、明行足、善逝、世間解、無上士、調御丈夫、天人師、佛世尊。你成佛的國土名為離垢，國土平正，清淨莊嚴，安穩豐樂，天人眾多。大地以琉璃構成，有八交道，以黃金為界繩，兩旁各有七寶行樹，花果四季不衰。華光如來也以聲聞、緣覺、菩薩三乘之法教化眾生。

「舍利弗，當你成佛出世時，雖非濁惡之時，但因你曾發下的本願之力，因而宣說三乘法門。

你將來成佛時的劫名叫做大寶莊嚴。為什麼叫大寶莊嚴呢？因為此佛國中，將以菩薩作為大寶。在此佛國中，有無量無邊的菩薩，不可思議，用各種算數和譬喻都難以表述其數量之眾，如果沒有佛的智慧，是無法盡知其國土有多少菩薩的。此佛國中的眾生，如果要行動時，就會有寶蓮花在他的腳下展開承接其足。此佛土上的所有菩薩都不是初發心的修行者，而是在漫長的歲月中種下無量的善根福德，在無量百千萬億的諸佛國土中，修習清淨梵行，生生世世受到諸佛的稱揚讚歎，因為經常修習如佛無二般的真實智慧，皆都具有大神通之力，善於通達一切諸法的要義，真實無偽，行大乘道的志向和信念堅定不退。在那個佛土中，像這樣的大菩薩充滿其中。

「舍利弗，華光佛住世十二小劫，這一壽期不包括他在做王子時，尚未成佛的時間。該佛土的人民壽命為八小劫。華光佛在十二小劫過後，為堅滿菩薩授記成佛，他將告訴諸位比丘們說：『這位堅滿菩薩將繼我之後成佛，名號稱作華足安行、多陀阿伽度、阿羅訶、三藐三佛陀。該佛的國土也像華光佛的國土一樣。』舍利弗，這位華光佛滅度之後，正法時代為三十二小劫，像法時代也為三十二小劫。」

這時，世尊想對大眾再次宣說法義，即以偈頌言：

舍利弗來世，成佛普智尊，號名曰華光，當度無量眾。
供養無數佛，具足菩薩行，十力等功德，證於無上道。
過無量劫已，劫名大寶嚴，世界名離垢，清淨無瑕穢，

以琉璃為地，金繩界其道，七寶雜色樹，常有華菓實。
彼國諸菩薩，志念常堅固，神通波羅蜜，皆已悉具足，
於無數佛所，善學菩薩道，如是等大士，華光佛所化。
佛為王子時，棄國捨世榮，於最末後身，出家成佛道。
華光佛住世，壽十二小劫；其國人民眾，壽命八小劫；
佛滅度之後，正法住於世，三十二小劫，廣度諸眾生；
正法滅盡已，像法三十二，舍利廣流布，天人普供養。
華光佛所為，其事皆如是，其兩足聖尊，最勝無倫匹，
彼即是汝身，宜應自欣慶。

【注釋】

❶小劫：依《俱舍論》則人壽自八萬歲，每百年減一年而至十歲，又人壽自十歲，每百年增一年而至八萬歲，此增劫及減劫，一一名為小劫，依《大智度論》則合此一增一減而為「小劫」。

❷像法：為正法、像法、末法三時之一。像者，相似，如釋迦牟尼佛入滅後五百年為正法時代，其後一千年間所行之法，與正法相似而非正法，故名「像法時代」；亦有經典記載像法時期為五百年之說。但在大乘佛教的理論中，由於有無量無數的諸佛淨土，諸佛淨土之三時長短亦有不同。

❸大士：此處係為菩薩之另稱。

爾時，四部眾比丘、比丘尼、優婆塞、優婆夷，天、龍、夜叉、乾闥婆、阿修羅、迦樓羅、緊那羅、摩睺羅伽等大眾，見舍利弗於佛前受阿耨多羅三藐三菩提記，心大歡喜踴躍無量。各各脫身所著上衣以供養佛。釋提桓因、梵天王等❶，與無數天子，亦以天妙衣、天曼陀羅華、摩訶曼陀羅華等供養於佛。所散天衣住虛空中而自迴轉，諸天伎樂百千萬種，於虛空中一時俱作，雨眾天華。而作是言：「佛昔於波羅柰初轉法輪❷，今乃復轉無上最大法輪。」

爾時，諸天子欲重宣此義，而說偈言：

昔於波羅柰，轉四諦法輪，
分別說諸法，五眾之生滅；
今復轉最妙，無上大法輪，
是法甚深奧，少有能信者。
我等從昔來，數聞世尊說，
未曾聞如是，深妙之上法，

世尊說是法，我等皆隨喜。
大智舍利弗，今得受尊記，
我等亦如是，必當得作佛，
於一切世間，最尊無有上。
佛道叵思議，方便隨宜說，
我所有福業，今世若過世，
及見佛功德，盡迴向佛道。

【譯文】

這時，四眾弟子即比丘、比丘尼、優婆塞、優婆夷，以及天龍八部諸天、龍神、夜叉、乾闥婆、阿修羅、迦樓羅、緊那羅、摩睺羅伽等大眾，看見舍利弗在釋迦牟尼佛前授記成佛，心中歡欣鼓舞，歡喜不已。他們各自脫下身上穿的上衣，以供養佛陀。帝釋天釋提桓因、大梵天王等與其無數天子，也以其上妙的天衣以及曼陀羅花、大曼陀羅花等供養佛陀。他們供養的天衣在空中飄蕩旋轉，與此同時，百千萬種天樂在虛空中一齊奏響，各種天花如雨般紛揚，並出現這樣的音聲：「釋迦牟尼佛往昔於波羅柰國初轉四諦法輪，今天又再次弘轉最上妙之大法輪。」

這時，諸天子為了再次表達他們的意思，即以偈頌言：

昔於波羅柰，轉四諦法輪，分別說諸法，五眾之生滅；
今復轉最妙，無上大法輪，是法甚深奧，少有能信者。
我等從昔來，數聞世尊說，未曾聞如是，
深妙之上法，世尊說是法，我等皆隨喜。
大智舍利弗，今得受尊記，我等亦如是，
必當得作佛，於一切世間，最尊無有上。
佛道叵思議，方便隨宜說，我所有福業，
今世若過世，及見佛功德，盡迴向佛道。

【注釋】

❶ 梵天王：指大梵天王，又稱「梵王」，名為「尸棄」或「世主」。印度古傳說中，為劫初時從光音天下生，造作萬物，佛教中則以之與帝釋天同為佛教之護法神。

❷ 初轉法輪：佛陀出家成道後之首度說法。係佛陀於鹿野苑為憍陳如等五比丘說「四聖諦」、「八正道」，示離愛欲及苦行之二邊，而行中道之教。

爾時，舍利弗白佛言：「世尊，我今無復疑悔，親於佛前得受阿耨多羅三藐三菩提記。是諸千二百心自在者，昔住學地，佛常教化言：『我法能離生老病死，究竟涅槃。』是學無學人，亦各自以離我見及有無見等，謂得涅槃。而今於世尊前聞所未聞，皆墮疑惑。善哉！世尊，願為四眾說其因緣，令離疑悔。」

爾時，佛告舍利弗：「我先不言諸佛世尊，以種種因緣、譬喻言辭、方便說法，皆為阿耨多羅三藐三菩提耶?是諸所說皆為化菩薩故。然舍利弗，今當復以譬喻更明此義，諸有智者，以譬喻得解。

「舍利弗，若國邑聚落有大長者，其年衰邁，財富無量，多有田宅及諸僮僕。其家廣大，唯有一門，多諸人眾，一百、二百乃至五百人，止住其中。堂閣朽故，牆壁隤落，柱根腐敗，梁棟傾危。周匝俱時欻然火起，焚燒舍宅。長者諸子，若十、二十或至三十，在此宅中。長者見是大火從四面起，即大驚怖，而作是念：『我雖能於此所燒之門安隱得出，而諸子等於火宅內樂著嬉戲，不覺不知，不驚不怖。火來逼身苦痛切己，心不厭患，無求出意。』

「舍利弗，是長者作是思惟：『我身手有力，當以衣裓，若以機案，從舍出之。』復更思惟：『是舍唯有一門，而復狹小。諸子幼稚未有所識，戀著戲處，或當墮落為火所燒。我當為說怖畏之事，此舍已燒，宜時疾出，無令為火之所燒害。』作是念已，如所思惟，具告

諸子：『汝等速出！』父雖憐愍善言誘喻，而諸子等，樂著嬉戲不肯信受，不驚不畏，了無出心，亦復不知何者是火、何者為舍、云何為失，但東西走戲視父而已。

「爾時，長者即作是念：『此舍已為大火所燒，我及諸子若不時出，必為所焚。我今當設方便，令諸子等得免斯害。』父知諸子先心各有所好，種種珍玩奇異之物，情必樂著，而告之言：『汝等所可玩好，希有難得。汝若不取，後必憂悔。如此種種羊車、鹿車、牛車今在門外，可以遊戲，汝等於此火宅宜速出來，隨汝所欲，皆當與汝。』爾時，諸子聞父所說，珍玩之物適其願故，心各勇銳互相推排，競共馳走爭出火宅。

「是時，長者見諸子等安隱得出，皆於四衢道中露地而坐，無復障礙，其心泰然歡喜踊躍。時諸子等各白父言：『父先所許玩好之具，羊車、鹿車、牛車願時賜與。』舍利弗，爾時，長者各賜諸子等一大車。其車高廣，眾寶莊校，周匝欄楯❶，四面懸鈴；又於其上張設幰蓋❷，亦以珍奇雜寶而嚴飾之，寶繩交絡垂諸華纓；重敷綩綖安置丹枕❸；駕以白牛，膚色充潔，形體姝好，有大筋力，行步平正，其疾如風；又多僕從而侍衛之。所以者何？是大長者，財富無量，種種諸藏悉皆充溢。而作是念：『我財物無極，不應以下劣小車與諸子等。今此幼童皆是吾子，愛無偏黨。我有如是七寶大車，其數無量，應當等心各各與之，不宜差別。所以者何？以我此物周給一國，猶尚不匱，何況諸子？』是時，諸子各乘大車，得未曾有，非本所望。」

【譯文】

這時，舍利弗對釋迦牟尼佛說：「世尊，我如今已不再有什麼疑惑了，今天我在佛前有幸蒙佛授記。可是在座的一千二百位聲聞弟子，他們已經達到心自在解脫的程度，他們往昔住在初果、二果、三果的階位上，佛常教化他們說：『我所宣說的法門，能使眾生脫離生、老、病、死的痛苦，得到究竟涅槃的境界。』這些初果之上的有學弟子和已經證得四果阿羅漢位的無學弟子，也各自因為自己已消除了我執，以及消除對常見和斷見的執著，而以為自己已得到涅槃。如今在世尊面前，聽到這聞所未聞的無上妙法，都會陷入重重疑惑之中。偉大的世尊！懇請您為在座的比丘、比丘尼、優婆塞、優婆夷等四眾弟子宣說其中的緣由，使他們都能遠離疑惑與懊悔。」

這時，釋迦牟尼佛對舍利弗說：「我先前已經宣說過，諸佛世尊依照種種的因緣、採用種種的譬喻及言辭，來宣說方便法門，這都是為了教化菩薩的緣故。但是，舍利弗，我現在將再以譬喻的方式讓大家更加明白此中的道理，在座各位有智慧的弟子就可以通過譬喻，而領會其中的奧旨。

「舍利弗，在某國家的某一城鎮裡，有一位長者，此人年壽已高，身體衰弱，財富無量，擁有眾多的田地、宅院以及許多的童僕。他的家宅十分廣大，但只開了一道院門，常有一兩百人，有時甚至五百多人居住其中。他家的房子已經年久失修，堂閣破敗，牆壁頹落，柱根腐朽，梁棟傾斜。有一天，房舍四周忽然同時起火，整個宅院陷入火海之中。這位長者的孩子，約有一、二十人或三十多人當時正好都在院內。長者發現大火從四面燃起，頓時大為驚恐，心想：『我雖然能從大火焚燒的院門

中安全逃出，但是我的這些孩子不明事故，依然在火宅之中嬉戲玩耍，也不驚恐怖畏，絲毫沒有感受到大火的危險。大火快燒到他們身邊，痛苦已經迫近，但他們依然不知大難臨頭，根本沒有要想逃離險境的意思。』

「舍利弗，那位長者又這麼想：『自己身手有力，可以用衣、桌案掩護，從房中逃出。』但他又轉念一想：『這座宅院只有一個門戶，而且還很狹窄。諸子年幼無知，貪戀玩耍，不願離開，有可能落於火中遭受焚燒。我應當給他們講清恐怖的事情，告訴他們這座房舍已被火燒，讓他們趕緊離開，不要被火所害。』這樣想過之後，這位長者便如實告知諸子：『你們趕快逃離！』然而，父親雖然非常憐憫，好言相勸，但孩子們因沉迷於玩耍之中，根本不相信父親說的，沒有絲毫地驚懼，沒有一點想出去的意思，也不知什麼是火，什麼是房屋，以及會失去什麼，仍然東走西跑，打鬧嬉戲，若無其事地望著他們的父親。

「這時，長者心想：『這座宅院已為大火所燒，我和孩子們如果不及時逃出，必然會為火所焚。我現在應該以方便權宜之方法，使孩子們得免這場災難。』父親知道諸位兒子以前有各自的喜好，對於各種珍玩奇異之物肯定會非常喜歡，便告訴他們說：『你們所喜歡的，非常稀有難得。如果你們不來拿，以後肯定會後悔的。現在，大門外有各種羊車、鹿車、牛車，可供玩耍遊戲，你們應趕快從這火宅之中出來，到時，你們想要什麼都能得到。』這時，孩子們聽父親說有珍玩之物，正合其心願，於是各個心致高漲，他們互相擁擠，爭先恐後地跑出火宅。

「此時，長者見諸子從火宅中安全逃出，在四條大道上露地而坐，他們已沒有什麼危險，心安坦然，無比歡喜。這時，諸子都對他們的父親說：『父親先前曾答應給我們好玩的東西，如羊車、鹿車、牛車等，請您趕快給我們吧！』舍利弗，這時長者便給每個孩子一輛大車。此車高大氣派，上面飾有各種珍寶，周圍裝有華麗的欄杆，四面懸掛著寶鈴；又在車上覆蓋著幃幔和寶蓋，幔蓋上裝飾著奇珍異寶，寶繩縱橫交錯，繩上垂掛著各種花朵和纓子；車內鋪著重重疊疊的墊褥，放置著紅色的枕頭；車以白牛駕馭，此牛膚色純正潔白，形體優美，筋力強健，行走平穩，速度如風；還有許多僕從於旁侍衛。為什麼會有這樣富麗堂皇的牛車呢？因為這位長者擁有無量的財富，各種寶藏都充盈極滿。於是他想：『我的財物無量無數，不應該給這些孩子劣等的小車。如今這些幼童都是我的孩子，我對於他們的喜愛毫無偏袒。我既然有無數無量的七寶大車，就應該公平地分給他們，沒有什麼差別。為什麼呢？以我的財富而言，即使把此種七寶大車送給一國之中所有的人，也是用不完的，何況這些孩子。』這時，這些孩子各自乘上華麗的大車，都是以前不曾見到過的，遠遠超出了他們本來的願望。」

【注釋】

❶ 欄楯：欄杆。縱者為欄，橫者曰楯。

❷ 幰蓋：遮塵的布幔。

❸綩綖：蜿蜒曲折。

「舍利弗，於汝意云何？是長者等與諸子珍寶大車，寧有虛妄不？」

舍利弗言：「不也，世尊。是長者但令諸子得免火難，全其軀命，非為虛妄。何以故？若全身命，便為已得玩好之具，況復方便於彼火宅而拔濟之！世尊，若是長者，乃至不與最小一車，猶不虛妄。何以故？是長者先作是意：『我以方便令子得出。』以是因緣，無虛妄也。何況長者自知財富無量，欲饒益諸子等與大車！」

佛告舍利弗：「善哉！善哉！如汝所言。舍利弗，如來亦復如是，則為一切世間之父；於諸怖畏、衰惱、憂患、無明暗蔽，永盡無餘；而悉成就無量知見、力、無所畏，有大神力及智慧力，具足方便、智慧波羅蜜，大慈大悲，常無懈倦，恆求善事利益一切，而生三界朽故火宅，為度眾生生老病死、憂悲苦惱、愚癡暗蔽、三毒之火❶，教化令得阿耨多羅三藐三菩提。見諸眾生為生老病死、憂悲苦惱之所燒煮，亦以五欲財利故受種種苦。又以貪著追求故現受眾苦，後受地獄、畜生、餓鬼之苦，若生天上及在人間，貧窮困苦、愛別離苦、怨憎會苦，如是等種種諸苦。眾生沒在其中，歡喜遊戲，不覺不知，不驚不怖，亦不生厭，不求解脫，於此三界火宅東西馳走，雖遭大苦不以為患。舍利弗，佛見此已便作是念：『我為眾

生之父，應拔其苦難，與無量無邊佛智慧樂，令其遊戲。』

「舍利弗，如來復作是念：『若我但以神力及智慧力，捨於方便，為諸眾生讚如來知見、力、無所畏者，眾生不能以是得度。所以者何？是諸眾生，未免生老病死、憂悲苦惱，而為三界火宅所燒，何由能解佛之智慧？』舍利弗，如彼長者，雖復身手有力而不用之，但以殷勤方便，勉濟諸子火宅之難，然後各與珍寶大車；如來亦復如是，雖有力無所畏而不用之，但以智慧方便，於三界火宅拔濟眾生，為說三乘——聲聞、辟支佛、佛乘，而作是言：『汝等莫得樂住三界火宅，勿貪粗弊色聲香味觸也。若貪著生愛則為所燒。汝速出三界，當得三乘——聲聞、辟支佛、佛乘。我今為汝保任此事，終不虛也。汝等但當勤修精進。』

「如來以是方便誘進眾生，復作是言：『汝等當知，此三乘法皆是聖所稱歎，自在無繫，無所依求。乘是三乘，以無漏根❷、力❸、覺❹、道❺、禪定❻、解脫三昧等而自娛樂，便得無量安隱快樂。』

「舍利弗，若有眾生，內有智性，從佛世尊聞法信受，殷勤精進，欲速出三界自求涅槃，是名聲聞乘，如彼諸子為求羊車出於火宅。

「若有眾生，從佛世尊聞法信受，殷勤精進求自然慧，樂獨善寂，深知諸法因緣，是名辟支佛乘，如彼諸子為求鹿車出於火宅。

「若有眾生，從佛世尊聞法信受，勤修精進，求一切智、佛智❼、自然智、無師智，如

來知見、力、無所畏，愍念安樂無量眾生，利益天人度脫一切，是名大乘。菩薩求此乘，故名為摩訶薩，如彼諸子為求牛車出於火宅。

「舍利弗，如彼長者見諸子等，安隱得出火宅到無畏處，自惟財富無量，等以大車而賜諸子；如來亦復如是，為一切眾生之父，若見無量億千眾生，以佛教門出三界苦、怖畏險道，得涅槃樂，如來爾時便作是念：『我有無量無邊智慧、力、無畏等諸佛法藏。是諸眾生皆是我子，等與大乘，不令有人獨得滅度，皆以如來滅度而滅度之。是諸眾生脫三界者，悉與諸佛禪定解脫等娛樂之具，皆是一相一種聖所稱歎，能生淨妙第一之樂。』

「舍利弗，如彼長者初以三車誘引諸子，然後但與大車寶物莊嚴安隱第一。然彼長者無虛妄之咎；如來亦復如是，無有虛妄。初說三乘引導眾生，然後但以大乘而度脫之。何以故？如來有無量智慧力無所畏諸法之藏，能與一切眾生大乘之法，但不盡能受。舍利弗，以是因緣，當知諸佛方便力故，於一佛乘分別說三。」

【譯文】

「舍利弗，你有什麼想法？這位長者賜予諸子珍寶大車，是否屬於欺騙虛妄呢？」

舍利弗回答說：「不是這樣的，世尊。這位長者只是為了使諸子免於火焚之難，保全他們的性命，這不能叫做欺騙虛妄。為什麼這麼說呢？保全他們的性命，便已算是得到了玩好之具，何況還用

方便權宜之策將他們從那座火宅之中救度出來呢！世尊，即使這位長者甚至不給最小的一個車，也不算是虛妄。為什麼這麼說呢？這位長者先前曾想到過：『我以方便權宜之策使諸子出離火宅。』因為這個原因所以說這不是什麼虛妄。何況這位長者自知有無量的財富，想要諸子得到好處，並毫無偏袒地給予他們如此美妙的大車。」

釋迦牟尼佛告訴舍利弗說：「好！好！就像你所說的。舍利弗，如來也是如此，因為如來是所有世間一切眾生的父親；他已究竟地滅除一切的怖畏、衰惱、憂患和愚癡暗蔽；而全面成就了無量的知見、十種佛力、四種無畏，具有極大的神通力和智慧力，具足權巧方便法門和智慧解脫法門，大慈大悲，永無懈怠疲倦，恆求善事，為利益一切眾生，而於此欲界、色界、無色界等三界火宅中降生，為了度化眾生的生、老、病、死、憂悲、苦惱、愚癡、暗蔽，以及貪、瞋、癡三毒之火，以各種法門教化眾生，使他們得到無上正等正覺之聖智。眾生為生、老、病、死、憂悲、苦惱所燒煮，皆是因為貪著追求五欲的緣故，而承受到各種各樣的苦。又因為貪著的緣故，不但現世受種種苦難，而且後世也會遭受地獄、畜生、餓鬼之苦，如果後世轉生於天上或人間，也會遭受貧苦、愛別離、怨憎會等種種苦難。眾生淹沒在苦海之中，但卻不知不覺，不驚不怖，也不感到厭倦，不求解脫，在此三界火宅之中東奔西跑，雖遭大苦而不以為患。舍利弗，佛看到這種狀況後，便產生這樣的想法：『我為眾生之父，應拔其苦難，讓他們獲得無量無邊的佛智，並在此美妙境界中歡樂遊戲。』

「舍利弗，如來又這樣想：『如果僅僅以佛的神通力和智慧力，而捨棄方便教化，於眾生中讚

歎如來的知見、十力、四種無畏，那樣眾生是不會因此而得到度脫的。為什麼這樣說呢？因為這些眾生尚未免除生、老、病、死及憂悲苦惱等各種痛苦，而沉溺於三界火宅之中慘遭焚燒，他們怎能理解佛的智慧呢？』舍利弗，就像那位長者一樣，他雖然身手有力，但卻不用此力，只是以其方便權巧之法，盡力救度諸子免於火宅焚燒之難，然後再給每個人珍寶大車；如來也是如此，他雖然有十力和四種無畏，但也不用它們，而是以其種種智慧方便之法，在三界火宅之中救度眾生，為他們分別講說三乘法，即聲聞乘、辟支佛乘、佛乘，對他們如此說：『你們切莫樂居三界火宅之中，切莫貪著於粗俗破敝的色、音、香、味、觸等五欲之境。如果貪戀外境，愛欲不斷，那就會被欲火焚燒。你們應當趕快離開三界火宅，這樣你們都會得到三乘，即聲聞乘、辟支佛乘、佛乘。我今天向你們擔保，此事絕非虛妄，你們所要做的只是精勤地修行。』

「如來佛以這種權宜方便法門誘導眾生脫離三界火宅之後，又對他們說：『你們應當知道，這三乘之法都是三世十方一切諸佛讚歎的法門，這些法通達一切，自在無礙，無所依求。如果乘於此三乘之車，自身修習清淨的妙法，便可得到無量的安穩和快樂。這些清淨的妙法有：五根、五力、七覺支、八正道、四禪、八定、八解脫、三昧。』

「舍利弗，如果有眾生，具有一定的智慧，對於如來所說之法生起信心，勤勉修持，想迅速出離三界苦海，自我求得涅槃解脫。這就叫聲聞乘，就像那位長者的孩子，為求羊車而出火宅一樣。

「如果有眾生，對於如來所說之法生起信心，勤勉修持，喜歡獨自寂靜修行，深知十二因緣的道

理。這就叫辟支佛乘。就像那位長者的兒子為求鹿車而出離火宅一樣。

「如果有眾生，對於如來所說之法生起信心，勤勉修持，志求了達一切諸法實相的一切智、與佛無二之智慧、與佛無二本自具有的自然智、無師智，以及如來的知見、十力、四無所畏，大慈大悲之心，欲安樂一切眾生，利益諸天及人，度脫三界六道的一切眾生，這就稱為大乘，菩薩追求大乘，所以稱其為『大』，就像那位長者的兒子為求牛車而出於火宅一樣。

「舍利弗，就像那位長者見到諸子安全出離火宅，到達沒有危險的地方，心想自己的財富無量無數，便平等地賜予諸子大白牛車；如來也是如此，他是一切眾生的父親，如果見到無量無邊的眾生，用諸佛的教法，使他們由此出離三界苦海，逃脫令人恐怖的險境，而得到涅槃解脫的快樂。如來佛又如此思維：『我擁有無量無邊的智慧，具足十種智力和四種無畏，以及其他許許多多的佛法寶藏。所有的眾生皆是我的孩子，我應平等地給予他們大乘寶車，不能只讓一部分人自我滅度，而應以如來的滅度使他們獲得究竟的解脫。這些眾生如果已經脫離三界，我將用諸佛的禪定、解脫等妙法神力當作娛樂之具給予他們，諸佛所有的妙法神力唯一的實相和唯一的佛智，常受諸佛的讚歎，能帶給眾生清淨、微妙的無上之樂。』

「舍利弗，如來與那位長者一樣，最初以三車引誘諸子出離火宅，後來卻只給他們大車，其上以各種寶物盡情裝飾、安穩舒適。這位長者如此做法，毫無虛妄的過錯；如來也是沒有虛妄。佛初說三乘之法引導眾生，然後只用大乘度脫眾生。為什麼這樣做呢？如來佛有無盡的智慧、十力、四無畏等

佛法寶藏，能施予一切眾生大乘之法，但是眾生並非都是能夠完全接受的。舍利弗，由於這種緣故，你該明白諸佛用方便之法，在本來唯一的佛乘法上，分別說聲聞、緣覺、菩薩等三乘之法。」

【注釋】

❶三毒：指貪欲、瞋恚、愚癡（又稱貪瞋癡、淫怒癡、欲瞋無明）三種煩惱。又作「三火」、「三垢」。一切煩惱本通稱為「毒」，然此三種煩惱通攝三界，係毒害眾生出世善心中之最甚者，能令有情長劫受苦而不得出離，故特稱「三毒」。此三毒又為身、口、意等三惡行之根源，故亦稱「三不善根」，為根本煩惱之首。又按《大智度論》卷三十四分「三毒」為「正三毒」（貪欲、瞋恚、愚癡）與「邪三毒」（邪貪欲、邪瞋恚、邪見愚癡），以「邪三毒」者難度，「正三毒」者易度。

❷根：此處係指「三十七道品」中之第四科——「五根」之略。指五無漏根。此五者對於降伏煩惱、引入聖道具有增上之作用，故稱「五根」。即：㈠信根，信「三寶」、「四諦」等之道理者。㈡進根，又作「精進根」、「勤根」。勇猛修善法者。㈢念根，憶念正法者。㈣定根，使心止於一境而不散失者。㈤慧根，由定中觀智所起，而了知如實之真理者。此五者皆為能生起一切善法之根本，故稱為「五根」。又根有增上、出生等之義，上記五種能令人出生無漏聖道，故稱為「五根」。另據《大乘義章》卷十六說明根之意義，即：此五種出生「出世聖道」之力偏

強，故稱為「根」；又此五種有依次對治不信、懈怠、放逸、掉舉、無明煩惱等之作用，故稱為「根」。「五根」與「三十七道品」中第五科之「五力」同體，「五力」為利根者所修，「五根」則為鈍根者所修。

❸力：為「三十七道品」中之第五科「五力」之略。即由信等「五根」之增長所產生之五種維持修行、達到解脫之力量。㈠信力，對「三寶」虔誠，可破除一切邪信。㈡精進力，修「四正勤」，可斷除諸惡。㈢念力，修「四念處」以獲正念。㈣定力，專心禪定以斷除情欲煩惱。㈤慧力，觀悟「四諦」，成就智慧，可達解脫。此五者均有破惡之力，故稱為「五力」。其內容與五無漏根相同，為佛教之實踐道。其實踐上，係由前者循序漸進至於後者。

❹覺：為「三十七道品」中第六品之「七覺支」之略。又稱「七等覺支」、「七遍覺支」、「七菩提分」、「七菩提分寶」、「七覺分」、「七覺意」、「七覺志」、「七覺支法」、「七覺意法」，略稱「七覺」。覺，意謂菩提智慧；以七種法能助菩提智慧開展，故稱「覺支」。七者即：㈠念覺支，心中明白，常念於禪定與智慧。㈡擇法覺支，依智慧能選擇真法，捨棄虛偽法。㈢精進覺支，精勵於正法而不懈。㈣喜覺支，得正法而喜悅。㈤輕安覺支，又作「猗覺支」，指身心輕快安穩。㈥定覺支，入禪定而心不散亂。㈦捨覺支，心無偏頗，不執著而保持平衡。

❺道：為「三十七道品」中第七品「八正道」之略。又作「八聖道」、「八支正道」、「八聖道分」、「八道行」、「八直行」、「八正」、「八道」、「八支」、「八法」、「八路」。乃

「三十七道品」中，最能代表佛教之實踐法門，即八種通向涅槃解脫之正確方法或途徑。釋尊轉法輪時，所說離樂欲及苦行之二邊，趨向中道者，即指此「八正道」。八者即：㈠正見，又作「諦見」。即見苦是苦，集是集，滅是滅，道是道，有善惡業，有善惡業報，有此世彼世，有父母，世有真人往至善處，去善向善，於此世彼世自覺自證成就。㈡正思惟，又作「正志」、「正分別」、「正覺」或「諦念」。即謂無欲覺、恚覺及害覺。㈢正語，又作「正言」、「諦語」。即離妄言、兩舌、惡口、綺語等。㈣正業，又作「正行」、「諦行」。即離殺生、不與取等。㈤正命，又作「諦受」。即捨咒術等邪命，如法求衣服、飲食、床榻、湯藥等諸生活之具。㈥正精進，又作「正方便」、「正治」、「諦法」、「諦治」。發願已生之惡法令斷，未生之惡法令不起，未生之善法令生，已生之善法令增長滿具。即謂能求方便精勤。㈦正念，又作「諦意」。即以自共相觀身、受、心、法等四者。㈧正定，又作「諦定」。即離欲惡不善之法，成就初禪乃至四禪。「八聖道」乃眾生從迷界之此岸度到悟界之彼岸所持之力，故以船、筏為譬，有「八道船」、「八筏」之稱；又如車輪之輻、轂、輞相互助車轉動，故亦譬稱「八輪」。又此為聖者遊行之所，故又作「八遊行」、「八由行」。

❻禪定：禪，譯曰「思惟修」。新譯曰「靜慮」。思惟修者思惟所對之境，而研習之義；靜慮者心體寂靜，能審慮之義。定者，為梵語三昧之譯，心定止一境而離散動之義。即一心考物為禪，一境靜念為定也。故定之名寬，一切之息慮凝心名之，禪之名狹，定之一分也。蓋禪那之思惟審

慮，自有定止寂靜之義，故得名為「定」，而三昧無思惟審慮之義，故得名為「禪」也。今總別合稱而謂之「禪定」。然禪定雖皆為心之德，而欲界所屬之心非有此德，屬於色界，無色界之界之心德也。若色無色相對，則禪為色界之法，定為無色界之法，其中各有四等之淺深，故謂之「四禪四定」。此「四禪四定」為世間法，佛法外道凡夫聖者共通也，其他佛菩薩阿羅漢證得之諸無漏諸定為出世間法，非三界所屬之心體所具，故欲得禪，則必離欲界之煩惱。欲得定，則必斷欲界之煩惱，欲得無漏之諸定，則必絕無色界之煩惱。而此中禪在最初，不唯為諸定之根本，而發天眼天耳等之通力，亦依此禪。且禪有審慮之用，觀念真理，必依於禪，故以禪為學道之最要者。

❼佛智：佛特有之智慧。為最勝無上之智見，相當於一切種智。唯識法相以佛智有大圓鏡智、平等性智、妙觀察智、成所作智等「四智」，密教則加法界體性智而成「五智」。

佛欲重宣此義，而說偈言：

譬如長者，有一大宅，其宅久故，而復頓弊，
堂舍高危，柱根摧朽，梁棟傾斜，基陛隤毀❶，
牆壁圮坼❷，泥塗褫落❸，覆苫亂墜❹，

椽梠差脫❺，周障屈曲，雜穢充遍。
有五百人，止住其中。
鴟梟雕鷲❻，烏鵲鳩鴿❼，蚖蛇蝮蠍❽，蜈蚣蚰蜒❾，
守宮百足❿，鼬狸鼷鼠⓫，諸惡蟲輩，交橫馳走。
屎尿臭處，不淨流溢，蜣蜋諸蟲，而集其上。
狐狼野干，咀嚼踐蹋，嚌齧死屍⓬，骨肉狼藉。
由是群狗，競來搏撮，飢羸慞惶⓭，處處求食。
鬪諍摣掣⓮，啀喍嘷吠⓯，其舍恐怖，變狀如是。
處處皆有，魑魅魍魎⓰，夜叉惡鬼，食噉人肉。
毒蟲之屬，諸惡禽獸，孚乳產生，各自藏護。
夜叉競來，爭取食之，食之既飽，
惡心轉熾，鬪諍之聲，甚可怖畏。
鳩槃荼鬼，蹲踞土埵，或時離地，一尺二尺，
往返遊行，縱逸嬉戲，捉狗兩足，
撲令失聲，以腳加頸，怖狗自樂。
復有諸鬼，其身長大，裸形黑瘦，

常住其中，發大惡聲，叫呼求食。
復有諸鬼，其咽如針，復有諸鬼，首如牛頭，
或食人肉，或復噉狗，頭髮蓬亂，
殘害兇險，飢渴所逼，叫喚馳走。
夜叉餓鬼[17]，諸惡鳥獸，飢急四向，
窺看窗牖[18]，如是諸難，恐畏無量。
是朽故宅，屬於一人。
其人近出，未久之間，於後舍宅，忽然火起。
四面一時，其炎俱熾，棟梁椽柱，
爆聲震裂，摧折墮落，牆壁崩倒。
諸鬼神等，揚聲大叫。
雕鷲諸鳥，鳩槃荼等[19]，周章惶怖，不能自出。
惡獸毒蟲，藏竄孔穴。
毘舍闍鬼[20]，亦住其中，薄福德故，
為火所逼，共相殘害，飲血噉肉。
野干之屬，並已前死，諸大惡獸，競來食噉。

臭煙熢㶿㉑，四面充塞。
蜈蚣蚰蜒，毒蛇之類，為火所燒，
爭走出穴，鳩槃荼鬼，隨取而食。
又諸餓鬼㉒，頭上火燃，飢渴熱惱，周章悶走。
其宅如是，甚可怖畏，毒害火災，眾難非一。
是時宅主，在門外立，聞有人言：汝諸子等，
先因遊戲，來入此宅，稚小無知，歡娛樂著。
長者聞已，驚入火宅，方宜救濟，令無燒害。
告喻諸子，說眾患難，惡鬼毒蟲，
災火蔓延，眾苦次第，相續不絕。
毒蛇蚖蝮，及諸夜叉，鳩槃荼鬼，野干狐狗，
雕鷲鴟梟，百足之屬，飢渴惱急，甚可怖畏。
此苦難處，況復大火！諸子無知，
雖聞父誨，猶故樂著，嬉戲不已。
是時長者，而作是念：諸子如此，益我愁惱。
今此舍宅，無一可樂，而諸子等，耽湎嬉戲，

不受我教，將為火害！即便思惟，設諸方便，
告諸子等：我有種種，珍玩之具，妙寶好車，
羊車鹿車，大牛之車，今在門外，汝等出來。
吾為汝等，造作此車，隨意所樂，可以遊戲。
諸子聞說，如此諸車，即時奔競，
馳走而出，到於空地，離諸苦難。
長者見子，得出火宅，住於四衢[23]，坐師子座[24]，
而自慶言：我今快樂，此諸子等，生育甚難。
愚小無知，而入險宅，多諸毒蟲，魑魅可畏，
大火猛炎，四面俱起；而此諸子，貪樂嬉戲，
我已救之，令得脫難，是故諸人，我今快樂。
爾時諸子，知父安坐，皆詣父所，而白父言：
願賜我等，三種寶車，如前所許，諸子出來，
當以三車，隨汝所欲，今正是時，唯垂給與。
長者大富，庫藏眾多，金銀琉璃，硨磲瑪瑙。
以眾寶物，造諸大車，莊校嚴飾，周匝欄楯，

四面懸鈴，金繩交絡，真珠羅網，張施其上，
金華諸瓔，處處垂下，眾彩雜飾，周匝圍繞，
柔軟繒纊，以為茵蓐[25]，上妙細氎[26]，
價值千億，鮮白淨潔，以覆其上。
有大白牛，肥壯多力，形體姝好，
以駕寶車，多諸儐從，而侍衛之。
以是妙車，等賜諸子，諸子是時，歡喜踊躍，
乘是寶車，遊於四方，嬉戲快樂，自在無礙。
告舍利弗，我亦如是，眾聖中尊，世間之父。
一切眾生，皆是吾子，深著世樂，無有慧心。
三界無安，猶如火宅，眾苦充滿，甚可怖畏，
常有生老，病死憂患，如是等火，熾然不息。
如來已離，三界火宅，寂然閑居，安處林野。
今此三界，皆是我有，其中眾生，悉是吾子。
而今此處，多諸患難，唯我一人，能為救護。
雖復教詔，而不信受，於諸欲染，貪著深故，

以是方便，為說三乘，令諸眾生，
知三界苦，開示演說，出世間道。
是諸子等，若心決定，具足三明㉗，
及六神通㉘，有得緣覺，不退菩薩㉙。
汝舍利弗，我為眾生，以此譬喻，說一佛乘，
汝等若能，信受是語，一切皆當，成得佛道。
是乘微妙，清淨第一，於諸世間，為無有上，
佛所悅可，一切眾生，所應稱讚，供養禮拜。
無量億千，諸力解脫，禪定智慧，及佛餘法，
得如是乘，令諸子等，日夜劫數，常得遊戲，
與諸菩薩，及聲聞眾，乘此寶乘，直至道場。
以是因緣，十方諦求㉚，更無餘乘，除佛方便。
告舍利弗，汝諸人等，皆是吾子，我則是父。
汝等累劫，眾苦所燒，我皆濟拔，令出三界。
我雖先說，汝等滅度，但盡生死，
而實不滅，今所應作，唯佛智慧。

若有菩薩，於是眾中，能一心聽，諸佛實法，
諸佛世尊，雖以方便，所化眾生，皆是菩薩。
若人小智，深著愛欲，為此等故，說於苦諦，
眾生心喜，得未曾有，佛說苦諦，真實無異。
若有眾生，不知苦本，深著苦因，不能暫捨，
為是等故，方便說道，諸苦所因，貪欲為本，
若滅貪欲，無所依止，滅盡諸苦，名第三諦，
為滅諦故，修行於道，離諸苦縛，名得解脫。
是人於何，而得解脫？但離虛妄，
名為解脫，其實未得，一切解脫。
佛說是人，未實滅度，斯人未得，
無上道故，我意不欲，令至滅度。
我為法王，於法自在，安隱眾生，故現於世。
汝舍利弗，我此法印，為欲利益，
世間故說，在所遊方，勿妄宣傳。
若有聞者，隨喜頂受，當知是人，阿鞞跋致㉛。

若有信受，此經法者，是人已曾，
見過去佛，恭敬供養，亦聞是法。
若人有能，信汝所說，則為見我，
亦見於汝，及比丘僧，并諸菩薩。
斯法華經，為深智說，淺識聞之，迷惑不解。
一切聲聞，及辟支佛，於此經中，力所不及。
汝舍利弗，尚於此經，以信得入，況餘聲聞！
其餘聲聞，信佛語故，隨順此經，非己智分。
又舍利弗，憍慢懈怠㉜，計我見者㉝，莫說此經。
凡夫淺識，深著五欲㉞，聞不能解，亦勿為說。
若人不信，毀謗此經，則斷一切，世間佛種。
或復顰蹙㉟，而懷疑惑，汝當聽說，此人罪報。
若佛在世，若滅度後，其有誹謗，如斯經典，
見有讀誦，書持經者，輕賤憎嫉，而懷結恨，
此人罪報，汝今復聽：其人命終，入阿鼻獄，
具足一劫，劫盡更生，如是展轉，至無數劫。

從地獄出，當墮畜生，若狗野干，其影頷瘦㊱，
黧黮疥癩㊲，人所觸嬈，又復為人，之所惡賤，
常困飢渴，骨肉枯竭，生受楚毒，
死被瓦石，斷佛種故，受斯罪報。
若作馲駝㊳，或生驢中，身常負重，加諸杖捶，
但念水草，餘無所知，謗斯經故，獲罪如是。
有作野干，來入聚落，身體疥癩，又無一目，
為諸童子，之所打擲，受諸苦痛，或時致死。
於此死已，更受蟒身，其形長大，五百由旬，
聾騃無足㊴，宛轉腹行，為諸小蟲，之所唼食，
晝夜受苦，無有休息，謗斯經故，獲罪如是。
若得為人，諸根闇鈍，矬陋攣躄㊵，盲聾背傴，
有所言說，人不信受，口氣常臭，鬼魅所著，
貧窮下賤，為人所使，多病痟瘦㊶，無所依怙，
雖親附人，人不在意，若有所得，尋復忘失，
若修醫道，順方治病，更增他疾，或復致死，

若自有病，無人救療，設服良藥，而復增劇，
若他反逆，抄劫竊盜，如是等罪，橫罹其殃。
如斯罪人，永不見佛，眾聖之王，說法教化。
如斯罪人，常生難處，狂聾心亂，永不聞法，
於無數劫，如恆河沙，生輒聾啞，諸根不具，
常處地獄，如遊園觀，在餘惡道，如己舍宅，
駝驢豬狗，是其行處，謗斯經故，獲罪如是。
若得為人，聾盲瘖啞，貧窮諸衰，以自莊嚴，
水腫乾痟，疥癩癰疽，如是等病，以為衣服，
身常臭處，垢穢不淨，深著我見，增益瞋恚，
淫欲熾盛，不擇禽獸，謗斯經故，獲罪如是。
告舍利弗，謗斯經者，若說其罪，窮劫不盡。
以是因緣，我故語汝，無智人中，莫說此經。
若有利根，智慧明了，多聞強識，求佛道者，
如是之人，乃可為說。
若人曾見，億百千佛，植諸善本，深心堅固，

如是之人，乃可為說。
若人精進，常修慈心，不惜身命，乃可為說。
若人恭敬，無有異心，離諸凡愚，獨處山澤，
如是之人，乃可為說。
又舍利弗，若見有人，捨惡知識42，親近善友43，
如是之人，乃可為說。
若見佛子，持戒清潔，如淨明珠，求大乘經，
如是之人，乃可為說。
若人無瞋44，質直柔軟，常愍一切，恭敬諸佛，
如是之人，乃可為說。
復有佛子，於大眾中，以清淨心，種種因緣，
譬喻言辭，說法無礙，如是之人，乃可為說。
若有比丘，為一切智，四方求法，合掌頂受，
但樂受持，大乘經典，乃至不受，餘經一偈，
如是之人，乃可為說。
如人至心，求佛舍利，如是求經，得已頂受，

其人不復，志求餘經，亦未曾念，外道典籍㊺，
如是之人，乃可為說。
告舍利弗，我說是相，求佛道者，窮劫不盡。
如是等人，則能信解，汝當為說，《妙法華經》。

【譯文】

釋迦牟尼佛為了再次宣說以上法義，即以偈頌言道：
譬如長者，有一大宅，其宅久故，而復頓弊，
堂舍高危，柱根摧朽，梁棟傾斜，基陛隤毀，
牆壁圮坼，泥塗褫落，覆苫亂墜，
椽梠差脫，周障屈曲，雜穢充遍。
有五百人，止住其中。
鵄梟雕鷲，烏鵲鳩鴿，蚖蛇蝮蠍，蜈蚣蚰蜒，
守宮百足，狖狸鼷鼠，諸惡蟲輩，交橫馳走。
屎尿臭處，不淨流溢，蜣蜋諸蟲，而集其上。
狐狼野干，咀嚼踐蹋，嚌齧死屍，骨肉狼藉。

由是群狗，競來摶撮，飢羸慞惶，處處求食。
鬪諍摣掣，啀喍嘷吠，其舍恐怖，變狀如是。
處處皆有，魑魅魍魎，夜叉惡鬼，食噉人肉。
毒蟲之屬，諸惡禽獸，孚乳產生，各自藏護。
夜叉競來，爭取食之，食之既飽，
惡心轉熾，鬪諍之聲，甚可怖畏。
鳩槃荼鬼，蹲踞土埵，或時離地，一尺二尺，
往返遊行，縱逸嬉戲，捉狗兩足，
撲令失聲，以腳加頸，怖狗自樂。
復有諸鬼，其身長大，裸形黑瘦，
常住其中，發大惡聲，叫呼求食。
復有諸鬼，其咽如針，復有諸鬼，首如牛頭，
或食人肉，或復噉狗，頭髮蓬亂，
殘害兇險，飢渴所逼，叫喚馳走。
夜叉餓鬼，諸惡鳥獸，飢急四向，
窺看窗牖，如是諸難，恐畏無量。

是朽故宅，屬於一人。
其人近出，未久之間，於後舍宅，忽然火起。
四面一時，其炎俱熾，棟梁椽柱，
爆聲震裂，摧折墮落，牆壁崩倒。
諸鬼神等，揚聲大叫。
雕鷲諸鳥，鳩槃荼等，周章惶怖，不能自出。
惡獸毒蟲，藏竄孔穴。
毘舍闍鬼，亦住其中，薄福德故，
為火所逼，共相殘害，飲血噉肉。
野干之屬，竝已前死，諸大惡獸，
競來食噉，臭煙熢㶴，四面充塞。
蜈蚣蚰蜒，毒蛇之類，為火所燒，
爭走出穴，鳩槃荼鬼，隨取而食。
又諸餓鬼，頭上火燃，飢渴熱惱，周章悶走。
其宅如是，甚可怖畏，毒害火災，眾難非一。
是時宅主，在門外立，聞有人言：汝諸子等，

先因遊戲，來入此宅，稚小無知，歡娛樂著。
長者聞已，驚入火宅，方宜救濟，令無燒害。
告喻諸子，說眾患難，惡鬼毒蟲，
災火蔓延，眾苦次第，相續不絕。
毒蛇蚖蝮，及諸夜叉，鳩槃荼鬼，野干狐狗，
雕鷲鵄梟，百足之屬，飢渴惱急，甚可怖畏。
此苦難處，況復大火！諸子無知，
雖聞父誨，猶故樂著，嬉戲不已。
是時長者，而作是念：諸子如此，益我愁惱。
今此舍宅，無一可樂，而諸子等，耽湎嬉戲，
不受我教，將為火害！即便思維，設諸方便，
告諸子等：我有種種，珍玩之具，妙寶好車，
羊車鹿車，大牛之車，今在門外，汝等出來。
吾為汝等，造作此車，隨意所樂，可以遊戲。
諸子聞說，如此諸車，即時奔競，
馳走而出，到於空地，離諸苦難。

長者見子，得出火宅，住於四衢，坐師子座，
而自慶言：我今快樂，此諸子等，生育甚難。
愚小無知，而入險宅，多諸毒蟲，魑魅可畏，
大火猛炎，四面俱起；而此諸子，貪樂嬉戲，
我已救之，令得脫難，是故諸人，我今快樂。
爾時諸子，知父安坐，皆詣父所，而白父言：
願賜我等，三種寶車，如前所許，諸子出來，
當以三車，隨汝所欲，今正是時，唯垂給與。
長者大富，庫藏眾多，金銀琉璃，硨磲瑪瑙。
以眾寶物，造諸大車，莊校嚴飾，周匝欄楯，
四面懸鈴，金繩交絡，真珠羅網，張施其上，
金華諸纓，處處垂下，眾彩雜飾，周匝圍繞，
柔軟繒纊，以為茵蓐，上妙細氎，
價值千億，鮮白淨潔，以覆其上。
有大白牛，肥壯多力，形體姝好，
以駕寶車，多諸儐從，而侍衛之。

以是妙車，等賜諸子，諸子是時，歡喜踊躍，
乘是寶車，遊於四方，嬉戲快樂，自在無礙。
告舍利弗，我亦如是，眾聖中尊，世間之父。
一切眾生，皆是吾子，深著世樂，無有慧心。
三界無安，猶如火宅，眾苦充滿，甚可怖畏，
常有生老，病死憂患，如是等火，熾然不息。
如來已離，三界火宅，寂然閑居，安處林野。
今此三界，皆是我有，其中眾生，悉是吾子。
而今此處，多諸患難，唯我一人，能為救護。
雖復教詔，而不信受，於諸欲染，貪著深故，
以是方便，為說三乘，令諸眾生，
知三界苦，開示演說，出世間道。
是諸子等，若心決定，具足三明，
及六神通，有得緣覺，不退菩薩。
汝舍利弗，我為眾生，以此譬喻，說一佛乘，
汝等若能，信受是語，一切皆當，成得佛道。

是乘微妙，清淨第一，於諸世間，為無有上，
佛所悅可，一切眾生，所應稱讚，供養禮拜。
無量億千，諸力解脫，禪定智慧，及佛餘法，
得如是乘，令諸子等，日夜劫數，常得遊戲，
與諸菩薩，及聲聞眾，乘此寶乘，直至道場。
以是因緣，十方諦求，更無餘乘，除佛方便。
告舍利弗，汝諸人等，皆是吾子，我則是父。
汝等累劫，眾苦所燒，我皆濟拔，令出三界。
我雖先說，汝等滅度，但盡生死，
而實不滅，今所應作，唯佛智慧。
若有菩薩，於是眾中，能一心聽，諸佛實法，
諸佛世尊，雖以方便，所化眾生，皆是菩薩。
若人小智，深著愛欲，為此等故，說於苦諦，
眾生心喜，得未曾有，佛說苦諦，真實無異。
若有眾生，不知苦本，深著苦因，不能暫捨，
為是等故，方便說道，諸苦所因，貪欲為本，

若滅貪欲，無所依止，滅盡諸苦，名第三諦，
為滅諦故，修行於道，離諸苦縛，名得解脫。
是人於何，而得解脫？但離虛妄，
名為解脫，其實未得，一切解脫。
佛說是人，未實滅度，斯人未得，
無上道故，我意不欲，令至滅度。
我為法王，於法自在，安隱眾生，故現於世。
汝舍利弗，我此法印，為欲利益，
世間故說，在所遊方，勿妄宣傳。
若有聞者，隨喜頂受，當知是人，阿鞞跋致。
若有信受，此經法者，是人已曾，
見過去佛，恭敬供養，亦聞是法。
若人有能，信汝所說，則為見我，
亦見於汝，及比丘僧，并諸菩薩。
斯法華經，為深智說，淺識聞之，迷惑不解。
一切聲聞，及辟支佛，於此經中，力所不及。

汝舍利弗，尚於此經，以信得入，況餘聲聞！
其餘聲聞，信佛語故，隨順此經，非己智分。
又舍利弗，憍慢懈怠，計我見者，莫說此經。
凡夫淺識，深著五欲，聞不能解，亦勿為說。
若人不信，毀謗此經，則斷一切，世間佛種。
或復顰蹙，而懷疑惑，汝當聽說，此人罪報。
若佛在世，若滅度後，其有誹謗，如斯經典，
見有讀誦，書持經者，輕賤憎嫉，而懷結恨，
此人罪報，汝今復聽：其人命終，入阿鼻獄，
具足一劫，劫盡更生，如是展轉，至無數劫。
從地獄出，當墮畜生，若狗野干，其影頷瘦，
黧黮疥癩，人所觸嬈，又復為人，之所惡賤，
常困飢渴，骨肉枯竭，生受楚毒，
死被瓦石，斷佛種故，受斯罪報。
若作馲駝，或生驢中，身常負重，加諸杖捶，
但念水草，餘無所知，謗斯經故，獲罪如是。

有作野干，來入聚落，身體疥癩，又無一目，
為諸童子，之所打擲，受諸苦痛，或時致死。
於此死已，更受蟒身，其形長大，五百由旬，
聾騃無足，宛轉腹行，為諸小蟲，之所唼食，
晝夜受苦，無有休息，謗斯經故，獲罪如是。
若得為人，諸根闇鈍，矬陋攣躄，盲聾背傴，
有所言說，人不信受，口氣常臭，鬼魅所著，
貧窮下賤，為人所使，多病痟瘦，無所依怙，
雖親附人，人不在意，若有所得，尋復忘失，
若修醫道，順方治病，更增他疾，或復致死，
若自有病，無人救療，設服良藥，而復增劇，
若他反逆，抄劫竊盜，如是等罪，橫罹其殃。
如斯罪人，永不見佛，眾聖之王，說法教化。
如斯罪人，常生難處，狂聾心亂，永不聞法，
於無數劫，如恆河沙，生輒聾瘂，諸根不具，
常處地獄，如遊園觀，在餘惡道，如己舍宅，

駝驢豬狗，是其行處，謗斯經故，獲罪如是。

若得為人，聾盲瘖瘂，貧窮諸衰，以自莊嚴，

水腫乾痟，疥癩癰疽，如是等病，以為衣服，

身常臭處，垢穢不淨，深著我見，增益瞋恚，

淫欲熾盛，不擇禽獸，謗斯經故，獲罪如是。

告舍利弗，謗斯經者，若說其罪，窮劫不盡。

以是因緣，我故語汝，無智人中，莫說此經。

若有利根，智慧明了，多聞強識，求佛道者，

如是之人，乃可為說。

若人曾見，億百千佛，植諸善本，深心堅固，

如是之人，乃可為說。

若人精進，常修慈心，不惜身命，乃可為說。

若人恭敬，無有異心，離諸凡愚，獨處山澤，

如是之人，乃可為說。

又舍利弗，若見有人，捨惡知識，親近善友，

如是之人，乃可為說。

若見佛子，持戒清潔，如淨明珠，求大乘經，
如是之人，乃可為說。若人無瞋，質直柔軟，
常愍一切，恭敬諸佛，如是之人，乃可為說。
復有佛子，於大眾中，以清淨心，種種因緣，
譬喻言辭，說法無礙，如是之人，乃可為說。
若有比丘，為一切智，四方求法，合掌頂受，
但樂受持，大乘經典，乃至不受，餘經一偈，
如是之人，乃可為說。
如人至心，求佛舍利，如是求經，得已頂受，
其人不復，志求餘經，亦未曾念，外道典籍，
如是之人，乃可為說。
告舍利弗，我說是相，求佛道者，窮劫不盡。
如是等人，則能信解，汝當為說，《妙法華經》。

【注釋】

❶ 基陛隤毀：指牆垣倒塌毀壞。「隤」，指倒塌。

❷圮坼：荒廢的樣子。
❸褫落：廢弛敗落。
❹覆苫：即覆蓋。苫為遮蓋之意。
❺椽梠：椽指放在檁上架著屋頂的木條；梠為屋簷。
❻鴟梟：如類貓頭鷹一類的鳥。鷲：即鵰。
❼鳩：一種類似山雀的鳥。
❽蚖蛇：泛指毒蛇。
❾蚰蜒：此處泛指蜈蚣類。
❿守宮：壁虎。
⓫鼬狸：狐狸。
⓬嚌齧：咬、吃。
⓭羸：瘦弱。慞惶：亦作「慞偟」。忙亂，慌張。
⓮摣掣：伸手拉扯。
⓯啀喍：財狼。
⓰魑魅魍魎：害人的鬼怪的統稱。
⓱夜叉：「天龍八部眾」之一。又作「藥叉」、「悅叉」、「閱叉」、「野叉」。意譯「輕捷」、

「勇健」、「能啖」、「貴人」、「威德」、「祠祭鬼」、「捷疾鬼」。指住於地上或空中，以威勢惱害人，或守護正法之鬼類。

⓲ 窗牖：指窗戶。

⓳ 鳩槃荼：又作「俱槃荼」、「究槃荼」、「弓槃荼」、「鳩滿拏」、「槃查」。意譯為「甕形鬼」、「冬瓜鬼」、「厭魅鬼」。乃隸屬於增長天的二部鬼類之一。又《圓覺經》稱其為大力鬼王之名。此鬼啖人精氣，其疾如風，變化多端，住於林野，管諸鬼眾。

⓴ 毘舍闍：又作「毘舍遮」、「辟舍柘」、「畢舍遮」。持國天所領鬼之名稱。《慧苑音義》曰：「謂護持國土領二部鬼：一名毘舍闍，此云啖精鬼。二名乾闥婆，此云尋香也。」

㉑ 烽㶿：煙鬱結的樣子。

㉒ 餓鬼：為「三惡道」之一，又為「五趣」（五道）或「六趣」（六道）之一。因前生造惡業、多貪欲者，死後生為餓鬼，常苦於飢渴。又作「鬼道」、「鬼趣」、「餓鬼道」。

㉓ 四衢：指四通八達的大路，此處似又隱喻為「四衢道」，即指苦、集、滅、道「四諦」。乃佛陀成道後，初轉法輪所說，為佛教基本教義，並為解脫生死所由之道。因小乘人依止於「四諦」之理，故用四衢道比喻之。

㉔ 師子座：即獅子座。又作「獅子床」。原指釋迦牟尼之坐席。佛為人中獅子，故佛所坐之處（床、地等），總稱「獅子座」。又坐此座說無為獅子吼法，故亦稱「獅子座」。

㉕茵蓐：又作「茵褥」，指褥墊。

㉖氈：以細毛布或棉布製成的大衣類披衣。

㉗三明：又作「三達」、「三證法」。達於無學位，除盡愚闇，而於三事通達無礙之智明。即：㈠宿命智證明，又作「宿住隨念智作證明」、「宿住智證明」、「宿住智明」、「宿命明」、「宿命智」。即明白了知我及眾生一生乃至百千萬億生之相狀之智慧。㈡生死智證明，又作「死生智證明」、「天眼明」、「天眼智」。即了知眾生死時生時、善色惡色，或由邪法因緣成就惡行，命終生惡趣之中；或由正法因緣成就善行，命終生善趣中等等生死相狀之智慧。㈢漏盡智證明，又作「漏盡智明」、「漏盡明」、「漏盡智」。即了知如實證得「四諦」之理，解脫漏心，滅除一切煩惱等之智慧。（為「六神通」中的三種，即天眼通、宿命通、漏盡通，三者並稱為「三明」。）

㉘六神通：又作「六通」。指六種超人間而自由無礙之力。即：㈠神境通，又作「身通」、「身如意通」、「神足通」。即自由無礙，隨心所欲現身之能力。㈡天眼通，能見六道眾生生死苦樂之相，及見世間一切種種形色，無有障礙。㈢天耳通，能聞六道眾生苦樂憂喜之語言，及世間種種之音聲。㈣他心通，能知六道眾生心中所思之事。㈤宿命通，又作「宿住通」，能知自身及六道眾生之百千萬世宿命及所做之事。㈥漏盡通，斷盡一切三界見思惑，不受三界生死，而得漏盡神通之力。

㉙不退菩薩：於無上菩提得不退轉之菩薩。退，乃謂退步、退墮之意，指退墮惡趣及二乘地（聲

聞、緣覺之位），即由所證得之菩薩地及所悟之法退失。反之，不再退轉，至必能成佛之位，則為不退。不退位又作「不退轉地」。有「三種不退」、「四種不退」之別，其位次則依諸宗而異。

㉚十方：此處為「十方世界」之略稱，「十方」為四方、四維、上下之總稱。即指東、西、南、北、東南、西南、東北、西北、上、下。佛教主張十方有無數世界及淨土，又稱為「十方世界」、「十方法界」、「十方淨土」、「十方剎」等。

㉛阿鞞跋致：又作「阿毘跋致」，或作「阿惟越致」，譯曰「不退轉」。不退轉成佛進路之義。是菩薩階位之名。經一大阿僧祇劫之修行，則至此位。

㉜憍慢：指自高傲物之心態。

㉝我見：指執著有實我之妄見，亦即於非我之法，妄執為我。據《大乘起信論》載，此又分人、法二種：㈠人我見，即執著於色、受、想、行、識，以五蘊假合之身心為實我。㈡法我見，即妄計一切法皆有其實在體性。又唯識宗以我見為四根本煩惱之一，謂其與第七末那識相應。此末那識係由無始以來虛妄之熏習力，緣於第八阿賴耶識之分，而有實我實法之見。

㉞五欲：有兩種解釋：㈠又作「五妙欲」、「妙五欲」、「五妙色」。指染著色、聲、香、味、觸等五境所起之五種情欲。即：色欲、聲欲、香欲、味欲、觸欲。又相對於欲界粗弊之五欲，稱色界、無色界之五欲為「淨潔五欲」。㈡指財欲、色欲、飲食欲、名欲、睡眠欲。

㉟顰蹙：皺眉皺額，比喻憂愁不樂。
㊱頌：禿貌。
㊲黧黮：黑色斑駁貌。
㊳馲駝：即駱駝。
㊴騃：愚癡。
㊵矬陋：短小醜陋。攣躄：手腳屈曲不能行動。
㊶痟瘦：消瘦。
㊷惡知識：為「善知識」之對稱。又作「惡友」、「惡師」、「惡師友」。即說惡法與邪法，使人陷於魔道之惡德者。
㊸善友：為「善知識」之別稱，指正直而有德行之友。
㊹瞋：又作「瞋恚」、「瞋怒」、「恚」、「怒」。心所（心的作用）之名。為「三毒」之一。係指對有情怨恨之精神作用。
㊺外道：指佛教以外的一切宗教。又稱「外教」、「外學」、「外法」。原意為神聖可尊敬的隱遁者。這些隱遁者的思想，依佛教的觀點來說，都是佛教以外的教法。因此意譯作「外道」。此詞原意並無貶斥意味，然至後世，漸用以指持異見邪說者，「外道」一詞遂成為具侮辱排斥意義的貶稱。

信解品第四

信解為信奉解悟之意。本品中，須菩提等弟子以長者窮子的譬喻，表達他們對於佛陀宣說教法的領悟及信解。此喻大意是：一位長者之子從小逃離家鄉，年長非常貧困，只好四處遊行謀生；恰在一國中與非常富有的父親相遇；其父雖然認出他為自己分別多年的兒子，也想相認，但其子卻畏於其父的富足及權勢意欲逃離；長者則以方便之力，暗中派遣二人誘其子，先雇用他入家做僕人，做除糞等卑劣之事，再逐漸委以重任，使他逐漸除去心中畏懼自卑的心理；等機緣成熟時，方說出實情，與其子相認，並將家產盡數付予其子。此中「長者」喻「佛」，「窮子」喻「迷悟眾生」，以「雇用做活」喻「方便法」，以「二人」喻「二乘之教」，以「最終交付家產」喻「契悟實相」。中根之人，通過此喻而體悟到佛陀「開權顯實」之理。此為「三周說法」之第二周，長者窮子喻為「法華七喻」之第二喻。

爾時，慧命須菩提、摩訶迦旃延、摩訶迦葉、摩訶目犍連❶，從佛所聞未曾有法，世尊授舍利弗阿耨多羅三藐三菩提記，發希有心歡喜踊躍。即從座起，整衣服，偏袒右肩❷，右膝著地，一心合掌，曲躬恭敬，瞻仰尊顏而白佛言：「我等居僧之首，年竝朽邁，自謂已得涅槃，無所堪任，不復進求阿耨多羅三藐三菩提。世尊往昔說法既久，我時在座，身體疲懈，但念空❸、無相❹、無作❺，於菩薩法遊戲神通、淨佛國土、成就眾生，心不喜樂。所以者何？世尊令我等出於三界得涅槃證。又今我等年已朽邁，於佛教化菩薩阿耨多羅三藐三菩提，不生一念好樂之心。我等今於佛前，聞授聲聞阿耨多羅三藐三菩提記，心甚歡喜，得未曾有。不謂於今忽然得聞希有之法，深自慶幸獲大善利，無量珍寶不求自得。

「世尊，我等今者，樂說譬喻以明斯義。譬若有人年既幼稚，捨父逃逝久住他國，或十、二十至五十歲。年既長大加復窮困，馳騁四方以求衣食，漸漸遊行遇向本國。其父先來，求子不得，中止一城。其家大富，財寶無量，金銀、琉璃、珊瑚、琥珀、頗梨珠等，其諸倉庫悉皆盈溢，多有僮僕、臣佐、吏民，象馬車乘牛羊無數，出入息利乃遍他國，商估賈客亦甚眾多。時貧窮子遊諸聚落，經歷國邑，遂到其父所止之城。父母念子，與子離別五十餘年，而未曾向人說如此事。但自思惟，心懷悔恨，自念老朽多有財物，金銀珍寶倉庫盈溢，無有子息，一旦終沒，財物散失，無所委付。是以殷勤每憶其子，復作是念：『我若得

子委付財物，坦然快樂，無復憂慮。』

「世尊，爾時窮子傭賃，展轉遇到父舍。住立門側，遙見其父，踞師子床寶几承足，諸婆羅門、剎利居士皆恭敬圍繞，以真珠瓔珞價值千萬莊嚴其身，吏民僮僕手執白拂侍立左右，覆以寶帳，垂諸華幡，香水灑地，散眾名華，羅列寶物出內取與。有如是等種種嚴飾，威德特尊。窮子見父有大力勢，即懷恐怖，悔來至此，竊作是念：『此或是王，或是王等，非我傭力得物之處，不如往至貧里肆力有地，衣食易得。若久住此，或見逼迫強使我作。』作是念已，疾走而去。

「時富長者於師子座，見子便識，心大歡喜，即作是念：『我財物庫藏，今有所付。我常思念此子，無由見之，而忽自來，甚適我願。我雖年朽，猶故貪惜。』即遣傍人急追將還。爾時使者疾走往捉，窮子驚愕稱怨大喚：『我不相犯，何為見捉？』使者執之愈急，強牽將還。於時，窮子自念：『無罪而被囚執，此必定死。』轉更惶怖，悶絕躄地。父遙見之，而語使言：『不須此人，勿強將來。以冷水灑面，令得醒悟。莫復與語。』所以者何？父知其子志意下劣，自知豪貴為子所難。審知是子，而以方便不語他人云是我子。使者語之：『我今放汝，隨意所趣。』窮子歡喜，得未曾有，從地而起，往至貧里以求衣食。

「爾時，長者將欲誘引其子而設方便，密遣二人形色憔悴無威德者：『汝可詣彼，徐語窮子，此有作處，倍與汝值。窮子若許，將來使作。若言欲何所作？便可語之，雇汝除糞，

我等二人亦共汝作。』時二使人即求窮子，既已得之，具陳上事。爾時，窮子先取其價，尋與除糞。其父見子，愍而怪之。又以他日於窗牖中，遙見子身羸瘦憔悴，糞土塵坌污穢不淨，即脫瓔珞細軟上服嚴飾之具，更著粗弊垢膩之衣，塵土坌身，右手執持除糞之器，狀有所畏，語諸作人：『汝等勤作，勿得懈息。』以方便故得近其子，後復告言：『咄！男子，汝常此作，勿復餘去，當加汝價。諸有所須盆器、米、麵、鹽、醋之屬，莫自疑難，亦有老弊使人，須者相給，好自安意。我如汝父，勿復憂慮。所以者何？我年老大，而汝少壯。汝常作時，無有欺怠、瞋恨、怨言，都不見汝有此諸惡如餘作人。自今已後，如所生子。』即時長者，更與作字，名之為兒。爾時，窮子雖欣此遇，猶故自謂客作賤人。由是之故，於二十年中常令除糞。過是已後，心相體信，入出無難，然其所止猶在本處。

「世尊，爾時長者有疾，自知將死不久，語窮子言：『我今多有金銀珍寶，倉庫盈溢。其中多少，所應取與，汝悉知之。我心如是，當體此意。所以者何？今我與汝便為不異，宜加用心，無令漏失。』爾時，窮子即受教敕，領知眾物，金銀珍寶及諸庫藏，而無悕取一餐之意。然其所止故在本處，下劣之心亦未能捨。復經少時，父知子意漸已通泰，成就大志，自鄙先心。臨欲終時，而命其子并會親族、國王、大臣、剎利居士，皆悉已集，即自宣言：『諸君當知，此是我子，我之所生。於某城中捨吾逃走，伶俜辛苦五十餘年。其本字某，我名某甲。昔在本城懷憂推覓，忽於此間遇會得之。此實我子，我實其父。今我所有一切財

物，皆是子有。先所出內，是子所知。』世尊，是時窮子聞父此言，即大歡喜，得未曾有，而作是念：『我本無心有所希求，今此寶藏自然而至。』

「世尊，大富長者則是如來，我等皆似佛子，如來常說我等為子。世尊，我等以三苦故❻，於生死中受諸熱惱，迷惑無知，樂著小法❼。今日世尊令我等思惟蠲除諸法戲論之糞，我等於中勤加精進，得至涅槃一日之價。既得此已，心大歡喜，自以為足，便自謂言：『於佛法中勤精進故，所得弘多。』然世尊先知我等心著弊欲，樂於小法，便見縱捨，不為分別：『汝等當有如來知見寶藏之分。』世尊以方便力說如來智慧，我等從佛得涅槃一日之價，以為大得，於此大乘無有志求。我等又因如來智慧，為諸菩薩開示演說，而自於此無有志願。所以者何？佛知我等心樂小法，以方便力隨我等說，而我等不知真是佛子。今我等方知，世尊於佛智慧無所吝惜。所以者何？我等昔來真是佛子，而但樂小法。若我等有樂大之心，佛則為我說大乘法，於此經中唯說一乘。而昔於菩薩前毀呰聲聞樂小法者❽，然佛實以大乘教化。是故我等說本無心有所悕求，今法王大寶自然而至，如佛子所應得者，皆已得之。」

【譯文】這時，會眾中的長老須菩提、摩訶迦旃延、摩訶迦葉、摩訶目犍連等大弟子們從釋迦牟尼佛這裡

聽聞到未曾得聞的法門，又見釋迦牟尼佛為舍利弗尊者當於未來之世成佛的授記，而從內心生起稀有的願力，無比歡喜地歡呼跳躍起來。他們從座而起，整理好各自的衣服，偏袒右肩，右膝著地，合掌當胸，恭敬俯身致意，虔誠地仰視世尊的面容，並對世尊說：「我們作為眾僧之首，都已年邁老朽，自以為已證得涅槃，不用再承擔什麼，也都不再積極進取，以求無上正等正覺之聖智。世尊過去說法的時間已相當長了，我們作為大弟子總是在座下聽法，逐漸身體開始疲倦，精神也日益懈怠，我們一心只希求修行解脫的空、無人我相、無作等法門，而對於行菩薩道的法門，遊戲神通、莊嚴淨化佛國世界、教化普度一切眾生等等，於心並不喜愛欣求。為什麼這樣呢？因為，世尊過去說法教化我等，讓我們出離欲界、色界、無色界等三界苦宅，證得涅槃妙樂解脫。並且我們現在都已年老體弱，所以對世尊開示教化乘菩薩志求無上聖智的法門，已未生起絲毫的好樂之心。我們今天有幸在佛前得見世尊為聲聞弟子授記當成無上佛果，心中極為歡喜，這是過去所未曾有過的欣喜。我們也不曾想到，如此殊勝的法門，今日卻在未曾料到的情況下幸運地值遇。

「世尊啊！我們現在非常希望，能夠向與會大眾說一譬喻，以使大眾理解此等法義。譬如有一位男子，年少無知時離開他的父親，長期住在其他國家。如此到了十歲、二十歲以至五十歲。由於年紀已大，加之又很窮困，所以便四處遊蕩，以乞討為謀生方式，漸漸輾轉漂流，來到了自己原來的國度。他的父親在他之前來到此國，他多年來尋找自己的兒子，但卻無結果，所以在某一城中停住下來，安家落戶。其父家中頗為富裕，擁有無量的財寶，黃金、白銀、琉璃、珊瑚、琥珀、玻璃珠等，

充滿家中的倉庫。又有很多童僕、臣佐、吏民受雇執事，象馬、車乘、牛羊等更是多得難以數計、借出和收入的利息遍布其他國家，與其有生意往來的商家也頗為眾多。這時，那位貧困潦倒的兒子走過很多城市鄉村，經歷本國，正好來到其父所居之城市。多年以來，父親常常默默地思念自己的兒子，與兒子離別五十餘年，但卻從未向別人提起此事。只是自己暗暗地思慮，心中常常生起悔恨之意，又常常自感身體日益老朽，家中擁有大量的金銀財寶，以至於倉庫都要溢出來了，但卻沒有子嗣繼承，一旦命終之後，所有的財物都將散失，無人可以繼承。所以更加頻繁地思念自己的兒子。他在思念兒子時，常常產生這樣的念頭：『我如果能夠再找回兒子，將所有的家產都委託於他，那就會覺得坦然快活、不再有絲毫的憂慮了！』

「世尊，那時，這位窮子被雇作傭人，而在外輾轉謀生，剛好來到他父親的家宅。他站在院門旁，遠遠看見其父坐在高廣的獅子座上，用珍寶几案墊在雙腳之下，一些婆羅門、剎帝利居士等都恭敬地圍繞在四周，其父身上裝飾著價值千萬的珍珠、瓔珞，僕人們手持白拂，侍立左右，床上蓋著寶帳，屋裡懸掛著花幡，地上灑著香水，到處都盛放著奇花奇草，還安置了各種寶物，進出隨時取用。如此種種的珍貴裝飾，無不體現此宅主人所擁有的尊貴威嚴。那位窮子看到其父如此大的氣勢，心裡覺得非常害怕，後悔來到這裡。他暗自思忖到：『這家主人可能是國王，或者是與國王地位相當的人，這裡並非是我可以受雇做工以得謀生的地方，不如到貧窮的地方去，那裡出力之活好找，衣食也容易得到。如果我久留此地，有可能會受到威逼，強迫我為他做工。』如此想著，窮子即快步走開。

「此時那位富貴的長者坐在高廣的獅子座上，看到貧子即認出那是自己失散多年的兒子，心裡十分高興，心想：『我的家產終於有了可以付託的人了！我常日夜思念兒子，卻一直未能遇到，今天，他忽然自己來了，這真是遂合我的心願！我雖然年紀老邁，但依然貪愛憐惜自己的兒子。』於是當即派人前去將兒子追回。當時派去的人一路急跑去追窮子，窮子感到十分驚慌，大聲驚呼抱怨道：『我並沒有惹你，為何要抓我呢？』使者急於交差，更為強拉硬拖，強行把他帶回來。當時這位窮子暗想：『自己無罪而遭捕囚，看來會被處死。』於是更加覺得惶恐，以至於昏倒在地。其父在遠處看到這種情形，便對使者說：『我不需要找此人了，不要強行把他帶來。把冷水灑在窮子的臉上，讓他清醒過來。不要再與他說任何話。』為什麼這樣做呢？父親知道自己的兒子志向低劣，對於自己所擁有的富豪，兒子會感到很難適應。考慮到這些，所以父親決定用方便權宜之法，並不告訴別人這是他的兒子。使者見窮子蘇醒過來，便對他說：『我現在放你走，你願意去哪兒就去哪兒吧。』窮子聽後感到從未有過的高興，於是從地上起來，跑到貧窮的地方去謀生度日。

「那時，長者為了逐漸誘導其子，而計畫了權宜方便之法，他暗地裡派遣兩個形色憔悴毫無威德氣勢的人，付囑二人說：『你們到他那裡後，慢慢地告訴他，說這裡要雇人幹活，並可付給加倍的報酬。窮子如果同意，即可將其帶來，讓他在這裡幹活。如果他要問起幹什麼活，就說雇他清掃糞便，我們二人也同你一起幹活。』這兩人即去尋找那位窮子，找到他後，便按長者的吩咐向窮子敘說了一遍。窮子同意後，先拿了工錢，便來與二人一同掃除糞便。其父看見兒子後，既覺得憐憫，又覺得責

怪。有一天，父親透過窗戶看見兒子的身軀，消瘦憔悴，滿身糞漬塵土，污穢不淨，當即脫下瓔珞裝飾的上好衣服和其他珍貴之物，又換上破舊的衣服，身上滿是塵垢，右手拿著掃糞便的器具，裝作畏畏縮縮的樣子，來到除掃糞便的眾人之中，對他們說：『你們幹活要勤快點，不要懈怠。』父親便通過這種善巧的方式接近其子。後來，父親又找到兒子，對他說：『喂！年輕人，你常在這裡幹活，又不到其他地方去，應當要求增加你的工錢。以後，你所需要的盆器、米麵、鹽醋等東西都無須擔心，我會讓人給你送來，需要多少都可以，你可以放下心來。我就像你的父親一樣，不要再有什麼憂慮了。為什麼這樣做呢？我年紀已經很大了，而你還年輕力壯。你平常幹活時，從未有過欺騙、懈怠、惱恨和怨言等各種劣跡惡行，這與其他幹活的人不同。從今以後，你就如同我的親生兒子。』當時長者又給他起了名字，把他當作自己的兒子。當時，窮子雖然對遇到的這些事情覺得高興，但還是認為自己是受雇勞作的貧賤之人。所以，在二十年當中，長者一直讓他幹著清除糞便的工作。經過長時間做工之後，窮子的內心與外表都不再拘束，能夠自在大方地進出家門，但他所做的仍然是原來的工作，地位也未發生多少變化。

「世尊，有一天，那位長者忽然病倒，他自知死期不遠，便對窮子說：『我如今擁有大量的金銀珍寶，倉庫裡都裝得快溢滿出來了。家中有多少財物，哪裡需要支付開銷，這些你都知道。我的這種心情，你應當明白。為什麼呢？今天，我與你已沒有什麼差別，你應該更加用心，不要因大意而損失。』當時窮子按照長者的付囑，安排各項開支費用，管理金銀珍寶及各個倉庫，卻並不因此而要求

其他的待遇。窮子雖然所做的事情有所改變，但仍然住在原來傭人的住處，下劣的心理仍然未能去除。又經過一段時間，父親知道兒子的心理已經泰然自若，可以成就遠大的志向，對於原有的下劣之心也已經反省認識。長者臨終前，將他的兒子叫來，又召集了親族、國王、大臣、剎帝利居士等前來，當眾向他們宣布說：『諸位應當知道，這位是我親生的兒子。當年曾在某城中離開我而出逃，孤單辛苦了五十餘年。他原名叫某某，我名叫某甲。我過去曾在本城中滿懷憂傷，四下尋覓，忽然在此遇見他。他確實是我的兒子，我確實是他的父親。如今，我所有的一切財物都歸我的兒子所有。先前家中的各項收支，我的兒子也都知道。』世尊，當時窮子聽到其父所言，當即非常歡喜，歎為從未遇到之難得事，而產生這樣的念頭：『我本來並沒有打算追求這些，如今這些寶藏竟自然而得。』

「世尊，那位極為富有的長者就是如來，我們這些人都好像是佛的兒子，如來也常說視我們這些人為兒子。世尊，我們因為有苦苦、壞苦、行苦等三苦，所以在生死之中，常常受到五蘊如火般地的熱惱逼迫，由於迷惑無知，熱衷於追求小乘之法。今天，世尊讓我們體認到，應當捐除昔日所修習的非究竟的法義，如同清掃糞便一般，我們曾於此小乘法中勤勉精進，只為獲得涅槃一天的結果。已經達到這種境界後，便覺得滿心歡喜，自以為已經足夠，於是就對自已說：『我們於佛法中精勤修行，獲得的成就不少。』但是，世尊早已明瞭我等內心執著於低劣的欲望，熱衷於小乘之法，所以，便聽任我們修習小乘之法，而不為我們分別大小乘法之差異，你們應當知道，我們都具有與如來無二差別的智慧，世尊用種種善巧方便闡述如來的智慧，我們隨從佛陀聞法修行，僅僅得到證入涅槃之少分境

界，卻以為達到極深的究竟果位，對於大乘佛法也未生起欣求的志向。我們又因為如來智慧的加持，為諸菩薩開示演說佛乘之法，而我們自身卻對此無上佛道未生起志願求道之心。為什麼這樣呢？世尊知道我們樂於沉迷於小乘非究竟法，因此以方便之力，隨順我等根機，為我們演說權宜之教，我們尚未認識到自己本來即是荷負如來法義的真正佛子。今天，我們方得明白，世尊對於無上佛智未曾有絲毫的不吝惜。為什麼這麼說呢？我等往昔以來即是荷負如來家業的真正佛子，卻一心熱衷於小乘之法。如果我們有欣求大乘之心，如來就會為我們敷演宣說大乘法義，於此《妙法蓮華經》中說唯有一乘之理。昔日佛於諸菩薩前訶責修習聲聞乘者熱衷於小乘法，佛陀從究竟意義上，還是以大乘之法施行教化。所以我們才會說，原本無心志求佛道，而如今法王如來的無上妙法之寶不求自至，如同諸位佛子，只要是作為佛子應該得到的，如今都已經得到。」

【注釋】

❶ 慧命：又作「具壽」。意謂具壽命。乃對有德比丘之尊稱。

❷ 偏袒右肩：又作「偏露右肩」、「偏袒一肩」、「偏露一膊」。略稱「偏袒」。為「通肩」一詞之相對語。即披著袈裟時袒露右肩，覆蓋左肩。原為古代印度表示尊敬之禮法，佛教沿用之，即於比丘拜見佛陀或問訊師僧時，須偏袒，以從事拂床、灑掃等工作，故偏袒右肩即意謂便於服勞、聽令使役，亦即以偏袒為敬禮之標幟。佛像中，有偏袒右肩形及通肩形，於密教胎藏界曼荼

羅中台八葉院之天鼓雷音如來、寶幢如來、釋迦院之釋迦牟尼如來、阿難、迦旃延等均作偏袒右肩形。

❸空：此處指諸法無自性之自性空。

❹無相：有兩意，一者於一切相，離一切相，即是無相。二者為涅槃的別名，因涅槃離一切虛妄之相。

❺無作：指無因緣之造作。

❻三苦：此係依苦之性質，分為苦苦、壞苦、行苦三種。㈠苦苦，有漏行蘊中，諸非可意之苦受法，逼惱身心之苦。㈡壞苦，諸可意之樂受法，生時為樂，壞時逼惱身心之苦。㈢行苦，除可意非可意以外所餘之捨受法，為眾緣所造，難免生滅遷流，故聖者觀見之，於身心皆感逼惱，故稱為「行苦」。一切有漏之行皆無常而生滅遷流，故皆為行苦所攝，則非可意之法有「苦苦」、「行苦」二種，可意之法則有「壞苦」、「行苦」二種。

❼小法：指小乘之法。

❽毀呰：指對他人為毀辱事。

爾時，摩訶迦葉欲重宣此義，而說偈言：

我等今日，聞佛音教，歡喜踊躍，得未曾有。

佛說聲聞，當得作佛，無上寶聚，不求自得。
譬如童子，幼稚無識，捨父逃逝，
遠到他土，周流諸國，五十餘年。
其父憂念，四方推求，求之既疲，
頓止一城，造立舍宅，五欲自娛。
其家巨富，多諸金銀，硨磲瑪瑙，真珠琉璃，
象馬牛羊，輦輿車乘，田業僮僕，人民眾多，
出入息利，乃遍他國，商估賈人，無處不有。
千萬億眾，圍繞恭敬，常為王者，之所愛念，
群臣豪族，皆共宗重，以諸緣故，往來者眾。
豪富如是，有大力勢，而年朽邁，益憂念子，
夙夜惟念：死時將至，癡子捨我，
五十餘年，庫藏諸物，當如之何？
爾時窮子，求索衣食，從邑至邑，從國至國，
或有所得，或無所得，飢餓羸瘦，體生瘡癬，
漸次經歷，到父住城，傭賃展轉，遂至父舍。

爾時長者，於其門內，施大寶帳，處師子座，
眷屬圍繞，諸人侍衛，或有計算，
金銀寶物，出內財產，注記券疏。
窮子見父，豪貴尊嚴，謂是國王，若國王等，
驚怖自怪，何故至此？覆自念言：
我若久住，或見逼迫，強驅使作。
思惟是已，馳走而去，借問貧里，欲往傭作。
長者是時，在師子座，遙見其子，
默而識之，即敕使者，追捉將來。
窮子驚喚，迷悶躄地：
是人執我，必當見殺，何用衣食，使我至此？
長者知子，愚癡狹劣，不信我言，不信是父。
即以方便，更遣餘人，眇目矬陋，無威德者：
汝可語之，云當相雇，除諸糞穢，倍與汝價。
窮子聞之，歡喜隨來，為除糞穢，淨諸房舍。
長者於牖，常見其子，念子愚劣，樂為鄙事，

於是長者，著弊垢衣，執除糞器，往到子所，
方便附近，語令勤作：既益汝價，并塗足油，
飲食充足，薦席厚暖，如是苦言，汝當勤作。
又以軟語，若如我子。
長者有智，漸令入出，經二十年，執作家事，
示其金銀，真珠頗梨，諸物出入，皆使令知。
猶處門外，止宿草庵，自念貧事，我無此物。
父知子心，漸已曠大，欲與財物，即聚親族，
國王大臣，剎利居士，於此大眾，說是我子，
捨我他行，經五十歲，自見子來，已二十年，
昔於某城，而失是子，周行求索，遂來至此。
凡我所有，舍宅人民，悉以付之，恣其所用。
子念昔貧，志意下劣，今於父所，大獲珍寶，
并及舍宅，一切財物，甚大歡喜，得未曾有。
佛亦如是，知我樂小，未曾說言，汝等作佛，
而說我等，得諸無漏，成就小乘，聲聞弟子。

佛敕我等，說最上道，修習此者，當得成佛。
我承佛教，為大菩薩，以諸因緣，
種種譬喻，若干言辭，說無上道。
諸佛子等，從我聞法，日夜思惟，精勤修習，
是時諸佛，即授其記，汝於來世，當得作佛。
一切諸佛，祕藏之法，但為菩薩，
演其實事，而不為我，說斯真要。
如彼窮子，得近其父，雖知諸物，心不希取。
我等雖說，佛法寶藏，自無志願，亦復如是。
我等內滅，自謂為足，唯了此事，更無餘事。
我等若聞，淨佛國土，教化眾生，都無欣樂。
所以者何？一切諸法，皆悉空寂，
無生無滅，無大無小，無漏無為。
如是思惟，不生喜樂，我等長夜，
於佛智慧，無貪無著，無復志願，
而自於法，謂是究竟。

我等長夜，修習空法，得脫三界，
苦惱之患，住最後身，有餘涅槃。
佛所教化，得道不虛，則為已得，報佛之恩。
我等雖為，諸佛子等，說菩薩法，
以求佛道，而於是法，永無願樂。
導師見捨，觀我心故，初不勸進，說有實利。
如富長者，知子志劣，以方便力，
柔伏其心，然後乃付，一切財物。
佛亦如是，現希有事，知樂小者，
以方便力，調伏其心，乃教大智。
我等今日，得未曾有，非先所望，
而今自得，如彼窮子，得無量寶。
世尊我今，得道得果，於無漏法，得清淨眼。
我等長夜，持佛淨戒，始於今日，得其果報。
法王法中，久修梵行，今得無漏，無上大果。
我等今者，真是聲聞，以佛道聲，令一切聞，

我等今者，真阿羅漢，於諸世間，
天人魔梵，普於其中，應受供養。
世尊大恩，以希有事，憐愍教化，利益我等，
無量億劫，誰能報者？手足供給，
頭頂禮敬，一切供養，皆不能報。
若以頂戴，兩肩荷負，於恆沙劫，盡心恭敬，
又以美膳，無量寶衣，及諸臥具，種種湯藥，
牛頭栴檀，及諸珍寶，以起塔廟，寶衣布地，
如斯等事，以用供養，於恆沙劫，亦不能報。
諸佛希有，無量無邊，不可思議，大神通力，
無漏無為，諸法之王，能為下劣，
忍於斯事，取相凡夫，隨宜為說。
諸佛於法，得最自在，知諸眾生，種種欲樂，
及其志力，隨所堪任，以無量喻，而為說法。
隨諸眾生，宿世善根，又知成熟，未成熟者，
種種籌量，分別知已，於一乘道，隨宜說三。

【譯文】

這時，摩訶迦葉為了再次宣說他們的言意，即以偈語形式說道：

我等今日，聞佛音教，歡喜踊躍，得未曾有。
佛說聲聞，當得作佛，無上寶聚，不求自得。
譬如童子，幼稚無識，捨父逃逝，
遠到他土，周流諸國，五十餘年。
其父憂念，四方推求，求之既疲，
頓止一城，造立舍宅，五欲自娛。
其家巨富，多諸金銀，硨磲瑪瑙，真珠琉璃，
象馬牛羊，輦輿車乘，田業僮僕，人民眾多，
出入息利，乃遍他國，商估賈人，無處不有。
千萬億眾，圍繞恭敬，常為王者，之所愛念，
群臣豪族，皆共宗重，以諸緣故，往來者眾。
豪富如是，有大力勢，而年朽邁，益憂念子，
夙夜惟念：死時將至，癡子捨我，
五十餘年，庫藏諸物，當如之何？

爾時窮子，求索衣食，從邑至邑，從國至國，
或有所得，或無所得，飢餓羸瘦，體生瘡癬，
漸次經歷，到父住城，傭賃展轉，遂至父舍。
爾時長者，於其門內，施大寶帳，處師子座，
眷屬圍繞，諸人侍衛，或有計算，
金銀寶物，出內財產，注記券疏。
窮子見父，豪貴尊嚴，謂是國王，
若國王等，驚怖自怪，何故至此？
覆自念言：我若久住，或見逼迫，強驅使作。
思惟是已，馳走而去，借問貧里，欲往傭作。
長者是時，在師子座，遙見其子，
默而識之，即敕使者，追捉將來。
窮子驚喚，迷悶躄地：
是人執我，必當見殺，何用衣食，使我至此？
長者知子，愚癡狹劣，不信我言，不信是父。
即以方便，更遣餘人，眇目矬陋，無威德者：

汝可語之，云當相雇，除諸糞穢，倍與汝價。
窮子聞之，歡喜隨來，為除糞穢，淨諸房舍。
長者於牖，常見其子，念子愚劣，樂為鄙事，
於是長者，著弊垢衣，執除糞器，往到子所，
方便附近，語令勤作：既益汝價，并塗足油，
飲食充足，薦席厚暖，如是苦言，汝當勤作。
又以軟語，若如我子。
長者有智，漸令入出，經二十年，執作家事，
示其金銀，真珠頗梨，諸物出入，皆使令知。
猶處門外，止宿草庵，自念貧事，我無此物。
父知子心，漸已曠大，欲與財物，即聚親族，
國王大臣，剎利居士，於此大眾，說是我子，
捨我他行，經五十歲，自見子來，已二十年，
昔於某城，而失是子，周行求索，遂來至此。
凡我所有，舍宅人民，悉以付之，恣其所用。
子念昔貧，志意下劣，今於父所，大獲珍寶，

并及舍宅，一切財物，甚大歡喜，得未曾有。
佛亦如是，知我樂小，未曾說言，汝等作佛，
而說我等，得諸無漏，成就小乘，聲聞弟子。
佛敕我等，說最上道，修習此者，當得成佛。
我承佛教，為大菩薩，以諸因緣，
種種譬喻，若干言辭，說無上道。
諸佛子等，從我聞法，日夜思惟，精勤修習，
是時諸佛，即授其記，汝於來世，當得作佛。
一切諸佛，祕藏之法，但為菩薩，
演其實事，而不為我，說斯真要。
如彼窮子，得近其父，雖知諸物，心不希取。
我等雖說，佛法寶藏，自無志願，亦復如是。
我等內滅，自謂為足，唯了此事，更無餘事。
我等若聞，淨佛國土，教化眾生，都無欣樂。
所以者何？一切諸法，皆悉空寂，
無生無滅，無大無小，無漏無為。

如是思惟，不生喜樂，我等長夜，於佛智慧，
無貪無著，無復志願，而自於法，謂是究竟。
我等長夜，修習空法，得脫三界，
苦惱之患，住最後身，有餘涅槃。
佛所教化，得道不虛，則為已得，報佛之恩。
我等雖為，諸佛子等，說菩薩法，
以求佛道，而於是法，永無願樂。
導師見捨，觀我心故，初不勸進，說有實利。
如富長者，知子志劣，以方便力，
柔伏其心，然後乃付，一切財物。
佛亦如是，現希有事，知樂小者，
以方便力，調伏其心，乃教大智。
我等今日，得未曾有，非先所望，
而今自得，如彼窮子，得無量寶。
世尊我今，得道得果，於無漏法，得清淨眼。
我等長夜，持佛淨戒，始於今日，得其果報。

法王法中，久修梵行，今得無漏，無上大果。
我等今者，真是聲聞，以佛道聲，令一切聞，
我等今者，真阿羅漢，於諸世間，
天人魔梵，普於其中，應受供養。
世尊大恩，以希有事，憐愍教化，
利益我等，無量億劫，誰能報者？
手足供給，頭頂禮敬，一切供養，皆不能報。
若以頂戴，兩肩荷負，於恆沙劫，盡心恭敬，
又以美膳，無量寶衣，及諸臥具，種種湯藥，
牛頭栴檀，及諸珍寶，以起塔廟，寶衣布地，
如斯等事，以用供養，於恆沙劫，亦不能報。
諸佛希有，無量無邊，不可思議，大神通力，
無漏無為，諸法之王，能為下劣，
忍於斯事，取相凡夫，隨宜為說。
諸佛於法，得最自在，知諸眾生，種種欲樂，
及其志力，隨所堪任，以無量喻，而為說法。

隨諸眾生，宿世善根，又知成熟，未成熟者，
種種籌量，分別知已，於一乘道，隨宜說三。

藥草喻品第五

如來以草木之喻繼續為中根之人宣示「開權顯實」之教法，並指出如來所說皆真實不虛，唯以眾生根性不同，而以諸智方便為其宣說，以使其相應得解。此草木之喻中，以「一雲遍覆」、「一雨普潤」喻「如來一相一味之教法」；以「三種草木」喻「眾生根機差別」，即：「小草木者」喻「人天乘」，「中草木者」喻「聲聞」、「緣覺乘」，「大草木者」喻「菩薩乘」。此喻續明如來以一實相法普潤一切眾生，眾生隨其根性所受不同，各得大小道果。此為法華「三周說法」的第二周，為「法華七喻」中的第三喻。

爾時，世尊告摩訶迦葉及諸大弟子：「善哉！善哉！迦葉，善說如來真實功德。誠如所

言，如來復有無量無邊阿僧祇功德，汝等若於無量億劫說不能盡。迦葉當知，如來是諸法之王，若有所說，皆不虛也！於一切法以智方便而演說之，其所說法皆悉到於一切智地。如來觀知一切諸法之所歸趣，亦知一切眾生深心所行，通達無礙。又於諸法究盡明了，示諸眾生一切智慧。

「迦葉，譬如三千大千世界，山川谿谷土地，所生卉木叢林，及諸藥草，種類若干，名色各異。密雲彌布遍覆三千大千世界，一時等澍，其澤普洽。卉木叢林及諸藥草，小根小莖小枝小葉，中根中莖中枝中葉，大根大莖大枝大葉，諸樹大小，隨上中下各有所受。一雲所雨，稱其種性而得生長華菓敷實。雖一地所生，一雨所潤，而諸草木各有差別。

「迦葉當知，如來亦復如是。出現於世如大雲起；以大音聲普遍世界天、人、阿修羅，如彼大雲遍覆三千大千國土，於大眾中而唱是言：『我是如來、應供、正遍知、明行足、善逝、世間解、無上士、調御丈夫、天人師、佛世尊，未度者令度，未解者令解，未安者令安，未涅槃者令得涅槃。今世後世如實知之，我是一切知者、一切見者、知道者、開道者、說道者。汝等天、人、阿修羅眾，皆應到此，為聽法故。』

「爾時，無數千萬億種眾生，來至佛所而聽法。如來於時，觀是眾生諸根利鈍、精進懈怠，隨其所堪而為說法種種無量，皆令歡喜快得善利。是諸眾生聞是法已，現世安隱，後生善處。以道受樂，亦得聞法；既聞法已，離諸障礙，於諸法中任力所能漸得入道。如彼大

雲，雨於一切卉木叢林及諸藥草，如其種性具足蒙潤各得生長。

「如來說法，一相一味❶，所謂解脫相、離相、滅相，究竟至於一切種智。其有眾生聞如來法，若持讀誦，如說修行，所得功德不自覺知。所以者何？唯有如來知此眾生種相體性，念何事，思何事，修何事，云何念，云何思，云何修，以何法念，以何法思，以何法修，以何法得何法。眾生住於種種之地，唯有如來如實見之，明了無礙。如彼卉木叢林諸藥草等，而不自知上中下性。

「如來知是一相一味之法，所謂解脫相、離相、滅相、究竟涅槃常寂滅相❷，終歸於空。佛知是已，觀眾生心欲而將護之，是故不即為說一切種智。

「汝等迦葉，甚為希有，能知如來隨宜說法，能信能受。所以者何？諸佛世尊隨宜說法難解難知。」

【譯文】

這時，世尊告訴摩訶迦葉及諸大弟子說：「好！好！迦葉善於演說如來的真實功德。就如迦葉所說的，如來有無量無邊不可思議的功德，你們即使於無量億劫之中不停地宣揚，也是說不盡的。迦葉！你應該知道，如來是諸法之王，凡是他說的，都是真實無虛的。他以充滿智慧的方便善巧來演說一切法義。如來所說的法義，可以通達一切智慧的境地。如來可以觀察到一切法的歸趣，也了知一切

眾生的內心的思想，通達無礙。對於一切法義，如來也悉皆通達，因而能為眾生開示一切智慧。

「迦葉！譬如在一切世界的山川、溪谷、大地中，所生長的花草林木及各種藥草，有著不同的名稱和形狀。如果密雲彌布，遮蓋了所有這些世界，一時間降下大雨，雨水都能廣泛地滋潤到所有的地方。但大地上所生長的花草林木和諸種藥草，因為各自不同的大小，有的根、莖、枝、葉小，有的根、莖、枝、葉中等，有的根、莖、枝、葉大，這些草木的大小，隨著各自的大小，而分別只能領受到與之相應的雨水滋潤。雖是因同樣的雲所降下的雨，但各自都按其不同的品性而得以生長、開花、結果。雖然是在同一土地上生長，受到同樣的雨滋潤，但各種不同的花草樹木，卻有著各種差別。

「迦葉！你應當知道，如來也是如此。如來出現於世間，就如同天空現起大雲一般；如來以大音聲，普令一切世間的天、人和阿修羅得聞，就如同大雲遍布在一切世界，如來在大眾之中如此說言：

『我是如來、應供、正遍知、明行足、善逝、世間解、無上士、調御丈夫、天人師、佛世尊。尚未得到救度的眾生，我將使其滅度；尚未得到解脫的眾生，我將使其解脫；尚未得到安穩的眾生，我將使其安穩；尚未入於涅槃的眾生，我將使其入於涅槃。如來對於今世和後世的一切因緣，皆真實通達，我是一切知者，一切見者，我是知道者、開道者、說道者。你們這些天、人、阿修羅等大眾都應該到這裡來，目的是為了聽聞說法。』

「這時，無數種類的眾生紛紛來到如來所安住的地方，聽聞說法。如來當即觀察這些眾生的聰慧與愚鈍、精進與懈怠等不同情況，並根據他們所能接受的程度，為他們宣說不同的法義，都能夠使眾

生歡喜信受，很快獲益。這些眾生聽聞如來的說法後，現世可以安穩，後世可以轉生各種善處。因為依法修行，而獲得快樂，因此更欣於聞法；眾生在聞法之後，即可遠離各種煩惱障礙，在各種法門之中，依照各自的根機漸漸得以證道。就如同大雲降雨，可以普遍滋潤一切花草林木和各種藥草，並按照其不同的特性，得到足夠的潤澤，而各自順利地生長。

「如來所說之法，最終歸趣為一相一味。一相即真如實相；一味即無所不知的佛智。即所謂解脫相、離相、滅相，究竟達到一切種智之境。如果有眾生聽聞如來所說之法後，受持、讀誦，依法修行，那麼他因此所得到的功德，對他自己而言，是很難覺知的。為什麼這麼說呢？因為唯有如來才能徹知眾生的根機、相狀及體性，知道他憶念何事、思維何事，修行何事；知道他為什麼憶念、為什麼思維、為什麼修行；知道他用怎樣的方法去憶念、用怎樣的方法去思維、用怎樣的方法去修習；知道他因為怎樣的方法得到怎樣的結果。眾生所處的種種境界，唯有如來可以如實得見，明瞭無礙，如同那些花草林木及各種藥草等，他們自己並不知道自己的上、中、下品性。

「如來深知此唯一實相、唯一佛智之法，即所謂的解脫相、離相、寂滅相、究竟涅槃常寂滅相，所有諸相從根本上都歸於空相。如來悉知這些法義後，又觀察到眾生內心的各種欲念，為了護持此等無上妙法不致受到誹謗，因而並不即刻為眾生宣說究竟的一切種智。

「迦葉你們這些眾生，是非常稀有的，因為你們能夠知曉如來隨眾生之根機，而為之宣說相應的不同法義，並且能夠深信法義，能夠受持法義。為什麼這麼說呢？因為諸佛隨宜說法，是難解而難知

的。」

【注釋】

❶一相一味：指實相一味之法。謂佛之說法雖隨眾生根機之差異而有「二乘」、「三乘」與「五乘」之分，然實質上為同一相、同一味，故稱「一相一味」。

❷寂滅相：即涅槃之相。以涅槃遠離一切諸法之相，故稱為「寂滅相」。

爾時，世尊欲重宣此義，而說偈言：

破有法王❶，出現世間，隨眾生欲，種種說法。
如來尊重，智慧深遠，久默斯要，不務速說。
有智若聞，則能信解，無智疑悔，則為永失。
是故迦葉，隨力為說，以種種緣，令得正見。
迦葉當知，譬如大雲，起於世間，遍覆一切，
慧雲含潤，電光晃曜，雷聲遠震，令眾悅豫，
日光掩蔽，地上清涼，靉靆垂布❷，如可承攬。

其雨普等，四方俱下，流澍無量，率土充洽，
山川險谷，幽邃所生，卉木藥草，大小諸樹，
百穀苗稼，甘蔗蒲萄，雨之所潤，
無不豐足，乾地普洽，藥木並茂。
其雲所出，一味之水，草木叢林，隨分受潤，
一切諸樹，上中下等，稱其大小，
各得生長，根莖枝葉，華菓光色。
一雨所及，皆得鮮澤，如其體相，
性分大小，所潤是一，而各滋茂。
佛亦如是，出現於世，譬如大雲，普覆一切。
既出於世，為諸眾生，分別演說，諸法之實。
大聖世尊，於諸天人，一切眾中，而宣是言：
我為如來，兩足之尊，出於世間，猶如大雲，
充潤一切，枯槁眾生，皆令離苦，
得安隱樂，世間之樂，及涅槃樂。
諸天人眾，一心善聽，皆應到此，覲無上尊。

我為世尊，無能及者，安隱眾生，
故現於世，為大眾說，甘露淨法。
其法一味❸，解脫涅槃，以一妙音，
演暢斯義，常為大乘，而作因緣。
我觀一切，普皆平等，無有彼此，愛憎之心。
我無貪著，亦無限礙，恆為一切，
平等說法，如為一人，眾多亦然。
常演說法，曾無他事，去來坐立，
終不疲厭，充足世間，如雨普潤。
貴賤上下，持戒毀戒，威儀具足，及不具足，
正見邪見，利根鈍根，等雨法雨，而無懈倦。
一切眾生，聞我法者，隨力所受，住於諸地。
或處人天，轉輪聖王，釋梵諸王，是小藥草。
知無漏法，能得涅槃，起六神通，及得三明，
獨處山林，常行禪定，得緣覺證，是中藥草。
求世尊處，我當作佛，行精進定，是上藥草。

又諸佛子，專心佛道，常行慈悲，
自知作佛，決定無疑，是名小樹。
安住神通，轉不退輪，度無量億，
百千眾生。如是菩薩，名為大樹。
佛平等說，如一味雨，隨眾生性，
所受不同，如彼草木，所稟各異。
佛以此喻，方便開示，種種言辭，
演說一法，於佛智慧，如海一滴。
我雨法雨，充滿世間，一味之法，隨力修行，
如彼叢林，藥草諸樹，隨其大小，漸增茂好。
諸佛之法，常以一味，令諸世間，
普得具足，漸次修行，皆得道果。
聲聞緣覺，處於山林，住最後身，
聞法得果，是名藥草，各得增長。
若諸菩薩，智慧堅固，了達三界，
求最上乘❹，是名小樹，而得增長。

復有住禪，得神通力，聞諸法空，心大歡喜，
放無數光，度諸眾生，是名大樹，而得增長。
如是迦葉，佛所說法，譬如大雲，
以一味雨，潤於人華，各得成實。
迦葉當知，以諸因緣，種種譬喻，
開示佛道，是我方便，諸佛亦然。
今為汝等，說最實事，諸聲聞眾，皆非滅度。
汝等所行，是菩薩道，漸漸修學，悉當成佛。

【譯文】

這時，世尊為了再次宣說法義，即以偈頌說言：

破有法王，出現世間，隨眾生欲，種種說法。
如來尊重，智慧深遠，久默斯要，不務速說。
有智若聞，則能信解，無智疑悔，則為永失。
是故迦葉，隨力為說，以種種緣，令得正見。
迦葉當知，譬如大雲，起於世間，遍覆一切，

慧雲含潤，電光晃曜，雷聲遠震，令眾悅豫，
日光掩蔽，地上清涼，靉靆垂布，如可承攬。
其雨普等，四方俱下，流澍無量，率土充洽，
山川險谷，幽邃所生，卉木藥草，大小諸樹，
百穀苗稼，甘蔗蒲萄，雨之所潤，
無不豐足，乾地普洽，藥木並茂。
其雲所出，一味之水，草木叢林，隨分受潤，
一切諸樹，上中下等，稱其大小，
各得生長，根莖枝葉，華菓光色。
一雨所及，皆得鮮澤，如其體相，
性分大小，所潤是一，而各滋茂。
佛亦如是，出現於世，譬如大雲，普覆一切。
既出於世，為諸眾生，分別演說，諸法之實。
大聖世尊，於諸天人，一切眾中，而宣是言：
我為如來，兩足之尊，出於世間，猶如大雲，
充潤一切，枯槁眾生，皆令離苦，

得安隱樂，世間之樂，及涅槃樂。
諸天人眾，一心善聽，皆應到此，覲無上尊。
我為世尊，無能及者，安隱眾生，
故現於世，為大眾說，甘露淨法。
其法一味，解脫涅槃，以一妙音，
演暢斯義，常為大乘，而作因緣。
我觀一切，普皆平等，無有彼此，愛憎之心。
我無貪著，亦無限礙，恆為一切，
平等說法，如為一人，眾多亦然。
常演說法，曾無他事，去來坐立，
終不疲厭，充足世間，如雨普潤。
貴賤上下，持戒毀戒，威儀具足，及不具足，
正見邪見，利根鈍根，等雨法雨，而無懈倦。
一切眾生，聞我法者，隨力所受，住於諸地。
或處人天，轉輪聖王，釋梵諸王，是小藥草。
知無漏法，能得涅槃，起六神通，及得三明，

獨處山林，常行禪定，得緣覺證，是中藥草。
求世尊處，我當作佛，行精進定，是上藥草。
又諸佛子，專心佛道，常行慈悲，
自知作佛，決定無疑，是名小樹。
安住神通，轉不退輪，度無量億，
百千眾生。如是菩薩，名為大樹。
佛平等說，如一味雨，隨眾生性，
所受不同，如彼草木，所稟各異。
佛以此喻，方便開示，種種言辭，
演說一法，於佛智慧，如海一滴。
我雨法雨，充滿世間，一味之法，隨力修行，
如彼叢林，藥草諸樹，隨其大小，漸增茂好。
諸佛之法，常以一味，令諸世間，
普得具足，漸次修行，皆得道果。
聲聞緣覺，處於山林，住最後身，
聞法得果，是名藥草，各得增長。

若諸菩薩，智慧堅固，了達三界，
求最上乘，是名小樹，而得增長。
復有住禪，得神通力，聞諸法空，心大歡喜，
放無數光，度諸眾生，是名大樹，而得增長。
如是迦葉，佛所說法，譬如大雲，
以一味雨，潤於人華，各得成實。
迦葉當知，以諸因緣，種種譬喻，
開示佛道，是我方便，諸佛亦然。
今為汝等，說最實事，諸聲聞眾，皆非滅度。
汝等所行，是菩薩道，漸漸修學，悉當成佛。

【注釋】

❶ 破有法王：係指佛以無礙智之善巧方便，破有情萬有實有之執著，令諸眾生出離三界，了脫生死，故稱「破有法王」。

❷ 靉靆：雲飄拂的樣子。

❸ 一味：指所有一切事（諸現象）理（本質）均平等無差別。通常指佛陀之教法而言。《法華玄

義》云：「一味者，喻法華一乘之教也。如來說法，必稱機宜。以其機有大小，故歷四時三教，漸次調停，令其入大，然後高會靈山，純談一妙，開前四時三教之法，即是圓妙一乘，一乘之外，更無別法。」

❹最上乘：指至高無上的教法，即圓頓教，亦即「一佛乘」。

授記品第六

授記，又作「授決」、「受決」、「受記」、「受別」、「記別」、「記說」、「記」。「十二部經」之一。本指分析教說，或以問答方式解說教理；轉指弟子所證或死後之生處；後專指未來世證果及成佛名號之預言（又作「預記」），即佛對發大心的眾生預先記名，未來於何時何地成佛，名號為何。

本品佛陀為摩訶迦葉等四大聲聞授記未來當得成佛。摩訶迦葉號「光明如來」，須菩提號「名相如來」，大迦旃延號「閻浮那提金光如來」，大目犍連號「多摩羅跋栴檀香如來」。

爾時，世尊說是偈已，告諸大眾唱如是言：「我此弟子摩訶迦葉，於未來世當得奉覲

三百萬億諸佛世尊，供養恭敬，尊重讚歎，廣宣諸佛無量大法，於最後身得成為佛，名曰光明如來、應供、正遍知、明行足、善逝、世間解、無上士、調御丈夫、天人師、佛世尊。國名光德，劫名大莊嚴。佛壽十二小劫，正法住世二十小劫，像法亦住二十小劫。國界嚴飾，無諸穢惡、瓦礫、荊棘、便利不淨。其土平正，無有高下、坑坎、堆阜。琉璃為地，寶樹行列，黃金為繩以界道側，散諸寶華周遍清淨。其國菩薩無量千億，諸聲聞眾亦復無數，無有魔事。雖有魔及魔民，皆護佛法。」

爾時，世尊欲重宣此義，而說偈言：

告諸比丘，我以佛眼，見是迦葉，
於未來世，過無數劫，當得作佛。
而於來世，供養奉覲，三百萬億，
諸佛世尊，為佛智慧，淨修梵行。
供養最上，二足尊已，修習一切，
無上之慧，於最後身，得成為佛。
其土清淨，琉璃為地，多諸寶樹，
行列道側，金繩界道，見者歡喜。
常出好香，散眾名華，種種奇妙，

以為莊嚴，其地平正，無有丘坑。

諸菩薩眾，不可稱計，其心調柔，

逮大神通，奉持諸佛，大乘經典。

諸聲聞眾，無漏後身，法王之子，

亦不可計，乃以天眼，不能數知。

其佛當壽，十二小劫，正法住世，二十小劫，

像法亦住，二十小劫，光明世尊，其事如是。

爾時，大目犍連、須菩提、摩訶迦旃延等，皆悉悚栗，一心合掌，瞻仰尊顏，目不暫捨，即共同聲而說偈言：

大雄猛世尊，諸釋之法王，

哀愍我等故，而賜佛音聲。

若知我深心，見為授記者，

如以甘露灑，除熱得清涼。

如從饑國來，忽遇大王膳，

心猶懷疑懼，未敢即便食，

若復得王教，然後乃敢食。

我等亦如是，每惟小乘過，
不知當云何，得佛無上慧？
雖聞佛音聲，言我等作佛，
心尚懷憂懼，如未敢便食，
若蒙佛授記，爾乃快安樂。
大雄猛世尊，常欲安世間，
願賜我等記，如飢須教食。

【譯文】

這時，世尊宣說偈語後，對參加法會的所有大眾宣告說：「我的這位弟子摩訶迦葉，將在未來世中，能夠得見供養三百萬億位諸佛，於諸佛面前能夠悉心供養、恭敬、尊重、讚頌，廣泛地宣說諸佛無量無邊的廣大法門，並且在其最後世中，證得佛果，名號為光明如來、應供、正遍知、明行足、善逝、世間解、無上士、調御丈夫、天人師、佛世尊。他成佛的國度名為光德，其所處的劫名叫做大莊嚴。光明佛的住世壽命為十二小劫，佛的正法流傳於世二十小劫，像法流傳於世也二十小劫。光明如來的佛國莊嚴華麗，沒有污穢惡濁，也沒有瓦礫和荊棘，沒有大小便等不淨之物。國內土地平正，沒有高低差別，沒有坑坑坎坎，沒有土堆和小山。大地全部用琉璃鋪成，七寶之樹行行排列，以黃金製

成的寶繩作為道路的分界，國土之中，到處飄揚著寶花，到處都是一片潔淨。光明佛國之中，有無量千億的菩薩大眾，聲聞弟子也是無量無數。這裡沒有魔障，沒有煩惱，雖有魔王和魔民，但他們全都護持佛法。」

這時，世尊為了再次宣說法義，即以偈頌說言：

告諸比丘，我以佛眼，見是迦葉，
於未來世，過無數劫，當得作佛。
而於來世，供養奉覲，三百萬億，
諸佛世尊，為佛智慧，淨修梵行。
供養最上，二足尊已，修習一切，
無上之慧，於最後身，得成為佛。
其土清淨，琉璃為地，多諸寶樹，
行列道側，金繩界道，見者歡喜。
常出好香，散眾名華，種種奇妙，
以為莊嚴，其地平正，無有丘坑。
諸菩薩眾，不可稱計，其心調柔，
逮大神通，奉持諸佛，大乘經典。

諸聲聞眾，無漏後身，法王之子，
亦不可計，乃以天眼，不能數知。
其佛當壽，十二小劫，正法住世，二十小劫，
像法亦住，二十小劫，光明世尊，其事如是。

這時，大目犍連、須菩提、摩訶迦旃延等弟子都深感震驚，他們虔誠地合起掌，目不轉睛仰望著世尊，異口同聲地說偈言：

大雄猛世尊，諸釋之法王，哀愍我等故，而賜佛音聲。
若知我深心，見為授記者，如以甘露灑，除熱得清涼。
如從饑國來，忽遇大王膳，心猶懷疑懼，
未敢即便食，若復得王教，然後乃敢食。
我等亦如是，每惟小乘過，不知當云何，得佛無上慧？
雖聞佛音聲，言我等作佛，心尚懷憂懼，
如未敢便食，若蒙佛授記，爾乃快安樂。
大雄猛世尊，常欲安世間，願賜我等記，如飢須教食。

爾時，世尊知諸大弟子心之所念，告諸比丘：「是須菩提，於當來世奉覲三百萬億那由他佛，供養恭敬，尊重讚歎，常修梵行，具菩薩道，於最後身得成為佛，號曰名相如來、應供、正遍知、明行足、善逝、世間解、無上士、調御丈夫、天人師、佛世尊。劫名有寶，國名寶生。其土平正，頗梨為地，寶樹莊嚴，無諸丘坑、沙礫、荊棘、便利之穢，寶華覆地周遍清淨。其土人民皆處寶臺、珍妙樓閣。聲聞弟子無量無邊，算數譬喻所不能知。諸菩薩眾無數千萬億那由他。佛壽十二小劫，正法住世二十小劫，像法亦住二十小劫。其佛常處虛空為眾說法，度脫無量菩薩及聲聞眾。」

爾時，世尊欲重宣此義，而說偈言：

諸比丘眾，今告汝等，皆當一心，聽我所說。
我大弟子，須菩提者，當得作佛，號曰名相。
當供無數，萬億諸佛，隨佛所行，漸具大道。
最後身得，三十二相，端正姝妙，猶如寶山。
其佛國土，嚴淨第一，眾生見者，無不愛樂。
佛於其中，度無量眾。
其佛法中，多諸菩薩，皆悉利根，
轉不退輪，彼國常以，菩薩莊嚴。

諸聲聞眾，不可稱數，皆得三明，
具六神通，住八解脫，有大威德。
其佛說法，現於無量，神通變化，不可思議。
諸天人民，數如恆沙，皆共合掌，聽受佛語。
其佛當壽，十二小劫，正法住世，二十小劫，
像法亦住，二十小劫。

【譯文】

此時，世尊知道諸大弟子心中的想法，於是對諸比丘宣示說：「這位須菩提弟子在未來世中，能夠得見供養三百萬億那由他數的諸佛，於諸佛面前能夠悉心供養、恭敬、尊重、讚頌，常修習清淨梵行，安住於修習菩薩道中，在其最後世中，證得佛果，名號為名相如來、應供、正遍知、明行足、善逝、世間解、無上士、調御丈夫、天人師、佛世尊。他成佛的劫名叫有寶，國土之名為寶生。國內土地平正，大地全部用玻璃鋪成，七寶之樹行行排列，沒有坑坎和山丘，也沒有沙土、石礫和荊棘，沒有大小便等不淨之物。寶花遍覆大地，處處清淨無染。那國土中的眾生，都安住在寶台之上，或者住於珍奇精妙的樓閣之中。聲聞弟子也是無量無數，無論如何計數或者用怎樣的譬喻都無法測知。又有無數千萬億那由他數的菩薩眾。名相如來的住世壽命為十二小劫，佛的正法流傳於世二十小劫，像法

流傳於世也二十小劫。名相如來常常安住於虛空之中，為大眾宣說佛法，並且使無量無數的菩薩眾和聲聞眾得到滅度解脫。」

這時，世尊為了再次宣說法義，即以偈頌說言：

諸比丘眾，今告汝等，皆當一心，聽我所說。
我大弟子，須菩提者，當得作佛，號曰名相。
當供無數，萬億諸佛，隨佛所行，漸具大道。
最後身得，三十二相，端正姝妙，猶如寶山。
其佛國土，嚴淨第一，眾生見者，無不愛樂。
佛於其中，度無量眾。
其佛法中，多諸菩薩，皆悉利根，轉不退輪，
彼國常以，菩薩莊嚴。
諸聲聞眾，不可稱數，皆得三明，具六神通，
住八解脫，有大威德。
其佛說法，現於無量，神通變化，不可思議。
諸天人民，數如恆沙，皆共合掌，聽受佛語。
其佛當壽，十二小劫，正法住世，二十小劫，

像法亦住，二十小劫。

爾時，世尊復告諸比丘眾：「我今語汝，是大迦旃延，於當來世，以諸供具供養奉事八千億佛，恭敬尊重。諸佛滅後，各起塔廟高千由旬，縱廣正等五百由旬，皆以金、銀、琉璃、硨磲、瑪瑙、真珠、玫瑰七寶合成，眾華、瓔珞、塗香、末香、燒香、繒蓋、幢幡，供養塔廟。過是已後，當復供養二萬億佛，亦復如是。供養是諸佛已，具菩薩道，當得作佛，號曰閻浮那提金光如來、應供、正遍知、明行足、善逝、世間解、無上士、調御丈夫、天人師、佛世尊。其土平正，頗梨為地，寶樹莊嚴，黃金為繩以界道側，妙華覆地周遍清淨，見者歡喜。無四惡道，地獄、餓鬼、畜生、阿修羅道，多有天、人、諸聲聞眾，及諸菩薩無量萬億，莊嚴其國。佛壽十二小劫，正法住世二十小劫，像法亦住二十小劫。」

爾時，世尊欲重宣此義，而說偈言：

諸比丘眾，皆一心聽，如我所說，真實無異。
是迦旃延，當以種種，妙好供具，供養諸佛。
諸佛滅後，起七寶塔，亦以華香，供養舍利。
其最後身，得佛智慧，成等正覺，國土清淨。

度脫無量，萬億眾生，皆為十方，之所供養。
佛之光明，無能勝者，其佛號曰，閻浮金光。
菩薩聲聞，斷一切有，無量無數，莊嚴其國。

【譯文】

這時，世尊又對諸比丘宣告說：「我今天告訴你們，這位大迦旃延，於未來世中，將用各種供養之物，承事供養八千億位佛，所有供養承事均極為恭敬尊重。諸佛滅度後，大迦旃延都為其建立舍利塔廟，塔高一千由旬、長寬各有五百由旬，這些佛塔皆用黃金、白銀、琉璃、硨磲、瑪瑙、珍珠、玫瑰等七寶建造，並以各種鮮花、瓔珞、泥香、末香、燒香以及用絲綢做成的寶蓋、幢、幡等供養舍利塔廟。在此之後，大迦旃延還將再繼續供養兩萬億位佛，方式如同供養前面的諸佛一樣。供養這些佛之後，大迦旃延將具足菩薩道的修習，最終證得佛果，名號為閻浮那提金光如來、應供、正遍知、明行足、善逝、世間解、無上士、調御丈夫、天人師、佛世尊。國內土地平正，大地全部用琉璃鋪成，七寶之樹行行排列，以黃金製成的寶繩作為道路的分界。國土之中，上妙寶花覆蓋於地，處處清淨。見到這種美妙景象的眾生，沒有不生起歡喜之心的。在他的佛國中，沒有四種惡道，即地獄、餓鬼、畜生、阿修羅，多有天眾及人眾，無量萬億的聲聞眾和菩薩眾，使得這個佛國世界更加莊嚴。閻浮那提金光如來的住世壽命是十二小劫。他的正法流傳於世二十小劫。像法也住世二十小劫。」

這時，世尊為了再次宣說法義，即以偈頌說言：

諸比丘眾，皆一心聽，如我所說，真實無異。
是迦旃延，當以種種，妙好供具，供養諸佛。
諸佛滅後，起七寶塔，亦以華香，供養舍利。
其最後身，得佛智慧，成等正覺，國土清淨。
度脫無量，萬億眾生，皆為十方，之所供養。
佛之光明，無能勝者，其佛號曰，閻浮金光。
菩薩聲聞，斷一切有，無量無數，莊嚴其國。

爾時，世尊復告大眾：「我今語汝，是大目犍連，當以種種供具供養八千諸佛，恭敬尊重。諸佛滅後，各起塔廟高千由旬，縱廣正等五百由旬。皆以金、銀、琉璃、硨磲、瑪瑙、真珠、玫瑰七寶合成，眾華、瓔珞、塗香、末香、燒香、繒蓋、幢幡，以用供養。過是已後，當復供養二百萬億諸佛，亦復如是。當得成佛，號曰多摩羅跋栴檀香如來、應供、正遍知、明行足、善逝、世間解、無上士、調御丈夫、天人師、佛世尊。劫名喜滿，國名意樂。其土平正，玻璃為地，寶樹莊嚴，散真珠華周遍清淨，見者歡喜。多諸天、人、菩薩、聲

聞，其數無量。佛壽二十四小劫，正法住世四十小劫，像法亦住四十小劫。」

爾時，世尊欲重宣此義，而說偈言：

我此弟子，大目揵連，捨是身已，
得見八千，二百萬億，諸佛世尊。
為佛道故，供養恭敬，於諸佛所，
常修梵行，於無量劫，奉持佛法。
諸佛滅後，起七寶塔，長表金剎，
華香伎樂，而以供養，諸佛塔廟。
漸漸具足，菩薩道已，於意樂國，
而得作佛，號多摩羅，栴檀之香。
其佛壽命，二十四劫，常為天人，演說佛道。
聲聞無量，如恆河沙，三明六通，有大威德。
菩薩無數，志固精進，於佛智慧，皆不退轉。
佛滅度後，正法當住，四十小劫，像法亦爾。
我諸弟子，威德具足，其數五百，
皆當授記，於未來世，咸得成佛。

我及汝等，宿世因緣，吾今當說，汝等善聽。

【譯文】

這時，釋迦牟尼佛又再次向大眾宣告說：「我現在告訴你們，大目犍連將在未來世中，用各種供養之物，承事供養八千位佛，所有供養承事均極為恭敬尊重。諸佛滅度後，大目犍連都為其建立舍利塔廟，塔高一千由旬，長寬各有五百由旬。這些佛塔皆用黃金、白銀、琉璃、硨磲、瑪瑙、珍珠、玫瑰等七寶建造，並以各種鮮花、瓔珞、泥香、末香、燒香以及用絲綢做成的寶蓋、幢、幡等供養舍利塔廟。在此之後，目犍連還將再繼續供養兩萬億位佛，方式如同與供養前面的諸佛一樣。那時，大目犍連將證得佛果，名號為多摩羅跋栴檀香如來、應供、正遍知、明行足、善逝、世間解、無上士、調御丈夫、天人師、佛世尊。當時劫名叫喜滿，國名叫意樂。國內土地平正，琉璃為地，寶樹莊嚴，到處飄散著珍珠之花，到處都非常清淨，凡見此景象的眾生無不生起歡喜之心。他的國土中，有很多的天、人類、菩薩、聲聞等眾，數量無可稱計。多摩羅跋栴檀香如來住世壽命為二十四小劫，佛滅度後，佛的正法流行於世四十小劫，像法於世流行四十小劫。」

這時，世尊為了再次宣說法義，即以偈頌說言：

我此弟子，大目犍連，捨是身已，

得見八千，二百萬億，諸佛世尊。

為佛道故，供養恭敬，於諸佛所，
常修梵行，於無量劫，奉持佛法。
諸佛滅後，起七寶塔，長表金剎，
華香伎樂，而以供養，諸佛塔廟。
漸漸具足，菩薩道已，於意樂國，
而得作佛，號多摩羅，栴檀之香。
其佛壽命，二十四劫，常為天人，演說佛道。
聲聞無量，如恆河沙，三明六通，有大威德。
菩薩無數，志固精進，於佛智慧，皆不退轉。
佛滅度後，正法當住，四十小劫，像法亦爾。
我諸弟子，威德具足，其數五百，
皆當授記，於未來世，咸得成佛。
我及汝等，宿世因緣，吾今當說，汝等善聽。

化城喻品第七

佛陀宣示與《法華經》的因緣：久遠劫前為大通智勝如來第十六王子時，曾契佛意，而為眾生演說《法華經》。大通智勝如來成佛後，諸方國土皆現瑞相，後十六王子皆捨棄王位，出家修道，最終皆成佛果。並再次強調「世間無有二乘而得滅度，唯一佛乘得滅度」。又對會中無量眾生，說「化城之喻」，言為引導眾生到達眾寶所在之處，而眾生於途中厭倦而欲生退心，方以虛設之化現城池，令疲勞之眾暫時止歇。繼之令諸子繼續前行以達寶地。通過此喻明「三乘」是假，「一乘」是實；明「二乘」之法實為引導眾生最終趨向究竟「一乘」的方便之法，而最終的結果是為令眾生入證佛慧。

本品為「三周說法」之第三周之始，係為下根眾生說宿世因緣，令其得悟。此中「化城喻」為「法華七喻」之第四喻。

佛告諸比丘：「乃往過去無量無邊不可思議阿僧祇劫，爾時有佛，名大通智勝如來、應供、正遍知、明行足、善逝、世間解、無上士、調御丈夫、天人師、佛世尊。其國名好城，劫名大相。諸比丘，彼佛滅度已來甚大久遠。譬如三千大千世界所有地種，假使有人磨以為墨，過於東方千國土乃下一點，大如微塵，又過千國土復下一點，如是展轉盡地種墨。於汝等意云何？是諸國土，若算師、若算師弟子，能得邊際知其數不？」

「不也，世尊。」

「諸比丘，是人所經國土，若點不點，盡抹為塵，一塵一劫，彼佛滅度已來復過是數，無量無邊百千萬億阿僧祇劫。我以如來知見力故，觀彼久遠猶若今日。」

爾時，世尊欲重宣此義，而說偈言：

我念過去世，無量無邊劫，
有佛兩足尊，名大通智勝。
如人以力磨，三千大千土❶，
盡此諸地種，皆悉以為墨。
過於千國土，乃下一塵點，
如是展轉點，盡此諸塵墨。
如是諸國土，點與不點等，

復盡抹為塵，一塵為一劫。
此諸微塵數，其劫復過是，
彼佛滅度來，如是無量劫。
如來無礙智❷，知彼佛滅度，
及聲聞菩薩，如見今滅度。
諸比丘當知，佛智淨微妙，
無漏無所礙，通達無量劫。

【譯文】

釋迦牟尼佛告訴諸比丘說：「在過去無量無邊不可思議阿僧祇劫前，有一位大通智勝如來，具足佛的十號之德，即應供、正遍知、明行足、善逝、世間解、無上士、調御丈夫、天人師、佛世尊。他出現的世界名叫好城，劫名叫大相。諸位比丘，那位大通智勝如來涅槃後，至今已有極其久遠的年代。譬如有人將此三千大千世界所有國土，都磨成墨，每經過東方一千個國土時，灑下一點如微塵大小的墨滴；再過一千個國土，又灑下一點墨滴，按照這樣的方式，把所有的墨都灑完。你們覺得如何？這些國土，如果讓精於算術者及他的弟子們來測算，他們能夠算出它們的數量嗎？」

諸比丘回答說：「不可算盡，世尊。」

佛陀又說：「諸比丘，如果把此人所經國土中的土地，包括灑上墨滴的和沒有灑上墨滴的，再全部磨為微粒之塵，一塵算作一劫，那位大通智勝如來自從涅槃以來所經過的劫數，要比如此眾多的劫數更多出無量無邊百千萬億阿僧祇劫。我以如來所具有的知見之力，觀察那樣久遠之前的因緣，就如同觀照今日情景一樣。」

那時，釋迦牟尼佛為了再次重複他宣說的法義，即以偈頌道：

我念過去世，無量無邊劫，有佛兩足尊，名大通智勝。
如人以力磨，三千大千土，盡此諸地種，皆悉以為墨。
過於千國土，乃下一塵點，如是展轉點，盡此諸塵墨。
如是諸國土，點與不點等，復盡抹為塵，一塵為一劫。
此諸微塵數，其劫復過是，彼佛滅度來，如是無量劫。
如來無礙智，知彼佛滅度，及聲聞菩薩，如見今滅度。
諸比丘當知，佛智淨微妙，無漏無所礙，通達無量劫。

【注釋】

❶大千：即「大千世界」之略稱。為古代印度人之宇宙觀。古代印度人以四大洲及日月諸天為一小世界，合一千小世界為「小千世界」；合一千小千世界為「中千世界」；合一千中千世界為「大

千世界」。今之俗語乃襲用佛教「大千世界」一詞，轉用於形容人間之紛紜諸相。小千、中千、大千並提，則稱「三千大千世界」。

❷無礙智：自在無礙的智慧，即佛的智慧。

佛告諸比丘：「大通智勝佛壽五百四十萬億那由他劫❶。其佛本坐道場破魔軍已，垂得阿耨多羅三藐三菩提，而諸佛法不現在前。如是一小劫乃至十小劫，結跏趺坐，身心不動，而諸佛法猶不在前。爾時，忉利諸天先為彼佛，於菩提樹下敷師子座，高一由旬。佛於此座，當得阿耨多羅三藐三菩提。適坐此座時，諸梵天王雨眾天華，面百由旬。香風時來，吹去萎華，更雨新者。如是不絕，滿十小劫供養於佛；乃至滅度，常雨此華。四王諸天為供養佛，常擊天鼓，其餘諸天作天伎樂滿十小劫，至於滅度亦復如是。諸比丘，大通智勝佛過十小劫，諸佛之法乃現在前，成阿耨多羅三藐三菩提。

「其佛未出家時，有十六子，其第一者名曰智積。諸子各有種種珍異玩好之具。聞父得成阿耨多羅三藐三菩提，皆捨所珍，往詣佛所。諸母涕泣而隨送之。其祖轉輪聖王，與一百大臣及餘百千萬億人民，皆共圍繞隨至道場，咸欲親近大通智勝如來，供養恭敬，尊重讚歎。到已，頭面禮足，繞佛畢已，一心合掌，瞻仰世尊，以偈頌。」曰：

大威德世尊❷，為度眾生故，
於無量億劫，爾乃得成佛。
諸願已具足，善哉吉無上，
世尊甚希有，一坐十小劫，
身體及手足，靜然安不動。
其心常憺怕，未曾有散亂，
究竟永寂滅，安住無漏法。
今者見世尊，安隱成佛道，
我等得善利，稱慶大歡喜。
眾生常苦惱，盲瞑無導師，
不識苦盡道，不知求解脫，
長夜增惡趣，減損諸天眾，
從冥入於冥，永不聞佛名。
今佛得最上，安隱無漏道，
我等及天人，為得最大利，
是故咸稽首，歸命無上尊。

「爾時，十六王子偈讚佛已，勸請世尊轉於法輪，咸作是言：『世尊說法，多所安隱，憐愍饒益，諸天人民。』」

重說偈言：

世雄無等倫，百福自莊嚴，
得無上智慧，願為世間說，
度脫於我等，及諸眾生類，
為分別顯示，令得是智慧。
若我等得佛，眾生亦復然。
世尊知眾生，深心之所念，
亦知所行道，又知智慧力，
欲樂及修福，宿命所行業，
世尊悉知已，當轉無上輪。

【譯文】

釋迦牟尼佛又告訴諸比丘說：「大通智勝如來壽命長達五百四十萬億那由他劫。大通智勝佛在菩提道場中安坐入定，破除一切魔軍的擾亂後，即可獲得無上正等正覺之聖智，但那時諸佛法未出現於

前。如此經過一小劫，以至十小劫，大通智勝如來始終結跏趺坐，身心不動，但諸佛法仍然未能出現於前。這時，忉利天的諸天人在菩提樹下為大通智勝如來鋪設獅子座，座高一由旬。佛將於此座上獲得無上正等正覺。大通智勝佛剛坐到此獅子座上，諸梵天王降下如雨般眾多的各色天花，散落在佛座四周一百由旬的範圍內。陣陣香風時而揚起，吹去萎謝的花朵，又落下新的天花。如此持續不斷，達十小劫，以天花供養於佛；甚至一直到大通智勝如來涅槃後，他們還是照常地散下天花。四大天王等為供養大通智勝如來，常擊天鼓，其餘諸天神常奏鳴天樂，亦持續達十小劫，一直到大通勝智如來滅度後也是如此。諸位比丘，大通智勝如來經過了十個小劫，諸佛法才出現於前，由此大通智勝如來方證得無上正等正覺。

「大通智勝如來未出家時，有十六位兒子。第一位兒子名叫智積。每位兒子各自都有種種珍貴奇異的玩具。他們聽說父親已證得無上正等正覺後，都放棄了自己所珍愛的寶物，前往佛住的場所。兒子們的母親非常不捨，她們流著淚，一同為兒子們送行。他們的祖父即當時的轉輪聖王，與一百位大臣及百千萬億眾的民眾，一起伴隨他們來到大通智勝如來的道場，都希望能夠親近大通智勝如來，供養、恭敬、尊重、讚頌大通智勝如來。他們到達佛的道場後，全部五體投地，頂禮佛足，並恭敬繞佛後，全身心地恭敬合掌，注視著大通智勝如來，用偈頌讚佛。」道：

大威德世尊，為度眾生故，於無量億劫，爾乃得成佛。
諸願已具足，善哉吉無上，世尊甚希有，

一坐十小劫，身體及手足，靜然安不動。
其心常憺怕，未曾有散亂，究竟永寂滅，安住無漏法。
今者見世尊，安隱成佛道，我等得善利，稱慶大歡喜。
眾生常苦惱，盲瞑無導師，不識苦盡道，不知求解脫，
長夜增惡趣，減損諸天眾，從冥入於冥，永不聞佛名。
今佛得最上，安隱無漏道，我等及天人，為得最大利，
是故咸稽首，歸命無上尊。

「那時，十六位王子用偈頌讚歎大通智勝如來的功德後，即勸請如來為他們講經說法，他們如此地說道：『世尊演說無上妙法，令一切眾生都能得到安穩，憐憫一切天人之眾，饒益一切的天人之眾。』」

又以偈頌再次說道：

世雄無等倫，百福自莊嚴，得無上智慧，願為世間說，
度脫於我等，及諸眾生類，為分別顯示，
令得是智慧。若我等得佛，眾生亦復然。
世尊知眾生，深心之所念，亦知所行道，又知智慧力，
欲樂及修福，宿命所行業，世尊悉知已，當轉無上輪。

【注釋】

❶那由他：又作「那庾多」、「那由多」、「那術」、「那denominator」。數目名，當於此方之億。億有十萬、百萬、千萬三等。故諸師定那由多之數不同。多相當於現在所指之「億」數。

❷大威德：大威與大德。有伏惡之勢曰「大威」，有護善之功曰「大德」。

佛告諸比丘：「大通智勝佛得阿耨多羅三藐三菩提時，十方各五百萬億諸佛世界六種震動❶。其國中間幽冥之處，日月威光所不能照，而皆大明。其中眾生各得相見，咸作是言：『此中云何忽生眾生？』又其國界諸天宮殿，乃至梵宮，六種震動。大光普照遍滿世界，勝諸天光。爾時，東方五百萬億諸國土中，梵天宮殿光明照曜倍於常明。諸梵天王各作是念：『今者宮殿光明昔所未有，以何因緣而現此相？』」是時諸梵天王，即各相詣共議此事。時彼眾中，有一大梵天王，名救一切，為諸梵眾而說偈言：

我等諸宮殿，光明昔未有，
此是何因緣，宜各共求之。
為大德天生？為佛出世間？

而此大光明，遍照於十方。

「爾時，五百萬億國土諸梵天王，與宮殿俱，各以衣裓盛諸天華，共詣西方推尋是相。見大通智勝如來，處於道場菩提樹下，坐師子座，諸天、龍王、乾闥婆、緊那羅、摩睺羅伽、人非人等恭敬圍繞，及見十六王子請佛轉法輪。即時諸梵天王頭面禮佛，繞百千匝，即以天華而散佛上，其所散華如須彌山；并以供養佛菩提樹，其菩提樹高十由旬。華供養已，各以宮殿奉上彼佛，而作是言：『唯見哀愍饒益我等，所獻宮殿，願垂納受。』」

時諸梵天王，即於佛前，一心同聲，以偈頌曰：

世尊甚希有，難可得值遇，
具無量功德，能救護一切。
天人之大師，哀愍於世間，
十方諸眾生，普皆蒙饒益。
我等所從來，五百萬億國，
捨深禪定樂，為供養佛故。
我等先世福，宮殿甚嚴飾，
今以奉世尊，唯願哀納受。

「爾時，諸梵天王偈讚佛已，各作是言：『唯願世尊，轉於法輪，度脫眾生，開涅槃

道。』」

時諸梵天王，一心同聲，而說偈言：

世雄兩足尊，唯願演說法，

以大慈悲力，度苦惱眾生。

「爾時，大通智勝如來默然許之。」

【譯文】

釋迦牟尼佛告訴諸位比丘：「大通智勝如來證得無上正等正覺的果位時，十方各有五百萬億諸佛國土全都發生六種震動。在這些佛國之內，那些日月光明曾經無法照達的幽暗之處，也都被極大的光明所照耀。這些國土的眾生各個都能見到，都如此地說道：『這裡為什麼忽然出現如此眾多的眾生？』另外，在這些國土範圍內諸天的宮殿乃至梵天的宮殿都發生六種震動。極大的光明普照整個世界，其光明的程度遠遠勝過諸天本具的光明。這時，東方五百萬億國土中，梵天的宮殿所發出光明的程度，遠遠勝過通常宮殿發出光明的多倍。諸梵天王都產生這樣的念頭：『如今宮殿中的光明是過去從未有過的，是由何種因緣而出現如此的瑞相呢？』」

這時諸梵天王即相互拜訪，共同議論此事。此時，在他們當中，有一位大梵天王，名號為救一切，為諸梵天大眾說偈語，道：

我等諸宮殿，光明昔未有，此是何因緣，宜各共求之。

為大德天生？為佛出世間？而此大光明，遍照於十方。

「那時，東方五百萬億國土中諸梵天王帶著他們各自的宮殿，又用衣服盛滿了天花，共同前往西方，去探尋這種光明的源頭。他們見到大通智勝如來正安坐在菩提樹下的獅子座上，諸天、龍王、乾闥婆、緊那羅、摩睺羅伽、人、非人等都非常恭敬地圍繞在佛的周圍，並看見十六位王子正在請佛說法。這時，諸梵天王立即以頭面頂禮佛足，並恭敬地繞佛百千周，又以天花散在佛的身上，他們所散的天花猶如須彌山一般眾多；他們又以天花來供養如來成道的菩提樹，菩提樹高十由旬。他們用天花供養之後，又各自以其所擁有的宮殿奉給大通智勝如來，並如此說道：『懇請如來慈悲哀愍我們，讓我們得到究竟的利益。我們所奉獻的宮殿，還望您能夠慈悲納受。』」

這時，諸梵天王就在大通智勝如來的面前，異口同聲地誦偈，說：

世尊甚希有，難可得值遇，具無量功德，能救護一切。

天人之大師，哀愍於世間，十方諸眾生，普皆蒙饒益。

我等所從來，五百萬億國，捨深禪定樂，為供養佛故。

我等先世福，宮殿甚嚴飾，今以奉世尊，唯願哀納受。

「這時，諸梵天王誦偈讚佛後，又各自勸請道：『懇請世尊能為我們講經說法，讓一切苦難的眾生能夠得到解脫，為眾生開示滅除煩惱，入於究竟涅槃的法門！』」

那時，諸梵天王又一心同聲地誦偈道：

世雄兩足尊，唯願演說法，

以大慈悲力，度苦惱眾生。

「這時，大通智勝如來默許了他們的請求。」

【注釋】

❶ 六種震動：指大地震動的六種相狀。又稱「六變震動」或「六反震動」，略稱「六震」或「六動」。依佛典所載，在釋尊誕生、成道、說法或如來出現時，大地皆有六種震動。

「又諸比丘，東南方五百萬億國土諸大梵王，各自見宮殿光明照曜昔所未有，歡喜踊躍生希有心，即各相詣共議此事。時彼眾中，有一大梵天王，名曰大悲，為諸梵眾而說偈言：

是事何因緣，而現如此相？

我等諸宮殿，光明昔未有。

為大德天生？為佛出世間？

未曾見此相，當共一心求。

過千萬億土，尋光共推之，

多是佛出世，度脫苦眾生。

「爾時，五百萬億諸梵天王，與宮殿俱，各以衣裓盛諸天華，共詣西北方推尋是相。見大通智勝如來，處於道場菩提樹下，坐師子座，諸天、龍王、乾闥婆、緊那羅、摩睺羅伽、人非人等恭敬圍繞，及見十六王子請佛轉法輪。時諸梵天王頭面禮佛，繞百千匝❶，即以天華而散佛上，所散之華如須彌山，并以供養佛菩提樹。華供養已，各以宮殿奉上彼佛，而作是言：『唯見哀愍饒益我等，所獻宮殿，願垂納受。』」

爾時，諸梵天王即於佛前，一心同聲，以偈頌曰：

聖主天中王，迦陵頻伽聲，

哀愍眾生者，我等今敬禮。

世尊甚希有，久遠乃一現，

一百八十劫，空過無有佛。

三惡道充滿，諸天眾減少，

今佛出於世，為眾生作眼。

世間所歸趣，救護於一切，

為眾生之父，哀愍饒益者。
我等宿福慶，今得值世尊。
「爾時，諸梵天王偈讚佛已，各作是言：『唯願世尊，哀愍一切，轉於法輪，度脫眾生。』」
時諸梵天王，一心同聲，而說偈言：
大聖轉法輪，顯示諸法相，
度苦惱眾生，令得大歡喜。
眾生聞此法，得道若生天，
諸惡道減少，忍善者增益。
「爾時，大通智勝如來默然許之。」

【譯文】

釋迦牟尼佛又說：「諸位比丘，東南方五百萬億國土中的所有梵天王，各自見到宮殿所發出光明的程度，是往昔從未見到過的，諸梵天王也都歡欣鼓舞，歎為稀有，也即相互拜訪，共議此事。這時，他們之中有一大梵天王，名叫大悲，為諸梵眾說偈語。」道：
是事何因緣，而現如此相？我等諸宮殿，光明昔未有。

為大德天生？為佛出世間？未曾見此相，當共一心求。
過千萬億土，尋光共推之，多是佛出世，度脫苦眾生。

「那時，五百萬億國土中諸梵天王帶著他們各自的宮殿，又用衣服盛滿了天花，共同前往西北方，去探尋這種光明的源頭。他們見到大通智勝如來正安坐在菩提樹下的獅子座上，諸天、龍王、乾闥婆、緊那羅、摩睺羅伽、人、非人等都非常恭敬地圍繞在佛的周圍，並看見十六位王子正在請佛說法。這時，諸梵天王立即以頭面頂禮佛足，並恭敬地繞佛百千周，又以天花散在佛的身上，他們所散的天花猶如須彌山一般眾多；他們又以天花來供養如來成道的菩提樹。他們用天花供養之後，又各自以其所擁有的宮殿奉給大通智勝如來，並如此說道：『懇請如來慈悲哀愍我們，讓我們得到究竟的利益。我們所奉獻的宮殿，還望您能夠慈悲納受。』」

這時，諸梵天王就在大通智勝如來的面前，異口同聲地誦偈說：

聖主天中王，迦陵頻伽聲，
哀愍眾生者，我等今敬禮。
世尊甚希有，久遠乃一現，
一百八十劫，空過無有佛。
三惡道充滿，諸天眾減少，
今佛出於世，為眾生作眼。

世間所歸趣，救護於一切，

為眾生之父，哀愍饒益者。

我等宿福慶，今得值世尊。

「這時，梵天王們以偈頌讚佛後，又一齊說道：『我們希望世尊能夠哀愍一切眾生，為我們轉妙法輪，以使眾生得到解脫。』」

於是，諸梵天王以同一心念，異口同聲地宣誦偈言：

大聖轉法輪，顯示諸法相，度苦惱眾生，令得大歡喜。

眾生聞此法，得道若生天，諸惡道減少，忍善者增益。

「這時，大通智勝如來默然承許眾梵天王的請求。」

【注釋】

❶繞百千匝：即圍著佛右繞（即順時針方向行走）一圈、三圈，或百千圈，表示恭敬仰慕之意。又作「旋繞」、「繞佛」、「行道」。原為古代印度禮節之一，佛陀住世時即保留此儀禮，後更應用於修持上，或法會行道中。繞佛之次數不定，或僅一匝，或三匝、七匝，或百千匝、無數匝不等，其數隨禮者之意而定。

「又諸比丘，南方五百萬億國土諸大梵王，各自見宮殿光明照曜昔所未有，歡喜踊躍生希有心，即各相詣共議此事。以何因緣我等宮殿有此光曜？」

時彼眾中，有一大梵天王，名曰妙法，為諸梵眾而說偈言：

我等諸宮殿，光明甚威曜，
此非無因緣，是相宜求之。
過於百千劫，未曾見是相，
為大德天生？為佛出世間？

「爾時，五百萬億諸梵天王，與宮殿俱，各以衣祴盛諸天華，共詣北方推尋是相。見大通智勝如來，處於道場菩提樹下，坐師子座，諸天、龍王、乾闥婆、緊那羅、摩睺羅伽、人非人等恭敬圍繞，及見十六王子請佛轉法輪。時諸梵天王頭面禮佛，繞百千匝，即以天華而散佛上，所散之華如須彌山，并以供養佛菩提樹。華供養已，各以宮殿奉上彼佛，而作是言：『唯見哀愍饒益我等，所獻宮殿，願垂納受。』」

爾時，諸梵天王即於佛前，一心同聲，以偈頌曰：

世尊甚難見，破諸煩惱者，
過百三十劫，今乃得一見。

諸飢渴眾生，以法雨充滿，
昔所未曾見，無量智慧者，
如優曇鉢花，今日乃值遇。
我等諸宮殿，蒙光故嚴飾，
世尊大慈悲，唯願垂納受。

「爾時，諸梵天王偈讚佛已，各作是言：『唯願世尊，轉於法輪，令一切世間諸天、魔、梵、沙門、婆羅門，皆獲安隱而得度脫。』」

時諸梵天王，一心同聲，以偈頌曰：

唯願天人尊，轉無上法輪，
擊於大法鼓，而吹大法螺。
普雨大法雨，度無量眾生，
我等咸歸請，當演深遠音。

「爾時，大通智勝如來默然許之。西南方乃至下方亦復如是。」

【譯文】

釋迦牟尼佛又說道：「諸位比丘，南方五百萬億國土中的所有梵天王，各自見到宮殿所發出光明

的程度，是往昔從未見到過的，諸梵天王也都歡欣鼓舞，歎為稀有，也即相互拜訪，共議此事。是什麼樣的因緣，而使得我們的宮殿出現如此的光明。」

這時，他們之中有一大梵天王，名叫妙法，為諸梵眾說偈語道：

我等諸宮殿，光明甚威曜，此非無因緣，是相宜求之。

過於百千劫，未曾見是相，為大德天生？為佛出世間？

「那時，五百萬億國土中諸梵天王帶著他們各自的宮殿，又用衣服盛滿了天花，共同前往北方，去探尋這種光明的源頭。他們見到大通智勝如來正安坐在菩提樹下的獅子座上，諸天、龍王、乾闥婆、緊那羅、摩睺羅伽、人、非人等都非常恭敬地圍繞在佛的周圍，並看見十六位王子正在請佛說法。這時，諸梵天王立即以頭面頂禮佛足，並恭敬地繞佛百千周，又以天花散在佛的身上，他們所散的天花猶如須彌山一般眾多，他們又以天花來供養如來成道的菩提樹。他們用天花供養之後，又各自以其所擁有的宮殿奉給大通智勝如來，並如此說道：『懇請如來慈悲哀愍我們，讓我們得到究竟的利益。我們所奉獻的宮殿，還望您能夠慈悲納受。』」

這時，諸梵天王就在大通智勝如來的面前，異口同聲地誦偈說：

世尊甚難見，破諸煩惱者，過百三十劫，今乃得一見。

諸飢渴眾生，以法雨充滿，昔所未曾見，

無量智慧者，如優曇缽花，今日乃值遇。

我等諸宮殿，蒙光故嚴飾，世尊大慈悲，唯願垂納受。

「梵天王們用偈語讚頌佛陀之後，又異口同聲地說：『我們希望世尊能夠於此轉無上法輪，使所有世間的天眾、魔眾、梵眾、沙門、婆羅門等都能獲得安穩。』」

這時，諸梵天王以同一心念，異口同聲地宣誦偈言：

唯願天人尊，轉無上法輪，擊於大法鼓，而吹大法螺。

普雨大法雨，度無量眾生，我等咸歸請，當演深遠音。

「這時，大通智勝如來默然承許眾梵天王的請求。西南方諸國土，乃至下方諸國土，也都如此。」

「爾時，上方五百萬億國土諸大梵王，皆悉自覩所止宮殿，光明威曜昔所未有，歡喜踊躍生希有心，即各相詣共議此事。以何因緣我等宮殿有斯光明？」

時彼眾中有一大梵天王❶，名曰尸棄，為諸梵眾而說偈言：

今以何因緣，我等諸宮殿，

威德光明曜，嚴飾未曾有？

如是之妙相，昔所未聞見，

為大德天生？為佛出世間？

「爾時，五百萬億諸梵天王，與宮殿俱，各以衣祴盛諸天華，共詣下方推尋是相。見大通智勝如來，處於道場菩提樹下，坐師子座，諸天、龍王、乾闥婆、緊那羅、摩睺羅伽、人非人等恭敬圍繞，及見十六王子請佛轉法輪。時諸梵天王頭面禮佛，繞百千匝，即以天華而散佛上，所散之華如須彌山，并以供養佛菩提樹。華供養已，各以宮殿奉上彼佛，而作是言：『唯見哀愍饒益我等，所獻宮殿，願垂納受。』」

時諸梵天王，即於佛前，一心同聲，以偈頌曰：

善哉見諸佛，救世之聖尊，
能於三界獄，勉出諸眾生。
普智天人尊，哀愍群萌類，
能開甘露門，廣度於一切。
於昔無量劫，空過無有佛，
世尊未出時，十方常暗冥，
三惡道增長，阿修羅亦盛，
諸天眾轉滅，死多墮惡道。
不從佛聞法，常行不善事，

色力及智慧，斯等皆減少。
罪業因緣故，失樂及樂想，
住於邪見法，不識善儀則，
不蒙佛所化，常墮於惡道。
佛為世間眼，久遠時乃出，
哀愍諸眾生，故現於世間。
超出成正覺，我等甚欣慶，
及餘一切眾，喜歎未曾有。
我等諸宮殿，蒙光故嚴飾，
今以奉世尊，唯垂哀納受。
願以此功德，普及於一切，
我等與眾生，皆共成佛道。

「爾時，五百萬億諸梵天王偈讚佛已，各白佛言：『唯願世尊，轉於法輪，多所安隱，多所度脫。』」

時諸梵天王而說偈言：

世尊轉法輪，擊甘露法鼓，

度苦惱眾生，開示涅槃道。
唯願受我請，以大微妙音，
哀愍而敷演，無量劫習法。

「爾時，大通智勝如來，受十方諸梵天王及十六王子請，即時三轉十二行法輪❷。若沙門、婆羅門，若天、魔、梵及餘世間，所不能轉。謂是苦，是苦集，是苦滅，是苦滅道，及廣說十二因緣法——無明緣行，行緣識，識緣名色，名色緣六入，六入緣觸，觸緣受，受緣愛，愛緣取，取緣有，有緣生，生緣老死憂悲苦惱。無明滅則行滅，行滅則識滅，識滅則名色滅，名色滅則六入滅，六入滅則觸滅，觸滅則受滅，受滅則愛滅，愛滅則取滅，取滅則有滅，有滅則生滅，生滅則老死憂悲苦惱滅。佛於天人大眾之中說是法時，六百萬億那由他人，以不受一切法故，而於諸漏心得解脫，皆得深妙禪定、三明、六通，具八解脫。第二、第三、第四說法時，千萬億恆河沙那由他等眾生，亦以不受一切法故，而於諸漏心得解脫。從是已後，諸聲聞眾無量無邊不可稱數。」

【譯文】

「這時，上方五百萬億國土中的所有梵天王，各自見到宮殿所發出光明的程度，是往昔從未見到過的，諸梵天王也都歡欣鼓舞，歎為稀有，也即相互拜訪，共議此事。是什麼樣的因緣，而使得我們

的宮殿出現如此的光明？」

這時，他們之中有一大梵天王，名叫尸棄，為諸梵眾說偈語道：

今以何因緣，我等諸宮殿，威德光明曜，嚴飾未曾有？

如是之妙相，昔所未聞見，為大德天生？為佛出世間？

「那時，五百萬億國土中諸梵天王帶著他們各自的宮殿，又用衣服盛滿了天花，共同前往西北方，去探尋這種光明的源頭。他們見到大通智勝如來正安坐在菩提樹下的獅子座上，諸天、龍王、乾闥婆、緊那羅、摩睺羅伽、人、非人等都非常恭敬地圍繞在佛的周圍，並看見十六位王子正在請佛說法。這時，諸梵天王立即以頭面頂禮佛足，並恭敬地繞佛百千周，又以天花散在佛的身上，他們所散的天花猶如須彌山一般眾多；他們又以天花來供養如來成道的菩提樹。他們用天花供養之後，又各自以其所擁有的宮殿奉給大通智勝如來，並如此說道：『懇請如來慈悲哀愍我們，讓我們得到究竟的利益。我們所奉獻的宮殿，還望您能夠慈悲納受。』」

這時，諸梵天王就在大通智勝如來的面前，異口同聲地誦偈說：

善哉見諸佛，救世之聖尊，能於三界獄，勉出諸眾生。

普智天人尊，哀愍群萌類，能開甘露門，廣度於一切。

於昔無量劫，空過無有佛，世尊未出時，十方常暗冥，

三惡道增長，阿修羅亦盛，諸天眾轉減，死多墮惡道。

不從佛聞法，常行不善事，色力及智慧，斯等皆減少。
罪業因緣故，失樂及樂想，住於邪見法，
不識善儀則，不蒙佛所化，常墮於惡道。
佛為世間眼，久遠時乃出，哀愍諸眾生，故現於世間。
超出成正覺，我等甚欣慶，及餘一切眾，喜歎未曾有。
我等諸宮殿，蒙光故嚴飾，今以奉世尊，唯願垂納受。
願以此功德，普及於一切，我等與眾生，皆共成佛道。

「這時五百萬億梵天王以偈頌讚佛之後，又對佛說：『我們懇切地希望，世尊能為我們轉法輪，使一切眾生得到安穩，得到解脫。』」

這時，諸梵天王們又以偈頌言道：

世尊轉法輪，擊甘露法鼓，度苦惱眾生，開示涅槃道。
唯願受我請，以大微妙音，哀愍而敷演，無量劫習法。

「這時，大通智勝如來接受來自十方的諸大梵天王和十六位王子的請求，即為他們三次宣說苦、集、滅、道的四諦義理。無論是沙門、婆羅門，還是天眾、魔眾、大梵天王，甚至世間其他一切眾生，都無法演說如此上妙的法義。分別為：三界諸苦、苦的原因、滅苦之後的境界以及滅苦的途徑。又為他們廣泛地演說十二因緣法——無明緣行，行緣識，識緣名色，名色緣六入，六入緣觸，觸緣

受，受緣愛，愛緣取，取緣有，有緣生，生緣老死憂悲苦惱。如果無明滅則行滅；行滅則識滅；識滅則名色滅；名色滅則六入滅；六入滅則觸滅；觸滅則受滅；受滅則愛滅；愛滅則取滅；取滅則有滅；有滅則生滅；生滅則老、死、憂、悲等諸苦惱即可滅除。大通智勝佛在天人大眾中演說此法時，有六百萬億那由他的眾生，由於對一切法均無執著，而於深處貪、瞋、癡等諸煩惱的有漏心中，得到解脫，並得到甚深微妙的禪定，並具有三種明達、六種神通，還具足八種解脫。在佛陀進行第二、第三、第四次說法時，又有億萬恆河沙那由他數量的眾生，由於對一切法均無執著，而於深處貪、瞋、癡等諸煩惱的有漏心中，得到解脫。從此以後，獲得聲聞果位的大眾無量無邊，不可計量。」

【注釋】

❶大梵天王：指色界初禪天之大梵天。梵天王名尸棄，又稱「娑婆世界主」、「世主天」。深信正法，每逢佛出世，必最先來請佛轉法輪。

❷十二行法輪：謂「四諦」各有示動證三行相，合成「十二行相」。即三轉法輪。按：此處所言之「三轉法輪」並非通常所說的三論宗吉藏所立之判教名稱中所言之「三轉法輪」（即把釋迦牟尼佛一生之教說分為三個階段，即根本法輪、枝末法輪、攝末歸本法輪）。

「爾時，十六王子皆以童子出家而為沙彌，諸根通利，智慧明了。已曾供養百千萬億諸佛，淨修梵行，求阿耨多羅三藐三菩提。俱白佛言：『世尊，是諸無量千萬億大德聲聞，皆已成就。世尊，亦當為我等說阿耨多羅三藐三菩提法，我等聞已皆共修學。世尊，我等志願如來知見，深心所念佛自證知。』爾時，轉輪聖王所將眾中八萬億人，見十六王子出家，亦求出家，王即聽許。

「爾時，彼佛受沙彌請，過二萬劫已，乃於四眾之中，說是大乘經，名《妙法蓮華》，教菩薩法佛所護念。說是經已，十六沙彌為阿耨多羅三藐三菩提故，皆共受持諷誦通利。

「說是經時，十六菩薩沙彌皆悉信受，聲聞眾中亦有信解，其餘眾生千萬億種皆生疑惑。佛說是經，於八千劫未曾休廢。說此經已，即入靜室，住於禪定八萬四千劫。是時，十六菩薩沙彌，知佛入室寂然禪定，各升法座，亦於八萬四千劫，為四部眾廣說分別《妙法華經》。一一皆度六百萬億那由他恆河沙等眾生，示教利喜，令發阿耨多羅三藐三菩提心❶。

「大通智勝佛過八萬四千劫已，從三昧起，往詣法座安詳而坐，普告大眾：『是十六菩薩沙彌，甚為希有！諸根通利，智慧明了，已曾供養無量千萬億數諸佛，於諸佛所常修梵行，受持佛智，開示眾生令入其中。汝等皆當數數親近而供養之。所以者何？若聲聞、辟支佛及諸菩薩，能信是十六菩薩所說經法，受持不毀者，是人皆當得阿耨多羅三藐三菩提如來之慧。』」

佛告諸比丘：「是十六菩薩常樂說是《妙法蓮華經》，一一菩薩所化六百萬億那由他恆河沙等眾生，世世所生與菩薩俱，從其聞法悉皆信解。以此因緣，得值四百萬億諸佛世尊於今不盡。諸比丘，我今語汝，彼佛弟子十六沙彌，今皆得阿耨多羅三藐三菩提，於十方國土現在說法，有無量百千萬億菩薩、聲聞以為眷屬。其二沙彌東方作佛，一名阿閦在歡喜國❷，二名須彌頂。東南方二佛，一名師子音，二名師子相。南方二佛，一名虛空住，二名常滅。西南方二佛，一名帝相，二名梵相。西方二佛，一名阿彌陀❸，二名度一切世間苦惱。西北方二佛，一名多摩羅跋栴檀香神通，二名須彌相。北方二佛，一名雲自在，二名雲自在王。東北方佛名壞一切世間怖畏。第十六我釋迦牟尼佛，於娑婆國土成阿耨多羅三藐三菩提。

「諸比丘，我等為沙彌時，各各教化無量百千萬億恆河沙等眾生，從我聞法為阿耨多羅三藐三菩提。此諸眾生，於今有住聲聞地者，我常教化阿耨多羅三藐三菩提。是諸人等，應以是法漸入佛道。所以者何？如來智慧難信難解。爾時所化無量恆河沙等眾生者，汝等諸比丘及我滅度後未來世中聲聞弟子是也。我滅度後，復有弟子不聞是經，不知不覺菩薩所行。自於所得功德生滅度想，當入涅槃。我於餘國作佛，更有異名，是人雖生滅度之想入於涅槃，而於彼土求佛智慧得聞是經——唯以佛乘而得滅度，更無餘乘，除諸如來方便說法。諸比丘，若如來自知涅槃時到，眾又清淨，信解堅固，了達空法，深入禪定，便集諸菩薩及聲聞眾為說是經——世間無有二乘而得滅度，唯一佛乘得滅度耳！比丘當知，如來方便，深入

眾生之性。知其志樂小法❹，深著五欲，為是等故說於涅槃，是人若聞則便信受。

「譬如五百由旬險難惡道，曠絕無人怖畏之處，若有多眾，欲過此道至珍寶處。有一導師聰慧明達，善知險道通塞之相，將導眾人欲過此難。所將人眾中路懈退，白導師言：『我等疲極而復怖畏，不能復進。前路猶遠，今欲退還。』導師多諸方便，而作是念：『此等可愍，云何捨大珍寶而欲退還？』作是念已，以方便力於險道中，過三百由旬化作一城，告眾人言：『汝等勿怖，莫得退還。今此大城，可於中止隨意所作。若入是城，快得安隱！若能前至，寶所亦可得去。』是時疲極之眾，心大歡喜歎未曾有：『我等今者免斯惡道，快得安隱！』於是眾人前入化城，生已度想，生安隱想。爾時，導師知此人眾既得止息，無復疲倦，即滅化城，語眾人言：『汝等去來，寶處在近。向者大城，我所化作，為止息耳！』

「諸比丘，如來亦復如是，今為汝等作大導師，知諸生死煩惱惡道險難長遠，應去應度。若眾生但聞一佛乘者，則不欲見佛，不欲親近，便作是念：『佛道長遠，久受勤苦，乃可得成佛。』知是心怯弱下劣，以方便力而於中道為止息，故說二涅槃。若眾生住於二地，如來爾時即便為說：『汝等所作未辦，汝所住地近於佛慧。當觀察籌量，所得涅槃非真實也。』但是如來方便之力，於一佛乘分別說三❺；如彼導師為止息故化作大城，既知息已而告之言：『寶處在近，此城非實，我化作耳！』」

【譯文】

釋迦牟尼佛又說道：「那時，十六位王子皆以童子身出家為沙彌。他們的眼、耳、鼻、舌、身、意等六根極為通利，智慧明瞭。他們曾經供養過千萬位佛陀，並且淨修習梵行，一心志求無上正等正覺。他們齊聲對大通智勝如來說：『世尊，這些無量千萬億的大德，都已獲得聲聞果位。世尊也應該為我們宣說無上正等正覺之法，我們聽聞之後，都會共同修學。世尊，我們祈願得到與佛無二的正知正見，這是我們內心深處的強烈願望，以如來的智慧應明瞭我們的願望。』這時，轉輪聖王所率的大眾中，有八萬億眾生見到十六位王子出家修行，也都要求出家，國王當即應允。

「這時大通智勝佛受諸沙彌眾的請求，經過二萬劫後，方於四眾弟子中，演說這部大乘經典，名叫《妙法蓮華經》，這是教化大乘菩薩的法門，常常得到諸佛的護持和憶念。佛陀演說完此經後，十六位沙彌，全部都欣然受持，念誦通達。

「大通智勝佛演說《妙法蓮華經》時，十六位發菩薩心的沙彌完全信奉受持，聲聞大眾中也有信解其義，而其餘千萬億類的眾生均心生疑惑。大通智勝佛在八千劫的時間裡，一直宣講此經，未曾中斷。說完此經後，大通智勝佛便進入靜室，安住於禪定中，又經歷了八萬四千劫。那時，十六位發菩薩心的沙彌知道大通智勝佛於靜室，安住於禪定之中，於是就各自升上法座，在大通智勝佛安住禪定的八萬四千劫中，為比丘、比丘尼及在家男、女居士等四眾廣泛講說《妙法蓮華經》。他們每一位均度脫了六百萬億那由他恆河沙數的眾生，為他們開示大乘教法，使他們得到歡喜和利益、發起志求無

上正等正覺的信心。

「經過八萬四千劫之後，大通智勝佛從禪定中出定，來到他的法座上，安詳而坐，對所有眾生宣告道：『這十六位發菩薩心的沙彌，是非常難得的法器，他們諸根通達，智慧明瞭，他們均已供養過無量億位如來，並於諸佛之所，常修習梵行，秉持如佛一般的智慧，開示教導一切眾生，使他們都能入於法義。所以，你們應當常常親近他們，供養他們。為什麼這麼說呢？因為，如果聲聞、辟支佛，以及諸大菩薩，能夠相信這十六位菩薩所說的經典教法，並受持不生誹謗，他們都將獲得與如來智慧無二的無上正等正覺的果位。』」

釋迦牟尼佛告訴諸比丘說：「這十六位菩薩，常常樂意宣說這部《妙法蓮華經》，他們每一位所教化的六百萬億那由他恆河沙數的眾生，生生世世，都與這些菩薩在一起，跟隨他們聽聞法義，並且全都深心信解。因為這個緣故，這些眾生能夠得見四百萬億佛世尊，至今依然如此。諸位比丘，我現在告訴你們，那位大通智勝佛的弟子——十六位沙彌，如今皆已得到無上正等正覺，他們現在正在十方諸國土為眾生宣說法義，有無量百千萬億菩薩乘、聲聞乘為他們的眷屬。其中兩位沙彌在東方作佛，一位名叫阿閦佛，在歡喜國；一位名叫須彌頂佛。又有兩位在東南方作佛，一位名叫師子音佛，一位名叫師子相佛。南方也有兩位佛，一位名叫虛空住佛，一位名叫常滅佛。西南方有兩位佛，一位名叫帝相佛，一位名叫梵相佛。西方有兩位佛，一位名叫阿彌陀佛，一位名叫度一切世間苦惱佛。西北方有兩位佛，一位名叫多摩羅跋栴檀香神通佛，一位名叫須彌相佛。北方有兩位佛，一位名叫雲自

在佛，一位名叫雲自在王佛。東北方的佛名叫壞一切世間怖畏佛。第十六位即是我釋迦牟尼佛，在此娑婆國土成就佛的無上正等正覺。

「諸位比丘，我們尚為沙彌時，各自都教化了無量百千萬億恆河沙數的眾生，這些眾生跟從我們聽聞佛法，都是為了證得無上正等正覺。這些眾生中有的已經證得聲聞果位，我常教化他們要志求無上正等正覺。這些人將在此法的指引下，逐漸進入成佛的道路。為什麼這麼說呢？因為如來的智慧是如此的深奧微妙，難信難解。那時我所教化的無量恆河沙數的眾生，就是你們這些比丘以及我滅度以後未來世中的聲聞弟子。在我滅度之後，還會有弟子不聽聞這部《妙法蓮華經》，對大乘菩薩的法門不知不覺。這些小乘弟子自認為已修到一定的功德，由此而生起滅度的願望，進入涅槃。我將在其他國土中成佛，也將有另外的佛號，這些小乘弟子雖然生起自我滅度的想法，但他們在另外的國土中又會求取佛智，如果聽聞到這部大乘經典，唯有以佛乘而得到真正的滅度，除此之外，絕無其他的乘可獲真正的滅度，除非如來用方便法門來宣說法義。諸位比丘，假使如來知道自己涅槃的時刻已到，座下所有大眾也都心清意淨，信解堅定，並能了達法空之理，而進入甚深的禪定。那麼，如來就會召集一切菩薩及聲聞大眾，為他們講說這部《妙法蓮華經》。因為世間所有的眾生均不可能通過二乘法而得到滅度，只有佛乘才是獲得真實滅度的唯一途徑！比丘們應當知道，如來以方便深入一切眾生的本性，知道他們的志向在於小乘之法，深深地貪著於世俗的五種欲望，所以，佛便為這些人說小乘的滅度，他們聽了便會相信接受。

「譬如有一段長達五百由旬的險難惡道，這裡曠絕無人，險惡恐怖。如果眾人想要經過這條道才能到達珍寶所藏之處。這時，有一位導師，他非常聰明，熟知這條險道的情況，於是，他試圖引導眾人走過這段險道。但是，他率領的這些人走到中途時，心生懈怠，想退回去。他們對導師說：『我們疲憊不堪，又十分害怕，所以都不敢再向前走了。前面的路還很長，現在我們想退回去。』這位導師有著隨機應變的方便法門，他想：『這些人真是可憐，為何要捨棄大珍寶而後退呢？』想到這裡，他只好以其方便權宜的神力，在險道中三百由旬的地方，化出一個虛幻的城市，然後對眾人說：『你們不要害怕，更不能後退。現在，這座大城市可以用來中途停留，你們可以隨意行動。假如能進入此城，就可很快地得到安穩。到時，你們若想再繼續前進到藏寶之處，也就再往前。』這時，身疲力倦的眾人心中充滿了從未有過的歡喜。他們說：『我們現在終於可以避開這條險惡之道，馬上就可以得到安穩了！』於是，眾人繼續前行，進入那座化城。此時，他們認為自己已經滅度，已經得到了安穩。那時，導師知道這些人已得到休息，不再疲倦了，於是，他又使出方便神力，滅掉那座化城，對大家說：『你們應當再跟我向前走，藏寶之處就在附近。剛才那座城市是我變化出來的虛幻化城，只是為了能讓你們從中休息而能繼續前進罷了。』

「諸位比丘，如來也是如此。如來現在是你們的大導師，他熟知生死途中的各種煩惱惡道極其艱險、充滿長久的苦難，所以應該走出這條險道，得到快樂安穩的解脫。但是，如果眾生只聽到唯一的佛乘之法，他們則不會想見到佛，也不想親近佛。他們會如此想：『成佛之道太遙遠了，只有經過

極其長久的勤苦修行才可成功。』佛知道眾生的心念是非常怯弱、下劣的，所以，便以其方便權巧之力，為眾生說兩種涅槃。如果眾生安住於這兩種境界中，如來便又對他們說：『你們所要做的尚未完成，你們現在所住的地方已經接近佛的智慧了。你們應當認真觀察，仔細思量，你們現在所得到的涅槃並不是真實的涅槃，這只是如來佛的方便力量，於唯一的佛乘分別說出聲聞、緣覺、菩薩三乘的法門；就好比那位引路的導師，為了讓眾人得到暫時的休息，而化現出大城，等他們休息之後，再告訴他們說：『寶藏就在附近，而這座城市並非真實，只是我變化出來的虛幻之城！』』」

【注釋】

❶ 阿耨多羅三藐三菩提心：略稱為「菩薩心」。又作「無上正真道意」、「無上菩提心」、「無上道心」、「無上道意」、「無上心」、「道心」、「道意」、「道念」、「覺意」。即求無上菩提之心。菩提心為一切諸佛之種子，淨法長養之良田，若發起此心勤行精進，當得速成無上菩提。故知菩提心乃一切正願之始、菩提之根本、大悲及菩薩學之所依。菩提心依種種緣而發，據《菩薩地持經》卷一載，發菩提心有四種緣，以如是四種緣為增上緣，欣樂佛之大智而發心，即：㈠見聞諸佛菩薩之不可思議神通變化。㈡雖未見神變，但聞說菩提及菩薩藏。㈢雖不聞法，但自見法滅之相，故護持正法。㈣不見法滅之相，但見濁世眾生為煩惱所擾，而難得發心。另《發菩提心經論》卷上〈發心品〉載有四緣：㈠思惟諸佛，㈡觀身之過患，㈢慈愍眾生，㈣求最

勝之果。《無量壽經宗要》以「四弘誓願」作菩提心，且將之分為「隨事發心」（由具體之事項而發）與「順理發心」（由普通之真理而發）二種。《大乘義章》卷九對「發心」立三種之別：㈠相發心，見生死與涅槃之相，遂厭生死，發心求涅槃。㈡息相發心，知生死之本性寂滅，與涅槃無異；離差別相，始起平等之心。㈢真發心，知菩提之本性為自心，菩提即心、心即菩提，而歸於自己之本心。《摩訶止觀》卷一謂，藏教、通教、別教，乃至圓教之菩薩各因推量生滅、無生、無量、無作之四諦理而發心，故稱「推理發心」。《大乘起信論》則說信成就發心、解行發心、證發心等三種發心，於信成就發心所起之直心、深心、大悲心等三心，亦作「三種發心」。密宗主張，基於「菩提心論」行願、勝義、三摩地等三種菩提心，而說四種發心：㈠信心，指對於求無上菩提毫無疑惑之心。以其為萬行之基礎，故又稱「白淨信心」。㈡大悲心，發白淨信心後更立「四弘誓願」。亦作「行願心」、「行願菩提心」。㈢勝義心，於諸教中選擇殊勝之真實。亦作「深般若心」、「勝義菩提心」。㈣大菩提心，決定捨劣擇勝之際，十方諸佛即現眼前證知，諸魔見此則退怯不前。亦作「三摩地菩提心」。以上四心雖一度區分，但本為一體，以至佛果間無須臾或離，此是為自行化他、世間出世間修諸尊之三密所得者，故稱「有相菩提心」；然以本來有相即無相，如虛空離一切相，故與「無相菩提心」相契。

❷阿閦：即阿閦佛。如來名。具名「阿閦鞞」、「阿閦婆」。譯曰「無動」、「不動」。無瞋恚。往昔於去此東方千佛剎，出現於阿比羅提國之大目如來所發願，修行後，成佛於東方，其國土名

善快，現於其土說法。又依密教謂阿閦為金剛界五智如來中住於東方之如來。左手作拳，右手持梵函。黃金色。

❸阿彌陀：為西方極樂世界之教主。又作「阿彌陀佛」、「無量壽佛」、「無量光佛」等。據《無量壽經》載，過去久遠劫世自在王佛住世時，有一國王發無上道心，捨王位出家，名為「法藏比丘」，於世自在王佛處修行，熟知諸佛之淨土，歷經五劫之思慮而發殊勝之四十八願。此後，不斷積聚功德，而於距今十劫之前，願行圓滿，成阿彌陀佛，在離此十萬億佛土之西方，報得極樂淨土。迄今仍在彼土說法，即淨土門之教主，能接引念佛人往生西方淨土，故又稱「接引佛」。阿彌陀三尊像通常以觀音菩薩及大勢至菩薩為其脅侍，而與此二尊並稱為「西方三聖」。彌陀信仰已經成為影響力最廣的大乘淨土信仰。

❹此文「知其志樂小法」一句中，「知」有作「如」。

❺分別說三：指如來為應契不同根性的眾生，尤為鈍根之人演一乘教，而分別說為三乘，使各自適於根機。

爾時，世尊欲重宣此義，而說偈言：

大通智勝佛，十劫坐道場，

佛法不現前，不得成佛道。
諸天神龍王，阿修羅眾等，
常雨於天華，以供養彼佛。
諸天擊天鼓，并作眾伎樂，
香風吹萎華，更雨新好者，
過十小劫已，乃得成佛道。
諸天及世人，心皆懷踊躍，
彼佛十六子，皆與其眷屬，
千萬億圍繞，俱行至佛所，
頭面禮佛足，而請轉法輪，
聖師子法雨，充我及一切。
世尊甚難值，久遠時一現，
為覺悟群生，震動於一切。
東方諸世界，五百萬億國，
梵宮殿光曜，昔所未曾有。
諸梵見此相，尋來至佛所，

散華以供養，并奉上宮殿，
請佛轉法輪，以偈而讚歎。
佛知時未至，受請默然坐，
三方及四維，上下亦復爾，
散華奉宮殿，請佛轉法輪。
世尊甚難值，願以大慈悲，
廣開甘露門，轉無上法輪。
無量慧世尊，受彼眾人請，
為宣種種法，四諦十二緣，
無明至老死，皆從生緣有，
如是眾過患，汝等應當知。
宣暢是法時，六百萬億垓，
得盡諸苦際，皆成阿羅漢。
第二說法時，千萬恆沙眾，
於諸法不受，亦得阿羅漢。
從是後得道，其數無有量，

萬億劫算數，不能得其邊。
時十六王子，出家作沙彌，
皆共請彼佛，演說大乘法：
「我等及營從，皆當成佛道，
願得如世尊，慧眼第一淨。」
佛知童子心，宿世之所行，
以無量因緣，種種諸譬喻，
說六波羅蜜，及諸神通事，
分別真實法，菩薩所行道，
說是《法華經》，如恆河沙偈。
彼佛說經已，靜室入禪定，
一心一處坐，八萬四千劫。
是諸沙彌等，知佛禪未出，
為無量億眾，說佛無上慧，
各各坐法座，說是大乘經，
於佛宴寂後，宣揚助法化。

一一沙彌等，所度諸眾生，
有六百萬億，恆河沙等眾。
彼佛滅度後，是諸聞法者，
在在諸佛土，常與師俱生。
是十六沙彌，具足行佛道，
今現在十方，各得成正覺。
爾時聞法者，各在諸佛所，
其有住聲聞，漸教以佛道。
我在十六數，曾亦為汝說，
是故以方便，引汝趣佛慧。
以是本因緣，今說《法華經》，
令汝入佛道，慎勿懷驚懼。
譬如險惡道，迥絕多毒獸，
又復無水草，人所怖畏處，
無數千萬眾，欲過此險道，
其路甚曠遠，經三百由旬。

時有一導師，強識有智慧，
明了心決定，在險濟眾難，
眾人皆疲倦，而白導師言：
「我等今頓乏，於此欲退還。」
導師作是念：「此輩甚可愍，
如何欲退還，而失大珍寶？」
尋時思方便，當設神通力，
化作大城郭，莊嚴諸舍宅，
周匝有園林，渠流及浴池，
重門高樓閣，男女皆充滿。
即作是化已，慰眾言勿懼：
「汝等入此城，各可隨所樂。」
諸人既入城，心皆大歡喜，
皆生安隱想，自謂已得度。
導師知息已，集眾而告言：
「汝等當前進，此是化城耳！

我見汝疲極，中路欲退還，
故以方便力，權化作此城。
汝等勤精進，當共至寶所。」
我亦復如是，為一切導師，
見諸求道者，中路而懈廢，
不能度生死，煩惱諸險道，
故以方便力，為息說涅槃，
言汝等苦滅，所作皆已辦。
既知到涅槃，皆得阿羅漢，
爾乃集大眾，為說真實法。
諸佛方便力，分別說三乘，
唯有一佛乘，息處故說二。
今為汝說實，汝所得非滅，
為佛一切智，當發大精進。
汝證一切智，十力等佛法，
具三十二相，乃是真實滅。

諸佛之導師，為息說涅槃，
既知是息已，引入於佛慧。

【譯文】

這時，釋迦牟尼佛為了再次宣說法義，即以偈頌言：

大通智勝佛，十劫坐道場，佛法不現前，不得成佛道。
諸天神龍王，阿修羅眾等，常雨於天華，以供養彼佛。
諸天擊天鼓，并作眾伎樂，香風吹萎華，
更雨新好者，過十小劫已，乃得成佛道。
諸天及世人，心皆懷踊躍，彼佛十六子，皆與其眷屬，
千萬億圍繞，俱行至佛所，頭面禮佛足，
而請轉法輪，聖師子法雨，充我及一切。
世尊甚難值，久遠時一現，為覺悟群生，震動於一切。
東方諸世界，五百萬億國，梵宮殿光曜，昔所未曾有。
諸梵見此相，尋來至佛所，散華以供養，
并奉上宮殿，請佛轉法輪，以偈而讚歎。

佛知時未至，受請默然坐，三方及四維，
上下亦復爾，散華奉宮殿，請佛轉法輪。
世尊甚難值，願以大慈悲，廣開甘露門，轉無上法輪。
無量慧世尊，受彼眾人請，為宣種種法，四諦十二緣，
無明至老死，皆從生緣有，如是眾過患，汝等應當知。
宣暢是法時，六百萬億垓，得盡諸苦際，皆成阿羅漢。
第二說法時，千萬恆沙眾，於諸法不受，亦得阿羅漢。
從是後得道，其數無有量，萬億劫算數，不能得其邊。
時十六王子，出家作沙彌，皆共請彼佛，演說大乘法：
「我等及營從，皆當成佛道，願得如世尊，慧眼第一淨。」
佛知童子心，宿世之所行，以無量因緣，種種諸譬喻，
說六波羅蜜，及諸神通事，分別真實法，
菩薩所行道，說是《法華經》，如恆河沙偈。
彼佛說經已，靜室入禪定，一心一處坐，八萬四千劫。
是諸沙彌等，知佛禪未出，為無量億眾，說佛無上慧，
各各坐法座，說是大乘經，於佛宴寂後，宣揚助法化。

一一沙彌等，所度諸眾生，有六百萬億，恆河沙等眾。
彼佛滅度後，是諸聞法者，在在諸佛土，常與師俱生。
是十六沙彌，具足行佛道，今現在十方，各得成正覺。
爾時聞法者，各在諸佛所，其有住聲聞，漸教以佛道。
我在十六數，曾亦為汝說，是故以方便，引汝趣佛慧。
以是本因緣，今說《法華經》，令汝入佛道，慎勿懷驚懼。
譬如險惡道，迥絕多毒獸，又復無水草，人所怖畏處，
無數千萬眾，欲過此險道，其路甚曠遠，經三百由旬。
時有一導師，強識有智慧，明了心決定，在險濟眾難，
眾人皆疲倦，而白導師言：「我等今頓乏，於此欲退還。」
導師作是念：「此輩甚可愍，如何欲退還，而失大珍寶？」
尋時思方便，當設神通力，化作大城郭，莊嚴諸舍宅，
周匝有園林，渠流及浴池，重門高樓閣，男女皆充滿。
即作是化已，慰眾言勿懼：「汝等入此城，各可隨所樂。」
諸人既入城，心皆大歡喜，皆生安隱想，自謂已得度。
導師知息已，集眾而告言：「汝等當前進，此是化城耳！

我見汝疲極，中路欲退還，故以方便力，權化作此城。
汝等勤精進，當共至寶所。」我亦復如是，為一切導師，
見諸求道者，中路而懈廢，不能度生死，煩惱諸險道，
故以方便力，為息說涅槃，言汝等苦滅，所作皆已辦。
既知到涅槃，皆得阿羅漢，爾乃集大眾，為說真實法。
諸佛方便力，分別說三乘，唯有一佛乘，息處故說二。
今為汝說實，汝所得非滅，為佛一切智，當發大精進。
汝證一切智，十力等佛法，具三十二相，乃是真實滅。
諸佛之導師，為息說涅槃，既知是息已，引入於佛慧。

五百弟子受記品第八

佛陀為「說法第一」的富樓那彌多羅尼子授記，當於寶明劫善淨國成佛，佛號「法明」；又授記一千二百位阿羅漢悉當成佛；特別為憍陳如及五百阿羅漢授記，當得成佛，悉具同一「普明」之號。

得聞授記的五百弟子又說「衣珠喻」：有人至親友家中醉酒而臥，親友以寶珠贈之，並乘其醉時將寶珠繫於其衣中，其人酒醒之後流浪他鄉，受盡貧苦，而未覺知於其衣中有大寶珠。後復與親友相遇，乃得寶珠，利益無量。

此喻為「法華七喻」之第五喻。此喻中以「衣內明珠」喻「眾生本具之佛性」；「懷珠未覺者」喻「為無明遮覆而未覺之二乘之人」，「親友」喻「如來」。明「二乘」之人，往昔雖曾結下大乘法緣，但為無明所覆，未能覺悟，而樂於二乘小法，而今由於如來方便因緣開示，得入究竟一佛乘。

爾時，富樓那彌多羅尼子，從佛聞是智慧方便隨宜說法，又聞授諸大弟子阿耨多羅三藐三菩提記，復聞宿世因緣之事，復聞諸佛有大自在神通之力。得未曾有，心淨踴躍。即從座起到於佛前，頭面禮足，卻住一面，瞻仰尊顏，目不暫捨，而作是念：「世尊，甚奇特！所為希有！隨順世間若干種性，以方便知見而為說法，拔出眾生處處貪著，我等於佛功德言不能宣！唯佛世尊，能知我等深心本願。」

爾時，佛告諸比丘：「汝等見是富樓那彌多羅尼子不？我常稱其於說法人中最為第一，亦常歎其種種功德，精勤護持助宣我法，能於四眾示教利喜，具足解釋佛之正法，而大饒益同梵行者。自捨如來，無能盡其言論之辯。汝等勿謂富樓那但能護持助宣我法，亦於過去九十億諸佛所，護持助宣佛之正法，於彼說法人中亦最第一。又於諸佛所說空法明了通達，得四無礙智❶，常能審諦清淨說法無有疑惑，具足菩薩神通之力，隨其壽命常修梵行。彼佛世人咸皆謂之實是聲聞，而富樓那以斯方便，饒益無量百千眾生，又化無量阿僧祇人令立阿耨多羅三藐三菩提。為淨佛土故，常作佛事教化眾生。

「諸比丘，富樓那亦於七佛說法人中而得第一，今於我所說法人中亦為第一，於賢劫中當來諸佛說法人中亦復第一，而皆護持助宣佛法。亦於未來護持助宣無量無邊諸佛之法，教化饒益無量眾生，令立阿耨多羅三藐三菩提。為淨佛土故，常勤精進教化眾生，漸漸具足菩薩之道。過無量阿僧祇劫，當於此土得阿耨多羅三藐三菩提，號曰法明如來、應供、正遍

知、明行足、善逝、世間解、無上士、調御丈夫、天人師、佛世尊。其佛以恆河沙等三千大千世界為一佛土，七寶為地，地平如掌，無有山陵、溪澗、溝壑，七寶臺觀充滿其中。諸天宮殿近處虛空，人天交接兩得相見。無諸惡道，亦無女人。一切眾生皆以化生，無有淫欲得大神通，身出光明，飛行自在。志念堅固，精進智慧，普皆金色三十二相而自莊嚴。其國眾生常以二食：一者、法喜食❷，二者、禪悅食❸。有無量阿僧祇千萬億那由他諸菩薩眾，得大神通四無礙智，善能教化眾生之類。其聲聞眾算數校計所不能知，皆得具足六通、三明及八解脫❹。其佛國土，有如是等無量功德莊嚴成就。劫名寶明，國名善淨。其佛壽命無量阿僧祇劫，法住甚久。佛滅度後，起七寶塔遍滿其國。」

爾時，世尊欲重宣此義，而說偈言：

諸比丘諦聽，佛子所行道，
善學方便故，不可得思議。
知眾樂小法，而畏於大智，
是故諸菩薩，作聲聞緣覺，
以無數方便，化諸眾生類。
自說是聲聞，去佛道甚遠，
度脫無量眾，皆悉得成就，

雖小欲懈怠，漸當令作佛。
內祕菩薩行，外現是聲聞，
少欲厭生死，實自淨佛土。
示眾有三毒，又現邪見相❺，
我弟子如是，方便度眾生。
若我具足說，種種現化事，
眾生聞是者，心則懷疑惑。
今此富樓那，於昔千億佛，
勤修所行道，宣護諸佛法。
為求無上慧，而於諸佛所，
現居弟子上，多聞有智慧，
所說無所畏，能令眾歡喜，
未曾有疲倦，而以助佛事。
已度大神通，具四無礙智，
知諸根利鈍，常說清淨法，
演暢如是義，教諸千億眾，

令住大乘法，而自淨佛土。
未來亦供養，無量無數佛，
護助宣正法，亦自淨佛土。
常以諸方便，說法無所畏，
度不可計眾，成就一切智。
供養諸如來，護持法寶藏，
其後得成佛，號名曰法明。
其國名善淨，七寶所合成，
劫名為寶明。菩薩眾甚多，
其數無量億，皆度大神通，
威德力具足，充滿其國土。
聲聞亦無數，三明八解脫，
得四無礙智，以是等為僧。
其國諸眾生，淫欲皆已斷，
純一變化生，具相莊嚴身，
法喜禪悅食，更無餘食想，

無有諸女人，亦無諸惡道。
富樓那比丘，功德悉成滿，
當得斯淨土，賢聖眾甚多。
如是無量事，我今但略說。

【譯文】

這時，富樓那彌多羅尼子，從釋迦牟尼佛那裡聽聞諸佛以智慧及方便，隨宜說法的情況，又聽聞釋迦牟尼佛為諸大弟子授記終成無上正等正覺，又聽聞自己過去累世的因緣，又聽聞諸佛有自在無礙神通之力。這些都是他過去從未聽聞到的，因而富樓那彌多羅尼子內心獲得清淨，歡喜不已。富樓那彌多羅尼子即從座位上站起來，來到釋迦牟尼佛前，以其頭面禮佛之足，然後退在一旁，目不轉睛地凝望世尊的顏容，心裡想到：「世尊是如此奇特，他的行為也是如此稀有。他隨順世間眾生的不同根性，用種種方便的法義為眾生說法，而令眾生從各種貪著之中拔除出離，我等無法用言語說盡諸佛的功德。唯有祈願如來世尊了知我們的深心願望。」

這時，釋迦牟尼佛對法會中的比丘們說：「你們看見這位富樓那彌多羅尼子了嗎？我常說他在所有說法人中水平最高，稱其為說法第一，我也時常讚歎他的各種功德，他精進修行，勤奮護持佛法，幫助我宣說佛法義理，能為四眾開示教法，使之獲得利益，生起歡喜之心，他能夠充分地理解和闡釋

佛的正法，能夠為一同修習梵行的人們帶來眾多的利益。除了如來之外，再沒有誰能比得上富樓那彌多羅尼子流利雄辯的口才。你們不要認為富樓那彌多羅尼子只在此世護持並幫助我宣揚佛法，富樓那彌多羅尼子在過去九十億位佛那裡，都曾護持並宣揚佛的正法，並且在那時候，同樣在諸多的說法諸眾中，有著無與倫比的辯才，被稱為說法第一。另外，富樓那彌多羅尼子對於諸佛所說的空寂之法，也能通達明瞭，獲得了四種無礙智，他常常審察各類法相，做到清淨說法，毫無疑惑，他又具足菩薩的神通之力，能盡其生生世世修習各種清淨梵行。在諸佛世界中的人們，都認為他是一位聲聞弟子，但這只是富樓那彌多羅尼子以這種方便的方式，又教化無量無數的眾生，引導他們修行於證得無上正等正覺的道路。富樓那彌多羅尼子為了使佛土清淨莊嚴，而常常以各種合於佛法的事行來教化眾生。

「諸位比丘，富樓那彌多羅尼子在過去七佛出世時，在所有說法人中也是名列第一，如今在我釋迦牟尼佛住世時的所有說法人中也是第一，在賢劫中未來出世的諸佛那裡，他仍然是說法第一，在過去、現在的諸佛世界中，富樓那彌多羅尼子都能護持並協助如來宣說佛法。並且在未來世的諸佛世界中，同樣護持並協助如來宣說佛法，令無量無邊的眾生得到饒益，使他們都能安住於志求無上正等正覺的道路上。富樓那彌多羅尼子為了莊嚴清淨諸佛國土，精進努力，教化眾生，逐漸具足了大乘菩薩道的功德。再過無量阿僧祇劫，富樓那彌多羅尼子將在此娑婆世界證得無上正等正覺，其名號為法明如來、應供、正遍知、明行足、善逝、世間解、無上士、調御丈夫、天人師、佛世尊。法明如來的國土由恆河沙數之多的三千大千世界組成，其佛國中，大地由七寶鋪就，平坦如掌，沒有山丘、溪澗、

溝壑，七寶構成的樓台亭觀，充滿於他的佛國。諸天神的宮殿處在離地不遠的虛空之中，人和天神相互接觸，可以互相望見。在法明如來的佛國之中，沒有地獄、餓鬼、畜生等三惡道，也沒有女人。一切眾生都是以化生的方式出生，沒有淫欲，各個都具有大神通，身體具足光明，可以在空中自由自在地飛行。他們擁有堅求佛道的志向，信念堅定，精進修習佛法，因此身體皆充滿金色光明，並具足三十二種非凡身相。其佛國土中的眾生，有兩種食物：一是法喜食，二是禪悅食。有無量無數的大菩薩眾，各個都具有大神通力，具足四種無礙之智，善於教化一切眾生。其佛國中，聲聞眾的數量也難以計數，他們都具備六種神通、三種明達和八種解脫之法。法明佛的國土中有著如此無量無盡的功德，及由此而產生的莊嚴之相。法明佛住世的劫名叫寶明，國名叫善淨。法明佛的住世壽命有無量阿僧祇劫，佛法流行於世的時間極其長久。佛滅度後，將建立起具足七種珍寶的舍利寶塔，遍滿其佛國土。」

這時，釋迦牟尼佛為了再次宣說法義，而以偈頌說言：

諸比丘諦聽，佛子所行道，善學方便故，不可得思議。
知眾樂小法，而畏於大智，是故諸菩薩，
作聲聞緣覺，以無數方便，化諸眾生類。
自說是聲聞，去佛道甚遠，度脫無量眾，
皆悉得成就，雖小欲懈怠，漸當令作佛。

內祕菩薩行，外現是聲聞，少欲厭生死，實自淨佛土。
示眾有三毒，又現邪見相，我弟子如是，方便度眾生。
若我具足說，種種現化事，眾生聞是者，心則懷疑惑。
今此富樓那，於昔千億佛，勤修所行道，宣護諸佛法。
為求無上慧，而於諸佛所，現居弟子上，多聞有智慧，
所說無所畏，能令眾歡喜，未曾有疲倦，而以助佛事。
已度大神通，具四無礙智，知諸根利鈍，常說清淨法，
演暢如是義，教諸千億眾，令住大乘法，而自淨佛土。
未來亦供養，無量無數佛，護助宣正法，亦自淨佛土。
常以諸方便，說法無所畏，度不可計眾，成就一切智。
供養諸如來，護持法寶藏，其後得成佛，號名曰法明。
其國名善淨，七寶所合成，劫名為寶明。菩薩眾甚多，
其數無量億，皆度大神通，威德力具足，充滿其國土。
聲聞亦無數，三明八解脫，得四無礙智，以是等為僧。
其國諸眾生，淫欲皆已斷，純一變化生，具相莊嚴身，
法喜禪悅食，更無餘食想，無有諸女人，亦無諸惡道。

富樓那比丘，功德悉成滿，當得斯淨土，賢聖眾甚多。
如是無量事，我今但略說。

【注釋】

❶四無礙智：即理無礙、義無礙、辭無礙、樂說無礙等「四種智」。

❷法喜食：「二食」或「九食」之一。指佛法。行者由於聽聞佛法，心生歡喜，而增長善根，資益慧命，猶如世間之食物。

❸禪悅食：「二食」或「九食」之一。入於禪定，身心適悅，能長養肉體，資益慧命，一如食物之能長養肉體，存續精神，故稱「禪悅食」。

❹八解脫：謂依八種定力而捨卻對色與無色之貪欲。又作「八背捨」、「八惟無」、「八惟務」。八者即：㈠內有色想觀諸色解脫，為除內心之色想，於外諸色修不淨觀。㈡內無色想觀外色解脫，內心之色想雖已除盡，但因欲界貪欲難斷，故觀外不淨之相，令生厭惡以求斷除。㈢淨解脫身作證具足住，為試練善根成滿，棄捨前之不淨觀心，於外色境之淨相修觀，令煩惱不生，身證淨解脫具足安住。㈣超諸色想滅有對想不思維種種想入無邊空空無邊處具足住解脫，盡滅有對之色想，修空無邊處之行相而成就之。㈤超一切空無邊處入無邊識識無邊處具足住解脫，棄捨空無邊心，修識無邊之相而成就之。㈥超一切識無邊處入無所有無所有處具足住解脫，棄捨識無邊

心，修無所有之相而成就之。㈦超一切無所有處入非想非非想處具足住解脫，棄捨無所有心，無有明勝想，住非無想之相並成就之。㈧超一切非想非非想處入想受滅身作證具足住解脫，厭捨受想等，入滅一切心心所法之滅盡定。此中前二者依初禪與第二禪，治顯色之貪，第三依第四禪修淨觀，皆以無貪為性。第四至第七依次以四無色之定善為性，第八依有頂地，以滅有所緣心為性。又初二者各分為二，第三分為四，合謂「八勝處」。

❺邪見：指不正之執見。係「八邪」行之一，「十惡」之一，「十隨」眠之一，「五見」之一。以為世間無可招結果之原因，亦無由原因而生之結果，而謂惡不足畏，善亦不足喜等之謬見，即是邪見。蓋俱舍家謂撥無因果為邪見；唯識家則主張撥無因果及四見以外之所有邪執，均稱為「邪見」。

爾時，千二百阿羅漢心自在者作是念：「我等歡喜，得未曾有。若世尊各見授記如餘大弟子者，不亦快乎！」佛知此等心之所念，告摩訶迦葉：「是千二百阿羅漢，我今當現前次第與授阿耨多羅三藐三菩提記。於此眾中，我大弟子憍陳如比丘，當供養六萬二千億佛，然後得成為佛，號曰普明如來、應供、正遍知、明行足、善逝、世間解、無上士、調御丈夫、天人師、佛世尊。其五百阿羅漢，優樓頻螺迦葉、伽耶迦葉、那提迦葉、迦留陀夷、優陀

夷、阿㝹樓馱、離婆多、劫賓那、薄拘羅、周陀、莎伽陀等，皆當得阿耨多羅三藐三菩提，盡同一號，名曰普明。」

爾時，世尊欲重宣此義，而說偈言：

憍陳如比丘，當見無量佛，
過阿僧祇劫，乃成等正覺。
常放大光明，具足諸神通，
名聞遍十方，一切之所敬，
常說無上道，故號為普明。
其國土清淨，菩薩皆勇猛，
咸升妙樓閣，遊諸十方國，
以無上供具，奉獻於諸佛。
作是供養已，心懷大歡喜，
須臾還本國，有如是神力。
佛壽六萬劫，正法住倍壽，
像法復倍是，法滅天人憂。
其五百比丘，次第當作佛，

同號曰普明，轉次而授記：
我滅度之後，某甲當作佛，
其所化世間，亦如我今日。
國土之嚴淨，及諸神通力，
菩薩聲聞眾，正法及像法，
壽命劫多少，皆如上所說。
迦葉汝已知，五百自在者，
餘諸聲聞眾，亦當復如是，
其不在此會，汝當為宣說。

【譯文】

這時，法會中有一千二百位已獲證阿羅漢果位的大眾，他們已經深心自在，都產生這樣的念頭：「我們從來未曾有過如此的歡喜。如果世尊能夠像授記這些大弟子們一樣，分別對其他的大弟子予以授記，那不是讓人非常歡喜嗎？」釋迦牟尼佛知道這些人心中的想法，於是對摩訶迦葉說：「這一千二百位阿羅漢弟子，我今天就當場為他們逐一授記終成無上正等正覺果位。在這些弟子中，我的大弟子憍陳如比丘，將在未來供養六萬二千億位佛，然後證得佛果，名號為普明如來、應供、正遍

知、明行足、善逝、世間解、無上士、調御丈夫、天人師、佛世尊。另五百阿羅漢，如優樓頻螺迦葉、伽耶迦葉、那提迦葉、迦留陀夷、優陀夷、阿㝹樓馱、離婆多、劫賓那、薄拘羅、周陀、莎伽陀等，都將終究證得無上正等正覺，他們成佛時都具足同一名號，叫作普明。」

這時，釋迦牟尼佛為了再次宣說法義，而以偈頌說言：

憍陳如比丘，當見無量佛，過阿僧祇劫，乃成等正覺。
常放大光明，具足諸神通，名聞遍十方，
一切之所敬，常說無上道，故號為普明。
其國土清淨，菩薩皆勇猛，咸升妙樓閣，
遊諸十方國，以無上供具，奉獻於諸佛。
作是供養已，心懷大歡喜，須臾還本國，有如是神力。
佛壽六萬劫，正法住倍壽，像法復倍是，法滅天人憂。
其五百比丘，次第當作佛，同號曰普明，轉次而授記：
我滅度之後，某甲當作佛，其所化世間，亦如我今日。
國土之嚴淨，及諸神通力，菩薩聲聞眾，
正法及像法，壽命劫多少，皆如上所說。
迦葉汝已知，五百自在者，餘諸聲聞眾，

亦當復如是，其不在此會，汝當為宣說。

爾時，五百阿羅漢於佛前得受記已，歡喜踊躍，即從座起，到於佛前，頭面禮足，悔過自責：「世尊，我等常作是念，自謂已得究竟滅度，今乃知之如無智者。所以者何？我等應得如來智慧，而便自以小智為足。世尊，譬如有人至親友家，醉酒而臥。是時親友官事當行，以無價寶珠繫其衣裡，與之而去。其人醉臥，都不覺知。起已遊行，到於他國。為衣食故，勤力求索甚大艱難，若少有所得便以為足。於後親友會遇見之，而作是言：『咄哉！丈夫，何為衣食乃至如是？我昔欲令汝得安樂，五欲自恣，於某年日月，以無價寶珠繫汝衣裡。今故現在，而汝不知，勤苦憂惱以求自活，甚為癡也！汝今可以此寶貿易所須，常可如意，無所乏短。』

「佛亦如是，為菩薩時，教化我等，令發一切智心；而尋廢忘，不知不覺。既得阿羅漢道，自謂滅度，資生艱難得少為足，一切智願猶在不失。今者世尊覺悟我等，作如是言：『諸比丘，汝等所得非究竟滅。我久令汝等種佛善根，以方便故示涅槃相，而汝謂為實得滅度。』世尊，我今乃知實是菩薩，得受阿耨多羅三藐三菩提記，以是因緣，甚大歡喜，得未曾有。」

爾時，阿若憍陳如等欲重宣此義，而說偈言：

我等聞無上，安隱授記聲，
歡喜未曾有，禮無量智佛。
今於世尊前，自悔諸過咎，
於無量佛寶，得少涅槃分，
如無智愚人，便自以為足。
譬如貧窮人，往至親友家，
其家甚大富，具設諸肴膳，
以無價寶珠，繫著內衣裡，
默與而捨去，時臥不覺知。
是人既已起，遊行詣他國，
求衣食自濟，資生甚艱難，
得少便為足，更不願好者，
不覺內衣裡，有無價寶珠。
與珠之親友，後見此貧人，
苦切責之已，示以所繫珠。

貧人見此珠，其心大歡喜，
富有諸財物，五欲而自恣。
我等亦如是，世尊於長夜，
常愍見教化，令種無上願。
我等無智故，不覺亦不知，
得少涅槃分，自足不求餘。
今佛覺悟我，言非實滅度，
得佛無上慧，爾乃為真滅。
我今從佛聞，授記莊嚴事，
乃轉次受決，身心遍歡喜。

【譯文】

這時，五百位大阿羅漢，在釋迦牟尼佛得到授記以後，無不歡喜雀躍，他們當即從座上站起，來到佛的面前，以其頭面禮佛之足，深心懺悔而自我責備言：「世尊！我們過去常有這種念頭，自認為已經證得到究竟的滅度。今天，我們才知道，這樣的想法正如同沒有智慧的人一樣。為什麼這麼說呢？因為我們應當志求與如來一般無二的智慧，但我們卻以如此的小智為滿足。世尊，譬如有人到親

友家，喝醉酒後便睡著了。這時候，親友因為官家之事要外出，他便將一顆無價寶珠塞進此人的衣服裡，贈送給他此寶物之後，便離開了。那人因喝醉而臥床不起，對此毫無覺知。等他醒來之後，他又輾轉到了其他國家。為了獲得衣食，他辛勤努力操勞，生活十分艱難。如果稍微得到一點，他便感到很滿足。後來，親友碰巧又遇見了他，便對他說道：『哎呀！你這個堂堂男兒，怎麼會為了衣食而到這種地步呢？我以前為了讓你得到安樂，能夠隨意地盡享五欲之福，於某年某月某日，把一顆無價寶珠繫在你的衣服裡，今天那寶珠還在那裡，而你卻不知不覺，如此辛勤憂惱，以求艱苦謀生，這真是太愚蠢了！你現在可以用此珍寶換取所需的一切，就可以常常諸事如意，再也不會貧窮了。』

「佛陀也是如此，您在往昔做菩薩時，曾教化我們發心志求無上正等正覺，我們雖然聽聞，但很快又都荒廢淡忘了，因此於此無上法義不知不覺。已經證得阿羅漢果後，便自以為得到了究竟的滅度，如同生活窮困的人，得一點就很滿足，而先前所聞的志求無上智慧的願力，還存在並未喪失。今天，世尊使我們覺悟，而如此說道：『諸比丘，你們所得到的涅槃，並非究竟的滅度。我過去長期以來，為了讓你們種下成佛的善根，以方便之法，開示涅槃之相，但你們卻以為是得到了究竟的滅度。』世尊，我們今天才終於知道自己實際上都是真正的菩薩，都曾被授記終將成就無上佛果，由於這個因緣，我們是如此歡喜，這是往昔從未曾有過的。」

這時，阿若憍陳如等為了再次宣說法義，而以偈頌說言：

我等聞無上，安隱授記聲，歡喜未曾有，禮無量智佛。

今於世尊前，自悔諸過咎，於無量佛寶，
得少涅槃分，如無智愚人，便自以為足。
譬如貧窮人，往至親友家，其家甚大富，具設諸肴膳，
以無價寶珠，繫著內衣裡，默與而捨去，時臥不覺知。
是人既已起，遊行詣他國，求衣食自濟，資生甚艱難，
得少便為足，更不願好者，不覺內衣裡，有無價寶珠。
與珠之親友，後見此貧人，苦切責之已，示以所繫珠。
貧人見此珠，其心大歡喜，富有諸財物，五欲而自恣。
我等亦如是，世尊於長夜，常愍見教化，令種無上願。
我等無智故，不覺亦不知，得少涅槃分，自足不求餘。
今佛覺悟我，言非實滅度，得佛無上慧，爾乃為真滅。
我今從佛聞，授記莊嚴事，乃轉次受決，身心遍歡喜。

授學無學人記品第九

佛陀為弟子阿難、羅睺羅及有學、無學二千人授記成佛。阿難於未來妙音遍滿劫時，於常立勝幡國成就佛果，號「山海慧自在通王如來」；又授記羅睺羅成佛，號「蹈七寶華如來」。又為會中有學、無學二千人授記，未來同時於十方國，各得成佛，皆同一號，名曰「寶相如來」。

爾時，阿難、羅睺羅而作是念：「我等每自思惟，設得受記，不亦快乎？」即從座起到於佛前，頭面禮足，俱白佛言：「世尊，我等於此亦應有分。唯有如來，我等所歸。又我等為一切世間天、人、阿修羅所見知識。阿難常為侍者，護持法藏。羅睺羅是佛之子。若佛見授阿耨多羅三藐三菩提記者，我願既滿，眾望亦足。」爾時，學無學聲聞弟子二千人，皆從

座起，偏袒右肩，到於佛前，一心合掌，瞻仰世尊，如阿難、羅睺羅所願，住立一面。

爾時，佛告阿難：「汝於來世當得作佛，號山海慧自在通王如來、應供、正遍知、明行足、善逝、世間解、無上士、調御丈夫、天人師、佛世尊。當供養六十二億諸佛，護持法藏，然後得阿耨多羅三藐三菩提。教化二十千萬億恆河沙諸菩薩等，令成阿耨多羅三藐三菩提。國名常立勝幡，其土清淨，琉璃為地，劫名妙音遍滿。其佛壽命，無量千萬億阿僧祇劫，若人於千萬億無量阿僧祇劫中算數校計不能得知。正法住世倍於壽命，像法住世復倍正法。阿難，是山海慧自在通王佛，為十方無量千萬億恆河沙等諸佛如來，所共讚歎，稱其功德。」

爾時，世尊欲重宣此義，而說偈言：

我今僧中說，阿難持法者，
當供養諸佛，然後成正覺，
號曰山海慧，自在通王佛。
其國土清淨，名常立勝幡，
教化諸菩薩，其數如恆沙。
佛有大威德，名聞滿十方，
壽命無有量，以愍眾生故，

正法倍壽命，像法復倍是。
如恆河沙等，無數諸眾生，
於此佛法中，種佛道因緣。

【譯文】

這時，阿難、羅睺羅也產生這樣的念頭：「我們常常暗自思維，如果能夠得到釋迦牟尼佛的授記，那不也是非常快樂的事情嗎？」於是，阿難、羅睺羅二位尊者即從座位上站起來，來到佛的面前，以其頭面禮佛之足，兩位尊者一齊對佛說：「世尊，我們在這裡也應當蒙受您的授記吧！唯有如來，方是我們唯一的皈依之處。另外，我們也是一切世間的天神、人和阿修羅所效法的善知識。阿難常為佛陀的侍者，長期護持一切法藏；羅睺羅是佛陀的兒子。如果佛陀能為我們授記成就無上正等正覺，那不僅是滿足了我們的願望，對於法會上的大眾，也將能滿足他們的願望。」這時，小乘初果、二果、三果等有學位以及四果位無學位上的聲聞弟子二千人，都從座位上站立起來，偏袒右肩，來到佛的面前，一心合掌，仰望世尊，他們懷著與阿難、羅睺羅等同樣的願望，靜靜地佇立於一旁。

這時，釋迦牟尼佛告訴阿難說：「你將於未來世成就佛果，名號為山海慧自在通王如來、應供、正遍知、明行足、善逝、世間解、無上士、調御丈夫、天人師、佛世尊。阿難將供養六十二億位諸佛，護持諸佛一切法藏，然後即可證得無上正等正覺。阿難成佛之後，將教化二十千萬億恆河沙數之

多的菩薩眾，使他們證得無上正等正覺。阿難成佛後的佛國名叫常立勝幡，國土清淨，以琉璃為地，當時的劫名叫妙音遍滿。山海慧自在通王如來的住世壽命長達無量千萬億阿僧祇劫，即使有人用無量無盡的漫長年月去計算山海慧自在通王如來的佛壽，也是難以測計。山海慧自在通王如來滅度後，其正法流行於世的時間比佛的壽命還長一倍，而像法時代的時間則較正法時代更長一倍。阿難，這位山海慧自在通王佛受到十方界內無量億恆河沙佛的共同讚歎，他們都稱揚讚歎他的功德。」

這時，釋迦牟尼佛為了再次宣說法義，即以偈頌說言：

我今僧中說，阿難持法者，當供養諸佛，
然後成正覺，號曰山海慧，自在通王佛。
其國土清淨，名常立勝幡，教化諸菩薩，其數如恆沙。
佛有大威德，名聞滿十方，壽命無有量，
以愍眾生故，正法倍壽命，像法復倍是。
如恆河沙等，無數諸眾生，於此佛法中，種佛道因緣。

爾時，會中新發意菩薩八千人，咸作是念：「我等尚不聞諸大菩薩得如是記，有何因緣而諸聲聞得如是決？」爾時，世尊知諸菩薩心之所念，而告之曰：「諸善男子，我與阿難

等，於空王佛所，同時發阿耨多羅三藐三菩提心。阿難常樂多聞，我常勤精進，是故我已得成阿耨多羅三藐三菩提，而阿難護持我法，亦護將來諸佛法藏，教化成就諸菩薩眾。其本願如是，故獲斯記。」

阿難面於佛前，自聞授記及國土莊嚴，所願具足，心大歡喜，得未曾有。即時憶念過去無量千萬億諸佛法藏，通達無礙如今所聞，亦識本願。

爾時，阿難而說偈言：

世尊甚希有，令我念過去，
無量諸佛法，如今日所聞。
我今無復疑，安住於佛道，
方便為侍者，護持諸佛法。

【譯文】

這時，法會中有八千位剛剛發心修行菩薩的弟子都同時產生了這樣的念頭：「我們還未曾聽到諸大菩薩得到佛的授記，是什麼樣的因緣，那些聲聞乘弟子會得到成佛的授記呢？」這時，釋迦牟尼佛知道這些菩薩內心的想法，便告訴他們說：「諸位善男子！我與阿難，過去曾在空王佛那裡，一同發願志求無上正等正覺。阿難常常喜歡廣泛聽聞法義，而我則常常勤奮精進修習佛法，由於這種因緣，

我今天已經成就無上正等正覺的佛果，而阿難護持我的法藏，也將護持未來諸佛的法藏，使一切菩薩大眾蒙受教化，而得到成就，這是他本來就曾有的願力，因此他現在得到成佛的授記。」

阿難面對著釋迦牟尼佛，親聞佛陀為他授記，並聞知未來成就佛國的莊嚴情況，他的願望已經實現，心中充滿歡喜，這種歡喜是過去從來未曾有過的。這時，他即憶念起過去無量千萬億諸佛的法藏，全部能夠通達無礙，如今所聽聞的，也了達過去本有的願力。

這時，阿難以偈頌誦言道：

世尊甚希有，令我念過去，無量諸佛法，如今日所聞。
我今無復疑，安住於佛道，方便為侍者，護持諸佛法。

爾時，佛告羅睺羅：「汝於來世當得作佛，號蹈七寶華如來、應供、正遍知、明行足、善逝、世間解、無上士、調御丈夫、天人師、佛世尊。當供養十世界微塵等數諸佛如來，常為諸佛而作長子，猶如今也。是蹈七寶華佛，國土莊嚴，壽命劫數，所化弟子，正法、像法，亦如山海慧自在通王如來無異，亦為此佛而作長子。過是已後，當得阿耨多羅三藐三菩提。」

爾時，世尊欲重宣此義，而說偈言：

我為太子時，羅睺為長子，
我今成佛道，受法為法子。
於未來世中，見無量億佛，
皆為其長子，一心求佛道。
羅睺羅密行，唯我能知之，
現為我長子，以示諸眾生，
無量億千萬，功德不可數，
安住於佛法，以求無上道。

【譯文】

這時，釋迦牟尼佛又告訴羅睺羅說：「你將於未來世，成就佛果，佛號為蹈七寶華如來、應供、正遍知、明行足、善逝、世間解、無上士、調御丈夫、天人師、佛世尊。你將供養十個世界微塵數之多的諸佛，並生生世世成為這些如來的長子，就像你在現世成為我的長子一樣。蹈七寶華佛的國土非常莊嚴，壽命劫數，所教化的弟子，正法和像法的時間，也與山海慧自在通王如來沒有差別，也將成為那位佛的長子。在此之後，你將證得無上正等正覺。」

這時，釋迦牟尼佛為了再次宣說法義，即以偈頌說言：

我為太子時，羅睺為長子，我今成佛道，受法為法子。
於未來世中，見無量億佛，皆為其長子，一心求佛道。
羅睺羅密行，唯我能知之，現為我長子，以示諸眾生，
無量億千萬，功德不可數，安住於佛法，以求無上道。

爾時，世尊見學無學二千人，其意柔軟，寂然清淨，一心觀佛，佛告阿難：「汝見是學無學二千人不？」

「唯然，已見。」

「阿難，是諸人等，當供養五十世界微塵數諸佛如來❶，恭敬尊重，護持法藏。末後同時於十方國各得成佛，皆同一號，名曰寶相如來、應供、正遍知、明行足、善逝、世間解、無上士、調御丈夫、天人師、佛世尊。壽命一劫，國土莊嚴，聲聞、菩薩，正法、像法，皆悉同等。」

爾時，世尊欲重宣此義，而說偈言：

是二千聲聞，今於我前住，
悉皆與授記，未來當成佛。

所供養諸佛，如上說塵數，
護持其法藏，後當成正覺。
各於十方國，悉同一名號，
俱時坐道場，以證無上慧。
皆名為寶相。國土及弟子，
正法與像法，悉等無有異。
咸以諸神通，度十方眾生，
名聞普周遍，漸入於涅槃。

爾時，學、無學二千人❷，聞佛授記，歡喜踊躍，而說偈言：

世尊慧燈明，我聞授記音，
心歡喜充滿，如甘露見灌。

【譯文】

這時，釋迦牟尼佛觀察到法會中的兩千位小乘三果有學位和四果無學位的聲聞弟子，發現他們各個柔和慈善，心意清淨，都在全神貫注地看著自己，於是，佛就對阿難說：「你看見這千位有學和無學的聲聞弟子了嗎？」

阿難回答說：「是的，我看見了。」

佛又對阿難說：「阿難，這些人將供養五十個世界微塵數那麼多的諸佛如來，皆悉極為恭敬、尊重，並擁護、受持這些佛的一切法藏。此後，他們將在十方國土同時成佛，並具有相同的佛號，都叫寶相如來、應供、正遍知、明行足、善逝、世間解、無上士、調御丈夫、天人師、佛世尊。他們成佛後的壽命都是一劫，各自的佛土一樣莊嚴，國中的聲聞、菩薩，以及佛滅度後的正法、像法時代等，時間都相同。」

這時，釋迦牟尼佛為了再次宣說法義，即以偈頌說言：

是二千聲聞，今於我前住，
悉皆與授記，未來當成佛。
所供養諸佛，如上說塵數，
護持其法藏，後當成正覺。
各於十方國，悉同一名號，
俱時坐道場，以證無上慧。
皆名為寶相，國土及弟子，
正法與像法，悉等無有異。
咸以諸神通，度十方眾生，

名聞普周遍，漸入於涅槃。

這時，有學和無學位的二千位弟子，聽聞釋迦牟尼佛為他們授記，各個歡喜踴躍，並且異口同聲地誦偈道：

世尊慧燈明，我聞授記音，

心歡喜充滿，如甘露見灌。

【注釋】

❶微塵：即眼根所取最微細之色量。極微，為《俱舍論》卷十、卷十二所說色法存在之最小單位。以一極微為中心，四方上下聚集同一極微而成一團者，即稱「微塵」。合「七極微」為「一微塵」，合「七微塵」為「一金塵」，合「七金塵」為「一水塵」。此外，諸經論亦每以「微塵」比喻量極小、以「微塵數」比喻數極多。

❷學、無學：「學」係「有學」之略，又稱「學人」。即指為斷盡一切煩惱，而修學無漏之戒、定、慧，及擇滅之理者。亦即佛弟子雖能知見佛法，然尚有煩惱未斷，必須有待修行學習戒、定、慧等法，以斷盡煩惱，證得漏盡，以其尚有法可修學，故稱「有學」。有學共有十八類，稱為「十八有學」或「十八學人」。據《中阿含經》卷三十《福田經》所舉，即：隨信行、隨法行、信解、見至、身證、家家、一間、預流向、預流果、一來向、一來果、不還向、不還果、中

般、生般、有行般、無行般、上流般等十八類。此外，於《成實論》等經論中，尚有不同之分類。無學，為「有學」之對稱。指已達佛教真理之極致，無迷惑可斷，亦無可學者。在小乘之「四向」、「四果」中，前「四向」、「三果」之聖者為有學，惟證得阿羅漢果之聖者，以其四智圓融無礙而無法可學，故稱為「無學」。亦稱「無學果」、「無學位」。

法師品第十

此品名「法師」者，指奉持弘揚《法華經》者。

佛陀告訴藥王菩薩及諸大士，凡聽聞、隨喜、供養、受持、解說《法華經》的眾生，必當成就無上佛果。又指出詆毀《法華經》者罪業極重。

世尊以「高原穿鑿求水」為喻：掘地若見乾土，知離得水尚遠；勤行掘土至轉見濕土及泥，則知已近得水；此喻未聞、未解、未能修習《法華經》者，於佛道終為遠離；而得以聞解思維修習者，則知得入成佛之道。

世尊又說弘揚《法華經》的方法，言欲為四眾說《法華經》者，應當具備三種條件，即入如來室、著如來衣、坐如來座。入如來室即指說法者當於一切眾生生起大慈悲心；著如來衣指說法者應具柔和忍辱心；坐如來座係指說法者當明一切法空，離一切相之理。

按智者大師之科判，本品開始至第十四品〈安樂行品〉等五品為「迹門」流通分。

爾時，世尊因藥王菩薩❶，告八萬大士：「藥王！汝見是大眾中無量諸天、龍王、夜叉、乾闥婆、阿修羅、迦樓羅、緊那羅、摩睺羅伽、人與非人，及比丘、比丘尼、優婆塞、優婆夷，求聲聞者，求辟支佛者，求佛道者，如是等類咸於佛前，聞《妙法華經》一偈一句，乃至一念隨喜者，我皆與授記，當得阿耨多羅三藐三菩提。」

佛告藥王：「又如來滅度之後，若有人聞《妙法華經》，乃至一偈一句一念隨喜者，我亦與授阿耨多羅三藐三菩提記。若復有人，受持、讀誦、解說、書寫《妙法華經》乃至一偈，於此經卷敬視如佛，種種供養，華、香、瓔珞、末香、塗香、燒香、繒蓋、幢幡、衣服、伎樂，乃至合掌恭敬。藥王當知，是諸人等，已曾供養十萬億佛，於諸佛所成就大願，愍眾生故生此人間。

「藥王！若有人問：『何等眾生於未來世當得作佛？』應示是諸人等於未來世必得作佛。何以故？若善男子、善女人，於《法華經》乃至一句受持、讀誦、解說、書寫，種種供養經卷，華、香、瓔珞、末香、塗香、燒香、繒蓋、幢幡、衣服、伎樂，合掌恭敬，是人一切世間所應瞻奉，應以如來供養而供養之。當知此人是大菩薩，成就阿耨多羅三藐三菩提，

哀愍眾生願生此間，廣演分別《妙法華經》，何況盡能受持、種種供養者。藥王當知，是人自捨清淨業報，於我滅度後，愍眾生故，生於惡世廣演此經。若是善男子、善女人，我滅度後，能竊為一人說《法華經》乃至一句，當知是人則如來使，如來所遣行如來事，何況於大眾中廣為人說！

「藥王！若有惡人以不善心，於一劫中現於佛前常毀罵佛，其罪尚輕。若人以一惡言，毀呰在家出家讀誦《法華經》者，其罪甚重。藥王！其有讀誦《法華經》者，當知是人，以佛莊嚴而自莊嚴，則為如來肩所荷擔，其所至方應隨向禮，一心合掌，恭敬供養，尊重讚歎，華、香、瓔珞、末香、塗香、燒香、繒蓋、幢幡、衣服、肴饌，作諸伎樂，人中上供而供養之，應持天寶而以散之，天上寶聚應以奉獻。所以者何？是人歡喜說法，須臾聞之，即得究竟阿耨多羅三藐三菩提故。」

爾時，世尊欲重宣此義，而說偈言：

若欲住佛道，成就自然智，
常當勤供養，受持《法華》者。
其有欲疾得，一切種智慧，
當受持是經，并供養持者。
若有能受持，《妙法華經》者，

當知佛所使，愍念諸眾生。
諸有能受持，《妙法華經》者，
捨於清淨土，愍眾故生此。
當知如是人，自在所欲生，
能於此惡世，廣說無上法。
應以天華香，及天寶衣服，
天上妙寶聚，供養說法者。
吾滅後惡世，能持是經者，
當合掌禮敬，如供養世尊。
上饌眾甘美，及種種衣服，
供養是佛子，冀得須臾聞。
若能於後世，受持是經者，
我遣在人中，行於如來事。
若於一劫中，常懷不善心，
作色而罵佛，獲無量重罪。
其有讀誦持，是《法華經》者，

須臾加惡言，其罪復過彼！
有人求佛道，而於一劫中，
合掌在我前，以無數偈讚，
由是讚佛故，得無量功德，
歎美持經者，其福復過彼！
於八十億劫，以最妙色聲，
及與香味觸，供養持經者，
如是供養已，若得須臾聞，
則應自欣慶，我今獲大利！
藥王今告汝，我所說諸經，
而於此經中，《法華》最第一。

【譯文】

這時，釋迦牟尼佛由於藥王菩薩的因緣，對法會中的八萬大士說：「藥王！你看見法會的大眾中，有無量無數的天眾、龍王、夜叉、乾闥婆、阿修羅、迦樓羅、緊那羅、摩睺羅伽、人與非人，以及比丘、比丘尼、優婆塞、優婆夷等，有志求聲聞果的聲聞眾，有志求辟支佛果的緣覺眾，有志求佛

道的菩薩眾，所有這些不同種類的大眾，今天在佛前聽聞到《妙法蓮華經》的一偈一句，甚至只是在一念間隨喜讚歎信受此經的大眾，我都為他們授記，他們皆當證得無上正等正覺。」

釋迦牟尼佛告訴藥王菩薩說：「另外，在如來滅度之後，如果有人聽聞到《妙法蓮華經》，甚至只是經中的一個偈頌、一個句子，或者於一念間隨喜讚歎，我都為他們授記，他們皆當證得無上正等正覺。如果還有人能信受持行、閱讀、讀誦、解釋，或者書寫《妙法蓮華經》，甚至只是其中的一個偈頌，或者有人將此經卷敬視如佛，用各種各樣的供具進行供養，如花、香、瓔珞、末香、塗香、燒香、繒蓋、幢、幡、衣服、伎樂等，甚至僅僅合掌以示恭敬。藥王，你應當知道，這些人曾在過去世中供養過十萬億位諸佛，並且在這些佛國中成就了所發的弘大誓願。只因為他們悲憫眾生的緣故，所以才轉生到此人世間。

「藥王！如果有人問：『什麼樣的眾生在未來世中將會成就佛果？』你應當為他們指出，這些人將於未來世必定成佛。為什麼如此說呢？因為，若善男子、善女人對於《法華經》，甚至只是其中的一句，能夠受持、讀誦、解說、書寫，或者用花、香、瓔珞、末香、塗香、燒香、繒蓋、幢、幡、衣服、伎樂等各種各樣的供具供養此經，甚至只是合掌表示恭敬，那麼，此人就是一切世間所有眾生應該瞻仰尊奉的人，眾生應該如同供養佛陀一樣地恭敬供養他。你應當知道，這人就是大菩薩，已經成就了無上正等正覺，只因悲憫眾生的緣故，而發願生此世間，來廣泛演說、講解這部《妙法蓮華經》，更何況能夠於此經全部受持，並以種種供具進行供養。藥王！你應當知道，此人自願捨棄了這

種清淨的果報，在我滅度之後，為著悲愍眾生的緣故，轉生於這個惡業充滿的世界，以廣泛演說此經。如果這些善男子、善女人在我滅度之後，即使是私下為一人講解《法華經》，甚至僅講解一句，當知此人就是如來的使者，受到如來的派遣，執行如來的使命。更何況在大眾之中廣為宣說。

「藥王！如果有惡人，用不善之心，於某一劫中，現身於佛前，經常誹謗辱罵如來，此人由此獲得的罪業尚屬較輕。如果有人以一句惡言，誹謗諷刺讀誦《法華經》的在家人和出家人，那麼，他的罪業就非常重了。藥王！如果有能讀誦《法華經》的人，你應當知道，此人因為蘊含於本經中的諸佛的莊嚴功德而能令自身得到與佛無二的莊嚴，就好像如來將他荷擔在肩上，無論他到什麼地方，眾生都應該向他致禮、一心合掌，恭敬供養，尊重、讚歎，並以花、香、瓔珞、末香、塗香、燒香、繒蓋、幢、幡、衣服、肴饌，種種伎樂等人間最上等的供具來供養他，應以天上的寶物散在他的身上，應以天上的聚寶之物來奉獻給他。為什麼呢？因為此人喜歡說法，眾生即使在很短的時間內聽聞到他的說法，終究可以證得無上正等正覺。」

這時，釋迦牟尼佛為了再次宣說法義，即以誦偈言道：

若欲住佛道，成就自然智，常當勤供養，受持《法華》者。
其有欲疾得，一切種智慧，當受持是經，并供養持者。
若有能受持，《妙法華經》者，當知佛所使，愍念諸眾生。
諸有能受持，《妙法華經》者，捨於清淨土，愍眾故生此。

當知如是人，自在所欲生，能於此惡世，廣說無上法。
應以天華香，及天寶衣服，天上妙寶聚，供養說法者。
吾滅後惡世，能持是經者，當合掌禮敬，如供養世尊。
上饌眾甘美，及種種衣服，供養是佛子，冀得須臾聞。
若能於後世，受持是經者，我遣在人中，行於如來事。
若於一劫中，常懷不善心，作色而罵佛，獲無量重罪。
其有讀誦持，是《法華經》者，須臾加惡言，其罪復過彼！
有人求佛道，而於一劫中，合掌在我前，以無數偈讚，
由是讚佛故，得無量功德，歎美持經者，其福復過彼！
於八十億劫，以最妙色聲，及與香味觸，供養持經者，
如是供養已，若得須臾聞，則應自欣慶，我今獲大利！
藥王今告汝，我所說諸經，而於此經中，《法華》最第一。

【注釋】

❶ 藥王菩薩：音譯「鞞逝捨羅惹」。為施予良藥，救治眾生身、心兩種病苦之菩薩。為阿彌陀佛二十五菩薩之一。

爾時，佛復告藥王菩薩摩訶薩：「我所說經典無量千萬億，已說、今說、當說，而於其中，此《法華經》最為難信難解。藥王！此經是諸佛秘要之藏，不可分布妄授與人。諸佛世尊之所守護，從昔已來未曾顯說，而此經者，如來現在猶多怨嫉，況滅度後！

「藥王當知，如來滅後，其能書持、讀誦、供養、為他人說者，如來則為以衣覆之，又為他方現在諸佛之所護念。是人有大信力及志願力、諸善根力。當知是人與如來共宿，則為如來手摩其頭。藥王！在在處處，若說若讀若誦若書，若經卷所住處，皆應起七寶塔，極令高廣嚴飾，不須復安舍利。所以者何？此中已有如來全身。此塔應以一切華、香、瓔珞、繒蓋、幢幡、伎樂歌頌，供養恭敬，尊重讚歎。若有人得見此塔禮拜供養，當知是等皆近阿耨多羅三藐三菩提。

「藥王！多有人在家出家行菩薩道，若不能得見聞、讀誦、書持、供養是《法華經》者，當知是人未善行菩薩道。若有得聞是經典者，乃能善行菩薩之道。其有眾生求佛道者，若見若聞是《法華經》，聞已信解受持者，當知是人得近阿耨多羅三藐三菩提。

「藥王！譬如有人渴乏須水，於彼高原穿鑿求之。猶見乾土，知水尚遠；施功不已，轉見濕土，遂漸至泥，其心決定知水必近。菩薩亦復如是，若未聞未解未能修習是《法華經》者，當知是人去阿耨多羅三藐三菩提尚遠；若得聞解思惟修習，必知得近阿耨多羅三藐三菩

提。所以者何？一切菩薩阿耨多羅三藐三菩提皆屬此經，此經開方便門，示真實相。是《法華經》藏深固幽遠，無人能到，今佛教化成就菩薩而為開示。藥王！若有菩薩聞是《法華經》驚疑怖畏，當知是為新發意菩薩。若聲聞人聞是經驚疑怖畏，當知是為增上慢者。

「藥王！若有善男子、善女人，如來滅後，欲為四眾說是《法華經》者，云何應說？是善男子、善女人，入如來室，著如來衣，坐如來座，爾乃應為四眾廣說斯經。如來室者，一切眾生中大慈悲心是；如來衣者，柔和忍辱心是；如來座者，一切法空是。安住是中，然後以不懈怠心，為諸菩薩及四眾廣說是《法華經》。

「藥王！我於餘國遣化人為其集聽法眾，亦遣化比丘、比丘尼、優婆塞、優婆夷聽其說法。是諸化人，聞法信受，隨順不逆。若說法者在空閒處，我時廣遣天、龍、鬼、神、乾闥婆、阿修羅等聽其說法。我雖在異國，時時令說法者得見我身。若於此經忘失句逗，我還為說令得具足。」

爾時，世尊欲重宣此義，而說偈言：

欲捨諸懈怠，應當聽此經，
是經難得聞，信受者亦難。
如人渴須水，穿鑿於高原，
猶見乾燥土，知去水尚遠，

漸見濕土泥，決定知近水。
藥王汝當知，如是諸人等，
不聞《法華經》，去佛智甚遠！
若聞是深經，決了聲聞法。
是諸經之王，聞已諦思惟，
當知此人等，近於佛智慧。
若人說此經，應入如來室，
著於如來衣，而坐如來座，
處眾無所畏，廣為分別說。
大慈悲為室，柔和忍辱衣，
諸法空為座，處此為說法。
若說此經時，有人惡口罵，
加刀杖瓦石，念佛故應忍。
我千萬億土，現淨堅固身，
於無量億劫，為眾生說法。
若我滅度後，能說此經者，

我遣化四眾，比丘比丘尼，
及清信士女，供養於法師，
引導諸眾生，集之令聽法。
若人欲加惡，刀杖及瓦石，
則遣變化人，為之作衛護。
若說法之人，獨在空閒處，
寂寞無人聲，讀誦此經典，
我爾時為現，清淨光明身。
若忘失章句，為說令通利。
若人具是德，或為四眾說，
空處讀誦經，皆得見我身。
若人在空閒，我遣天龍王，
夜叉鬼神等，為作聽法眾。
是人樂說法，分別無掛礙，
諸佛護念故，能令大眾喜。
若親近法師，速得菩薩道，

隨順是師學，得見恆沙佛。

【譯文】

這時，釋迦牟尼佛又告訴藥王菩薩說：「我所說的經典有無量千萬億之多，有的是已經演說過的、有的是現在正在演說的、有的是未來將要演說的，在這難以計量的經典中，這部《法華經》是最難令人生起信心、最難以理解的。藥王！這部經典是諸佛最奧秘、最重要的法藏，不能隨意地傳授於人。諸佛世尊共同守護此經，從過去以來，始終未曾向外顯說。而由於演說此經的緣故，我於現在也招致了許多怨恨和嫉妒，更何況我滅度之後還將會有更多的誹謗。

「藥王！你應當知道，在如來滅度之後，如果有人能書寫、受持、讀誦、供養此經，並為他人演說這部經，如來則以袈裟披覆在他的身上，他也會受到其他諸方佛土中現住於世的如來所給予的護持和憶念。這樣的人具有因極大信心所付予的力量，以及志願力和各種善根之力。你應當知道，這些人常與諸佛共處一起，為如來親手摩頂加持。藥王！不論在任何地方，如果有人演說、有人閱讀、有人讀誦、有人書寫此《法華經》，凡是本經典存在的地方，皆應該建起七寶塔，所建之塔應極盡高廣莊嚴的裝飾，不需要再另外安放舍利。為什麼呢？因為此寶塔中已經有如來的法身。眾生應當以各種花、香、瓔珞、繒蓋、幢、幡、伎樂、歌頌等各種方式對此塔進行供養、恭敬、尊重和讚歎。如果有人能夠有機緣見到這座塔，並且對塔進行禮拜供養，當知這樣的人皆已接近無上正等正覺的境界。

「藥王！有許多人——無論在家或者出家修行菩薩道的人，如果不能見到、聽聞、讀誦、書寫、受持、供養這部《法華經》，你應當知道，這些人並未圓滿地修習菩薩道。如果能夠聽聞到這部經典，那才可算是能夠善於修習圓滿的菩薩道。有志求佛道的眾生，若能夠見到或聽聞到這部《法華經》，並且在聽聞之後產生信解受持，你應當知道這些人已經接近無上正等正覺之境界。

「藥王！譬如有人處於乾渴飢餓的時候，非常需要飲水，於是在高原上挖井求取。當他看到挖出來的全是乾土時，肯定知道離水還遠；於是他繼續不斷地挖掘，轉而發現了濕土，逐漸地又看到了泥土，於是，他心裡則會非常肯定地知道，水必定就在附近。菩薩也是如此，如果沒有聽聞、沒有理解、沒有修習這部《法華經》，你應當知道，這些人離無上正等正覺的境界尚遠；如果能夠聽聞、理解、思維、修習此經，那樣，你必當知道，這些人離無上正等正覺的境界已經相去不遠。為什麼這樣說呢？因為一切菩薩志求的無上正等正覺，都包含於這部《法華經》中，此經開啟一切方便權巧的法門，顯示諸法實相之妙理。這部《法華經》藏是如此深奧幽遠，沒有人能夠探究其義，現在，佛陀為了教化菩薩，使他們得以成就，因此才為他們分別開示。藥王！如果有菩薩聽聞這部《法華經》後，覺得驚奇、懷疑、畏懼，你應當知道，這些菩薩都是剛剛發心修習的菩薩。如果有修習聲聞乘者聽聞此經後，覺得驚奇、懷疑、畏懼，你應當知道，這些人都是懷有增上慢的人。

「藥王！如果有善男子、善女人，在如來滅度之後，想為四眾弟子講說這部《法華經》，應該怎樣去講說呢？這些善男子、善女人，必須入住到如來的處所，穿上如來的衣服，坐上如來的寶座，這

樣才可為四眾廣說此經。所謂如來室，即是對一切眾生生起大慈大悲之心；所謂如來衣、就是具足柔和忍辱之心；所謂如來座，就是體悟到諸法皆空的實相。安住於這些狀態之中，然後再以絲毫無所懈怠之心，為諸菩薩及四眾弟子，廣泛宣說這部《法華經》。

「藥王！我在其餘的佛土，派遣我所變化的人為演說此經者召集聽法之眾，也會派遣我所變化的比丘、比丘尼、優婆塞、優婆夷等四眾弟子去聽他說法。我所變化的這些人，聽聞他說法之後，便會深信不疑，隨順不逆。如果那位說《法華經》的人在偏僻空閒之處，我就會廣為派遣天眾、龍眾、鬼神、乾闥婆、阿修羅等來聽他說法。我雖然在其他佛國之中，但我會時時刻刻令說《法華經》的人見到我的法身。如果說法者忘記了《法華經》中的經文，我還會去為他解說，讓他能夠具足所有的經義。」

這時，釋迦牟尼佛為了再次宣說法義，即以偈頌誦言：

欲捨諸懈怠，應當聽此經，是經難得聞，信受者亦難。
如人渴須水，穿鑿於高原，猶見乾燥土，
知去水尚遠，漸見濕土泥，決定知近水。
藥王汝當知，如是諸人等，
不聞《法華經》，去佛智甚遠！
若聞是深經，決了聲聞法。

是諸經之王，聞已諦思惟，當知此人等，近於佛智慧。
若人說此經，應入如來室，著於如來衣，
而坐如來座，處眾無所畏，廣為分別說。
大慈悲為室，柔和忍辱衣，諸法空為座，處此為說法。
若說此經時，有人惡口罵，加刀杖瓦石，念佛故應忍。
我千萬億土，現淨堅固身，於無量億劫，為眾生說法。
若我滅度後，能說此經者，我遣化四眾，比丘比丘尼，
及清信士女，供養於法師，引導諸眾生，集之令聽法。
若人欲加惡，刀杖及瓦石，則遣變化人，為之作衛護。
若說法之人，獨在空閒處，寂寞無人聲，
讀誦此經典，我爾時為現，清淨光明身。
若忘失章句，為說令通利。
若人具是德，或為四眾說，空處讀誦經，皆得見我身。
若人在空閒，我遣天龍王，夜叉鬼神等，為作聽法眾。
是人樂說法，分別無掛礙，諸佛護念故，能令大眾喜。
若親近法師，速得菩薩道，隨順是師學，得見恆沙佛。

見寶塔品第十一

本品係明地湧寶塔，以證《法華經》之真實。佛陀說《法華經》時，於法會中從地湧出多寶佛塔，住於空中，並出音聲讚歎釋迦說《法華經》。眾弟子未知因緣。世尊乃為眾弟子言其因緣，為往昔多寶如來曾發誓願，當於說《法華經》者湧現寶塔，以證其實，故今日於此法華會上現出此瑞。欲見塔中多寶如來，當於十方分身說法之諸佛共還本處，方得開啟此塔。世尊於諸方國土分身說法之化身咸歸一處，多寶佛塔開啟，眾生得見多寶佛法相；多寶佛分其半座與世尊同坐；無量無數眾多菩薩和眷屬從地湧出，向多寶如來、釋迦如來禮拜。世尊繼言受持、讀誦、演說、書寫《法華經》，實為難得稀有，若有能作此者，則令諸佛歡喜護念。

爾時，佛前有七寶塔，高五百由旬，縱廣二百五十由旬。從地涌出，住在空中，種種寶物而莊校之。五千欄楯，龕室千萬❶，無數幢幡以為嚴飾，垂寶瓔珞、寶鈴萬億而懸其上。四面皆出多摩羅跋栴檀之香❷，充遍世界。其諸幡蓋，以金、銀、琉璃、硨磲、瑪瑙、真珠、玫瑰七寶合成，高至四天王宮。三十三天雨天曼陀羅華供養寶塔❸，餘諸天、龍、夜叉、乾闥婆、阿修羅、迦樓羅、緊那羅、摩睺羅伽、人非人等千萬億眾，以一切華、香、瓔珞、幡蓋、伎樂供養寶塔，恭敬尊重讚歎。

爾時，寶塔中出大音聲歎言：「善哉！善哉！釋迦牟尼世尊，能以平等大慧教菩薩法，佛所護念《妙法華經》為大眾說。如是，如是，釋迦牟尼世尊，如所說者，皆是真實。」

爾時，四眾見大寶塔住在空中，又聞塔中所出音聲，皆得法喜，怪未曾有，從座而起，恭敬合掌，卻住一面。

爾時，有菩薩摩訶薩名大樂說，知一切世間天、人、阿修羅等心之所疑，而白佛言：「世尊，以何因緣有此寶塔從地涌出？又於其中發是音聲？」

爾時，佛告大樂說菩薩：「此寶塔中有如來全身，乃往過去東方無量千萬億阿僧祇世界，國名寶淨，彼中有佛，號曰多寶。其佛行菩薩道時，作大誓願：『若我成佛，滅度之後，於十方國土有說《法華經》處，我之塔廟為聽是經故，涌現其前為作證明，讚言善哉。』彼佛成道已，臨滅度時，於天人大眾中告諸比丘：『我滅度後，欲供養我全身者，應

起一大塔。』其佛以神通願力，十方世界在在處處，若有說《法華經》者，彼之寶塔皆涌出其前，全身在於塔中，讚言：『善哉！善哉！』大樂說，今多寶如來塔，聞說《法華經》故，從地湧出，讚言：『善哉！善哉！』」

【譯文】

這時，在釋迦牟尼佛面前，出現七寶之塔，塔高五百由旬，寬二百五十由旬。此塔從下湧出，停住在虛空之中，有種種無價寶物莊嚴裝飾此塔。在寶塔的四周，有五千欄杆，有千萬個龕室，以及無數的幢、幡作為莊嚴之飾，還有珍貴的瓔珞和億萬個寶鈴垂掛於寶塔上。寶塔的四面皆發出多摩羅跋檀香味，香氣充滿了整個世界。塔上所有的寶幡、寶蓋皆用黃金、白銀、琉璃、硨磲、瑪瑙、珍珠、玫瑰等七種寶物合成，這些寶幡、寶蓋各個是如此地高聳，可達四大天王的宮殿。從三十三天，降下如雨一般密集的曼陀羅花，供養這座寶塔，其餘一切天眾、龍眾、夜叉、乾闥婆、阿修羅、迦樓羅、緊那羅、摩睺羅伽以及人、非人等千萬億大眾，用其所有一切妙花、妙香、瓔珞、寶幡、寶蓋以及種種伎樂供養寶塔，並恭敬、尊重、讚頌這座寶塔。

這時，寶塔中發出了宏亮的聲音，讚歎道：「善哉！善哉！釋迦牟尼世尊，能以平等的大智慧，演說教化菩薩的法門，以十方諸佛所護持和憶念的《法華經》，為大眾宣說。確實如此！確實如此！釋迦牟尼世尊所說之言皆是真實不虛的。」

這時，法會中的比丘、比丘尼以及優婆塞、優婆夷等四眾弟子，看見這座巨大的寶塔停留在空中，又聽見塔中發出的聲音，都感受到法喜充滿，也為這往昔從未見到過的情景感到奇怪，於是，四眾弟子們從各自座位上站起來，恭恭敬敬地合起雙掌，退到一旁。

這時，有一位名叫大樂說的大菩薩，明白所有天、人和阿修羅等眾生心中的疑惑，於是對釋迦牟尼佛說道：「世尊！是何種因緣這些寶塔從地下湧出而留住於空中？為什麼又會從寶塔之中發出如此的音聲？」

這時，釋迦牟尼佛告訴大樂說菩薩：「這座寶塔之中有如來的全身舍利，於是憶念至過去世，經過東方無量無數阿僧祇世界，有一個佛土，國名叫寶淨，佛國中有一位如來，名號叫做多寶。那位多寶如來在修行菩薩道時，曾發下弘大的誓願：『如果我能夠證得佛果，在我滅度之後，於十方所有國土之中，凡是有演說《妙法蓮華經》的地方，我的塔廟將會因為聽聞這部經的緣故，而從地下湧出並現於說法者的面前，為他作證讚歎。』這位多寶如來證得佛果後，在他臨入涅槃時，在諸多天、人等大眾面前，告訴所有的比丘們說：『我滅度之後，欲供養我全身者，應建起一座大塔。』多寶如來以其神通和願力，在十方世界中，任何一個有講說《法華經》的地方，他的寶塔都會從地下湧出，現於說法者的面前，並且置身塔中，稱讚這位宣說《法華經》的佛：『善哉！善哉！』大樂說！今天，多寶如來的寶塔，因為我宣說《法華經》的緣故，所以從地下湧出，並讚歎道：『善哉！善哉！』」

【注釋】

❶龕：指掘鑿岩崖為室，以安置佛像之所。

❷多摩羅跋：又作「多摩羅跋樹」、「多摩羅樹」。為樟科之一種。即我們所稱之藿香（霍香）。灌木，花呈淡黃色，樹皮含有肉桂般之香味，樹葉亦可製香，可用為發汗、健胃等藥，產於中國、南印度、斯里蘭卡等。

❸三十三天：「六欲天」之一。又作「忉利天」。於佛教之宇宙觀中，此天位居欲界第二天之須彌山頂上，四面各為八萬由旬，山頂之四隅各有一峰，高五百由旬，由金剛手藥叉神守護此天。中央之宮殿（善見城）為帝釋天所住，城外周圍有四苑，是諸天眾遊樂之處。城之東北有圓生樹，花開妙香薰遠，城之西南有善法堂，諸天眾群聚於此，評論法理。四方各有八城，加中央一城，合為三十三天城。據《正法念經》卷二十五載，佛母摩耶夫人命終後登入此天，佛乃至忉利天為母說法三個月。「三十三天」及「焰摩天」之信仰，早於印度吠陀時代即已盛行。

是時，大樂說菩薩以如來神力故，白佛言：「世尊！我等願欲見此佛身。」

佛告大樂說菩薩摩訶薩：「是多寶佛有深重願：『若我寶塔為聽《法華經》故出於諸佛前時，其有欲以我身示四眾者，彼佛分身諸佛，在於十方世界說法，盡還集一處，然後我身

乃出現耳！』大樂說，我分身諸佛，在於十方世界說法者，今應當集。」

大樂說白佛言：「世尊！我等亦願欲見世尊分身諸佛禮拜供養。」

【譯文】

這時，大樂說菩薩因為如來神力加持的緣故，向釋迦牟尼佛說道：「世尊！我們大家都希望能夠瞻仰多寶如來的佛身。」

釋迦牟尼佛告訴大樂說菩薩：「多寶如來有一個深重的大願：『假使我的寶塔，為聽《法華經》的緣故，出現於諸佛面前時，如果有想讓我以全身示現給法會中的四眾弟子，那麼這位佛就必須將他在十方世界中說法的所有分身全部集合在一處，然後，我的全身才出現於四眾面前。』大樂說！我所有分身示現的諸佛如今都在十方各個世界中講經說法，現在應當召集他們都來這裡。」

大樂說菩薩對釋迦牟尼佛說：「世尊！我們也很想見到您的分身示現的諸佛，以使我們能禮拜、供養他們。」

爾時，佛放白毫一光，即見東方五百萬億那由他恆河沙等國土諸佛。彼諸國土皆以頗梨為地，寶樹、寶衣以為莊嚴，無數千萬億菩薩充滿其中，遍張寶幔寶網羅上。彼國諸佛以大

妙音而說諸法，及見無量千萬億菩薩遍滿諸國為眾說法。南西北方、四維、上下，白毫相光所照之處，亦復如是。

爾時，十方諸佛各告眾菩薩言：「善男子，我今應往娑婆世界釋迦牟尼佛所，并供養多寶如來寶塔。」時娑婆世界即變清淨，琉璃為地，寶樹莊嚴，黃金為繩以界八道。無諸聚落、村營、城邑，大海江河、山川林藪。燒大寶香，曼陀羅華遍布其地，以寶網幔羅覆其上，懸諸寶鈴。唯留此會眾，移諸天人置於他土。是時諸佛各將一大菩薩以為侍者，至娑婆世界，各到寶樹下。一一寶樹高五百由旬，枝葉華菓次第莊嚴。諸寶樹下皆有師子之座，高五由旬，亦以大寶而校飾之。爾時，諸佛各於此座結跏趺坐，如是展轉遍滿三千大千世界，而於釋迦牟尼佛一方所分之身，猶故未盡。

時釋迦牟尼佛，欲容受所分身諸佛故，八方各更變二百萬億那由他國，皆令清淨，無有地獄、餓鬼、畜生及阿修羅，又移諸天人置於他土所化之國。亦以琉璃為地，寶樹莊嚴。樹高五百由旬，枝葉華菓次第嚴飾，樹下皆有寶師子座高五由旬，種種諸寶以為莊校。亦無大海江河及目真鄰陀山❶、摩訶目真鄰陀山、鐵圍山❷、大鐵圍山、須彌山等諸山王，通為一佛國土。寶地平正，寶交露幔遍覆其上。懸諸幡蓋，燒大寶香，諸天寶華遍布其地。

釋迦牟尼佛為諸佛當來坐故，復於八方各更變二百萬億那由他國，皆令清淨，無有地獄、餓鬼、畜生及阿修羅，又移諸天人置於他土。所化之國，亦以琉璃為地，寶樹莊嚴。樹

高五百由旬，枝葉華菓次第莊嚴。樹下皆有寶師子座高五由旬，亦以大寶而校飾之。亦無大海江河及目真鄰陀山、摩訶目真鄰陀山、鐵圍山、大鐵圍山、須彌山等諸山王，通為一佛國土。寶地平正，寶交露幔遍覆其上，懸諸幡蓋，燒大寶香，諸天寶華遍布其地。

爾時，東方釋迦牟尼佛所分之身，百千萬億那由他恆河沙等國土中諸佛，各各說法來集於此。如是次第十方諸佛，皆悉來集坐於八方。爾時，一一方四百萬億那由他國土，諸佛如來遍滿其中。

是時諸佛各在寶樹下坐師子座，皆遣侍者問訊釋迦牟尼佛。各齎寶華滿掬而告之言：「善男子，汝往詣耆闍崛山釋迦牟尼佛所，如我辭曰：『少病少惱，氣力安樂，及菩薩、聲聞眾悉安隱不？』以此寶華散佛供養，而作是言：『彼某甲佛，與欲開此寶塔。』」諸佛遣使亦復如是。

爾時，釋迦牟尼佛見所分身佛悉已來集，各各坐於師子之座，皆聞諸佛與欲同開寶塔。即從座起，住虛空中，一切四眾起立合掌、一心觀佛。於是釋迦牟尼佛以右指開七寶塔戶，出大音聲，如卻關鑰開大城門。即時一切眾會皆見多寶如來，於寶塔中坐師子座，全身不散如入禪定。又聞其言：「善哉！善哉！釋迦牟尼佛，快說是《法華經》。我為聽是經故而來至此。」爾時四眾等，見過去無量千萬億劫滅度佛說如是言，歎未曾有！以天寶華聚散多寶佛及釋迦牟尼佛上。

爾時，多寶佛於寶塔中，分半座與釋迦牟尼佛，而作是言：「釋迦牟尼佛，可就此座。」即時釋迦牟尼佛，入其塔中，坐其半座，結跏趺坐。爾時，大眾見二如來在七寶塔中師子座上結跏趺坐，各作是念：「佛座高遠，唯願如來以神通力，令我等輩俱處虛空。」即時釋迦牟尼佛，以神通力接諸大眾皆在虛空，以大音聲普告四眾：「誰能於此娑婆國土廣說《妙法華經》？今正是時，如來不久當入涅槃，佛欲以此《妙法華經》付囑有在。」

【譯文】

這時，釋迦牟尼佛從眉間放出一道白毫相光，即刻照見東方五百萬億那由他條恆河中所有沙數之多的國土諸佛。所有這些國土皆以玻璃為地，以各種寶樹和寶衣作為裝飾，非常莊嚴和華麗，各佛國中，均有無數千萬億位菩薩住於其中，到處都是寶幔和寶網羅列其中。這些國土中的諸佛，都以洪亮微妙的聲音演說佛法。並可見到無數億菩薩遍滿諸國，都在為大眾演說佛法。其他南方、西方、北方、東南、西南、西北、東北、上方、下方，凡是釋迦牟尼佛白毫相光所照耀的地方也都是如此。

這時，十方一切諸佛各自對其國中的菩薩們說：「善男子！我現在應該去娑婆世界釋迦牟尼佛那裡，並且供養多寶如來的舍利寶塔。」這時，娑婆世界頓時變得無比清淨。玻璃鋪成大地，七寶之樹莊嚴華麗，以黃金做成的繩子，成為寬廣道路的分界。沒有聚落、村營、城邑，也沒有大海、江河、山川、林藪。到處燃燒著巨大的寶香，曼陀羅花布滿大地，並有寶網、寶幔覆蓋其上，網幔之上懸掛

著寶鈴。唯獨留下在法華會上聽釋迦牟尼佛說法的大眾，其餘的天眾和人民全轉移到其他國土去了。這時，十方諸佛，帶著一位大菩薩作為侍者，來到這個娑婆世界，各自來到菩提樹下。這些菩提樹，均高五百由旬，菩提樹的枝葉和花果，錯落有致，非常莊嚴。每棵樹下都有獅子座，座高五由旬，這些寶座也都用各種名貴的寶物裝飾著。十方諸佛來到菩提樹下後，各自在獅子座上結跏趺坐，如此樹樹相連，遍布整個三千大千世界。但釋迦牟尼佛於一方所分身化現的諸佛是如此之難以計量，以至於仍未盡數歸於此世間。

這時，釋迦牟尼佛為了全部容納所有分身示現的諸佛，又與八個方向各變出二百萬億那由他個國土，並使這些國土清淨莊嚴，沒有地獄、餓鬼、畜生以及阿修羅等四惡道眾生，又把這些國土中的天、人眾，暫時移至他方國土。所變現的國土，都以琉璃為地，用各種寶樹來做莊嚴修飾。樹高五百由旬，枝葉和花果依次嚴飾，美觀大方。每棵樹下均有一獅子寶座，座高五由旬，裝飾著各種各樣的珍寶，顯得十分華麗莊嚴。這些國土之中，也沒有大海、江河、目真鄰陀山、大目真鄰陀山、鐵圍山、大鐵圍山、須彌山及諸極高之山，統統形成一佛國土。充斥寶物的地面是如此地平坦周正，眾寶交絡的露幔覆蓋在大地之上。除此之外，到處還懸掛著各種寶幡和寶蓋，燃燒著各種巨大的寶香，還有天神們所散的寶花更是鋪天蓋地，非常美麗壯觀。

釋迦牟尼佛為了全部容納所有分身示現的諸佛，又與八個方向各變出二百萬億那由他個國土，並使這些國土清淨莊嚴，沒有地獄、餓鬼、畜生以及阿修羅等四惡道眾生，又把這些國土中的天、人

眾，暫時移至他方國土。所變現的國土，都以琉璃為地，用各種寶樹來做莊嚴。樹高五百由旬，枝葉和花果依次嚴飾，美觀大方。每棵樹下均有一獅子寶座，座高五由旬，裝飾著各種各樣的珍寶，顯得十分華麗莊嚴。這些國土之中，也沒有大海、江河、目真鄰陀山、大目真鄰陀山、鐵圍山、大鐵圍山、須彌山及諸極高之山，統統形成一佛國土。充斥寶物的地面是如此地平坦周正，眾寶交絡的露幔覆蓋在大地之上。到處還懸掛著各種寶幡和寶蓋，燃燒著各種臣大的寶香，還有天神們所散的寶花更是鋪天蓋地，非常美麗壯觀。

這時，東方釋迦牟尼佛所分身化現的諸佛，在百千萬億那由他恆河之沙數那麼多的國土中說法教化眾生，他們都來到釋迦牟尼佛這裡集會。如此這樣，十方諸佛都全部集中於此，坐在多寶如來塔的四面八方。這時，每一方各有四百萬億那由他那樣多的國土，都充滿了諸佛如來。

這時，十方諸佛各在菩提寶樹下，坐於獅子寶座之上，他們各個派遣侍者去問候釋迦牟尼佛。諸佛各以寶花交於侍者，並囑咐他們說：「善男子！你到耆闍崛山釋迦牟尼佛的道場，代我這樣說：『謹祝少些疾病，少些煩惱，氣力充沛，安穩舒適！世尊座下的菩薩及聲聞大眾都能得到安穩吧？』並將這些寶花奉獻於釋迦牟尼佛前，作為供養，並言說道：『某某佛願請打開這座塔。』」十方諸佛都是如此派遣使者。

這時，釋迦牟尼佛看見自己所分身化現的諸佛都已經集合，各個坐在獅子寶座上，也聽到所有諸佛都希望打開多寶佛塔。於是，釋迦牟尼佛即從座位上起來，安住於虛空之中，所有四眾弟子都站起

身來，恭敬合掌，一心凝望著釋迦牟尼佛。於是，釋迦牟尼佛用他的右手指打開七寶佛塔的門戶，發出巨大的聲響，猶如以卻關鑰打開大城門一樣。這時，所有大眾都看見了多寶如來安坐在寶塔之中的獅子座上，佛身完整無缺，如同入於禪定一般安詳自在。又聽見多寶如來說道：「善哉！善哉！釋迦牟尼佛請快點宣說《妙法蓮華經》，我就是為了聽你說這部經才來到這裡的。」這時，四眾弟子看見過去無量千萬億劫前已經滅度的多寶如來說出這樣的話語，莫不慨嘆這從未曾有的景象！他們將各種天寶和天花散在多寶如來和釋迦牟尼佛的身上。

這時，多寶如來在寶塔中，將他所坐的獅子座讓出一半給釋迦牟尼佛，說道：「釋迦牟尼佛！你可以坐到這個獅子座上。」於是，釋迦牟尼佛進入多寶佛塔之中，在那半座上，結跏趺坐。這時，大眾看見兩位如來，在七寶塔中的獅子座上，結跏趺坐，各個都產生了這樣的念頭：「如來坐在又高又遠的寶塔之中，還唯願如來用大神通之力，讓我們這些參加法會的大眾都安坐在虛空中以便得見如來。」這時，釋迦牟尼佛深知大眾之心念，當即以其神通之力，令大眾全部安住於虛空之中，並以宏亮深遠的音聲普告四眾弟子們說：「誰能在這個娑婆世界中廣泛宣說《妙法蓮華經》？現在正是時候。因為我釋迦牟尼佛不久將入涅槃，我想將這部《妙法蓮華經》囑託於此會中的有緣眾生！」

【注釋】

❶目真鄰陀山：目真鄰陀，龍王名。取所住之龍王以名山。又作「目鄰山」。

❷鐵圍山：又作「鐵輪圍山」、「輪圍山」、「金剛山」、「金剛圍山」。佛教之宇宙觀以須彌山為中心，其周圍共有七山八海圍繞，最外側為鐵所成之山，稱「鐵圍山」。即圍繞須彌四洲外海之山。或謂大中小三千世界，各有大中小之鐵圍山環繞。據《大毘婆沙論》卷一三三載，此世界之中央為須彌山，由四寶所成，其周圍由健達羅乃至尼民達羅等七金山圍繞，諸山之間各有一海，圍繞尼民達羅山之第八海即鹹海，閻浮四洲位於此海中。此鹹海之周圍有山，如牆繞之，故稱「輪圍」；又因其由鐵所成，故稱「鐵圍山」。

爾時，世尊欲重宣此義，而說偈言：

聖主世尊，雖久滅度，在寶塔中，尚為法來，
諸人云何，不勤為法？
此佛滅度，無央數劫，處處聽法，以難遇故。
彼佛本願，我滅度後，在在所往，常為聽法。
又我分身，無量諸佛，如恆沙等，來欲聽法。
又見滅度，多寶如來，各捨妙土，及弟子眾，
天人龍神，諸供養事，令法久住，故來至此。

為坐諸佛，以神通力，移無量眾，令國清淨。
諸佛各各，詣寶樹下，如清淨池，蓮華莊嚴。
其寶樹下，諸師子座，佛坐其上，
光明嚴飾，如夜闇中，燃大炬火。
身出妙香，遍十方國，眾生蒙熏，喜不自勝。
譬如大風，吹小樹枝，以是方便，令法久住。
告諸大眾，我滅度後，誰能護持，讀說斯經？
今於佛前，自說誓言，其多寶佛，
雖久滅度，以大誓願，而師子吼。
多寶如來，及與我身，所集化佛，當知此意。
諸佛子等，誰能護法？當發大願，令得久住。
其有能護，此經法者，則為供養，我及多寶。
此多寶佛，處於寶塔，常遊十方，
為是經故，亦復供養，諸來化佛。
莊嚴光飾，諸世界者，若說此經，
則為見我，多寶如來，及諸化佛。

諸善男子，各諦思惟，此為難事，宜發大願，
諸餘經典，數如恆沙，雖說此等，未足為難。
若接須彌，擲置他方，無數佛土，亦未為難。
若以足指，動大千界，遠擲他國，亦未為難。
若立有頂，為眾演說，無量餘經，亦未為難。
若佛滅後，於惡世中，能說此經，是則為難。
假使有人，手把虛空，而以遊行，亦未為難。
於我滅後，若自書持，若使人書，是則為難。
若以大地，置足甲上，升於梵天，亦未為難。
佛滅度後，於惡世中，暫讀此經，是則為難。
假使劫燒，擔負乾草，入中不燒，亦未為難。
我滅度後，若持此經，為一人說，是則為難。
若持八萬，四千法藏，十二部經❶，為人演說，
令諸聽者，得六神通❷，雖能如是，亦未為難。
於我滅後，聽受此經，問其義趣，是則為難。
若人說法，令千萬億，無量無數，恆沙眾生，

得阿羅漢，具六神通，雖有是益，亦未為難。
於我滅後，若能奉持，如斯經典，是則為難。
我為佛道，於無量土，從始至今，廣說諸經，
而於其中，此經第一，若有能持，則持佛身。
諸善男子，於我滅後，誰能受持，讀誦此經？
今於佛前，自說誓言。
此經難持，若暫持者，我則歡喜，諸佛亦然。
如是之人，諸佛所歎，是則勇猛，是則精進，
是名持戒，行頭陀者❸，則為疾得，無上佛道。
能於來世，讀持此經，是真佛子，住淳善地。
佛滅度後，能解其義，是諸天人，世間之眼。
於恐畏世，能須臾說，一切天人，皆應供養。

【譯文】

此時，釋迦牟尼佛為了重新宣說法義，即以偈頌言道：

聖主世尊，雖久滅度，在寶塔中，尚為法來，

諸人云何，不勤為法？
此佛滅度，無央數劫，處處聽法，以難遇故。
彼佛本願，我滅度後，在在所往，常為聽法。
又我分身，無量諸佛，如恆沙等，來欲聽法。
又見滅度，多寶如來，各捨妙土，及弟子眾，
天人龍神，諸供養事，令法久住，故來至此。
為坐諸佛，以神通力，移無量眾，令國清淨。
諸佛各各，詣寶樹下，如清淨池，蓮華莊嚴。
其寶樹下，諸師子座，佛坐其上，
光明嚴飾，如夜闇中，燃大炬火。
身出妙香，遍十方國，眾生蒙熏，喜不自勝。
譬如大風，吹小樹枝，以是方便，令法久住。
告諸大眾，我滅度後，誰能護持，讀說斯經？
今於佛前，自說誓言，其多寶佛，
雖久滅度，以大誓願，而師子吼。
多寶如來，及與我身，所集化佛，當知此意。

諸佛子等，誰能護法？當發大願，令得久住。
其有能護，此經法者，則為供養，我及多寶。
此多寶佛，處於寶塔，常遊十方，
為是經故，亦復供養，諸來化佛。
莊嚴光飾，諸世界者，若說此經，
則為見我，多寶如來，及諸化佛。
諸善男子，各諦思惟，此為難事，宜發大願，
諸餘經典，數如恆沙，雖說此等，未足為難。
若接須彌，擲置他方，無數佛土，亦未為難。
若以足指，動大千界，遠擲他國，亦未為難。
若立有頂，為眾演說，無量餘經，亦未為難。
若佛滅後，於惡世中，能說此經，是則為難。
假使有人，手把虛空，而以遊行，亦未為難。
於我滅後，若自書持，若使人書，是則為難。
若以大地，置足甲上，升於梵天，亦未為難。
佛滅度後，於惡世中，暫讀此經，是則為難。

假使劫燒，擔負乾草，入中不燒，亦未為難。
我滅度後，若持此經，為一人說，是則為難。
若持八萬，四千法藏，十二部經，為人演說，
令諸聽者，得六神通，雖能如是，亦未為難。
於我滅後，聽受此經，問其義趣，是則為難。
若人說法，令千萬億，無量無數，恆沙眾生，
得阿羅漢，具六神通，雖有是益，亦未為難。
於我滅後，若能奉持，如斯經典，是則為難。
我為佛道，於無量土，從始至今，廣說諸經，
而於其中，此經第一，若有能持，則持佛身。
諸善男子，於我滅後，誰能受持，讀誦此經？
今於佛前，自說誓言。
此經難持，若暫持者，我則歡喜，諸佛亦然。
如是之人，諸佛所歎，是則勇猛，是則精進，
是名持戒，行頭陀者，則為疾得，無上佛道。
能於來世，讀持此經，是真佛子，住淳善地。

佛滅度後，能解其義，是諸天人，世間之眼。
於恐畏世，能須臾說，一切天人，皆應供養。

【注釋】

❶十二部經：又稱「十二分教」。係指一切經教的內容分為十二類，分別為：一、長行，以散文直說法相，不限定字句者，因行類長，故稱「長行」。二、重頌，既宣說於前，更以偈頌結之於後，有重宣之意，故名「重頌」。三、孤起，不依前面長行文的意義，單獨發起的偈頌。四、因緣，述說見佛聞法，或佛說法教化的因緣。五、本事，是載佛說各弟子過去世因緣的經文。六、本生，是載佛說其自身過去世因緣的經文。七、未曾有，記佛現種種神力不思議事的經文。八、譬喻，佛說種種譬喻以令眾生容易開悟的經文。九、論議，指以法理論議問答的經文。十、無問自說，如阿彌陀經，係無人發問而佛自說的。十一、方廣，謂佛說方正廣大之真理的經文。十二、記別或授記，是記佛為菩薩或聲聞授成佛時名號的記別。此十二部中，只有「長行」、「重頌」與「孤起頌」是經文的格式，其餘九種都是依照經文中所載之別事而立名。又小乘經中無「無問自說」、「方廣」、「授記」三類，故僅有九部經。

❷六神通：又作「六通」。指六種超人間而自由無礙之力。即：㈠神境通，又作「身通」、「身如意通」、「神足通」。即自由無礙，隨心所欲現身之能力。㈡天眼通，能見六道眾生生死苦樂之

相，及見世間一切種種形色，無有障礙。㈢天耳通，能聞六道眾生苦樂憂喜之語言，及世間種種之音聲。㈣他心通，能知六道眾生心中所思之事。㈤宿命通，又作「宿住通」，能知自身及六道眾生之百千萬世宿命及所做之事。㈥漏盡通，斷盡一切三界見思惑，不受三界生死，而得漏盡神通之力。

❸頭陀：謂去除塵垢煩惱。「苦行」之一。又作「杜荼」、「杜多」、「投多」、「偷多」、「塵吼多」。意譯為「抖擻」、「抖捒」、「斗藪」、「修治」、「棄除」、「沙汰」、「浣洗」、「紛彈」、「搖振」。意即對衣、食、住等棄其貪著，以修鍊身心。亦稱「頭陀行」、「頭陀事」、「頭陀功德」。頭陀行的具體內容有數種不同說，最為常見的為「十二頭陀行」，即對日常生活所立如下之十二種修行規定，分別為：㈠在阿蘭若處，離世人居處而住於安靜之所。㈡常行乞食。㈢次第乞食，乞食時不分貧富之家，而沿門托缽。㈣受一食法，一日一食。㈤節量食，指不過食，即缽中只受一團飯。㈥中後不得飲漿，中食之後，不再飲漿。㈦著弊衲衣，穿著廢棄布所做之襤褸衣。㈧但「三衣」，除「三衣」外，無多餘之衣。㈨塚間住，住於墓地。㈩樹下止。⑾露地坐，坐於露天之地。⑿但坐不臥，即常坐。至後世，頭陀行則轉為巡歷山野而能耐艱苦之行腳修行之意，或特指乞食之行法而言。

提婆達多品第十二

本品名中，提婆達多昔為佛陀之堂兄弟，於佛世時犯五逆重罪，破壞僧團，因此多被認為極惡之人。但在本品中，佛陀言往昔為求《法華經》一偈，盡心布施，不惜身命。後捨身為奴役，盡力供養，而得阿私仙（提婆達多之前世）為其說《法華經》，以此因緣而於今成就佛果。因此提婆達多也是成就眾生的善知識。世尊為提婆達多授記，當於未來成就佛果，號「天王如來」。此明示怨親平等之理。

又因智積菩薩所問，文殊菩薩言於龍宮之中常說《法華經》，成就眾生。智積菩薩言世尊以無量劫難行苦行，積功累德求菩提道，方得成就佛果，而為何說眾生奉持《法華經》而能速證佛果。文殊菩薩則舉龍女可速成佛。龍女現身讚佛；舍利弗疑言，女身垢穢有五障，而何以速得成佛。龍女乃獻寶珠供養世尊，而於須臾之間成就佛果。此以身為畜女之龍女同樣可以成佛。

以上二例，則顯《法華經》神功，眾生平等，無論怨親、無論男女、無論人畜，凡奉持《法華經》者，皆可成佛。

爾時，佛告諸菩薩及天人四眾：「吾於過去無量劫中，求《法華經》無有懈倦。於多劫中常作國王，發願求於無上菩提，心不退轉。為欲滿足六波羅蜜，勤行布施，心無吝惜。象、馬、七珍、國城、妻子、奴婢、僕從、頭目髓腦、身肉手足，不惜軀命。時世人民壽命無量。為於法故，捐捨國位，委政太子，擊鼓宣令：『四方求法』誰能為我說大乘者，吾當終身供給走使。』時有仙人來白王言：『我有大乘，名《妙法華經》。若不違我，當為宣說。』王聞仙言，歡喜踊躍，即隨仙人供給所須。採果汲水，拾薪設食，乃至以身而為床座，身心無倦。於時奉事經於千歲，為於法故，精勤給侍，令無所乏。」

爾時，世尊欲重宣此義，而說偈言：

我念過去劫，為求大法故，
雖作世國王，不貪五欲樂，
捶鐘告四方，誰有大法者，
若為我解說，身當為奴僕。

時有阿私仙❶，來白於大王：
我有微妙法，世間所希有！
若能修行者，吾當為汝說。
時王聞仙言，心生大喜悅，
即便隨仙人，供給於所須，
採薪及菓蓏❷，隨時恭敬與，
情存妙法故，身心無懈倦。
普為諸眾生，勤求於大法，
亦不為己身，及以五欲樂。
故為大國王，勤求獲此法，
遂致得成佛，今故為汝說。

佛告諸比丘：「爾時王者，則我身是；時仙人者，今提婆達多是❸。由提婆達多善知識故，令我具足六波羅蜜，慈悲喜捨❹，三十二相，八十種好，紫磨金色，十力，四無所畏❺，四攝法❻，十八不共神通道力，成等正覺❼，廣度眾生，皆因提婆達多善知識故。」

告諸四眾：「提婆達多卻後過無量劫，當得成佛，號曰天王如來、應供、正遍知、明行足、善逝、世間解、無上士、調御丈夫、天人師、佛世尊，世界名天道。時天王佛，住世

二十中劫，廣為眾生說於妙法，恆河沙眾生得阿羅漢果，無量眾生發緣覺心，恆河沙眾生發無上道心，得無生忍至不退轉❽。時天王佛般涅槃後，正法住世二十中劫。全身舍利起七寶塔，高六十由旬，縱廣四十由旬。諸天人民悉以雜華、末香、燒香、塗香、衣服、瓔珞、幢幡、寶蓋、伎樂歌頌，禮拜供養七寶妙塔。無量眾生得阿羅漢果，無量眾生悟辟支佛，不可思議眾生發菩提心至不退轉。」

佛告諸比丘：「未來世中，若有善男子、善女人，聞《妙法華經．提婆達多品》，淨心信敬不生疑惑者，不墮地獄、餓鬼、畜生，生十方佛前，所生之處常聞此經。若生人天中受勝妙樂，若在佛前蓮華化生。」

【譯文】

這時，釋迦牟尼佛對各位菩薩以及天眾、人眾及四眾弟子們說：「我在過去無量劫中，為求得聞《法華經》，而精進不息，從未有過絲毫的懈怠和厭倦。在很多劫中，我常轉生為人間的國王，發願成就無上的佛果，這一心念從未退轉。為了圓滿布施、持戒、忍辱、精進、禪定、般若等六種婆羅蜜法門，我精勤地修行布施，心中沒有絲毫的慳吝。在我行布施時，無論是象、馬、七寶，還是國家城池；無論是妻子兒女，還是奴婢僕從，甚至連自己的頭、眼、髓、腦、身子、肉、手、足等都能夠布施出去，毫不吝惜自己的身軀性命。那時的人民壽命難以計量。我為了志求正法，捨棄了王位，把

政事委託給太子，然後擊鼓發布宣告：『我要到四方求法，誰能為我說大乘佛法，我就終身侍奉供養他。』那時，有一位仙人來對國王說：『我有大乘之法，名叫《妙法蓮華經》，你如果能夠不違背我的意願，我就會為你宣說。』國王聞聽此言，歡喜跳躍，當即跟隨仙人，供給他一切所需。我為他採果、挑水、拾柴、做飯，甚至以自己的身體當作仙人的床座，於身心中從未出現厭倦之感。如此地侍奉他，經過了一千年，為了求得正法而殷勤奉事、供養這位仙人，使其衣食豐足，毫無匱乏。」

這時，釋迦牟尼佛為了再次宣說法義，即以偈頌說言：

我念過去劫，為求大法故，雖作世國王，不貪五欲樂，
捶鐘告四方，誰有大法者，若為我解說，身當為奴僕。
時有阿私仙，來白於大王：我有微妙法，
世間所希有，若能修行者，吾當為汝說。
時王聞仙言，心生大喜悅，即便隨仙人，供給於所須，
採薪及菓蓏，隨時恭敬與，情存妙法故，身心無懈倦。
普為諸眾生，勤求於大法，亦不為己身，及以五欲樂。
故為大國王，勤求獲此法，遂致得成佛，今故為汝說。

釋迦牟尼佛告訴諸比丘說：「那時的國王就是我的前身；那位仙人就是今天的提婆達多。正是因為提婆達多作為我的善知識，才使我圓滿具足六波羅蜜的修習；具足了大慈、大悲、大喜、大捨等四

無量心的修習；具足了三十二種殊妙身相和八十種非凡的細微特徵；具足了紫磨金色光明的身體；具足了十種智力和四種無畏；具足了布施、愛語、利行、同事等四種攝受眾生之法；具足了唯佛獨具的十八種不共之法；具足了無量的神通道力，成就了無上正等正覺，從而普度眾生，這一切成就都是因為隨提婆達多這位善知識的緣故。」

釋迦牟尼佛告訴四眾弟子說：「提婆達多，此後經過無量劫後，當得成就佛果，名號叫天王如來、應供、正遍知、明行足、善逝、世間解、無上士、調御丈夫、天人師、佛世尊，他成佛的世界名叫天道。屆時，天王佛將住世二十中劫，在此期間，天王佛將廣為眾生宣說無上妙法，使恆河沙數之多的眾生得到阿羅漢果位，無量眾生發心求緣覺果位；有恆河沙數之多的眾生發起志求無上佛道的願望，並獲得無生法忍，達到了永不退轉的境界。當天王佛入於涅槃之後，他正法繼續住世二十中劫。佛的全身舍利置於七寶塔之中，塔高六十由旬，長寬均四十由旬。所有天、人眾均以各種鮮花、末香、燒香、塗香、衣服、瓔珞、幢、幡、寶蓋、伎樂、歌頌，禮拜供養這座七寶妙塔。有無量的眾生證得阿羅漢果位，無量的眾生證得辟支佛果位，還有不可思議多的眾生發起菩提心，終究達到不退轉的境界。」

釋迦牟尼佛告訴諸比丘說：「在未來之世中，如果有善男子、善女人聽聞《妙法蓮華經．提婆達多品》，並心念清淨，恭敬信受，沒有疑惑，這樣的人將不會轉生於地獄、餓鬼、畜生等惡道之中，並將轉生於十方佛的面前，他們所轉生的地方，也將常聞此經。如果這些人轉生於人間或天上，他們

就會享受各種殊勝而微妙的快樂，若轉生於佛前，則在蓮花中。」

【注釋】

❶阿私仙：又作「阿夷」、「阿私陀」、「阿斯陀」等。譯曰「無比端正」。

❷蓏：草本植物的果實。

❸提婆達多：又作「提婆達兜」、「禘婆達多」、「地婆達多」。或作「調達」。略稱「提婆」、「達多」。意譯作「天熱」、「天授」、「天與」。為佛世時犯五逆罪，破壞僧團，與佛陀敵對之惡比丘。為釋尊叔父斛飯王之子，阿難之兄弟（另有為甘露飯王、白飯王或善覺長者之子等異說）。幼時與釋尊、難陀共習諸藝，其技優異，常與釋尊競爭。佛陀成道後，隨佛陀出家，於十二年間善心修行，精勤不懈。後因未能得聖果而退轉其心，漸生惡念，欲學神通而得利養，佛陀不許，遂至十力迦葉處習得神通力，受摩揭陀國阿闍世太子之供養。由是，提婆愈加驕慢，欲代佛陀領導僧團，亦未得佛陀允許。此後提婆率五百徒眾脫離僧團，自稱大師，制定五法，以此為速得涅槃之道，遂破僧伽之和合。提婆於摩揭陀國王舍城擁有獨立教團，受阿闍世之禮遇，勢力漸大，佛陀曾屢次告誡比丘眾，勿貪提婆之利養。後提婆教唆阿闍世弒父，並謀借新王之威勢，為教法之王，阿闍世遂幽禁其父頻婆沙羅王，而自登王位。提婆亦欲迫害佛陀，以五百人投石器擊殺佛陀而未果。又於耆闍崛山投下大石，雖為金毘羅神接阻，然碎片傷佛足而出血。又趁

佛陀入王舍城時，放狂象加害之，然象遇佛陀即歸服，事亦不成。其時，舍利弗及目犍連勸諭提婆之徒眾復歸佛陀之僧團，阿闍世王亦受佛陀之教化，懺悔皈依。提婆仍不捨惡念，撲打蓮華色比丘尼至死，又於十指爪中置毒，欲由禮佛足而傷佛陀，但佛足堅固如岩，提婆反自破手指，乃於其地命終。古來以破和合僧、出佛身血、放狂象、殺蓮華色比丘尼、十爪毒手等五事為提婆之五逆，又特稱破僧、傷佛、殺比丘尼三事為三逆。經典中多載提婆所為，謂提婆於命終之後墮地獄中。

❹ 慈悲喜捨：即「四無量心」。謂菩薩利他之心廣大也。所緣眾生既無量，而能緣之心亦無量也。

❺ 四無所畏：此處係指佛之「四無所畏」即：㈠諸法現等覺無畏，又作「一切智無所畏」、「正等覺無畏」、「等覺無畏」。謂對於諸法皆覺知，住於正見無所屈伏，具無所怖畏之自信。㈡一切漏盡智無畏，又作「漏永盡無畏」、「漏盡無所畏」、「漏盡無畏」。謂斷盡一切煩惱而無外難怖畏。㈢障法不虛決定授記無畏，又作「說障法無畏」、「說障道無所畏」、「障法無畏」。謂闡示修行障礙之法，並對任何非難皆無所怖畏。㈣為證一切具足出道如性無畏，又作「說出道無畏」、「說盡苦道無所畏」、「出苦道無畏」。即宣說出離之道而無所怖畏。

❻ 四攝法：即菩薩攝受眾生，令其生起親愛心而引入佛道，以致開悟之四種方法。若依其原語直譯，則稱為「四種把握法」。「四攝法」又作「四攝事」、「四事攝法」、「四集物」，簡稱「四攝」、「四事」、「四法」。即㈠布施攝，又作「布施攝事」、「布施隨攝方便」、「惠

施」、「隨攝方便」。即以無所施之心施受真理（法施）與施捨財物（財施）。謂若有眾生樂財，則布施財；若樂法，則布施法，令起親愛之心而依附菩薩受道。㈡愛語攝，又作「能攝方便愛語攝事」、「愛語攝方便」、「愛言」、「愛語」。謂依眾生之根性而善言慰喻，令起親愛之心而依附菩薩受道。㈢利行攝，又作「利行攝事」、「利益攝」、「令入方便」、「度方便」、「利人」、「利益」。謂行身口意善行，利益眾生，令生親愛之心而受道。㈣同事攝，又作「同事攝事」、「同事隨順方便」、「隨轉方便」、「隨順方便」、「同利」、「同行」、「等利」、「等與」。謂親近眾生同其苦樂，並以法眼見眾生根性而隨其所樂分形示現，令其同沾利益，因而入道。

❼等正覺：梵語「三藐三菩提」，譯曰「等正覺」；又「三藐三佛陀」，譯曰「等正覺者」、「遍知者」。如來十號之第三，覺即知也。覺知遍於一切，是遍也。覺知契於理，是正也。謂遍正覺知一切法也。又三世諸佛之覺知平等，故曰等，離邪妄故曰等。

❽無生忍：謂觀諸法無生無滅之理而諦認之，安住且不動心。又作「無生忍」、「諦察法忍」、「無生法忍」、「修習無生忍」。為「三忍」之一。

於時，下方多寶世尊所從菩薩，名曰智積，白多寶佛：「當還本土。」

釋迦牟尼佛告智積曰：「善男子，且待須臾。此有菩薩，名文殊師利，可與相見，論說妙法可還本土。」

爾時，文殊師利坐千葉蓮華大如車輪，俱來菩薩亦坐寶蓮華，從於大海娑竭羅龍宮自然涌出❶，住虛空中，詣靈鷲山。從蓮華下至於佛所，頭面敬禮二世尊足。修敬已畢，往智積所，共相慰問，卻坐一面。

智積菩薩問文殊師利：「仁往龍宮所化眾生，其數幾何？」

文殊師利言：「其數無量不可稱計，非口所宣，非心所測。且待須臾❷，自當證知。」所言未竟，無數菩薩坐寶蓮華從海涌出，詣靈鷲山，住在虛空。此諸菩薩皆是文殊師利之所化度，具菩薩行，皆共論說六波羅蜜。本聲聞人，在虛空中說聲聞行，今皆修行大乘空義。

文殊師利謂智積曰：「於海教化其事如是。」

爾時，智積菩薩以偈讚曰：

大智德勇健，化度無量眾，
今此諸大會，及我皆已見。
演暢實相義，開闡一乘法，
廣導諸眾生，令速成菩提。

文殊師利言：「我於海中唯常宣說《妙法華經》。」

智積問文殊師利言：「此經甚深微妙！諸經中寶，世所希有！頗有眾生勤加精進修行此經，速得佛不？」

文殊師利言：「有娑竭羅龍王女，年始八歲，智慧利根；善知眾生諸根行業，得陀羅尼，諸佛所說甚深祕藏悉能受持；深入禪定，了達諸法，於剎那頃發菩提心，得不退轉，辯才無礙；慈念眾生猶如赤子；功德具足心念口演；微妙廣大慈悲仁讓，志意和雅能至菩提。」

智積菩薩言：「我見釋迦如來，於無量劫難行苦行，積功累德求菩提道，未曾止息。觀三千大千世界，乃至無有如芥子許非是菩薩捨身命處❸，為眾生故，然後乃得成菩提道。不信此女於須臾頃便成正覺。」

言論未訖，時龍王女忽現於前，頭面禮敬，卻住一面，以偈讚曰：

深達罪福相，遍照於十方，
微妙淨法身，具相三十二，
以八十種好，用莊嚴法身，
天人所戴仰，龍神咸恭敬，
一切眾生類，無不宗奉者。

又聞成菩提，唯佛當證知，

我闡大乘教，度脫苦眾生。

時舍利弗語龍女言：「汝謂不久得無上道，是事難信。所以者何？女身垢穢，非是法器❹，云何能得無上菩提？佛道懸曠，經無量劫勤苦積行，具修諸度，然後乃成。又女人身，猶有五障：一者、不得作梵天王，二者、帝釋，三者、魔王，四者、轉輪聖王，五者、佛身。云何女身速得成佛？」

爾時，龍女有一寶珠，價值三千大千世界，持以上佛，佛即受之。

龍女謂智積菩薩、尊者舍利弗言：「我獻寶珠，世尊納受，是事疾不？」

答言：「甚疾。」

女言：「以汝神力觀我成佛，復速於此。」

當時眾會皆見龍女，忽然之間變成男子，具菩薩行，即往南方無垢世界，坐寶蓮華成等正覺，三十二相、八十種好，普為十方一切眾生演說妙法。

爾時，娑婆世界菩薩、聲聞、天龍八部、人與非人，皆遙見彼龍女成佛，普為時會人天說法，心大歡喜，悉遙敬禮。無量眾生聞法解悟得不退轉，無量眾生得受道記。無垢世界六反震動，娑婆世界三千眾生住不退地，三千眾生發菩提心而得受記。智積菩薩及舍利弗，一切眾會默然信受。

【譯文】此時，來自下方跟隨多寶佛的一位菩薩，他的名號叫智積，便對多寶佛說：「我們該返回本土了。」

釋迦牟尼佛告訴智積菩薩說：「善男子，請再稍等片刻。這裡有一位菩薩名叫文殊師利，你可和他見面，論說上妙之法，然後再回去吧。」

這時，文殊師利菩薩坐在大如車輪的千葉寶蓮之上，與他同來的其他菩薩也坐在寶蓮花之上，他們從大海之中的娑竭羅龍宮中自然湧出，安住於虛空之中，來到靈鷲山法華會場。他們從蓮花上下來，來到佛的面前，以頭面向兩位世尊的雙足敬禮。完成此敬禮之後，他們又去智積菩薩之處，互相問候，退坐一旁。

智積菩薩問文殊師利道：「仁者！你到龍宮去教化了多少眾生呢？」

文殊師利回答說：「我在那裡所教化的眾生無量無數，不可計算，非口所能說出，非心所能測量。暫且稍等片刻，你將能夠自己證知。」

文殊師利話語未落，有無量無數的菩薩坐在寶蓮花之上，從大海之中湧出來，直奔靈鷲山，安住在虛空中。這些菩薩都是文殊師利菩薩所教化度脫的，他們各個具足菩薩行，都在一起討論大乘六波羅蜜法門。他們原本都是修習聲聞乘的弟子，在虛空中宣說聲聞的修行，如今都已修行大乘諸法皆空的法門。

文殊師利對智積說：「我在海中教化眾生的情況，就是如此。」

這時，智積菩薩以偈語稱讚道：

大智德勇健，化度無量眾，今此諸大會，及我皆已見。

演暢實相義，開闡一乘法，廣導諸眾生，令速成菩提。

文殊師利菩薩說：「我在大海之中，只是經常宣說《妙法蓮華經》。」

智積菩薩問文殊師利言：「這部《妙法蓮華經》極其深奧微妙！是一切佛經中的珍寶，是整個世間最稀有的東西！如果有眾生依此經典勤奮、精進地修行，能不能很快證得佛果呢？」

文殊師利說：「有一位娑竭羅龍王的女兒，年方八歲，聰明伶俐，富有智慧。她了知眾生的因緣，得到陀羅尼的法門，對於諸佛所說的一切深奧玄秘的法藏都能信受持行；她還能深入禪定，了達諸法之法義，在一剎那間，發心求證無上智慧，達到不退轉的境界，具足圓融無礙的辯才；她充滿慈悲，關懷一切眾生，視一切眾生猶如赤子。她具足了一切功德，心裡念法，口中說法，所說之法微妙廣大；她還具足慈悲仁讓之心地，富有柔和雅善之意志；必定能夠證得無上正覺。」

智積菩薩說：「我見釋迦牟尼佛在無量劫中，修習難行的苦行，積聚功德，求證菩提之道，從未有過片刻的休息和停止。看看這大千世界，甚至就是像芥子那麼大的地方，無不是他作為菩薩為眾生而捨棄身命的處所，經過長期的修行，釋迦牟尼佛才得以證成菩提之道。所以，我不相信這位龍女能在須臾間就能成就佛果。」

文殊、智積二人的辯論尚未結束，這時，龍王的女兒忽然出現在眼前。她恭敬地頂禮膜拜諸佛菩薩，然後退坐一旁，以偈語讚頌道：

深達罪福相，遍照於十方，微妙淨法身，具相三十二，

以八十種好，用莊嚴法身，天人所戴仰，

龍神咸恭敬，一切眾生類，無不宗奉者。

又聞成菩提，唯佛當證知，我闡大乘教，度脫苦眾生。

這時，舍利弗尊者對龍女說：「你說自己不久當成就無上的佛道，此事令人難以置信。為什麼這麼說呢？因為女身垢穢不淨，不是成佛的法器，怎麼會得到無上的正覺呢？成佛之道極其遙遠漫長，只有經過無量無數劫的勤苦修行，圓滿具足六度的功能，然後才能夠成就佛道。另外，女人之身還有五種障礙：一是不能做大梵王；二是不能做帝釋；三是不能做魔王；四是不能做轉輪聖王；五是不能成佛。怎麼說女身能夠很快成佛呢？」

這時，龍女有一顆無比珍貴的寶珠，價值三千大千世界所有諸物，她取出呈獻給佛陀，佛陀當即接受了她的供養。

龍女對智積菩薩及舍利弗尊者說：「我獻寶珠，世尊納受，這事是不是很快的？」

智積菩薩及舍利弗尊者回答說：「是非常快的。」

龍女又說：「依你的神通之力來觀察我成就佛果，又比這更為迅速！」

當此之時，法會中的大眾都看見龍女忽然之間變成男子之身，並圓滿具足了菩薩的一切行門，當即前往南方的無垢世界，端坐於寶蓮花之上，成就與諸佛無二的無上正覺，具足三十二種非凡身相和八十種細微妙相，為十方一切眾生廣泛演說無上妙法。

這時，身處這個娑婆世界中的菩薩、聲聞、天龍八部眾、人與非人等都遠遠看見這位龍女證得佛果，並普為當時法會中的人、天大眾說法，心裡十分歡喜，全都遙相敬禮。有無量的眾生聽聞龍女說法而得理解開悟，達到不退轉的境界；又有無量的眾生得到成佛的授記。當時，無垢世界出現了六種震動之瑞相。娑婆世界中的三千眾生得住不退轉的果位；又有三千眾生發心志求無上正覺，並且得到成佛的授記。智積菩薩、舍利弗尊者以及法會中的一切眾生無不默然信受。

【注釋】

❶ 娑竭羅：意譯為「海」。「八大龍王」之一。依其所住之海而得名。龍宮居大海底，縱廣八萬由旬，七重宮牆，七重欄楯，七重羅網，七重行樹，周匝皆以七寶嚴飾，無數眾鳥和鳴。

❷ 須臾：表時間短。即暫時、少頃之意。音譯「牟呼栗多」。《俱舍論》卷十二載，牟呼栗多代表一晝夜的三十分之一，相當於今日之四十八分鐘。然經中「須臾」一詞，不一定指此時限。有時視同「剎那」，而表示極短之時間。

❸ 芥子：音譯作「薩利殺跛」、「舍利娑婆」、「加良志」。原係芥菜之種子，顏色有白、黃、

赤、青、黑之分，體積微小，故於經典中屢用以比喻極小之物。《金光明最勝王經》卷七中，將芥子與菖蒲、沉香等，共列為三十二味香藥之一。又《大日經義釋》卷七中載，以其性辛辣異常，多用於降伏障難之修法。在密教中，將白芥子置於火中燃燒，以為退除惡魔、煩惱，及加持祈禱之用。然以白芥子之不易得，古來多用罌子粟、蔓菁子或普通芥子代替。又自古傳說，龍樹菩薩曾在南天竺以白芥子七粒擊開南天鐵塔，取得《大日經》。一般既以芥子具有祛除魔障之神力，故於供養佛舍利之馱都法時，每以白芥子為不可少的供物之一。

❹ 法器：此處係指能修行佛道者。

勸持品第十三

勸持者，以願力告眾生當奉持《法華經》。本品的主要內容有：

藥王菩薩、大樂說菩薩等二萬菩薩大眾發願當以大忍力，於後惡世奉持、演說《法華經》。

已得授記的五百羅漢眾、及八千有學、無學等，因此土弊惡，發願當於他方國土奉持、演說《法華經》。

佛陀為摩訶波闍波提比丘尼授記，未來當得成佛，號「一切眾生喜見如來」；又為六千有學、無學比丘尼授記。

佛陀又為耶輸陀羅比丘尼授記，當成就佛，號「具足千萬光相如來」。

八十萬億那由他菩薩摩訶薩於佛前發願，將於如來滅度後，於十方世界護持奉持《法華經》者。

爾時，藥王菩薩摩訶薩及大樂說菩薩摩訶薩，與二萬菩薩眷屬俱，皆於佛前作是誓言：「唯願世尊不以為慮，我等於佛滅後，當奉持讀誦說此經典。後惡世眾生，善根轉少，多增上慢，貪利供養，增不善根，遠離解脫。雖難可教化，我等當起大忍力讀誦此經，持說書寫，種種供養，不惜身命。」

【譯文】

這時，藥王大菩薩和大樂說大菩薩與其兩萬菩薩眷屬，一起來到釋迦牟尼佛的面前宣誓說：「唯願世尊不再有擔心和憂慮，我們在佛滅度以後，定當奉持、讀誦、講說這部《妙法蓮華經》。在以後的惡濁世界中的眾生，善根逐漸轉少，多有眾生充斥增上慢心，貪圖財名供養，他們的不善之根日益增多，距離解脫越來越遠。雖然這些眾生很難教化，但我們仍將以極大的忍耐之力，讀誦此經，受持、講說、書寫此經，以種種供具供養此經，不惜捐棄自己的生身性命。」

爾時，眾中五百阿羅漢得受記者白佛言：「世尊，我等亦自誓願，於異國土廣說此經。」

復有學無學八千人得受記者，從座而起，合掌向佛，作是誓言：「世尊，我等亦當於他

國土廣說此經。所以者何？是娑婆國中，人多弊惡，懷增上慢，功德淺薄，瞋濁諂曲，心不實故。」

【譯文】

這時，大眾中有五百位剛得授記的阿羅漢，他們對釋迦牟尼佛說：「世尊！我們也各自發下誓願，在其他國土中，廣泛講說這部《妙法蓮華經》。」

又有小乘初果、二果、三果等有學位和四果無學位的八千位剛得到授記的弟子，也從座位上站立起來，向佛合掌致禮，並如此發下誓願說：「世尊！我們也將在其他國土廣泛演說這部《妙法蓮華經》。為什麼呢？因為在這個娑婆國土中，人們大多數性情邪惡，心懷增上慢，功德淺薄，易惱怒，污濁不淨，諂媚虛偽，這都是心中毫無誠實的緣故。」

爾時，佛姨母摩訶波闍波提比丘尼，與學無學比丘尼六千人俱，從座而起，一心合掌，瞻仰尊顏，目不暫捨。

於時，世尊告憍曇彌❶：「何故憂色而視如來？汝心將無謂我不說汝名授阿耨多羅三藐三菩提記耶？憍曇彌，我先總說一切聲聞皆已授記。今汝欲知記者，將來之世，當於六萬

八千億諸佛法中為大法師，及六千學無學比丘尼俱為法師。汝如是漸漸具菩薩道，當得作佛，號一切眾生喜見如來、應供、正遍知、明行足、善逝、世間解、無上士、調御丈夫、天人師、佛世尊。憍曇彌，是一切眾生喜見佛，及六千菩薩，轉次授記得阿耨多羅三藐三菩提。」

爾時，羅睺羅母耶輸陀羅比丘尼作是念：「世尊於授記中，獨不說我名？」

佛告耶輸陀羅：「汝於來世百千萬億諸佛法中，修菩薩行，為大法師，漸具佛道。於善國中當得作佛，號具足千萬光相如來、應供、正遍知、明行足、善逝、世間解、無上士、調御丈夫、天人師、佛世尊。佛壽無量阿僧祇劫。」

爾時，摩訶波闍波提比丘尼及耶輸陀羅比丘尼，并其眷屬，皆大歡喜，得未曾有。即於佛前，而說偈言：

世尊導師，安隱天人，
我等聞記，心安具足。

諸比丘尼說是偈已，白佛言：「世尊！我等亦能於他方國土廣宣此經。」

【譯文】這時，釋迦牟尼佛的姨母摩訶波闍波提比丘尼和小乘初果、二果、三果等有學位和四果無學位的

比丘尼共六千人，從各自的座位上起來，一心一意合掌致禮，目不轉睛地注視著釋迦牟尼佛的尊顏。

這時，釋迦牟尼世尊對他們當中的憍曇彌說：「你因為什麼原因而面帶憂鬱之色看著我呢？在你的心中是不是認為我沒有稱說你的名字，因而沒有為你授記成就無上佛果呢？憍曇彌，我先前總說一切聲聞乘弟子，都已得到我的授記了。現在你想知道自己成佛的授記嗎？你將於未來之世，當在六萬八千億位佛的說法之中為大法師，還有這六千位有學和無學位的比丘尼與你一起都成為法師。你在逐漸具足菩薩道後，終究成就佛果，名號為一切眾生喜見如來、應供、正遍知、明行足、善逝、世間解、無上士、調御丈夫、天人師、佛世尊。憍曇彌，這位一切眾生喜見如來和六千菩薩，依次相互授記，當證得無上正等正覺。」

這時，羅睺羅的母親耶輸陀羅比丘尼，心中產生這樣的念頭：「世尊在予諸弟子的授記中，怎麼就唯獨不提我的名字呢？」

釋迦牟尼佛告訴耶輸陀羅說：「你將於未來世中，在百千萬億位諸佛的教法中，修習菩薩行，作為大法師，並且漸漸具足成佛之道。終究於善國之中當得成就作佛，佛號為具足千萬光相如來、應供、正遍知、明行足、善逝、世間解、無上士、調御丈夫、天人師、佛世尊。具足千萬光相如來的住世壽命為無量阿僧祇劫。」

這時，摩訶波闍波提比丘尼和耶輸陀羅比丘尼以及她們的眷屬，都充滿了極大的喜悅，這是往昔從未感受到的。她們即在佛陀的面前誦偈讚道：

世尊導師，安隱天人，
我等聞記，心安具足。

諸比丘尼說完此偈語後，又對佛說：「世尊，我們也將在其他國土之中，廣泛宣說這部《妙法蓮華經》。」

【注釋】

❶憍曇彌：即佛陀之姨母摩訶波闍波提，亦為釋種中一般女子之通稱。又作「喬答彌」、「俱曇彌」、「瞿曇彌」、「瞿夷」、「裘夷」。憍曇，乃印度剎帝利種族之一姓；彌，為憍曇之女聲。以摩訶波闍波提為佛陀之姨母，故稱為「憍曇彌」。

爾時，世尊視八十萬億那由他諸菩薩摩訶薩。是諸菩薩皆是阿惟越致，轉不退法輪，得諸陀羅尼。即從座起，至於佛前，一心合掌，而作是念：「若世尊告敕我等持說此經者，當如佛教，廣宣斯法。」復作是念：「佛今默然不見告敕❶，我當云何？」

時諸菩薩敬順佛意，并欲自滿本願，便於佛前作師子吼，而發誓言：「世尊！我等於如來滅後，周旋往返十方世界，能令眾生書寫此經，受持、讀誦、解說其義、如法修行、正憶

念，皆是佛之威力。唯願世尊，在於他方遙見守護。」

即時，諸菩薩俱同發聲，而說偈言：

唯願不為慮，於佛滅度後，
恐怖惡世中，我等當廣說。
有諸無智人，惡口罵詈等❷，
及加刀杖者，我等皆當忍。
惡世中比丘，邪智心諂曲，
未得謂為得，我慢心充滿，
或有阿練若❸，納衣在空閑，
自謂行真道，輕賤人間者，
貪著利養故，與白衣說法，
為世所恭敬，如六通羅漢。
是人懷惡心，常念世俗事，
假名阿練若，好出我等過，
而作如是言：此諸比丘等，
為貪利養故，說外道論議，

自作此經典，誑惑世間人，
為求名聞故❹，分別於是經。
常在大眾中，欲毀我等故，
向國王大臣，婆羅門居士❺，
及餘比丘眾，誹謗說我惡，
謂是邪見人，說外道論議。
我等敬佛故，悉忍是諸惡，
為斯所輕言，汝等皆是佛，
如此輕慢言，皆當忍受之。
濁劫惡世中，多有諸恐怖，
惡鬼入其身，罵詈毀辱我，
我等敬信佛，當著忍辱鎧，
為說是經故，忍此諸難事。
我不愛身命，但惜無上道，
我等於來世，護持佛所囑。
世尊自當知，濁世惡比丘，

不知佛方便，隨宜所說法，
惡口而顰蹙，數數見擯出，
遠離於塔寺，如是等眾惡，
念佛告敕故，皆當忍是事。
諸聚落城邑，其有求法者，
我皆到其所，說佛所囑法。
我是世尊使，處眾無所畏，
我當善說法，願佛安隱住。
我於世尊前，諸來十方佛，
發如是誓言，佛自知我心。

【譯文】

這時，釋迦牟尼佛又注視到八十億那由他數眾多的大菩薩。這些菩薩都是達到不退轉位的大菩薩，他們轉不退法輪，獲得種種陀羅尼神咒。這些大菩薩們即從各自的座位上站起來，一起來到佛前，一心合掌致禮，心中這樣想道：「如果世尊敕命我們受持、演說這部《妙法蓮華經》，我們一定會遵從佛的教誨，廣為一切眾生宣講這部大乘之法。」他們又產生這樣的念頭：「佛現在默然不語，

未有敕告，我們應當如何行事呢？」

當時，這些大菩薩們恭敬順從佛陀的意思，並且希望各自圓滿原來所發的大願，於是，他們即在佛前發出威猛的誓願：「世尊！我們將在如來滅度之後，周旋往返於十方世界，以使眾生書寫此經，讓他們受持、讀誦此經，並解說其義理，然後再根據經義去如法修行，並且有著正確無誤地憶念，所有這些都依賴於佛的威神之力。唯願世尊在其他的地方，遙遙守護我們及一切眾生。」

這時，諸菩薩眾一齊同時發聲，而誦偈言：

唯願不為慮，於佛滅度後，恐怖惡世中，我等當廣說。
有諸無智人，惡口罵詈等，及加刀杖者，我等皆當忍。
惡世中比丘，邪智心諂曲，未得謂為得，我慢心充滿，
或有阿練若，納衣在空閑，自謂行真道，輕賤人間者，
貪著利養故，與白衣說法，為世所恭敬，如六通羅漢。
是人懷惡心，常念世俗事，假名阿練若，好出我等過，
而作如是言：此諸比丘等，為貪利養故，說外道論議，
自作此經典，誑惑世間人，為求名聞故，分別於是經。
常在大眾中，欲毀我等故，向國王大臣，婆羅門居士，
及餘比丘眾，誹謗說我惡，謂是邪見人，說外道論議。

我等敬佛故，悉忍是諸惡，為斯所輕言，
汝等皆是佛，如此輕慢言，皆當忍受之。
濁劫惡世中，多有諸恐怖，惡鬼入其身，罵詈毀辱我，
我等敬信佛，當著忍辱鎧，為說是經故，忍此諸難事。
我不愛身命，但惜無上道，我等於來世，護持佛所囑。
世尊自當知，濁世惡比丘，不知佛方便，隨宜所說法，
惡口而顰蹙，數數見擯出，遠離於塔寺，
如是等眾惡，念佛告敕故，皆當忍是事。
諸聚落城邑，其有求法者，我皆到其所，說佛所囑法。
我是世尊使，處眾無所畏，我當善說法，願佛安隱住。
我於世尊前，諸來十方佛，發如是誓言，佛自知我心。

【注釋】

❶ 敕：原指帝王的詔書、命令。此處表佛陀尊貴之教示。

❷ 詈：責罵。

❸ 阿練若：梵語之音譯。多作「阿蘭若」，又作「阿練茹」、「阿蘭那」、「阿蘭孃」、「阿蘭

拏」。略稱「蘭若」、「練若」。譯為「山林」、「荒野」。指適合於出家人修行與居住之僻靜場所。又譯為「遠離處」、「寂靜處」、「最閒處」、「無諍處」。即距離聚落一俱盧舍而適於修行之空閒處。其住處或居住者，即稱「阿蘭若迦」。

❹名聞：指名聲廣聞於世間。與「名譽」同義。因名聞能顯親榮己，故常令凡夫貪求不已；然以欲求無盡而所冀難得，故求名聞之心愈強，則愈易增加苦惱。

❺居士：音譯「迦羅越」、「伽羅越」。意譯「長者」、「家主」、「家長」。指印度四姓中吠舍種之富豪，或在家有道之士。經、律典籍中，常稱吠舍種之富豪為「居士」。通常稱居家有道之士為「居士」。佛教中之居士常與古來所稱之長者混同，如慧遠之《維摩義記》卷一載：「居士有二，一廣積資產，居財之士名為居士；二在家修道，居家道士名為居士。」後者即為佛教中之居士。如印度之維摩、賢護等常修佛道之在家菩薩，及梁代傅大士、北魏劉謙之、唐代李通玄等能通佛道之在家者。今則泛指在家修道之男子為居士，亦有稱在家修道之女子為居士者。

安樂行品第十四

安樂行係指演說《法華經》者所應具備的諸種行處，具備諸行處，則可得安樂說法及修持。

佛陀宣示後世發心演說《法華經》者，應當安住於四種行法中，即：

一、身安樂行：指安住菩薩行處及親近處。行處即住忍辱地，柔和善順而不猝暴，心亦不驚，又復於法無所行，而觀諸法如實相，亦不行，不分別，即菩薩行處。其中住忍辱地、柔和善順、心不猝暴，為事行；於法無分別而觀諸法如實相，為理行。親近處應遠離權勢等十事。

二、口安樂行：即不說人過等十事。

三、意安樂行：即離嫉諂等諸行。

四、誓願安樂行：起生大慈悲心等，隨因緣而演說，住於一乘真實等願力行法。

又宣說《法華經》無量劫中難得一聞，於得見、受持、讀誦甚為稀有；本品中的「髻中明珠」

之喻，為「法華七喻」之第六喻。世尊以此喻《法華經》之稀有難得。此喻的內容為：轉輪王討伐小國，欲論功行賞，即隨意賜予田宅、珍寶、象馬車乘、奴婢等，但唯髻中明珠不予隨意相賜，唯有末後以此珠賜有大功者。此中以「轉輪聖王」喻「如來」，以「王所賜之諸物」喻「如來於四眾中說方便法」，賜以禪定、解脫、無漏根力、有餘涅槃等方便教法；而「髻中明珠」則喻《法華經》。末後以「明珠賜大功者」喻「機緣成熟」，則終將以此《法華經》之無上秘密之藏，賜予眾生，令得入究竟一佛乘。

爾時，文殊師利法王子菩薩摩訶薩白佛言：「世尊，是諸菩薩甚為難有，敬順佛故發大誓願，於後惡世護持讀說是《法華經》。世尊，菩薩摩訶薩，於後惡世，云何能說是經？」

佛告文殊師利：「若菩薩摩訶薩於後惡世欲說是經，當安住四法：一者、安住菩薩行處及親近處，能為眾生演說是經。

「文殊師利，云何名菩薩摩訶薩行處？若菩薩摩訶薩，住忍辱地，柔和善順而不卒暴，心亦不驚，又復於法無所行，而觀諸法如實相，亦不行，不分別❶，是名菩薩摩訶薩行處。

「云何名菩薩摩訶薩親近處？菩薩摩訶薩不親近國王、王子、大臣、官長；不親近諸外道、梵志、尼犍子等❷，及造世俗文筆、讚詠外書，及路伽耶陀❸、逆路伽耶陀者❹；亦不

親近諸有兇戲、相叉相撲及那羅等種種變現之戲❺；又不親近旃陀羅❻，及畜豬羊雞狗，畋獵漁捕；諸惡律儀。如是人等，或時來者，則為說法，無所悕望❼。又不親近求聲聞比丘、比丘尼、優婆塞、優婆夷，亦不問訊❽。若於房中，若經行處❾，若在講堂中，不共住止。或時來者，隨宜說法，無所悕求。

「文殊師利，又菩薩摩訶薩，不應於女人身取能生欲想相而為說法，亦不樂見。若入他家，不與小女、處女、寡女等共語，亦復不近五種不男之人以為親厚❿，不獨入他家。若有因緣須獨入時，但一心念佛。若為女人說法，不露齒笑，不現胸臆，乃至為法猶不親厚，況復餘事？不樂畜年少弟子、沙彌⓫、小兒，亦不樂與同師。常好坐禪，在於閑處修攝其心。文殊師利，是名初親近處。

【譯文】

這時，文殊師利菩薩對世尊說：「世尊，這些菩薩是非常難得的，他們由於敬重順從於佛的緣故，而立下了弘大的誓願，要在以後的五濁惡世中，護持、讀誦、講說這部《法華經》。世尊，大菩薩們在以後的五濁惡世之中，如何才能夠講說這部經典呢？」

佛告訴文殊師利說：「如果大菩薩們在以後的五濁惡世之中要講這部經典，應當安住於四種方法：首先，安住於菩薩行處及親近處，則能夠為眾生演說此經。

「文殊師利，什麼叫做大菩薩行處呢？如果大菩薩，安住於忍辱修行中，柔和善順而不暴躁，內心平穩而不驚懼，同時又對一切事物和現象都無執著，而體悟到諸法的真如實相，即本性空寂，也不執著，對諸法亦平等而無分別，這就叫大菩薩行處。

「什麼叫大菩薩親近處呢？如果大菩薩不親近國王、王子、大臣、長官；不親近那些外道、修梵行的婆羅門、尼犍子等，不接觸那些編造的世俗文字，不讚歎詠誦外道的書籍，以及路伽耶陀、逆路伽耶陀者；又不觀看各種充滿暴力兇殺情節的戲劇及相互打鬥、力士角逐、魔術表演等演出；不親近旃陀羅等，及專門從事畜養豬羊雞狗和打獵捕魚的人；不親近那些執持邪惡準則的人。這些人等，如果他們有時前來聽講，那也可為他們說法；但除此之外，不可存有希求或攀緣之心。此外，又不宜與求聲聞乘的四眾，即修習小乘的比丘、比丘尼、優婆塞、優婆夷等，也不必見面對其問候。如果在房屋內，在房屋外，在講堂上，都不應與他們共處同行。如果有時他們要來聞法，那就為他們隨緣說法，但不能存有希求和攀緣之心。

「文殊師利，另外，大菩薩不應因為對女人的身體產生欲求，而為她們說法，也不應當樂意見到女人。如果到了別人的家裡，不能與幼女、姑娘、寡婦等一起說話，也不能親近五種非男之人，更不能與之深交，不能單獨一人到別人家去。如果確實因需要不得不必須一個人到別人家中去時，就應當一心念佛。如果為女人說法，則不能露齒而笑，不能袒胸露腹，甚至像這樣為了說法都不可與之親近深交，更何況因為其他事情而與之交往呢？修習菩薩道者，還不應樂意收年少的弟子，不樂意收沙彌

和小孩子；也不能樂意與這樣的人一同隨師修習。應當常常愛好坐禪，在空閒寂靜的地方修行攝收心念。文殊師利，如上所說則是大菩薩的第一親近之處。

【注釋】

❶分別：推量思維之意。又譯作「思惟」、「計度」。即心及心所（精神作用）對境起作用時，取其相而思維量度之意。

❷尼犍子：外道「四執」之一，外道「十六宗」之一，二十種外道之一。開祖為勒沙婆，中興祖師為尼犍陀若提子，後世稱之為「耆那教」。又作「尼犍陀外道」、「尼乾陀外道」、「尼虔外道」、「乾陀外道」等。由於此一教派以修苦行及離世間之衣食束縛，期能遠離煩惱（結）及三界之繫縛，故又有「離繫」、「無繫」、「不繫」、「無結」或「無繼」等譯名。又以此外道裸形不穿衣，故佛典中貶稱之為「無慚外道」或「裸形外道」。又因此派謂現世所受之苦皆為宿作之因所引起，故又稱「宿作因論師」或「諸因宿作宗」。

❸路伽耶陀：又作「路迦耶底迦」。譯作「順世」。外道之名。隨順世間之凡情，計執是常是有等者。又作「順世派」。為古印度婆羅門教之支派，主張隨順世俗，倡導唯物論之快樂主義。此派與阿耆毘伽派同為古印度自由思想之代表學派。此派以唯物論之立場，主張地、水、火、風等四元素合成吾人身心，人若命終，「四大」亦隨之離散，五官之能力亦還歸虛空，故人死後一切歸

無，靈魂亦不存在。因此，此派否認輪迴、業，也否認祭祀、供儀、布施之意義。於認識論上主張感覺論，於實踐生活上主張快樂論。並反對婆羅門所主張之祭祀萬能主義，而傾向於詭辯之思想。除「吾人身心係由四大和合而成」之主張，此派復認為世間一切之生物、無生物亦皆由「四大」所構成；「四大」可分析至「極微」（即物質之最小單位），而於極微之外，世間即無任何餘物。並進而論定：人雖有精神作用，然所謂精神作用亦不過物質之結合所產生之狀態而已，故人生之目的乃在於追求快樂。此一見解，於佛教所說「斷、常」二邪見中，屬於「常見外道」。

❹逆路伽耶陀：又作「縛摩路伽耶陀」。意譯作「左順世」、「逆世間行」。謂行左道之順世外道，為古代印度外道之一派。順世外道主張最極端的唯物論見解，認為人生之目的乃在享受快樂，故被貶稱為「左順世」。

❺那羅：譯曰「力」、「伎戲」。《法華文句記》九曰：「那羅，此云力。即是捔力戲，亦是設筋力戲也。」

❻旃陀羅：梵語之音譯。又作「旃荼羅」、「栴荼羅」。意譯為「嚴熾」、「暴厲」、「執惡」、「險惡人」、「執暴惡人」、「主殺人」、「治狗人」等。印度社會階級種姓制度中，居於首陀羅階級之下位者，乃最下級之種族，彼等專事獄卒、販賣、屠宰、漁獵等職。根據《摩奴法典》所載，旃陀羅係指以首陀羅為父、婆羅門為母之混血種。

❼悕：即「希」。意念，心願。

❽問訊：敬禮法之一。即向師長、尊上合掌曲躬而請問其起居安否。《大智度論》卷十，載有二種問訊法，若言是否少惱少患，稱為「問訊身」；若言安樂否，稱為「問訊心」。至後世之問訊，僅為合掌低頭。

❾經行：意指在一定的場所中往復迴旋之行走。通常在食後、疲倦時，或坐禪昏沉瞌睡時，即起而經行，為一種調劑身心之安靜散步。據《大比丘三千威儀經》卷上所載，適於經行之地有五，即閒處、戶前、講堂之前、塔下、閣下。另據《四分律》卷五十九所說，時常經行能得五利：㈠能堪遠行，㈡能靜思維，㈢少病，㈣消食，㈤於定中得以久住。

❿不男之人：指五種男根不具之人。略稱「不男」，又作「五種不能男」、「五種不男」、「五種黃門」。依先天及後天等差別，有五種不男。據《十誦律》卷二十一所舉，即：㈠生不能男，又作「生不男」、「生黃門」。即生而不能淫者。㈡半月不能男，又作「半不男」、「半月黃門」。即半月能淫，半月不能者。㈢妒不能男，又作「妒不男」、「妒黃門」。即見他人行淫而起淫心者。㈣精不能男，又作「變不男」、「變黃門」、「抱生黃門」、「觸抱黃門」。即行淫時變失其男根者。㈤病不能男，又作「犍不男」、「犍黃門」、「形殘黃門」。即因朽爛而截去男根者。《俱舍論》卷十五則分「黃門」為「扇搋」、「半擇迦」二類。扇搋即無男根者，有「本性扇搋」、「損壞扇搋」之別。半擇迦為有男根而不具者，分「嫉妒」、「半月」、「灌灑」等三種。其中，本性扇搋相當生不男，損壞扇搋相當病不男，嫉妒半擇迦相當妒不男，半月

半擇迦相當半月不男，灌灑半擇迦相當精不男。

⓫沙彌：全稱「室羅摩拏洛迦」、「室羅末尼羅」。又作「室羅那拏」。意譯「求寂」、「法公」、「息惡」、「息慈」、「勤策」、「勞之少者」。即止惡行慈、覓求圓寂之意。為「五眾」或「七眾」之一。指佛教僧團（即僧伽）中，已受十戒，未受具足戒，年齡在七歲以上、未滿二十歲之出家男子。同此，出家女子稱「沙彌尼」。

「復次，菩薩摩訶薩觀一切法空，如實相，不顛倒、不動、不退、不轉，如虛空，無所有性，一切語言道斷，不生、不出、不起，無名無相，實無所有，無量無邊，無礙無障。但以因緣有，從顛倒生故說❶。常樂觀如是法相❷，是名菩薩摩訶薩第二親近處。」

爾時，世尊欲重宣此義，而說偈言：

若有菩薩，於後惡世，無怖畏心，
欲說是經，應入行處，及親近處。
常離國王，及國王子，大臣官長，
兇險戲者，及旃陀羅，外道梵志。
亦不親近，增上慢人，貪著小乘，三藏學者，

破戒比丘，名字羅漢，及比丘尼，好戲笑者。
深著五欲，求現滅度，諸優婆夷，皆勿親近。
若是人等，以好心來，到菩薩所，為聞佛道，
菩薩則以，無所畏心，不懷悕望，而為說法。
寡女處女，及諸不男，皆勿親近，以為親厚。
亦莫親近，屠兒魁膾，畋獵漁捕，為利殺害，
販肉自活，衒賣女色，如是之人，皆勿親近。
兇險相撲，種種嬉戲，諸淫女等，盡勿親近。
莫獨屏處，為女說法，若說法時，無得戲笑。
入裡乞食，將一比丘，若無比丘，一心念佛。
是則名為，行處近處，以此二處，能安樂說。
又復不行，上中下法，有為無為，實不實法，
亦不分別，是男是女，不得諸法，
不知不見，是則名為，菩薩行處。
一切諸法，空無所有，無有常住，
亦無起滅，是名智者，所親近處。

顛倒分別，諸法有無，是實非實，是生非生。
在於閑處，修攝其心，安住不動，如須彌山，
觀一切法，皆無所有，猶如虛空，無有堅固，
不生不出，不動不退，常住一相，是名近處。
若有比丘，於我滅後，入是行處，
及親近處，說斯經時，無有怯弱。
菩薩有時，入於靜室，以正憶念，隨義觀法。
從禪定起，為諸國王，王子臣民，婆羅門等，
開化演暢，說斯經典，其心安隱，無有怯弱。
文殊師利，是名菩薩，安住初法，
能於後世，說《法華經》。

【譯文】

「其次，大菩薩觀察體悟到一切諸法皆為空幻假有，並且安住於這種境界中，不顛倒妄想，不為外境所動，不退失正法、不受生死輪迴，如同虛空一般，無有執著，一切語言都並非真實的入道，無所謂生，無所謂出，無所謂起，即無名稱，也無外相，一切均非實有，但卻無量無邊，無障無礙。一

切諸法僅是因緣而起的緣起假有之相，因為顛倒妄想而生起諸法，所以才會如此宣說法義。常常樂於觀察這種真實法相，這就是大菩薩的第二種親近之處。」

這時，釋迦牟尼佛為了再次宣說以上法義，即以偈頌說道：

若有菩薩，於後惡世，無怖畏心，
欲說是經，應入行處，及親近處。
常離國王，及國王子，大臣官長，
兇險戲者，及旃陀羅，外道梵志。
亦不親近，增上慢人，貪著小乘，三藏學者，
破戒比丘，名字羅漢，及比丘尼，好戲笑者。
深著五欲，求現滅度，諸優婆夷，皆勿親近。
若是人等，以好心來，到菩薩所，為聞佛道，
菩薩則以，無所畏心，不懷悕望，而為說法。
寡女處女，及諸不男，皆勿親近，以為親厚。
亦莫親近，屠兒魁膾，畋獵漁捕，為利殺害，
販肉自活，衒賣女色，如是之人，皆勿親近。
兇險相撲，種種嬉戲，諸淫女等，盡勿親近。

莫獨屏處，為女說法，若說法時，無得戲笑。
入裡乞食，將一比丘，若無比丘，一心念佛。
是則名為，行處近處，以此二處，能安樂說。
又復不行，上中下法，有為無為，實不實法，
亦不分別，是男是女，不得諸法，
不知不見，是則名為，菩薩行處。
一切諸法，空無所有，無有常住，
亦無起滅，是名智者，所親近處。
顛倒分別，諸法有無，是實非實，是生非生。
在於閒處，修攝其心，安住不動，如須彌山，
觀一切法，皆無所有，猶如虛空，無有堅固，
不生不出，不動不退，常住一相，是名近處。
若有比丘，於我滅後，入是行處，
及親近處，說斯經時，無有怯弱。
菩薩有時，入於靜室，以正憶念，隨義觀法。
從禪定起，為諸國王，王子臣民，婆羅門等，

開化演暢，說斯經典，其心安隱，無有怯弱。

文殊師利，是名菩薩，安住初法，

能於後世，說《法華經》。

【注釋】

❶顛倒：略作「倒」。謂違背常道、正理，如以無常為常，以苦為樂等反於本真事理之妄見。對於顛倒妄見之分類，諸經論所說有異。㈠二顛倒，即：⑴眾生顛倒，眾生不知真理，為煩惱所迷惑。⑵世界顛倒，眾生迷失真性，住妄境界起諸倒見。所說出自《首楞嚴經》卷七、《大明三藏法數》卷八等。㈡三顛倒，又作「三倒」，即：⑴想顛倒，對於對象錯誤之想法。⑵見顛倒，錯誤之見解。⑶心顛倒，具有上述二種顛倒之心之自體即虛妄。㈢四顛倒，又作「四倒」，即：⑴有為之四顛倒，凡夫不知此世（迷界）之真實相，而以無常為常，以苦為樂，以不淨為淨，以無我為我。⑵無為之四顛倒，聲聞、緣覺雖對有為之四顛倒具有正見，然卻誤以為悟境是滅盡之世界，故不知悟界（涅槃）乃常、樂、我、淨者。以上八種妄見合稱「八顛倒」，或「八倒」。㈣七顛倒，指想倒、見倒、心倒、於無常常倒、於苦樂倒、於不淨淨倒、於無我我倒等七者。乃上記「三顛倒」與「四顛倒」之合稱。此外，圓測於《仁王經疏》卷下列舉常、樂、我、淨等四顛倒，及貪、瞋、癡、過去因、未來果、現在因果等六顛倒，合為「十顛倒」。並主張以「四念處

觀」滅除「四顛倒」，以「三善根觀」滅除貪瞋癡等三毒，而以「三世觀」滅除過、現、未三世之執著。又《大集法門經》卷上謂，有為之「四顛倒」，復個別具有想、心、見等「三顛倒」，總為「十二顛倒」。

❷ 法相：㈠指諸法所具本質之相狀（體相），或指其意義內容（義相）。㈡指真如、實相。與「法性」同義。

「又文殊師利，如來滅後，於末法中欲說是經❶，應住安樂行。若口宣說，若讀經時，不樂說人及經典過，亦不輕慢諸餘法師，不說他人好惡長短，於聲聞人亦不稱名說其過惡，亦不稱名讚歎其美，又亦不生怨嫌之心。善修如是安樂心故，諸有聽者不逆其意。有所難問，不以小乘法答，但以大乘而為解說，令得一切種智。」

爾時，世尊欲重宣此義，而說偈言：

菩薩常樂，安隱說法，於清淨地，而施床座，
以油塗身，澡浴塵穢，著新淨衣，
內外俱淨，安處法座，隨問為說。
若有比丘，及比丘尼，諸優婆塞，及優婆夷，

國王王子，群臣士民，以微妙義，和顏為說。
若有難問，隨義而答，因緣譬喻，敷演分別，
以是方便，皆使發心，漸漸增益，入於佛道。
除懶惰意，及懈怠想，離諸憂惱，慈心說法，
晝夜常說，無上道教，以諸因緣，
無量譬喻，開示眾生，咸令歡喜。
衣服臥具，飲食醫藥，而於其中，無所悕望。
但一心念，說法因緣，願成佛道，
令眾亦爾，是則大利，安樂供養。
我滅度後，若有比丘，能演說斯，《妙法華經》，
心無嫉恚，諸惱障礙，亦無憂愁，及罵詈者，
又無怖畏，加刀杖等，亦無擯出，安住忍故。
智者如是，善修其心，能住安樂，如我上說。
其人功德，千萬億劫，算數譬喻，說不能盡。

【譯文】

釋迦牟尼佛又對文殊師利菩薩說：「文殊師利！如來滅度之後，在末法時代中，如果有人要演說這部《法華經》，就應當安住於安樂行的法門。如果用口宣講或讀誦此經時，不要總喜歡傳說他人的過錯或經典的過錯，也不要輕慢其他法師，不要談論他人的好惡長短。對於聲聞小乘之人，也不應直呼其名，訴說他們的過失，也不能說出他們的名字，讚歎他們的好處；同時還不能產生怨恨、嫌棄的心念。如果能妥善地修習這種安樂心性，那麼，一切前來聽法者，就不會對說法者產生違逆之意。如果有所責難質問，也不應以小乘佛法回答他們，而應以大乘法為他們解說，令他們獲得通達一切諸法實相的一切種智。」

這時，釋迦牟尼佛為了再次宣說法義，即以偈頌說道：

菩薩常樂，安隱說法，於清淨地，而施床座，
以油塗身，澡浴塵穢，著新淨衣，
內外俱淨，安處法座，隨問為說。
若有比丘，及比丘尼，諸優婆塞，及優婆夷，
國王王子，群臣士民，以微妙義，和顏為說。
若有難問，隨義而答，因緣譬喻，敷演分別，
以是方便，皆使發心，漸漸增益，入於佛道。

除懶惰意，及懈怠想，離諸憂惱，慈心說法，
晝夜常說，無上道教，以諸因緣，
無量譬喻，開示眾生，咸令歡喜。
衣服臥具，飲食醫藥，而於其中，無所悕望。
但一心念，說法因緣，願成佛道，
令眾亦爾，是則大利，安樂供養。
我滅度後，若有比丘，能演說斯，《妙法華經》，
心無嫉恚，諸惱障礙，亦無憂愁，及罵詈者，
又無怖畏，加刀杖等，亦無擯出，安住忍故。
智者如是，善修其心，能住安樂，如我上說。
其人功德，千萬億劫，算數譬喻，說不能盡。

【注釋】

❶末法：正法絕滅之意。指佛法衰頹之時代。與「末世」、「末代」同義。乃「正、像、末」三時之一。教法住世有正法、像法、末法三期變遷。《大乘法苑義林章》卷六之本以教（教法）、行（修行）、證（證果）之具足或不具足，配於正、像、末三時之說，謂如來滅度後，教法住世，

依教法修行，即能證果，稱為「正法」。雖有教法及修行者，多不能證果，稱為「像法」（像，相似之意）。教法垂世，人雖有秉教，而不能修行證果，稱為「末法」。「末法之世」即稱為「末世」。末法時代佛之正法衰頹而僧風濁亂，其情狀約如《法苑珠林》卷九十八「五濁部」所載：「佛涅槃後當有五亂，一者當來比丘從白衣學法，世之一亂。二者白衣上坐比丘處下，世之二亂。三者比丘說法不行承受，白衣說法以為無上，世之三亂。四者魔家比丘自生現在，於世間以為真道諦，佛法正典自為不明，詐偽為信，世之四亂。五者當來比丘畜養妻子奴僕治生，但共諍訟，不承佛教，世之五亂。」關於三時之時限，諸說不一，有謂佛陀入滅後正法有五百年，像法一千年；或謂正法、像法各一千年之後，方為末法時期，此時期歷經一萬年後，佛法則滅盡；或謂正法一千年，像法、末法各有五千年。然綜觀諸經論之說，大多以末法為一萬年。

「又文殊師利，菩薩摩訶薩於後末世法欲滅時，受持讀誦斯經典者，無懷嫉妒諂誑之心，亦勿輕罵學佛道者求其長短。若比丘、比丘尼、優婆塞、優婆夷，求聲聞者，求辟支佛者，求菩薩道者，無得惱之令其疑悔，語其人言：『汝等去道甚遠，終不能得一切種智。所以者何？汝是放逸之人❶，於道懈怠故❷。』又亦不應戲論諸法有所諍競，當於一切眾生起大悲想，於諸如來起慈父想，於諸菩薩起大師想，於十方諸大菩薩常應深心恭敬禮拜，於一切眾

生平等說法。以順法故不多不少，乃至深愛法者，亦不為多說。

「文殊師利，是菩薩摩訶薩於後末世法欲滅時，有成就是第三安樂行者，說是法時無能惱亂，得好同學共讀誦是經，亦得大眾而來聽受，聽已能持，持已能誦，誦已能說，說已能書，若使人書，供養經卷，恭敬尊重讚歎。」

爾時，世尊欲重宣此義，而說偈言：

若欲說是經，當捨嫉恚慢，
諂誑邪偽心，常修質直行，
不輕蔑於人，亦不戲論法，
不令他疑悔，云汝不得佛。
是佛子說法，常柔和能忍，
慈悲於一切，不生懈怠心。
十方大菩薩，愍眾故行道，
應生恭敬心，是則我大師。
於諸佛世尊，生無上父想，
破於憍慢心，說法無障礙。
第三法如是，智者應守護，

一心安樂行，無量眾所敬。

【譯文】

釋迦牟尼佛又對文殊菩薩說：「另外，文殊師利！大菩薩在未來的末法時期，佛法將在世間消亡時，凡是能受持、讀誦這部經典者，都不應對他懷有嫉妒、諂媚、欺誑之心，也不能輕慢辱罵學習佛法的人，故意發現或訴說他們的長短之處。如果遇到比丘、比丘尼、優婆塞、優婆夷，追求聲聞乘者，追求辟支佛乘者、追求菩薩乘者，都不應擾惱這些人，否則他們心中產生疑慮而生起後悔之心。例如對他們說：『你們這些人距離佛道還差得太遠，永遠也不能獲得無上種智。為什麼這樣說呢？因為你們都是些放縱沉溺的人，修行佛道會產生鬆懈和怠慢。』還有，就是不應視佛法為兒戲而隨意妄論，如果有所爭執，應當對一切眾生生起大悲之心；對於十方如來，要把他們視為自己的慈父；對於諸菩薩，要把他們當作大師；對於十方世界中的一切菩薩，應當常常以摯誠心恭敬、禮拜；對於一切眾生，要為他們無所分別地講說佛法，應當順應法義，根據眾生的根機相機說法，不宜多說也不宜少說，即使遇到深心敬信佛法的人，也不能超過他的要機而講說過多或過深的佛法。

「文殊師利！這些大菩薩在未來世的末法時期，佛法將在世間消亡時，有所要成就所必須依託的第三種安樂之行。如果依此，那麼在講說這部經典法義時，心志就不會煩惱散亂，能夠得到好的同修，能夠一起讀誦這部經典；同時，還能吸引大眾前來聽聞，聽聞後接受，接受後讀誦，讀誦後還能

為他人解說，解說之外還能書寫或讓別人書寫，並且供養經典，並對經典恭敬、尊重、讚頌。」

這時，釋迦牟尼佛為了再次宣說法義，即以偈頌說道：

若欲說是經，當捨嫉恚慢，諂誑邪偽心，常修質直行，
不輕蔑於人，亦不戲論法，不令他疑悔，云汝不得佛。
是佛子說法，常柔和能忍，慈悲於一切，不生懈怠心。
十方大菩薩，愍眾故行道，應生恭敬心，是則我大師。
於諸佛世尊，生無上父想，破於憍慢心，說法無障礙。
第三法如是，智者應守護，一心安樂行，無量眾所敬。

【注釋】

❷放逸：心所（心的作用）之名。略稱「逸」。「俱舍七十五法」之一，「唯識百法」之一。即放縱欲望而不精勤修習諸善之精神狀態。俱舍宗謂放逸係與一切染污心（不善心與有覆無記心）相應而起之心所，係屬大煩惱地法。

❷懈怠：心所之名。「俱舍七十五法」之一，「唯識百法」之一。為「勤」之對稱。即指懶惰之狀態。除意謂不積極修善行之精神作用外，並有積極行惡之涵義。《成唯識論》卷六云：「云何懈怠？於善惡品修斷事中，懶惰為性，能障精進，增染為業。謂懈怠者滋長染，故於諸染事而策勤

者，亦名懈怠。」據《菩薩本行經》卷上載，懈怠為眾行之累，居家而懈怠者，則衣食匱乏，產業不舉；出家而懈怠者，則不能出離生死。俱舍宗視懈怠為遍通於一切污心（不善心與有覆無記心）所起心所（即大煩惱地法）之一；唯識宗則以此為二十隨煩惱之一。二宗俱以懈怠有其別體，為勤（即精進）所對治。

「又文殊師利，菩薩摩訶薩於後末世法欲滅時，有持是《法華經》者，於在家、出家人中生大慈心，於非菩薩人中生大悲心❶，應作是念：『如是之人則為大失，如來方便隨宜說法，不聞不知，不覺不問，不信不解。其人雖不問不信不解是經，我得阿耨多羅三藐三菩提時，隨在何地，以神通力、智慧力，引之令得住是法中。』文殊師利，是菩薩摩訶薩於如來滅後，有成就此第四法者，說是法時無有過失，常為比丘、比丘尼、優婆塞、優婆夷、國王、王子、大臣、人民、婆羅門居士等，供養恭敬，尊重讚歎，虛空諸天為聽法故亦常隨侍。若在聚落、城邑、空閑林中，有人來欲難問者，諸天晝夜常為法故而衛護之，能令聽者皆得歡喜。所以者何？此經是一切過去、未來、現在諸佛神力所護故。文殊師利，是《法華經》於無量國中，乃至名字不可得聞，何況得見受持讀誦？

【譯文】

釋迦牟尼佛又對文殊師利菩薩說：「另外，文殊師利！大菩薩於未來的末法時期，佛法將要在世間消亡之時，如果有奉行受持這部《法華經》的，對於在家弟子和出家弟子，都要生起大慈之心；對於非求菩薩道的眾生，也要生起大悲之心；應該這樣想：『這些未識佛法的眾生，實在是損失慘重，對於如來為眾生所說的方便法門，他們竟然無所聞、無所知、無所覺、無所問、無所信、無所解。這些人雖然對這部經典不問、不信、不解，但如果我能證得無上正等正覺，那麼，無論在什麼地方，我們都要運用神通力和智慧力，引導這些人安住於這樣的無上法門之中。』文殊師利，這就是大菩薩在如來滅度之後，所要成就所依託的第四種安樂之行。如果依此，他們講說此經法義時，就不會產生過失，而且還會常常受到比丘、比丘尼、優婆塞、優婆夷、國王、王子、大臣、民眾、婆羅門居士等的供養與恭敬、尊重和讚頌，虛空中的各位天人，為了聆聽這種妙法，也常會隨行侍奉。如果在村落、城鎮或寂靜的山林中說法，有人前來質疑責難，諸位天人因為護持佛法的緣故，則會晝夜不離地守護在旁邊，並能使前來聽法的人都能生起歡喜之心。為什麼會如此呢？因為這部經典是受到過去、未來、現在三世中一切如來的神力所保護的。文殊師利！這部《法華經》是如此地稀有，甚至在無量國土中，那些眾生連此經的名字都難以聽聞，更何況能夠見到並受持、讀誦此經？

【注釋】

❶大慈、大悲：指佛菩薩濟度一切眾生之大慈悲心而言。即廣大無邊之慈悲。「慈悲」二字，本即含有「攝受眾生，拔苦與樂」之義，佛菩薩住於利他之心，拔除眾生無邊之苦，而予以喜樂。尤以佛更以無緣之大悲心而度化眾生，故「大慈大悲」一般多用於佛及大菩薩之慈悲。又《大智度論》卷二十七以「大慈」為「與一切眾生樂」，以「大悲」為「拔一切眾生苦」。

「文殊師利，譬如強力轉輪聖王，欲以威勢降伏諸國，而諸小王不順其命，時轉輪王起種種兵而往討罰。王見兵眾戰有功者，即大歡喜，隨功賞賜，或與田宅、聚落、城邑，或與衣服嚴身之具，或與種種珍寶，金、銀、琉璃、硨磲、瑪瑙、珊瑚、琥珀，象馬車乘、奴婢人民，唯髻中明珠不以與之。所以者何？獨王頂上有此一珠，若以與之，王諸眷屬必大驚怪。

「文殊師利，如來亦復如是，以禪定智慧力得法國土，王於三界。而諸魔王不肯順伏，如來賢聖諸將與之共戰。其有功者心亦歡喜，於四眾中為說諸經令其心悅，賜以禪定、解脫、無漏根力諸法之財，又復賜與涅槃之城，言得滅度，引導其心令，皆歡喜，而不為說是《法華經》。

「文殊師利，如轉輪王見諸兵眾有大功者心甚歡喜，以此難信之珠久在髻中，不妄與人，而今與之。如來亦復如是，於三界中為大法王，以法教化一切眾生，見賢聖軍與五陰魔❶、煩惱魔❷、死魔共戰有大功勳❸，滅三毒，出三界，破魔網。爾時如來亦大歡喜，此《法華經》能令眾生至一切智，一切世間多怨難信，先所未說而今說之。

「文殊師利，此《法華經》，是諸如來第一之說，於諸說中最為甚深，末後賜與；如彼強力之王，久護明珠今乃與之。文殊師利，此《法華經》，諸佛如來祕密之藏，於諸經中最在其上，長夜守護，不妄宣說。始於今日，乃與汝等而敷演之。」

【譯文】

「文殊師利！譬如擁有強大力量的轉輪聖王，想要以威武之勢降伏其他國家，而各國之王卻不順從他的命令，這時，轉輪聖王就會發動他的軍隊前往討伐。轉輪聖王如果發現軍隊中有立下戰功的人，就會非常歡喜，並且根據其戰功的大小而予以賞賜，有的賜予田園家宅、村莊、城鎮等；有的給予衣服等裝飾之物；有的給予各種珍寶，如金銀、玻璃、硨磲、瑪瑙、珊瑚、琥珀以及象、馬、車乘和奴婢、屬民，但只有自己頭上髮髻中的一顆明珠卻從來不給別人。為什麼呢？因為只有轉輪聖王頭頂上有這樣一顆明珠，如果把它拿來賞賜，轉輪聖王的隨從與眷屬則必然會覺得非常驚異。

「文殊師利，如來也是這樣，他運用禪定和智慧的力量，了達如同諸國土一般的各種法門，成為

統領欲界、色界和無色界等三界的無上法王。但那些魔王並不肯順從臣服，如來集結賢聖將帥與魔王交戰。對於立下戰功的人，如來也會非常歡喜，於是即在比丘、比丘尼、優婆塞、優婆夷等四眾弟子當中，講說各種經典法義，使他們內心感到喜悅，並由此讓他們得到禪定之法、解脫之法、斷盡煩惱的無漏力等各種如財富一般的佛法；又再賜予他們涅槃之城，告訴他們可證得滅度解脫；引導他們的心念，讓他們獲得極大的歡喜，但是，如來卻並非為他們講說這部《法華經》。

「文殊師利！這就如同轉輪聖王，看見士兵立下大功勳，心中無比歡喜，但卻把那顆難以置信的珍貴明珠，久藏於自己的髮髻之中，從不輕易地贈予他人；而今日，把這顆稀有明珠取出賞賜給兵眾。如來也是這樣，他是欲界、色界、無色界等三界之中的無上法王，以佛法教化三界之內的一切眾生，看見統率的賢聖之軍與色、受、想、行、識等五蘊之魔交戰，與煩惱魔交戰，與死亡魔交戰，取得了很大的功勳，消滅了貪欲、瞋怒、愚癡等三毒，從欲界、色界、無色界等三界生死輪迴中出離，破除了魔王的羅網。這時，如來也會極為歡喜。這部《法華經》，能夠使眾生獲得通達一切的一切種智，但也是令世人因根機不足而抱怨難以信奉的經典。如來先前從未說過，現在方為眾生演說這部經典。

「文殊師利！這部《法華經》是所有如來的第一說法，是所有佛法中最深奧微妙的，所以，直到最後才賜予眾生；就像那位力量強大的轉輪聖王，長久守護著自己的明珠，到了最後才賜予士兵一樣。文殊師利！這部《法華經》是所有如來的秘密寶藏，在所有的佛經中，是居於首位的。如來在漫

長歲月中，於此經都仔細小心地守護，從不輕易宣說，直到今天，才向你們演講此經。」

【注釋】

❶ 五陰魔：又稱「五蘊魔」，為「四魔」之一。五陰係指色、受、想、行、識，因此五者與煩惱都能迷惑眾生，故稱為「魔」。

❷ 煩惱魔：為「四魔」之一。煩惱能惱亂身心，障礙菩提，故名為魔。

❸ 死魔：為「四魔」之一。斷人生命而致死歿者，稱為死魔。

爾時，世尊欲重宣此義，而說偈言：

常行忍辱，哀愍一切，乃能演說，佛所讚經。
後末世時，持此經者，於家出家，及非菩薩，
應生慈悲，斯等不聞，不信是經，則為大失。
我得佛道，以諸方便，為說此法，令住其中。
譬如強力，轉輪之王，兵戰有功，賞賜諸物，
象馬車乘，嚴身之具，及諸田宅，聚落城邑，

或與衣服，種種珍寶，奴婢財物，歡喜賜與。
如有勇健，能為難事，王解髻中，明珠賜之。
如來亦爾，為諸法王，忍辱大力，智慧寶藏，
以大慈悲，如法化世，見一切人，受諸苦惱，
欲求解脫，與諸魔戰，為是眾生，
說種種法，以大方便，說此諸經。
既知眾生，得其力已，末後乃為，
說是《法華》，如王解髻，明珠與之。
此經為尊，眾經中上，我常守護，
不妄開示，今正是時，為汝等說。
我滅度後，求佛道者，欲得安隱，
演說斯經，應當親近，如是四法。
讀是經者，常無憂惱，又無病痛，顏色鮮白，
不生貧窮，卑賤醜陋，眾生樂見，如慕賢聖，
天諸童子，以為給使，刀杖不加，毒不能害，
若人惡罵，口則閉塞，遊行無畏，

如師子王，智慧光明，如日之照。
若於夢中，但見妙事，見諸如來，
坐師子座，諸比丘眾，圍繞說法。
又見龍神，阿修羅等，數如恆沙，
恭敬合掌，自見其身，而為說法。
又見諸佛，身相金色，放無量光，
照於一切，以梵音聲，演說諸法。
佛為四眾，說無上法，見身處中，合掌讚佛，
聞法歡喜，而為供養，得陀羅尼，證不退智。
佛知其心，深入佛道，即為授記，成最正覺：
汝善男子，當於來世，得無量智，佛之大道，
國土嚴淨，廣大無比，亦有四眾，合掌聽法。
又見自身，在山林中，修習善法，
證諸實相，深入禪定，見十方佛。
諸佛身金色，百福相莊嚴，
聞法為人說，常有是好夢。

又夢作國王，捨宮殿眷屬，
及上妙五欲，行詣於道場，
在菩提樹下，而處師子座，
求道過七日，得諸佛之智，
成無上道已，起而轉法輪，
為四眾說法，經千萬億劫，
說無漏妙法，度無量眾生，
後當入涅槃，如煙盡燈滅。
若後惡世中，說是第一法，
是人得大利，如上諸功德。

【譯文】

此時，釋迦牟尼佛為了重新宣說法義，即以偈頌言道：

常行忍辱，哀愍一切，乃能演說，佛所讚經。
後末世時，持此經者，於家出家，及非菩薩，
應生慈悲，斯等不聞，不信是經，則為大失。

我得佛道，以諸方便，為說此法，令住其中。
譬如強力，轉輪之王，兵戰有功，賞賜諸物，
象馬車乘，嚴身之具，及諸田宅，聚落城邑，
或與衣服，種種珍寶，奴婢財物，歡喜賜與。
如有勇健，能為難事，王解髻中，明珠賜之。
如來亦爾，為諸法王，忍辱大力，智慧寶藏，
以大慈悲，如法化世，見一切人，受諸苦惱，
欲求解脫，與諸魔戰，為是眾生，
說種種法，以大方便，說此諸經。
既知眾生，得其力已，末後乃為，
說是《法華》，如王解髻，明珠與之。
此經為尊，眾經中上，我常守護，
不妄開示，今正是時，為汝等說。
我滅度後，求佛道者，欲得安隱，
演說斯經，應當親近，如是四法。
讀是經者，常無憂惱，又無病痛，顏色鮮白，

不生貧窮，卑賤醜陋，眾生樂見，如慕賢聖，
天諸童子，以為給使，刀杖不加，毒不能害，
若人惡罵，口則閉塞，遊行無畏，
如師子王，智慧光明，如日之照。
若於夢中，但見妙事，見諸如來，
坐師子座，諸比丘眾，圍繞說法。
又見龍神，阿修羅等，數如恆沙，
恭敬合掌，自見其身，而為說法。
又見諸佛，身相金色，放無量光，
照於一切，以梵音聲，演說諸法。
佛為四眾，說無上法，見身處中，合掌讚佛，
聞法歡喜，而為供養，得陀羅尼，證不退智。
佛知其心，深入佛道，即為授記，成最正覺：
汝善男子，當於來世，得無量智，佛之大道，
國土嚴淨，廣大無比，亦有四眾，合掌聽法。
又見自身，在山林中，修習善法，

證諸實相，深入禪定，見十方佛。
諸佛身金色，百福相莊嚴，
聞法為人說，常有是好夢。
又夢作國王，捨宮殿眷屬，
及上妙五欲，行詣於道場，
在菩提樹下，而處師子座，
求道過七日，得諸佛之智，
成無上道已，起而轉法輪，
為四眾說法，經千萬億劫，
說無漏妙法，度無量眾生，
後當入涅槃，如煙盡燈滅。
若後惡世中，說是第一法，
是人得大利，如上諸功德。

從地涌出品第十五

他方國土諸大菩薩發願，欲於此土護持《法華經》。世尊則宣示此娑婆世界已有眾多菩薩和眷屬護持演說此經。即時從地湧出眾多菩薩，向多寶如來及釋迦如來禮敬；世尊言此菩薩眾皆是佛陀於娑婆世界所度化而發心者。彌勒及眾遂起疑問，如來成道四十餘年，何能於此少時教化無量大眾，乃祈請世尊解眾所疑。

按智者大師之科判，本品前半（至「已問斯事」句前）為「本門」之序分，後半（自「阿逸多」句下）為「本門」的流通分始。

爾時，他方國土諸來菩薩摩訶薩，過八恆河沙數，於大眾中起立，合掌作禮，而白佛

言：「世尊！若聽我等於佛滅後，在此娑婆世界，勤加精進、護持、讀誦、書寫、供養是經典者，當於此土而廣說之。」

爾時，佛告諸菩薩摩訶薩眾：「止！善男子，不須汝等護持此經。所以者何？我娑婆世界，自有六萬恆河沙等菩薩摩訶薩，一一菩薩各有六萬恆河沙眷屬，是諸人等能於我滅後，護持讀誦，廣說此經。」

佛說是時，娑婆世界三千大千國土地皆震裂，而於其中有無量千萬億菩薩摩訶薩同時涌出。是諸菩薩，身皆金色，三十二相，無量光明。先盡在此娑婆世界之下，此界虛空中住。是諸菩薩，聞釋迦牟尼佛所說音聲，從下發來。一一菩薩皆是大眾唱導之首，各將六萬恆河沙眷屬，況將五萬、四萬、三萬、二萬、一萬恆河沙等眷屬者，況復乃至一恆河沙、半恆河沙、四分之一乃至千萬億那由他分之一，況復千萬億那由他眷屬，況復億萬眷屬，況復千萬、百萬乃至一萬，況復一千、一百乃至一十，況復將五四三二一弟子者，況復單己樂遠離行。如是等比，無量無邊算數譬喻所不能知。

是諸菩薩從地出已，各詣虛空七寶妙塔多寶如來、釋迦牟尼佛所。到已，向二世尊頭面禮足，及至諸寶樹下師子座上佛所，亦皆作禮，右繞三匝，合掌恭敬，以諸菩薩種種讚法而以讚歎，住在一面，欣樂瞻仰於二世尊。是諸菩薩摩訶薩從初涌出，以諸菩薩種種讚法而讚於佛，如是時間經五十小劫。是時釋迦牟尼佛默然而坐，及諸四眾亦皆默然五十小劫。佛神

力故，令諸大眾謂如半日。

爾時，四眾亦以佛神力故，見諸菩薩遍滿無量百千萬億國土虛空。是菩薩眾中有四導師，一名上行，二名無邊行，三名淨行，四名安立行。是四菩薩於其眾中，最為上首唱導之師。在大眾前各共合掌，觀釋迦牟尼佛，而問訊言：「世尊，少病少惱安樂行不？所應度者受教易不？不令世尊生疲勞耶？」

爾時，四大菩薩而說偈言：

世尊安樂，少病少惱，教化眾生，得無疲倦？

又諸眾生，受化易不？不令世尊，生疲勞耶？

爾時，世尊於菩薩大眾中，而作是言：「如是，如是，諸善男子，如來安樂，少病少惱；諸眾生等易可化度，無有疲勞。所以者何？是諸眾生，世世已來，常受我化，亦於過去諸佛供養尊重，種諸善根。此諸眾生，始見我身，聞我所說，即皆信受入如來慧，除先修習學小乘者。如是之人，我今亦令得聞是經，入於佛慧。」

爾時，諸大菩薩而說偈言：

善哉善哉，大雄世尊，諸眾生等，易可化度。

能問諸佛，甚深智慧，聞已信行，我等隨喜。

於時，世尊讚歎上首諸大菩薩：「善哉！善哉！善男子，汝等能於如來發隨喜心。」

爾時，彌勒菩薩及八千恆河沙諸菩薩眾，皆作是念：「我等從昔已來，不見不聞如是大菩薩摩訶薩眾，從地涌出，住世尊前，合掌供養，問訊如來。」

時彌勒菩薩摩訶薩，知八千恆河沙諸菩薩等心之所念，并欲自決所疑，合掌向佛，以偈問曰：

無量千萬億，大眾諸菩薩，
昔所未曾見，願兩足尊說。
是從何所來？以何因緣集？
巨身大神通，智慧叵思議，
其志念堅固，有大忍辱力，
眾生所樂見，為從何所來？
一一諸菩薩，所將諸眷屬，
其數無有量，如恆河沙等。
或有大菩薩，將六萬恆沙，
如是諸大眾，一心求佛道。
是諸大師等，六萬恆河沙，
俱來供養佛，及護持是經。

將五萬恆沙，其數過於是，
四萬及三萬，二萬至一萬，
一千一百等，乃至一恆沙，
半及三四分，億萬分之一，
千萬那由他，萬億諸弟子，
乃至於半億，其數復過上。
百萬至一萬，一千及一百，
五十與一十，乃至三二一，
單己無眷屬，樂於獨處者，
俱來至佛所，其數轉過上。
如是諸大眾，若人行籌數，
過於恆沙劫，猶不能盡知。
是諸大威德，精進菩薩眾，
誰為其說法，教化而成就？
從誰初發心？稱揚何佛法？
受持行誰經？修習何佛道？

如是諸菩薩，神通大智力，
四方地震裂，皆從中涌出。
世尊我昔來，未曾見是事，
願說其所從，國土之名號。
我常遊諸國，未曾見是眾，
我於此眾中，乃不識一人，
忽然從地出，願說其因緣。
今此之大會，無量百千億，
是諸菩薩等，皆欲知此事。
是諸菩薩眾，本末之因緣，
無量德世尊，唯願決眾疑。

爾時，釋迦牟尼分身諸佛，從無量千萬億他方國土來者，在於八方諸寶樹下，師子座上結跏趺坐。其佛侍者，各各見是菩薩大眾，於三千大千世界四方，從地涌出，住於虛空，各白其佛言：「世尊，此諸無量無邊阿僧祇菩薩大眾，從何所來？」爾時，諸佛各告侍者：「諸善男子，且待須臾。有菩薩摩訶薩，名曰彌勒，釋迦牟尼佛之所授記，次後作佛，已問斯事，佛今答之。汝等自當因是得聞。」

【譯文】

這時，從其他國土來到法會上的大菩薩們，其數量已超過八條恆河的沙粒總數，他們從大眾中站立起來，合掌禮拜，對佛言道：「世尊！請允許我們在您滅度之後，在這個娑婆世界勤奮修行，勤奮精進地護持、讀誦、書寫、供養這部經典，並在此國土中廣泛演說此經法義。」

這時，佛告訴諸大菩薩說：「先不必如此說！各位善男子，無需你們來護持這部經典。為什麼這樣說呢？因為在我教化的娑婆世界中，已經有六萬恆河沙數之多大菩薩眾，每一位菩薩又各有六萬恆河沙數之多的眷屬，這些大眾能在我滅度之後，護持、讀誦、廣泛演說這部經典。」

釋迦牟尼佛說此言時，娑婆世界三千大千國土的大地全都震動裂開，並從裂縫中，有無量千萬億的大菩薩，於一時間湧現出來。這些菩薩，身體均現金色，具足三十二種殊妙之相，身放無量光明。他們原先都在此娑婆世界的下邊，下方世界的虛空之中安住。這些菩薩聽到釋迦牟尼佛言說的音聲，便從下面一齊湧出。每一位菩薩都是教化眾生的導師，各自率領六萬恆河沙之多的眷屬，有的率領五萬、四萬、三萬、二萬或一萬恆河沙數之多的眷屬，還有的菩薩率領了一恆河沙數那麼多的眷屬，或者半恆河沙數、四分之一恆河沙數、直至千萬億那由他分之一之多的眷屬，更何況還有一些菩薩率領千萬億那由他眾的眷屬，還有率領億萬眷屬；乃至更有率領千萬、百萬，甚至一萬的眷屬，更有一些菩薩則帶領了一千、一百，甚至十位眷屬，又有菩薩帶領五位、四位、三位、二位或一位弟子，也有一些單身獨行、樂於遠離大眾的菩薩。如此無量無邊難以算數，難以以各種譬喻窮盡的菩薩眾皆一時

出現。

這些菩薩從地下湧出後，都到虛空中的七寶塔處，即多寶如來和釋迦牟尼佛的所在之處。抵達之後，他們即向兩位如來頂禮膜拜，又到從十方而來的菩提寶樹下的獅子座前，向安坐在上面的諸佛一一作禮，右向繞佛三周，合掌恭敬，用菩薩的各種讚歎之辭讚頌如來，然後退立一旁，歡喜欣悅地凝視著多寶如來和釋迦牟尼佛兩位如來。這些大菩薩從開始由地下湧出，到以種種菩薩的讚歎之法讚頌諸如來，其間所經歷時間，達五十小劫。這時，釋迦牟尼佛默然而坐；其他的四眾弟子也都默然而坐五十小劫。由於釋迦牟尼佛神力的加持，五十小劫的時間，在四眾弟子的感覺裡，也僅相當於半天的時間。

與此同時，四眾弟子也依仗於釋迦牟尼佛的神力，看到諸菩薩遍布無量百千萬億國土的虛空之中。在所有菩薩眾當中，有四位導師：第一位名叫上行，第二位名叫無邊行，第三位名叫淨行，第四位名叫安立行。這四位菩薩在那些大眾中，是最為上首的菩薩，是化導眾生的導師。他們在大眾面前，一起合掌致禮，凝望著釋迦牟尼佛，向佛問候說：「世尊啊，您沒有病痛，沒有煩惱吧？您身心安穩快樂吧？所應該受到度化的眾生都易於接受您的教法吧？他們沒有使世尊感到疲勞吧？」

接著，四大菩薩又以偈頌問候道：

世尊安樂，少病少惱，教化眾生，得無疲倦？

又諸眾生，受化易不？不令世尊，生疲勞耶？

這時，釋迦牟尼佛在諸位菩薩大眾中如此說道：「確實如此！確實如此！各位善男子，如來非常安樂，少病少憂，所有眾生也很易於教化，所以我並不感覺疲勞。為什麼這樣說呢？因為所有這些眾生，在生生世世中，時常接受我的教化，他們也在過去的諸佛面前恭敬尊重諸佛，種下了眾多善根。所以，這些眾生開始見到我的身相，聽到我的說法，便立即信從接受，入於如來的無上智慧，除了那些原先修習小乘的眾生。不過，對於這些眾生，我現在也要讓他們聽聞到這部經典，令他們最終證入與如來無二一般的無上智慧。」

這時，諸大菩薩又以偈頌說道：

善哉善哉，大雄世尊，諸眾生等，易可化度。

能問諸佛，甚深智慧，聞已信行，我等隨喜。

當此之時，釋迦牟尼佛讚揚這幾位大菩薩說：「善哉！善哉！各位善男子，你們能對如來的功德生起隨喜之心，真是難得！」

這時，彌勒菩薩和八千恆河沙數之多的菩薩眾，都產生這樣的念頭：「我們從往昔以來，從來沒有見到，也沒有聽說過如此眾多的大菩薩眾從地下湧出，並一齊在世尊面前，合掌致禮，恭敬供養，向如來致以問候。」

這時，彌勒菩薩，已經了知八千恆河沙數之眾的菩薩所想，並且也想解決自己的疑問，因此，彌勒菩薩即合掌向佛致禮，並以偈頌問言：

無量千萬億，大眾諸菩薩，昔所未曾見，願兩足尊說。
是從何所來？以何因緣集？
巨身大神通，智慧叵思議，其志念堅固，
有大忍辱力，眾生所樂見，為從何所來？
一一諸菩薩，所將諸眷屬，其數無有量，如恆河沙等。
或有大菩薩，將六萬恆沙，如是諸大眾，一心求佛道。
是諸大師等，六萬恆河沙，俱來供養佛，及護持是經。
將五萬恆沙，其數過於是，四萬及三萬，二萬至一萬，
一千一百等，乃至一恆沙，半及三四分，億萬分之一，
千萬那由他，萬億諸弟子，乃至於半億，其數復過上。
百萬至一萬，一千及一百，五十與一十，乃至三二一，
單己無眷屬，樂於獨處者，俱來至佛所，其數轉過上。
如是諸大眾，若人行籌數，過於恆沙劫，猶不能盡知。
是諸大威德，精進菩薩眾，誰為其說法，教化而成就？
從誰初發心？稱揚何佛法？受持行誰經？修習何佛道？
如是諸菩薩，神通大智力，四方地震裂，皆從中涌出。

世尊我昔來，未曾見是事，願說其所從，國土之名號。
我常遊諸國，未曾見是眾，我於此眾中，
乃不識一人，忽然從地出，願說其因緣。
今此之大會，無量百千億，是諸菩薩等，皆欲知此事。
是諸菩薩眾，本末之因緣，無量德世尊，唯願決眾疑。

這時，釋迦牟尼佛各種化身示現的諸佛，從無量千萬億的他方國土中來到法會，並在遍布八方的各種寶樹下的獅子座上，結跏趺坐。這些佛的侍者，也都見到了上述菩薩大眾，於三千大千世界的四方地下湧出，並安住於虛空，於是，他們各自對其所侍奉的佛說：「世尊，這些無量無邊阿僧祇的菩薩大眾，究竟從哪裡來？」這時，諸化身示現的如來各自告訴他們的侍者說：「各位善男子，請暫且稍等片刻，有位大菩薩，名叫彌勒，是釋迦牟尼佛為他授記，將在他之後成就佛果。他已提出了這個問題，釋迦牟尼佛現在就要答覆他，你們就可以親自聽到佛陀的解釋。」

爾時，釋迦牟尼佛告彌勒菩薩：「善哉！善哉！阿逸多，乃能問佛如是大事。汝等當共一心，被精進鎧，發堅固意。如來今欲顯發宣示諸佛智慧，諸佛自在神通之力，諸佛師子奮迅之力，諸佛威猛大勢之力。」

爾時，世尊欲重宣此義，而說偈言：

當精進一心，我欲說此事，
勿得有疑悔，佛智叵思議。
汝今出信力，住於忍善中，
昔所未聞法，今皆當得聞。
我今安慰汝，勿得懷疑懼，
佛無不實語，智慧不可量，
所得第一法，甚深叵分別，
如是今當說，汝等一心聽。

爾時，世尊說此偈已，告彌勒菩薩：「我今於此大眾，宣告汝等。阿逸多！是諸大菩薩摩訶薩，無量無數阿僧祇從地涌出，汝等昔所未見者。我於是娑婆世界得阿耨多羅三藐三菩提已，教化示導是諸菩薩，調伏其心，令發道意。此諸菩薩，皆於是娑婆世界之下，此界虛空中住，於諸經典讀誦通利，思惟分別，正憶念。阿逸多！是諸善男子等，不樂在眾多有所說，常樂靜處，勤行精進，未曾休息；亦不依止人天而住，常樂深智無有障礙，亦常樂於諸佛之法，一心精進求無上慧。」

爾時，世尊欲重宣此義，而說偈言：

阿逸汝當知，是諸大菩薩，
從無數劫來，修習佛智慧，
悉是我所化，令發大道心。
此等是我子，依止是世界，
常行頭陀事，志樂於靜處，
捨大眾憒鬧，不樂多所說。
如是諸子等，學習我道法，
晝夜常精進，為求佛道故。
在娑婆世界，下方空中住，
志念力堅固，常勤求智慧，
說種種妙法，其心無所畏。
我於伽耶城，菩提樹下坐，
得成最正覺，轉無上法輪，
爾乃教化之，令初發道心，
今皆住不退，悉當得成佛。
我今說實語，汝等一心信，

我從久遠來，教化是等眾。

爾時，彌勒菩薩摩訶薩及無數諸菩薩等，心生疑惑，怪未曾有，而作是念：「云何世尊於少時間，教化如是無量無邊阿僧祇諸大菩薩，令住阿耨多羅三藐三菩提？」即白佛言：「世尊，如來為太子時，出於釋宮去伽耶城不遠❶，坐於道場，得成阿耨多羅三藐三菩提。從是已來始過四十餘年。世尊，云何於此少時大作佛事，以佛勢力，以佛功德，教化如是無量大菩薩眾當成阿耨多羅三藐三菩提？世尊，此大菩薩眾，假使有人於千萬億劫數不能盡，不得其邊。斯等久遠已來，於無量無邊諸佛所植諸善根，成就菩薩道，常修梵行。世尊，如此之事，世所難信。

「譬如有人，色美髮黑，年二十五，指百歲人，言是我子，其百歲人亦指年少，言是我父，生育我等，是事難信。佛亦如是，得道已來其實未久，而此大眾諸菩薩等，已於無量千萬億劫，為佛道故勤行精進，善入出住無量百千萬億三昧，得大神通，久修梵行，善能次第習諸善法，巧於問答。人中之寶，一切世間甚為希有。

「今日世尊方云得佛道時，初令發心，教化示導，令向阿耨多羅三藐三菩提。世尊得佛未久，乃能作此大功德事。我等雖復信佛隨宜所說，佛所出言未曾虛妄，佛所知者皆悉通達。然諸新發意菩薩，於佛滅後，若聞是語或不信受，而起破法罪業因緣。唯然世尊，願為解說除我等疑，及未來世諸善男子，聞此事已亦不生疑。」

爾時，彌勒菩薩欲重宣此義，而說偈言：

佛昔從釋種❷，出家近伽耶，
坐於菩提樹，爾來尚未久。
此諸佛子等，其數不可量，
久已行佛道，住於神通力，
善學菩薩道，不染世間法❸，
如蓮華在水，從地而涌出，
皆起恭敬心，住於世尊前。
是事難思議，云何而可信？
佛得道甚近，所成就甚多，
願為除眾疑，如實分別說。
譬如少壯人，年始二十五，
示人百歲子，髮白而面皺，
是等我所生，子亦說是父，
父少而子老，舉世所不信。
世尊亦如是，得道來甚近，

是諸菩薩等，志固無怯弱，
從無量劫來，而行菩薩道，
巧於難問答，其心無所畏，
忍辱心決定，端正有威德，
十方佛所讚，善能分別說，
不樂在人眾，常好在禪定，
為求佛道故，於下空中住。
我等從佛聞，於此事無疑，
願佛為未來，演說令開解。
若有於此經，生疑不信者，
即當墮惡道，願今為解說，
是無量菩薩，云何於少時，
教化令發心，而住不退地❹？

【譯文】

此時，釋迦牟尼佛告訴彌勒菩薩說：「善哉！善哉！阿逸多，你能向佛請問這樣大的問題。你們

應當共同一心，披上精進的鎧甲，發起堅固的意志。如來今天要顯示宣說諸佛的無上智慧，以及諸佛的自在神通之力，諸佛的獅子奮迅之力，還有諸佛的威猛大勢之力。」

這時，釋迦牟尼佛想再次宣說此義，即以偈頌說道：

當精進一心，我欲說此事，勿得有疑悔，佛智叵思議。
汝今出信力，住於忍善中，昔所未聞法，今皆當得聞。
我今安慰汝，勿得懷疑懼，佛無不實語，智慧不可量，
所得第一法，甚深叵分別，如是今當說，汝等一心聽。

釋迦牟尼佛說完如上偈語之後，告訴彌勒菩薩說：「我在這裡向你們這些參加法會的大眾宣告。阿逸多！這些無量無數阿僧祇之眾的大菩薩，從地下一齊湧出，你們在往昔的時候從未曾見到過。我在此娑婆世界證得無上正等正覺後，教化、開導這些菩薩調伏他們的心性，使他們發下志求無上智慧的誓願。這些菩薩都在娑婆世界下方的虛空中安住，他們對於一切佛經，或讀或誦，非常流利，並且認真地思維法義，有著正確的憶念。阿逸多！這些善男子們不喜歡在大眾喧囂的地方多說，常常樂於在清幽寂靜的地方精進修行，一刻也未曾止息；他們也不依託於天上或人間而安住，他們常常喜歡深奧的智慧，沒有任何障礙，也常常樂於修習諸佛之法門，他們一心精進地修習，志在證得無上的佛慧。」

這時，釋迦牟尼佛想再次宣說此義，即以偈頌說道：

阿逸汝當知，是諸大菩薩，從無數劫來，
修習佛智慧，悉是我所化，令發大道心。
此等是我子，依止是世界，常行頭陀事，
志樂於靜處，捨大眾憒鬧，不樂多所說。
如是諸子等，學習我道法，晝夜常精進，為求佛道故。
在娑婆世界，下方空中住，志念力堅固，
常勤求智慧，說種種妙法，其心無所畏。
我於伽耶城，菩提樹下坐，得成最正覺，轉無上法輪，
爾乃教化之，令初發道心，今皆住不退，悉當得成佛。
我今說實語，汝等一心信，我從久遠來，教化是等眾。

這時，彌勒菩薩和無數菩薩眾，又在內心生起疑惑，覺得從未聽說過此事而感到奇怪，而產生這樣的念頭：「為什麼世尊能在如此短的時間內，教化無量無數阿僧祇之眾的菩薩，並令他們皆證得無上正等正覺？」於是，彌勒菩薩又對佛說：「世尊，如來往昔作為迦毘羅衛國淨飯王的太子時，離開釋姓的王宮，在距離伽耶城不遠的地方，坐在菩提樹下的道場中，證得了無上正等正覺。從那時以來，到現在只不過四十多年。世尊，您怎麼能在如此短的時間裡，大作佛事，運用佛的勢力、佛的功德，教化如此無量無數的大菩薩眾，並使他們在將來也證成無上正等正覺呢？世尊，這些菩薩的數量

是如此眾多，即使有人在千萬億劫中計數，也無法窮盡。這些菩薩從很久以來，在無量無數的諸佛世界中，種下了許多善根，成就菩薩道，常修清淨梵行。世尊，這樣的事情，世人難以置信。

「譬如有人，他的面貌姣好，頭髮烏黑，年紀僅有二十五歲，指著一位年已百歲的老人說這是他的兒子；那位百歲老人也指著這位年輕人說這是我的父親，是他生養了我，這樣的事情，實在是令人難以置信。佛也是這樣，自從證成佛果以來，其實時間並不太長，但這些菩薩大眾已在無量千萬億劫中，為了志求佛道而精勤修行，他們善於在無量百千萬億的定境隨意出入，他們有巨大的神通，長期修習清淨梵行，善於依次修習各種善法，又善於巧妙地回答疑問。他們是人之中最為尊貴的，在一切世界中都是極其稀有的。

「今天，世尊卻說您在證成佛果之後，才使他們開始發菩提心，教化示導，令他們趨向於無上正等正覺。世尊證得佛果的時間並不算久，竟能完成具有如此巨大功德的事情。我們雖然相信世尊根據眾生的根機相宜說法，而且佛陀所說的話從來都是真實不虛的，佛所知曉的事情也是通達無誤的。但是對於那些初發菩提心的菩薩，在佛滅度之後，若是聽到這種說法，也許會有人不相信，不接受，從而產生破壞佛法罪業的因緣。正因為如此，世尊！懇請您為我們解釋，消除我們的疑惑，並且能讓未來世的諸善男子在聽聞此事後也不會產生疑惑。」

這時，彌勒菩薩為了想再次宣說此義，即以偈頌說道：

佛昔從釋種，出家近伽耶，坐於菩提樹，爾來尚未久。

此諸佛子等，其數不可量，久已行佛道，住於神通力，
善學菩薩道，不染世間法，如蓮華在水，
從地而涌出，皆起恭敬心，住於世尊前。
是事難思議，云何而可信？
佛得道甚近，所成就甚多，願為除眾疑，如實分別說。
譬如少壯人，年始二十五，示人百歲子，髮白而面皺，
是等我所生，子亦說是父，父少而子老，舉世所不信。
世尊亦如是，得道來甚近，是諸菩薩等，志固無怯弱，
從無量劫來，而行菩薩道，巧於難問答，其心無所畏，
忍辱心決定，端正有威德，十方佛所讚，善能分別說，
不樂在人眾，常好在禪定，為求佛道故，於下空中住。
我等從佛聞，於此事無疑，願佛為未來，演說令開解。
若有於此經，生疑不信者，即當墮惡道，願今為解說，
是無量菩薩，云何於少時，教化令發心，而住不退地？

【注釋】

❶伽耶城：古代中印度摩揭陀國（又作「摩竭陀國」）的都城，即今孟加拉巴特那市（Patna）西南九十六公里處的伽耶市。為與佛陀伽耶區別，又稱「婆羅門伽耶」。其附近頗多佛教遺跡，東面有尼連禪河，西南有伽耶山（象頭山），南面有佛陀成道處佛陀伽耶。北面山丘上留存有古代佛教遺跡的巖窟，內有阿育王時代的刻銘。

❷釋種：釋迦種族之意。釋，乃「釋迦」之略稱，意譯作「能仁」、「能」、「直」，為淨飯王家之本姓，屬剎帝利種，在印度為貴族，古來備受尊重，後世轉稱佛弟子為「釋種」。

❸世間法：指自惑業因緣所生之三界有情、非情等一切法，此等諸法皆為有漏無常。「四諦」中之「苦」、「集」二諦屬世間法。一切世間法中，以利、衰、毀、譽、稱、譏、苦、樂八者，特稱為「八世間法」，又稱「八風」。

❹不退地：不退之位地。不退，音譯「阿鞞跋致」，謂不退墮於惡趣及二乘地，且所得之證法不退失。「不退」有三種、四種之別，其位次雖依諸宗而異，然一般皆指菩薩初地以上之位，即「三不退」中之「行不退」，「四不退」中之「證不退」。

如來壽量品第十六

本品與前一品的內容緊密相連。佛應彌勒三請，而說如來已於久遠劫前早已成佛，但為方便教化眾生，令入佛道，而示現滅度。佛陀常在此娑婆世界說法教化，亦於他方無量無邊國土教化利導眾生。如來壽命亦不可計數。

本品中出現了「法華七喻」中的第七喻——醫師救子喻。世尊宣說此譬喻以再次明示如來「開權顯實」之教。此喻的內容為：一位良醫因事至他國。其諸子誤服毒藥，良醫還國則取好藥以救諸子。諸子有尚未失心智者，服之而癒；而有些喪失心智者，則不敢服藥；其父則以權宜之計，更往他國，並託人帶言給諸子言已死於他國。諸子聞之，於悲痛之餘，乃醒悟而服好藥，毒除得以痊癒。父則又歸來與諸子相見。此中以「醫師」喻「如來」；以「諸子」喻「三乘人」；以「好藥」喻「一佛乘」，宣示「會三歸一」之理。

此品所宣示的如來法身常住不滅的觀念是值得注意的。

爾時，佛告諸菩薩及一切大眾：「諸善男子，汝等當信解如來誠諦之語。」復告大眾：「汝等當信解如來誠諦之語。」又復告諸大眾：「汝等當信解如來誠諦之語。」是時菩薩大眾，彌勒為首，合掌白佛言：「世尊，唯願說之，我等當信受佛語。」如是三白已，復言：「唯願說之，我等當信受佛語。」

爾時，世尊知諸菩薩三請不止，而告之言：「汝等諦聽，如來祕密神通之力，一切世間天、人及阿修羅，皆謂今釋迦牟尼佛出釋氏宮，去伽耶城不遠坐於道場，得阿耨多羅三藐三菩提。然善男子，我實成佛已來，無量無邊百千萬億那由他劫。譬如五百千萬億那由他阿僧祇三千大千世界，假使有人抹為微塵，過於東方五百千萬億那由他阿僧祇國，乃下一塵，如是東行盡是微塵。諸善男子，於意云何？是諸世界，可得思惟校計，知其數不？」

彌勒菩薩等俱白佛言：「世尊！是諸世界無量無邊，非算數所知，亦非心力所及。一切聲聞、辟支佛以無漏智，不能思惟知其限數。我等住阿惟越致地，於是事中亦所不達。世尊，如是諸世界無量無邊。」

爾時，佛告大菩薩眾：「諸善男子！今當分明宣語汝等，是諸世界，若著微塵及不著

者，盡以為塵，一塵一劫，我成佛已來，復過於此百千萬億那由他阿僧祇劫。自從是來，我常在此娑婆世界說法教化，亦於餘處百千萬億那由他阿僧祇國導利眾生。

「諸善男子！於是中間，我說燃燈佛等，又復言其入於涅槃，如是皆以方便分別。諸善男子！若有眾生來至我所，我以佛眼觀其信等諸根利鈍，隨所應度。處處自說名字不同、年紀大小，亦復現言當入涅槃，又以種種方便說微妙法，能令眾生發歡喜心。諸善男子！如來見諸眾生樂於小法，德薄垢重者，為是人說：『我少出家，得阿耨多羅三藐三菩提。』然我實成佛已來久遠若斯，但以方便教化眾生令入佛道，作如是說。

「諸善男子！如來所演經典，皆為度脫眾生，或說己身，或說他身，或示己身，或示他身，或示己事，或示他事，諸所言說皆實不虛。所以者何？如來如實知見三界之相，無有生死若退若出，亦無在世及滅度者，非實非虛，非如非異，不如三界見於三界。如斯之事，如來明見無有錯謬。以諸眾生有種種性、種種欲、種種行、種種憶想分別故，欲令生諸善根，以若干因緣、譬喻言辭、種種說法，所作佛事未曾暫廢。如是我成佛已來甚大久遠，壽命無量阿僧祇劫常住不滅。

「諸善男子！我本行菩薩道所成壽命，今猶未盡，復倍上數。然今非實滅度，而便唱言當取滅度，如來以是方便教化眾生。所以者何？若佛久住於世，薄德之人不種善根，貧窮下賤貪著五欲，入於憶想妄見網中。若見如來常在不滅，便起憍恣而懷厭怠，不能生難遭之

想、恭敬之心，是故如來以方便說：『比丘當知，諸佛出世，難可值遇。』所以者何？諸薄德人，過無量百千萬億劫，或有見佛，或不見者，以此事故，我作是言：『諸比丘，如來難可得見。』斯眾生等聞如是語，必當生於難遭之想，心懷戀慕渴仰於佛，便種善根。是故如來雖不實滅而言滅度。

【譯文】

這時，釋迦牟尼佛告訴諸位菩薩及一切大眾說：「各位善男子！你們應當相信和理解如來的真實之語。」又再次告訴大眾說：「你們應當相信和理解如來的真實之語。」此後，又第三次告訴大眾說：「你們應當相信和理解如來的真實之語。」

這時，以彌勒菩薩為首的諸菩薩大眾，一齊恭敬合掌，對佛言道：「世尊！懇請您為我們解說，我們一定相信、接受佛陀的教言。」如此反覆說了三次，又說：「懇請您為我們解說，我們一定相信、接受佛陀的教言。」

這時，釋迦牟尼佛見諸菩薩已經三次不停地請法，就對他們說：「你們可仔細地聽聞，如來有秘密的神通之力，一切世間的天、人和阿修羅都以為，現在的這位釋迦牟尼佛，從釋迦族的王宮中出走，在離伽耶城不遠的地方，坐於菩提樹下的道場中，證得了無上正等正覺。但是，諸位善男子！實際上我自成佛以來，已歷經無量無邊百千萬億那由他劫的歲月。譬如有五百千萬億那由他阿僧祇數之

多的三千大千世界，假使有人將如此眾多的世界全部磨碎為微塵，然後向東方經過五百千萬億那由他阿僧祇數之多的國土，才扔下一粒微塵，這樣一直向東行走，直到把這些微塵全部扔完。諸位善男子！你們是如何認為的？這些世界可以用思維、算數得知他們的數目嗎？」

彌勒菩薩及其他眾生同時對佛說：「世尊！這些世界無量無邊，是以算數所無法測知的，也並非心力所能窮及。一切聲聞乘和緣覺乘的修行者，即使用其斷盡煩惱的清淨智慧來思維，也不能知道這些世界的確切數目。我們安住於不退轉菩薩乘的境界中，但對這些世界的數目也是不能了知的。世尊！這些世界的確是無量無邊的。」

這時，釋迦牟尼佛告訴諸大菩薩眾說：「各位善男子！我現在應當對你們明確宣示，如果所有這些世界，不論投有一粒微塵的世界，還是未投有一粒微塵的世界，如果把這些世界全部粉碎為微塵，假若一粒微塵代表一劫那麼長的時間，那麼，我自成佛以來，已經超過此數目百千萬億那由他阿僧祇劫。自從那時以來，我常在此娑婆世界說法教化，也曾在其他百千萬億那由他阿僧祇數之眾的國土內教導眾生，使他們得到利益和安樂。

「各位善男子！在如此極其久遠的歲月中，我曾說燃燈佛等諸位如來的事蹟，又曾說起他們入於涅槃的情況，這樣的言說都只是方便法門而分別講說的。各位善男子！假使有眾生來到我的處所，我就用佛眼來觀察他們的信、進、念、定、慧等五根，根據他們的根性利鈍予以化度。人在不同的地方，說自己的名字均不相同，表現出的年紀大小也不一樣，我也曾說我將要涅槃，還曾以種種方便法

門，隨機演說微妙佛法，能令眾生生起歡喜心。各位善男子！如來觀察到有些眾生喜歡聽聞修習小乘法，這些人德性淺薄，煩惱垢重，如來即對他們說：『我年少時出家修行，最後證得了無上正等正覺。』但實際上，我自成佛以來，已經經歷了如前所言的長久歲月，只是為了以方便法門隨機教化眾生，使他們入於佛道，所以方有如此地說法。

「各位善男子！如來所演說的經典，都是為了救度眾生脫離諸苦，有時說自己之身相，有時說其他的身相；有時示現自己的身相，有時示現其他的身相；有時開示自己的事蹟，有時開示他人的事跡，所有這些言說都是真實不虛的。為什麼這樣說呢？因為，如來能夠如實地觀察到欲界、色界、無色界等三界的真實相狀；實際上並沒有生死輪迴，也無有入世和出世；既沒有住世，也沒有入滅；既非實有，也非虛無；即非一如，也非相異；不同於三界的眾生，見到三界的相狀，就妄執有實在的三界。諸如此類的事相，只有如來才能明白地測見，沒有絲毫地錯謬。因為眾生有各種各樣的習性、各種各樣的欲望、各種各樣的業行、各種各樣的憶念和分別，如來為了讓眾生都能種下善根，即以各種各樣的因緣、譬喻、言辭，演說各種各樣的佛法。佛的教化從未有一刻暫廢。就這樣，我自成佛以來，已經歷了極為久遠的歲月，我的壽命已有無量阿僧祇劫，我常住於世，並未滅度。

「各位善男子！我於往昔修行菩薩道的因緣，並由此功德所成就的壽命，至今未盡，我此壽命的長久，比我現在已有的壽命更加長遠。但是如今我並非真正地入於涅槃，只是言說我將要滅度，如來只是以這種方便說法來教化眾生。為什麼這樣說呢？如果佛陀一直長久住於世間，那麼，福德淺薄的

人則不會想去種下善根，貧窮下賤的眾生就會貪著於財、色、名、食、睡等五種欲樂，墮落在顛倒憶想的妄見羅網之中。他們如果見到如來常住於世，不入滅度，他們便會生出驕傲放縱的心性，從而感到厭倦，逐漸懈怠，不能生起難以值遇如來的想法，也難以生起對如來的恭敬之心，所以，如來佛以方便法門而如此言說：『各位比丘，你們應當知道，諸佛出世，是非常難得方能相遇的。』為什麼這樣呢？因為，一些福德淺薄的人，經過無量百千萬億劫的時間，有的得見如來，有的未能見到如來，所以，我才這樣說：『各位比丘，如來是很難見到的。』這些眾生聽到這樣的話以後，必會產生如來難遇的想法，於是他們就會心懷依賴、仰慕、渴望見到佛陀，這樣，他們便種下了善根。所以，如來雖然沒有真正的滅度，但仍用說如來將要滅度。

「又善男子！諸佛如來法皆如是，為度眾生皆實不虛。譬如良醫智慧聰達，明練方藥，善治眾病。其人多諸子息，若十、二十乃至百數。以有事緣，遠至餘國，諸子於後飲他毒藥，藥發悶亂宛轉於地。是時其父還來歸家。諸子飲毒，或失本心，或不失者，遙見其父皆大歡喜，拜跪問訊：『善安隱歸！我等愚癡誤服毒藥，願見救療更賜壽命。』

「父見子等苦惱如是，依諸經方求好藥草，色香美味皆悉具足。擣篩和合與子令服，而作是言：『此大良藥，色香美味皆悉具足。汝等可服，速除苦惱，無復眾患。』

「其諸子中不失心者，見此良藥色香俱好，即便服之，病盡除愈。餘失心者，見其父來，雖亦歡喜問訊求索治病，然與其藥而不肯服。所以者何？毒氣深入失本心故，於此好色香藥而謂不美。

「父作是念：『此子可愍，為毒所中，心皆顛倒。雖見我喜，求索救療，如是好藥而不肯服。我今當設方便令服此藥。』

「即作是言：『汝等當知，我今衰老，死時已至。是好良藥今留在此，汝可取服，勿憂不差。』作是教已，復至他國，遣使還告：『汝父已死。』是時諸子聞父背喪，心大憂惱而作是念：『若父在者，慈愍我等能見救護。今者捨我遠喪他國。自惟孤露，無復恃怙。』常懷悲感，心遂醒悟，乃知此藥色香美味，即取服之，毒病皆愈。其父聞子悉已得差❶，尋便來歸，咸使見之。諸善男子，於意云何？頗有人能說此良醫虛妄罪不？」

「不也，世尊。」

佛言：「我亦如是，成佛已來，無量無邊百千萬億那由他阿僧祇劫；為眾生故，以方便力言當滅度，亦無有能如法說我虛妄過者。」

爾時，世尊欲重宣此義，而說偈言：

自我得佛來，所經諸劫數，

無量百千萬，億載阿僧祇。

常說法教化，無數億眾生，
令入於佛道，爾來無量劫。
為度眾生故，方便現涅槃，
而實不滅度，常住此說法。
我常住於此，以諸神通力，
令顛倒眾生，雖近而不見。
眾見我滅度，廣供養舍利，
咸皆懷戀慕，而生渴仰心。
眾生既信伏，質直意柔軟，
一心欲見佛，不自惜身命。
時我及眾僧，俱出靈鷲山，
我時語眾生，常在此不滅，
以方便力故，現有滅不滅。
餘國有眾生，恭敬信樂者，
我復於彼中，為說無上法，
汝等不聞此，但謂我滅度。

我見諸眾生，沒在於苦惱，
故不為現身，令其生渴仰，
因其心戀慕，乃出為說法。
神通力如是，於阿僧祇劫，
常在靈鷲山，及餘諸住處。
眾生見劫盡，大火所燒時，
我此土安隱，天人常充滿，
園林諸堂閣，種種寶莊嚴，
寶樹多華菓，眾生所遊樂，
諸天擊天鼓，常作眾伎樂，
雨曼陀羅華，散佛及大眾。
我淨土不毀，而眾見燒盡，
憂怖諸苦惱，如是悉充滿。
是諸罪眾生，以惡業因緣，
過阿僧祇劫，不聞三寶名❷。
諸有修功德，柔和質直者，

則皆見我身，在此而說法。
或時為此眾，說佛壽無量，
久乃見佛者，為說佛難值。
我智力如是，慧光照無量，
壽命無數劫，久修業所得。
汝等有智者，勿於此生疑，
當斷令永盡，佛語實不虛。
如醫善方便，為治狂子故，
實在而言死，無能說虛妄；
我亦為世父，救諸苦患者，
為凡夫顛倒❸，實在而言滅。
以常見我故，而生憍恣心，
放逸著五欲，墮於惡道中。
我常知眾生，行道不行道，
隨所應可度，為說種種法。
每自作是意，以何令眾生，

得入無上慧，速成就佛身？

【譯文】

「另外，各位善男子！所有諸佛如來的法門都是如此，他們都是為了教化救度眾生，如來的說法都是真實不虛的。譬如有一位良醫，智慧通達，聰明絕頂，對於各種方藥都已熟知，擅長治療各種疾病。此人子女眾多，比方說十個、二十個或者甚至上百個子女。這位良醫因有些事情而遠走他國，家中的兒子在他外出時，服下了其他人拿來的毒藥，藥性發作後，慌悶狂亂，在地上滾來滾去。正在這時，他的父親回到家中。這些兒子服下了毒藥，有的已失去了知覺，有的還比較清醒，他們遠遠望見父親之後，都感到非常高興，於是跪拜向他們的父親問候，又說：『父親您平安歸來，我們太愚癡了，不小心服用了毒藥，願您為我們治療，再給我們一次生命吧！』

「父親看見自己的兒子們如此痛苦悲傷，便根據醫經中的方法，尋求最好的藥草，無論是顏色和味道都非常美好。他把藥草製作成藥後，給他的兒子們服用，並且如此說道：『這是絕好的良藥，色香味都非常好，你們把這些藥草服下，即可速除病痛，不會再有任何危險。』

「他的兒子們當中，有些人神志清醒，看見這般色香俱好的良藥，便立即服了下去，他們的病痛便痊癒了。但那些中毒太深已經迷失昏昧的兒子，看見父親回來，雖也歡喜問安，求父治病，可是，父親給他們的藥物，他們卻不肯服下。為什麼呢？因為毒氣深入，使其心識已經喪失了，對於這種色

香味美的好藥，卻不認為是好藥。

「這位父親心想：『這些兒子真是可憐，他們中毒太深，理性已經迷亂顛倒，所以，雖然看見我回來也很高興，也求我治病救命，但我給他們配出這麼好的藥，他們卻不肯服下。看來，我現在只好採取方便權宜之法，使他們服下此藥。』

「於是，這位父親就對兒子們說：『你們應當知道，我如今已經老了，身體衰弱，死期已到。這些上好的良藥，現在就留在這兒，你們可以取而服之，不要擔憂這病不會痊癒。』留下這番教誨之後，這位父親又到其他國家去了，接著他又派一位使者回來，對兒子們說：『你們的父親已經去世了。』這些兒子聽說自己的父親已經去世，心中十分憂傷，心想：『如果父親在世，憐憫我們，能夠給我們救護。如今，他離開我們，命喪他鄉。我們現在孤苦伶仃，再也沒有依靠了。』兒子們因為心中悲傷，感嘆不已，心念慢慢地清醒過來，方知道父親所留下的藥物，色香味俱全，於是取來服下，所中之毒即祛除。他們的父親聽說兒子們都已痊癒，便立即從國外歸來，孩子們又全都見到了自己的父親。各位善男子！你們對此有何看法？是否有人會說這個良醫犯了虛妄之罪呢？

眾人齊聲回答說：「我們不會這樣認為，世尊。」

釋迦牟尼佛接著說：「我也是如此，自成佛以來，已經歷無量無邊百千萬億那由他阿僧祇劫的歲月，為了救度眾生的緣故，以方便法門權且說將要滅度，也同樣不會有人說我犯了虛妄語之過失。」

這時，釋迦牟尼佛為了再次宣說法義，即又以偈頌言道：

自我得佛來，所經諸劫數，無量百千萬，億載阿僧祇。
常說法教化，無數億眾生，令入於佛道，爾來無量劫。
為度眾生故，方便現涅槃，而實不滅度，常住此說法。
我常住於此，以諸神通力，令顛倒眾生，雖近而不見。
眾見我滅度，廣供養舍利，咸皆懷戀慕，而生渴仰心。
眾生既信伏，質直意柔軟，一心欲見佛，不自惜身命。
時我及眾僧，俱出靈鷲山，我時語眾生，
常在此不滅，以方便力故，現有滅不滅。
餘國有眾生，恭敬信樂者，我復於彼中，
為說無上法，汝等不聞此，但謂我滅度。
我見諸眾生，沒在於苦惱，故不為現身，
令其生渴仰，因其心戀慕，乃出為說法。
神通力如是，於阿僧祇劫，常在靈鷲山，及餘諸住處。
眾生見劫盡，大火所燒時，我此土安隱，天人常充滿，
園林諸堂閣，種種寶莊嚴，寶樹多華菓，眾生所遊樂，
諸天擊天鼓，常作眾伎樂，雨曼陀羅華，散佛及大眾。

我淨土不毀，而眾見燒盡，憂怖諸苦惱，如是悉充滿。
是諸罪眾生，以惡業因緣，過阿僧祇劫，不聞三寶名。
諸有修功德，柔和質直者，則皆見我身，在此而說法。
或時為此眾，說佛壽無量，久乃見佛者，為說佛難值。
我智力如是，慧光照無量，壽命無數劫，久修業所得。
汝等有智者，勿於此生疑，當斷令永盡，佛語實不虛。
如醫善方便，為治狂子故，實在而言死，無能說虛妄；
我亦為世父，救諸苦患者，為凡夫顛倒，實在而言滅。
以常見我故，而生憍恣心，放逸著五欲，墮於惡道中。
我常知眾生，行道不行道，隨所應可度，為說種種法。
每自作是意，以何令眾生，得入無上慧，速成就佛身？

【注釋】

❶差：同「瘥」。病癒。

❷三寶：係指為佛教徒所尊敬供養之佛寶、法寶、僧寶等三寶。又作「三尊」。佛，乃指覺悟人生之真相，而能教導他人之佛教教主，或泛指一切諸佛；法，為根據佛陀所悟而向人宣說之教法；

僧，指修學教法之佛弟子集團。以上三者，威德至高無上，永不變移，如世間之寶，故稱「三寶」。

❸凡夫：音譯作「必栗託仡那」，意譯為「異生」。略稱「凡」。指凡庸之人。就修行階位而言，則未見四諦之理而凡庸淺識者，均稱「凡夫」。《大日經疏》卷一載，凡夫以無明之故，隨業受報，不得自在，墮於諸趣之中，遂產生種種類別之眾生，故應正譯為「異生」。然菩提流支、真諦、笈多等則各譯為「毛道凡夫」、「嬰兒凡夫」、「小兒凡夫」，婆羅有愚之義。又對四向四果之聖者而言，其餘未見道者概稱為「凡夫」；其中，俱舍宗以「四善根」為「內凡」，「三賢」為「外凡」，「三賢」以下為「底下凡夫」；大乘則以初地以前為「凡夫」，十住、十行、十迴向（三賢）為「內凡」，十信為「外凡」。外凡以下稱為「凡夫」。又對聲聞、緣覺、菩薩及佛等四聖而言，凡生死流轉於六道者，皆稱為「六凡」，即地獄之有情以至天界眾生皆是。

分別功德品第十七

本品闡釋信解如來法身常住的功德；又宣說了讀誦、受持、書寫、演說《法華經》等諸功德。

爾時，大會聞佛說壽命劫數長遠如是，無量無邊阿僧祇眾生得大饒益。

於時，世尊告彌勒菩薩摩訶薩：「阿逸多！我說是如來壽命長遠時，六百八十萬億那由他恆河沙眾生得無生法忍；復有千倍菩薩摩訶薩得聞持陀羅尼門；復有一世界微塵數菩薩摩訶薩得樂說無礙辯才；復有一世界微塵數菩薩摩訶薩得百千萬億無量旋陀羅尼；復有三千大千世界微塵數菩薩摩訶薩能轉不退法輪；復有二千中國土微塵數菩薩摩訶薩能轉清淨法輪；復有小千國土微塵數菩薩摩訶薩，八生當得阿耨多羅三藐三菩提；復有四四天下微塵數菩薩

摩訶薩，四生當得阿耨多羅三藐三菩提；復有三四天下微塵數菩薩摩訶薩，三生當得阿耨多羅三藐三菩提；復有二四天下微塵數菩薩摩訶薩，二生當得阿耨多羅三藐三菩提；復有一四天下微塵數菩薩摩訶薩，一生當得阿耨多羅三藐三菩提；復有八世界微塵數眾生，皆發阿耨多羅三藐三菩提心。」

佛說是諸菩薩摩訶薩得大法利時，於虛空中，雨曼陀羅華、摩訶曼陀羅華，以散無量百千萬億眾寶樹下師子座上諸佛，并散七寶塔中師子座上釋迦牟尼佛及久滅度多寶如來，亦散一切諸大菩薩及四部眾。又雨細末栴檀、沉水香等❶。於虛空中，天鼓自鳴，妙聲深遠。又雨千種天衣，垂諸瓔珞，真珠瓔珞、摩尼珠瓔珞、如意珠瓔珞，遍於九方。眾寶香爐燒無價香，自然周至供養大會。一一佛上，有諸菩薩執持幡蓋，次第而上，至於梵天。是諸菩薩以妙音聲歌無量頌讚歎諸佛。

爾時，彌勒菩薩從座而起，偏袒右肩，合掌向佛，而說偈言：

佛說希有法，昔所未曾聞，
世尊有大力，壽命不可量。
無數諸佛子，聞世尊分別，
說得法利者，歡喜充遍身。
或住不退地，或得陀羅尼，

或無礙樂說，萬億旋總持❷。
或有大千界，微塵數菩薩，
各各皆能轉，不退之法輪。
復有中千界，微塵數菩薩，
各各皆能轉，清淨之法輪。
復有小千界，微塵數菩薩，
餘各八生在，當得成佛道。
復有四三二，如此四天下，
微塵諸菩薩，隨數生成佛。
或一四天下，微塵數菩薩，
餘有一生在，當成一切智。
如是等眾生，聞佛壽長遠，
得無量無漏，清淨之果報。
復有八世界，微塵數眾生，
聞佛說壽命，皆發無上心。
世尊說無量，不可思議法，

多有所饒益，如虛空無邊。
雨天曼陀羅，摩訶曼陀羅，
釋梵如恆沙，無數佛土來，
雨栴檀沉水，繽紛而亂墜，
如鳥飛空下，供散於諸佛。
天鼓虛空中，自然出妙聲，
天衣千萬種，旋轉而來下，
眾寶妙香爐，燒無價之香，
自然悉周遍，供養諸世尊。
其大菩薩眾，執七寶幡蓋，
高妙萬億種，次第至梵天。
一一諸佛前，寶幢懸勝幡，
亦以千萬偈，歌詠諸如來。
如是種種事，昔所未曾有，
聞佛壽無量，一切皆歡喜。
佛名聞十方，廣饒益眾生，

一切具善根，以助無上心。

【譯文】

這時，法華會上的大眾聽到釋迦牟尼佛說如來壽命的劫數如此長遠，無量無邊阿僧祇眾的眾生均獲得了極大的利益。

此時，釋迦牟尼佛告訴彌勒菩薩說：「阿逸多！我在說此如來壽命如此長遠時，有六百八十萬億那由他恆河沙數之多的眾生已經證得了無生法忍的境界；又有較此千倍數量的大菩薩獲得了陀羅尼法門；又有如一個世界粉為微塵之數那樣眾多的大菩薩得到了樂說無礙辯才；又有一世界微塵數的大菩薩獲得了百千萬億乃至無量的旋陀羅尼門；又有三千大千世界粉為微塵之數那樣多的大菩薩獲得能轉不退法輪的力量；又有二千中千世界國土粉為微塵之數的大菩薩得到轉清淨法輪的力量；又有一小千世界粉為微塵之數的大菩薩，在經歷八次轉生後將證得無上正等正覺；又有四個四大部洲粉為微塵之數的大菩薩，在經過四次轉生後，將成就無上佛果；又有三個四大部洲粉為微塵之數的大菩薩由此經過三度轉生將成就無上佛果；又有將兩個四大部洲粉為微塵所得微塵總數那麼多的大菩薩，由此經過二次轉生將成就無上佛果；又有將一個四大部洲粉為微塵所得微塵總數那麼多的大菩薩，由此經過一次轉生將成就無上佛果；另外還有八個世界粉為微塵之數的眾生由此發起志求無上正等正覺的弘大誓願。」

釋迦牟尼佛在宣說這些大菩薩眾獲得巨大的法利時，從虛空中如雨一般降下曼陀羅花和大曼陀羅花，飄落在無量百千萬億棵寶樹下獅子座上諸位如來的身上；也飄落在七寶塔中獅子座上釋迦牟尼佛和久已滅度的多寶如來的身上；也飄落在所有的大菩薩和四眾弟子的身上。又落下如雨一般密集的細末栴檀香、沉水香等。在虛空中，天鼓自然奏響，絕妙的音聲悠長久遠。又落下如雨一般的千種天衣，天衣上垂掛著各種各樣的瓔珞，珍珠瓔珞、摩尼珠瓔珞、如意珠瓔珞等，到處遍布。各種各樣的寶香爐中，燃燒著珍貴無價的上品妙香，香味自然飄散，瀰漫各處，供養這次法華大會。每一位如來的上邊，都有很多菩薩手執寶幡和寶蓋，依次飄然而上，直至梵天。這些菩薩以其微妙的聲音，歌唱出無量的偈頌，讚歎諸佛如來。

這時，彌勒菩薩從座位上站立起來，袒露右肩，向釋迦牟尼佛合掌致禮，然後以偈頌說道：

佛說希有法，昔所未曾聞，世尊有大力，壽命不可量。
無數諸佛子，聞世尊分別，說得法利者，歡喜充遍身。
或住不退地，或得陀羅尼，或無礙樂說，萬億旋總持。
或有大千界，微塵數菩薩，各各皆能轉，不退之法輪。
復有中千界，微塵數菩薩，各各皆能轉，清淨之法輪。
復有小千界，微塵數菩薩，餘各八生在，當得成佛道。
復有四三二，如此四天下，微塵諸菩薩，隨數生成佛。

或一四天下，微塵數菩薩，餘有一生在，當成一切智。
如是等眾生，聞佛壽長遠，得無量無漏，清淨之果報。
復有八世界，微塵數眾生，聞佛說壽命，皆發無上心。
世尊說無量，不可思議法，多有所饒益，如虛空無邊。
雨天曼陀羅，摩訶曼陀羅，釋梵如恆沙，無數佛土來，
雨栴檀沉水，繽紛而亂墜，如鳥飛空下，供散於諸佛。
天鼓虛空中，自然出妙聲，天衣千萬種，旋轉而來下，
眾寶妙香爐，燒無價之香，自然悉周遍，供養諸世尊。
其大菩薩眾，執七寶幡蓋，高妙萬億種，次第至梵天。
一一諸佛前，寶幢懸勝幡，亦以千萬偈，歌詠諸如來。
如是種種事，昔所未曾有，聞佛壽無量，一切皆歡喜。
佛名聞十方，廣饒益眾生，一切具善根，以助無上心。

【注釋】

❶沉水香：音譯「阿伽嚧」、「阿伽樓」、「阿竭流」、「惡揭嚕」。意譯「不動」。略稱「沉香」，又稱「黑沉香」、「蜜香」。係採自熱帶所產瑞香科常綠喬木之天然香料。此香木材質甚

重，為青白色。印度、伊朗、泰國、越南及中國廣東南部、海南島等地均產之。其木朽敗或伐採時，由中心木質部分滲出黑色樹脂，即是沉香。其香濃郁，木心堅實，入水必沉，故稱「沉水香」，可供藥用，治療風水腫毒。

❷總持：即陀羅尼，譯為「總持」。持善不失，持惡不使起之義，以「念」與「定慧」為體。菩薩所修之「念定慧」具此功德。

爾時，佛告彌勒菩薩摩訶薩：「阿逸多！其有眾生，聞佛壽命長遠如是，乃至能生一念信解，所得功德無有限量。若有善男子、善女人，為阿耨多羅三藐三菩提故，於八十萬億那由他劫，行五波羅蜜——檀波羅蜜❶、尸羅波羅蜜❷、羼提波羅蜜❸、毘梨耶波羅蜜❹、禪波羅蜜❺，除般若波羅蜜❻。以是功德比前功德，百分、千分、百千萬億分不及其一，乃至算數譬喻所不能知。若善男子、善女人有如是功德，於阿耨多羅三藐三菩提退者，無有是處。」

爾時，世尊欲重宣此義，而說偈言：

若人求佛慧，於八十萬億，
那由他劫數，行五波羅蜜。

於是諸劫中，布施供養佛，
及緣覺弟子，并諸菩薩眾，
珍異之飲食，上服與臥具，
栴檀立精舍❼，以園林莊嚴，
如是等布施，種種皆微妙，
盡此諸劫數，以回向佛道。
若復持禁戒，清淨無缺漏，
求於無上道，諸佛之所歎。
若復行忍辱，住於調柔地，
設眾惡來加，其心不傾動。
諸有得法者，懷於增上慢，
為此所輕惱，如是亦能忍。
若復勤精進，志念常堅固，
於無量億劫，一心不懈息。
又於無數劫，住於空閑處，
若坐若經行，除睡常攝心，

以是因緣故，能生諸禪定，
八十億萬劫，安住心不亂。
持此一心福，願求無上道，
我得一切智，盡諸禪定際。
是人於百千，萬億劫數中，
行此諸功德，如上之所說。
有善男女等，聞我說壽命，
乃至一念信，其福過於彼！
若人悉無有，一切諸疑悔，
深心須臾信❽，其福為如此。
其有諸菩薩，無量劫行道，
聞我說壽命，是則能信受。
如是諸人等，頂受此經典：
願我於未來，長壽度眾生，
如今日世尊，諸釋中之王，
道場師子吼，說法無所畏。

我等未來世，一切所尊敬，
坐於道場時，說壽亦如是。
若有深心者，清淨而質直，
多聞能總持，隨義解佛語，
如是諸人等，於此無有疑。

【譯文】

這時釋迦牟尼佛對彌勒菩薩說：「阿逸多！如果有眾生聽說如來的壽命如此長久，甚至能在一念間產生信解，那麼，他所獲得的功德就無有限量。如果有善男子和善女人為求證無上正等正覺的緣故，在長達八十萬億那由他劫的歲月中修行五種波羅蜜法，即：布施波羅蜜、持戒波羅蜜、忍辱波羅蜜、精進波羅蜜、禪定波羅蜜，不包括智慧波羅蜜。由此獲得的功德，與前述聽聞如來壽命長久而一念信解所得到的功德相比，那修持五種波羅蜜的功德尚無法企及信解功德的百分、千分，甚至百千萬億分中的一分，甚至用算數來推算，用譬喻來形容均無法窮盡。如果善男子、善女人具備了這樣的功德，那麼，他們最終將證得無上佛果而永不退轉。」

這時，釋迦牟尼佛為了再次宣說以上義理，即以偈語說道：

若人求佛慧，於八十萬億，那由他劫數，行五波羅蜜。

於是諸劫中，布施供養佛，及緣覺弟子，并諸菩薩眾，
珍異之飲食，上服與臥具，栴檀立精舍，以園林莊嚴，
如是等布施，種種皆微妙，盡此諸劫數，以回向佛道。
若復持禁戒，清淨無缺漏，求於無上道，諸佛之所歎。
若復行忍辱，住於調柔地，設眾惡來加，其心不傾動。
諸有得法者，懷於增上慢，為此所輕惱，如是亦能忍。
若復勤精進，志念常堅固，於無量億劫，一心不懈息。
又於無數劫，住於空閑處，若坐若經行，除睡常攝心，
以是因緣故，能生諸禪定，八十億萬劫，安住心不亂。
持此一心福，願求無上道，我得一切智，盡諸禪定際。
是人於百千，萬億劫數中，行此諸功德，如上之所說。
有善男女等，聞我說壽命，乃至一念信，其福過於彼！
若人悉無有，一切諸疑悔，深心須臾信，其福為如此。
其有諸菩薩，無量劫行道，聞我說壽命，是則能信受。
如是諸人等，頂受此經典：願我於未來，長壽度眾生，
如今日世尊，諸釋中之王，道場師子吼，說法無所畏。

我等未來世，一切所尊敬，坐於道場時，說壽亦如是。
若有深心者，清淨而質直，多聞能總持，隨義解佛語，
如是諸人等，於此無有疑。

【注釋】

❶檀波羅蜜：即布施波羅蜜，是「六波羅蜜」或「十波羅蜜」之一。檀為檀那之略，譯曰布施或施主。以財或法施與人也。波羅蜜，譯曰度，或到彼岸。謂度生死海而到涅槃彼岸之行法也。布施即其行法之一。能對治慳貪，消除貧窮。

❷尸羅波羅蜜：又稱「尸波羅蜜」，「六波羅蜜」或「十波羅蜜」之一。持戒之行，能對治惡業，使心清涼。

❸羼提波羅蜜：譯曰「忍度」。「六波羅蜜」或「十波羅蜜」之一。忍辱之行，忍耐迫害，能對治瞋恚，使心安住。

❹毘梨耶波羅蜜：即精進波羅蜜。「六波羅蜜」或「十波羅蜜」之一。勤行不懈，不屈不撓，能對治懈怠，生長善法。

❺禪波羅蜜：又作「禪定波羅蜜」、「禪那波羅蜜」、「禪度無極」。「六波羅蜜」或「十波羅蜜」之一。修習禪定，使心安定。

❻般若波羅蜜：即智慧波羅蜜，能對治愚癡，開真實之智慧。

❼精舍：寺院之異名。為精行者所居，故曰精舍。

❽深心：為「三心」之一。又稱「深信」。此詞於佛典中之語義，頗有異解。通常係指深求佛道之心，或指掃除猶疑不定而對佛法真實確信之心，或指樂集諸功德善行，又深信愛樂之心。

「又阿逸多！若有聞佛壽命長遠解其言趣，是人所得功德無有限量，能起如來無上之慧。何況廣聞是經，若教人聞，若自持、若教人持，若自書、若教人書，若以華、香、瓔珞、幢幡、繒蓋、香油、酥燈供養經卷，是人功德無量無邊，能生一切種智。

「阿逸多！若善男子、善女人聞我說壽命長遠，深心信解，則為見佛常在耆闍崛山，共大菩薩、諸聲聞眾圍繞說法。又見此娑婆世界，其地琉璃坦然平正，閻浮檀金以界八道，寶樹行列，諸臺樓觀皆悉寶成，其菩薩眾咸處其中。若有能如是觀者，當知是為深信解相。

「又復如來滅後，若聞是經而不毀呰起隨喜心，當知已為深信解相，何況讀誦受持之者！斯人則為頂戴如來。阿逸多！是善男子、善女人不須為我復起塔寺，及作僧坊，以四事供養眾僧。所以者何？是善男子、善女人受持讀誦是經典者，為已起塔，造立僧坊，供養眾僧，則為以佛舍利起七寶塔，高廣漸小至於梵天。懸諸幡蓋及眾寶鈴，華、香、瓔珞、末

香、塗香、燒香、眾鼓伎樂、簫、笛、箜篌、種種舞戲，以妙音聲歌唄讚頌，則為於無量千萬億劫作是供養已。

「阿逸多！若我滅後，聞是經典，有能受持，若自書、若教人書，則為起立僧坊。以赤栴檀作諸殿堂三十有二，高八多羅樹❶，高廣嚴好，百千比丘於其中止，園林、浴池、經行、禪窟，衣服、飲食、床褥、湯藥，一切樂具充滿其中。如是僧坊、堂閣，若干百千萬億，其數無量，以此現前供養於我及比丘僧。是故我說如來滅後，若有受持讀誦，為他人說，若自書、若教人書，供養經卷，不須復起塔寺及造僧坊供養眾僧。

「況復有人能持是經，兼行布施、持戒、忍辱、精進、一心、智慧，其德最勝無量無邊，譬如虛空東西南北、四維、上下無量無邊。是人功德亦復如是無量無邊，疾至一切種智。

「若人讀誦受持是經，為他人說，若自書、若教人書，復能起塔及造僧坊，供養讚歎聲聞眾僧，亦以百千萬億讚歎之法讚歎菩薩功德，又為他人種種因緣隨義解說此《法華經》，復能清淨持戒，與柔和者而共同止，忍辱無瞋，志念堅固，常貴坐禪得諸深定，精進勇猛攝諸善法，利根智慧善答問難。阿逸多！若我滅後，諸善男子、善女人受持讀誦是經典者，復有如是諸善功德，當知是人已趣道場，近阿耨多羅三藐三菩提，坐道樹下。阿逸多！是善男子、善女人，若坐、若立、若行處，此中便應起塔，一切天人皆應供養如佛之塔。」

爾時，世尊欲重宣此義，而說偈言：

若我滅度後，能奉持此經，
斯人福無量，如上之所說，
是則為具足，一切諸供養。
以舍利起塔，七寶而莊嚴，
表剎甚高廣，漸小至梵天，
寶鈴千萬億，風動出妙音。
又於無量劫，而供養此塔，
華香諸瓔珞，天衣眾伎樂，
燃香油酥燈，周匝常照明。
惡世法末時，能持是經者，
則為已如上，具足諸供養。
若能持此經，則如佛現在，
以牛頭栴檀，起僧坊供養，
堂有三十二，高八多羅樹，
上饌妙衣服，床臥皆具足，

百千眾住處，園林諸浴池，

經行及禪窟，種種皆嚴好。

若有信解心，受持讀誦書，

若復教人書，及供養經卷，

散華香末香，以須曼瞻蔔❷，

阿提目多伽❸，薰油常燃之，

如是供養者，得無量功德，

如虛空無邊，其福亦如是。

況復持此經，兼布施持戒，

忍辱樂禪定，不瞋不惡口，

恭敬於塔廟，謙下諸比丘，

遠離自高心，常思惟智慧，

有問難不瞋，隨順為解說，

若能行是行，功德不可量！

若見此法師，成就如是德，

應以天華散，天衣覆其身，

頭面接足禮，生心如佛想。
又應作是念，不久詣道樹，
得無漏無為，廣利諸人天。
其所住止處，經行若坐臥，
乃至說一偈，是中應起塔，
莊嚴令妙好，種種以供養。
佛子住此地，則是佛受用，
常在於其中，經行及坐臥。

【譯文】

「另外，阿逸多！如果有人聽到如來壽命長久，能理解其中的義趣，那麼，此人所獲得的功德無可限量，他必會開啟與佛無二的無上智慧。何況有人能廣泛地聽聞此經，並教別人聽聞，或者自己依持，或教別人修持，或者自己抄寫，或者教別人抄寫，或者以鮮花、妙香、瓔珞、寶幢、寶幡、寶繒、寶蓋、香油燈、酥油燈等供養這部經典，那麼，此人的功德更是無量無邊，並由此而證得佛果所具的一切種智。

「阿逸多！假如善男子、善女人聽我說如來壽命長久，內心深信不疑，並了解其中義趣，那麼他

就能夠看見佛陀常在靈鷲山上，同大菩薩和聲聞弟子在一起，並在他們的環繞下，演說《法華經》。他又能看見，此娑婆世界的大地皆以琉璃鋪成，地面平整周正，四面八方的大道由閻浮提的檀金作界，七寶之樹，排列成行，所有的樓閣和觀台皆由七寶造成，那些菩薩們都住在其中。假若有人能觀察到這種境界，應當知道此人是對《法華經》有深心信解的。

「還有，在如來滅度之後，如果有人聽到此經，不加誹謗，並產生歡喜之心，應當知道此人是對《法華經》有深心信解的，更何況有人能夠讀誦、受持！那他即是常由如來住於其頂。阿逸多！這些善男子、善女人已經可以無需再為我建立塔寺及建造僧房，也不必再以衣服、飲食、臥具、醫藥等四事供養僧眾。為什麼這樣說呢？因為這些善男子、善女人受持、讀誦這部經典，本身就相當於建立佛塔、僧房和供養僧眾，這也相當於用佛舍利而建起七寶塔，這塔又高又廣，由下而上，逐漸縮小，直達梵天。塔上懸掛著各種幡、蓋以及寶鈴，又有鮮花、妙香、瓔珞、末香、塗香、燒香、眾鼓、伎樂、竹簫、銅笛、箜篌，演奏種種的舞戲和微妙的音樂，來歌詠、讚歎、頌揚，這種供養持續無量千萬億劫，做了如此長久的供養。

「阿逸多！如果在我滅度之後，有人聽到這部經典，能夠堅信受持，或者自己抄寫，或者教別人抄寫，那他就相當於建立了僧房。這僧房用赤栴檀木造成，有三十二座殿堂，有八棵多羅樹的高度，高廣嚴飾。成百上千的比丘住在其中。內中尚有園林、浴池、經行的道路、坐禪的洞窟。衣服、飲食、床褥、湯藥及其他樂器，無所缺乏。這樣的僧房和樓閣的數量可達百千萬億座，數量之多，無

法測計，這就相當於用如此眾多的供具呈現在我的面前供養給我，以及供養諸比丘僧眾。所以我說在如來滅度之後，若有人能受持、讀誦此經，自己抄寫或教他人抄寫，供養經卷，那麼就不必再建起塔廟、修造僧房、供養僧眾來積累功德。

「更何況還有一些人，他們在受持此經的同時，還能兼行布施、持戒、忍辱、精進、禪定、智慧等六種波羅蜜之法，這些人的功德最為殊勝，可說是無量無邊，如同虛空一樣，東西南北、四維和上下都無量無邊。這些人的功德也像這樣一般無量無邊，他們很快就會證得與佛無二的一切種智。

「如果有人讀誦、受持此經，為他人解說，或者自己抄寫，或者教別人抄寫，與此同時還能建立佛塔、興建僧房、供養並讚頌聲聞僧眾，並以百千萬億種讚歎的方式讚頌菩薩的功德；另外，他還能根據其他人的不同因緣，隨順經文義理，為他們權宜解說這部《法華經》。如果他還能清淨持戒，與柔順溫和者共同修學，忍辱無瞋恨心，意志堅定、常以禪坐為重，獲得深入的定境；又能勇猛精進，行諸善事；諸根慧利，善於答問諸難解之義。阿逸多！如果我滅度之後，善男子、善女人們能在受持、讀誦此經的同時，還能有這樣的諸善功德，應當知道，這些人已經走向成佛的道場，接近於無上正等正覺，已坐在終將成就佛果的菩提樹下。阿逸多！在這些善男子、善女人坐、立或經過的地方，均應建塔，一切天、人都應供養，如同視之為佛塔一樣。」

這時，釋迦牟尼佛為了再次宣說以上義理，即以偈語說道：

若我滅度後，能奉持此經，斯人福無量，

如上之所說，是則為具足，一切諸供養。
以舍利起塔，七寶而莊嚴，表剎甚高廣，
漸小至梵天，寶鈴千萬億，風動出妙音。
又於無量劫，而供養此塔，華香諸瓔珞，
天衣眾伎樂，燃香油酥燈，周匝常照明。
惡世法末時，能持是經者，則為已如上，具足諸供養。
若能持此經，則如佛現在，以牛頭栴檀，起僧坊供養，
堂有三十二，高八多羅樹，上饌妙衣服，床臥皆具足，
百千眾住處，園林諸浴池，經行及禪窟，種種皆嚴好。
若有信解心，受持讀誦書，若復教人書，及供養經卷，
散華香末香，以須曼瞻蔔，阿提目多伽，薰油常燃之，
如是供養者，得無量功德，如虛空無邊，其福亦如是。
況復持此經，兼布施持戒，忍辱樂禪定，不瞋不惡口，
恭敬於塔廟，謙下諸比丘，遠離自高心，常思惟智慧，
有問難不瞋，隨順為解說，若能行是行，功德不可量！
若見此法師，成就如是德，應以天華散，

天衣覆其身，頭面接足禮，生心如佛想。
又應作是念，不久詣道樹，得無漏無為，廣利諸人天。
其所住止處，經行若坐臥，乃至說一偈，
是中應起塔，莊嚴令妙好，種種以供養。
佛子住此地，則是佛受用，常在於其中，經行及坐臥。

【注釋】

❶多羅樹：梵語音譯。又作「岸樹」、「高竦樹」。盛產於印度、緬甸、斯里蘭卡、馬德拉斯等海岸之砂地，樹高約二十二公尺，為棕櫚科之熱帶喬木。其葉長廣，平滑堅實，自古即用於書寫經文，稱為「貝多羅葉」；果熟則赤，狀如石榴，可食。又此樹幹若中斷，則不再生芽，故於諸經中多以之譬喻比丘犯波羅夷之重罪。

❷須曼：花名。又作「須摩那」、「須曼那」、「蘇摩那花」、「蘇曼那花」、「須曼花」、「須曼那花」、「修摩那花」、「須末那花」。意譯「悅意花」、「好意花」、「好喜花」、「善攝意花」、「稱意花」。乃肉豆蔻之一種。屬灌木，花為黃白色，有香氣。瞻蔔：花名。又作「薝蔔」、「瞻波樹」、「瞻博迦樹」、「占婆樹」、「瞻婆樹」、「占博迦樹」。意譯為「金色花樹」、「黃花樹」。產於印度熱帶森林及山地，樹身高大，葉面光滑，長六、七寸，葉裡粉白，

並有軟毛；所生黃色香花，燦然若金，香聞數里，稱為「瞻蔔花」，又作「金色花」、「黃色花」。其樹皮可分泌芳香之汁液，與葉、花等皆可製成藥材或香料。以此花所製之香，即稱為「瞻蔔花香」。

❸阿提目多伽：草名。譯曰「善思夷華」。草形如大麻，赤華青葉，子可作油。亦能為香。

隨喜功德品第十八

本品題中「隨喜」者，「隨」謂隨順，即誠心信奉，絲毫沒有違逆之意；「喜」謂歡喜，即沒有怨恨、嫉妒等，從心底生起真實的歡喜心。本品闡釋了隨喜奉持《法華經》的種種功德。

爾時，彌勒菩薩摩訶薩白佛言：「世尊，若有善男子、善女人，聞是《法華經》隨喜者，得幾所福？」而說偈言：

世尊滅度後，其有聞是經，
若能隨喜者❶，為得幾所福？

爾時，佛告彌勒菩薩摩訶薩：「阿逸多！如來滅後，若比丘、比丘尼、優婆塞、優婆

夷，及餘智者若長若幼，聞是經隨喜已，從法會出至於餘處，若在僧坊，若空閑地，若城邑、巷陌、聚落、田里，如其所聞，為父母、宗親、善友知識隨力演說；是諸人等聞已，隨喜復行轉教；餘人聞已，亦隨喜轉教；如是展轉至第五十。阿逸多，其第五十善男子、善女人隨喜功德，我今說之，汝當善聽。

「若四百萬億阿僧祇世界，六趣四生眾生❷——卵生、胎生、濕生、化生，若有形、無形、有想、無想、非有想非無想、無足、二足、四足、多足，如是等在眾生數者，有人求福，隨其所欲娛樂之具皆給與之，一一眾生與滿閻浮提金、銀、琉璃、硨磲、瑪瑙、珊瑚、琥珀諸妙珍寶，及象馬車乘、七寶所成宮殿樓閣等。是大施主，如是布施滿八十年已，而作是念：『我已施眾生娛樂之具，隨意所欲。然此眾生皆已衰老，年過八十，髮白面皺，將死不久，我當以佛法而訓導之。』即集此眾生，宣布法化，示教利喜。一時皆得須陀洹道❸，斯陀含道❹，阿那含道❺，阿羅漢道。盡諸有漏，於深禪定皆得自在，具八解脫。於汝意云何？是大施主所得功德，寧為多不？」

彌勒白佛言：「世尊！是人功德甚多，無量無邊。若是施主，但施眾生一切樂具，功德無量，何況令得阿羅漢果！」

佛告彌勒：「我今分明語汝，是人以一切樂具，施於四百萬億阿僧祇世界六趣眾生，又令得阿羅漢果，所得功德，不如是第五十人，聞《法華經》一偈隨喜功德，百分、千分、

百千萬億分不及其一，乃至算數譬喻所不能知。

「阿逸多！如是第五十人展轉聞《法華經》隨喜功德，尚無量無邊阿僧祇，何況最初於會中聞而隨喜者！其福復勝無量無邊阿僧祇，不可得比。

「又阿逸多！若人為是經故，往詣僧坊，若坐若立，須臾聽受，緣是功德轉身所生，得好上妙象馬車乘、珍寶輦輿及乘天宮。若復有人，於講法處坐，更有人來，勸令坐聽，若分座令坐，是人功德轉身，得帝釋坐處，若梵王坐處，若轉輪聖王所坐之處。

「阿逸多！若復有人語餘人言：『有經名《法華》，可共往聽。』即受其教，乃至須臾間聞，是人功德轉身，得與陀羅尼菩薩共生一處，利根智慧，百千萬世終不喑啞，口氣不臭；舌常無病；口亦無病；齒不垢黑，不黃不疏，亦不缺落，不差不曲；脣不下垂，亦不褰縮，不粗澀，不瘡胗，亦不缺壞，亦不喎斜，不厚不大，亦不黧黑，無諸可惡；鼻不匾虒，亦不曲戾；面色不黑，亦不狹長，亦不窊曲，無有一切不可喜相。脣、舌、牙、齒悉皆嚴好，鼻修高直，面貌圓滿，眉高而長，額廣平正，人相具足。世世所生，見佛聞法，信受教誨。

「阿逸多！汝且觀是勸於一人令往聽法，功德如此，何況一心聽說讀誦，而於大眾為人分別，如說修行！」

爾時，世尊欲重宣此義，而說偈言：

若人於法會，得聞是經典，
乃至於一偈，隨喜為他說，
如是展轉教，至於第五十，
最後人獲福，今當分別之。
如有大施主，供給無量眾，
具滿八十歲，隨意之所欲。
見彼衰老相，髮白而面皺，
齒疏形枯竭，念其死不久，
我今應當教，令得於道果，
即為方便說，涅槃真實法，
世皆不牢固，如水沫泡焰，
汝等咸應當，疾生厭離心。
諸人聞是法，皆得阿羅漢，
具足六神通，三明八解脫。
最後第五十，聞一偈隨喜，
是人福勝彼，不可為譬喻。

如是展轉聞，其福尚無量，
何況於法會，初聞隨喜者！
若有勸一人，將引聽《法華》，
言此經深妙，千萬劫難遇，
即受教往聽，乃至須臾聞，
斯人之福報，今當分別說。
世世無口患，齒不疏黃黑，
脣不厚褰缺，無有可惡相，
舌不乾黑短，鼻高修且直，
額廣而平正，面目悉端嚴，
為人所喜見，口氣無臭穢，
優鉢華之香，常從其口出。
若故詣僧坊，欲聽《法華經》，
須臾聞歡喜，今當說其福。
後生天人中，得妙象馬車，
珍寶之輦輿，及乘天宮殿。

若於講法處，勸人坐聽經，
是福因緣得，釋梵轉輪座。
何況一心聽，解說其義趣，
如說而修行，其福不可量！

【譯文】

這時，彌勒大菩薩對釋迦牟尼佛說：「世尊啊，若有善男子、善女人聽聞這部《法華經》之後，能夠隨喜讚歎，那麼，他們能得多少福報呢？」彌勒又說偈頌：

世尊滅度後，其有聞是經，
若能隨喜者，為得幾所福？

釋迦牟尼佛告訴彌勒菩薩說：「阿逸多！如來滅度之後，如果有比丘、比丘尼、優婆塞、優婆夷，及其他有智慧的人，或長或幼，聽聞此經隨喜讚歎後，他們從法會上出來，到其他地方，或在僧院，或在空地，或在城鎮、街巷、村落、田間等，把自己的見聞，根據自己的能力，向父母、宗族講說；這些人聽聞之後，也都同樣隨喜，並又向其他人講說；其他人聽了之後，也能隨喜並轉教他人；如此反覆至第五十次轉教。阿逸多！這第五十次轉教的善男子、善女人隨喜《法華經》的功德，我現在就宣說一下，你應當仔細聽。

「如果四百萬億阿僧祇之多的世界裡的一切眾生，如有分別處於天、人、阿修羅、畜生、餓鬼、地獄等六道眾生，或以卵生、胎生、濕生、化生四種方式出生的眾生；或者有形的眾生，或者無形的眾生，或者有想天的眾生，或者無想天的眾生，或者非有想的眾生，或者非無想的眾生；或者無足的眾生，或者具二足、四足、多足的眾生；如此等等眾生中，如果有人為了求取福德，按照一切屬於此範圍的眾生所具有的欲望，都滿足他們的要求，給予他們所希望得到的用具，如對每一位眾生，都贈予遍布整個閻浮提世界的金、銀、琉璃、硨磲、瑪瑙、珊瑚、琥珀等各種美妙的珍寶，以及象、馬、車乘和用七寶所建成的宮殿、樓閣等。這樣的大施主如此布施，長達八十年，然後，心中產生這樣的念頭：『我已經布施給這些眾生各種享樂用具，滿足了他們的種種欲求。但如今這些眾生都已經衰老，都年過八十，頭髮斑白，滿面皺紋，不久就要面臨死期，現在，我應當以佛法來教化他們。』於是，他便召集這些眾生，宣示佛法以指引教導他們，使他們生起歡喜心。很快證得小乘四聖的果位，即須陀洹果、斯陀含果、阿那含果、阿羅漢果。這些眾生已經從一切煩惱中解脫出來，在各種深入的禪定之境中，都紛紛得到自在，獲得了八種解脫之道。你是怎麼看呢？這位大施主所得到的功德多不多呢？」

彌勒菩薩說：「世尊！此人的功德非常多，可說是無量無邊。如果這位施主僅僅布施給眾生各種享樂用具，他所獲得的功德已經無量，更何況讓他們都證得阿羅漢果的功德！」

釋迦牟尼佛告訴彌勒菩薩說：「我現在明確地告訴你，此人以各種享樂用具布施給四百萬億阿

僧祇世界中的六道眾生，又教化令他們全部證得阿羅漢果，他由此獲得的功德，不如上述第五十位因聽聞《法華經》中的一個偈頌，並且隨喜轉教所獲得的功德，甚至不及隨喜轉教功德的百分、千分、百千萬億分功德的一分，以至於用算數推算，用譬喻來說明，也無法知道此無量無邊的功德。

「阿逸多！就是這第五十位人，輾轉得聞《法華經》並且隨喜轉教，尚且獲得無量無邊阿僧祇的功德，更何況最初於法華會中，聽聞此經而生隨喜之心的人，他的功德又比那第五十位輾轉得聞隨喜者的功德更為眾多，即使無量無邊阿僧祇數，也無法比擬。

「另外，阿逸多！如果有人為了聽聞這部經典，專程到僧院中去，或者坐著，或者站著，哪怕是在極短的時間內聽受到這部經典，那麼，因為這個功德，他來世轉生時，便會擁有非常美妙的象、馬、車乘、珍寶裝飾的輦車，或者轉生到天道，擁有七寶宮殿。如果另外有人在講說《法華經》的地方坐著，這時又有其他人來，他便勸其也坐下聽經，或者把自己的座位分出一部分讓他坐，那麼，他的功德可使他來世轉生於天帝之所，或梵王之所，或轉輪聖王之所。

「阿逸多！如果有人對其他人說：『有一部《法華經》，我們可以一同去聽講。』其他人便接受其指點，甚至只在極短的片刻時間中聽聞到此經，那麼，此人的功德可使他來世與通達諸陀羅尼的菩薩眾同生一處，六根聰利，頗具智慧，在之後的百千萬世之中，始終不得喑啞之症，口中不臭；不會患上舌病和口病；牙齒不垢；不黑、不黃、不疏，也不缺落，不參差，不彎曲；唇不下垂，也不縮蹙，不粗澀，不生瘡，不缺不壞，不歪斜，不厚大，不發黑，沒有任何令人厭惡的地方；鼻子正直，

不塌陷，不彎曲；臉色不黑，臉形不狹長，不凹陷，沒有任何讓人不喜歡的外相。總之，他會長得唇、舌、牙齒結實好看，鼻子高直，面貌圓潤豐滿，眉高而長，額寬而平，具備了一切美好的相貌。並且世世轉生的地方，都能夠得見佛陀，聽受佛法，深心信仰，並接受佛陀的教誨。

「阿逸多！你暫且觀察一下這種情況，勸一人前往聽法，功德尚且如此，何況自己能一心一意地聽說、讀誦，並在大眾中為大家分別解說，並按照法義如法修行。」

這時，釋迦牟尼佛為了再次宣說以上法義，即以偈頌說道：

若人於法會，得聞是經典，乃至於一偈，隨喜為他說，
如是展轉教，至於第五十，最後人獲福，今當分別之。
如有大施主，供給無量眾，具滿八十歲，隨意之所欲。
見彼衰老相，髮白而面皺，齒疏形枯竭，念其死不久，
我今應當教，令得於道果，即為方便說，涅槃真實法，
世皆不牢固，如水沫泡焰，汝等咸應當，疾生厭離心。
諸人聞是法，皆得阿羅漢，具足六神通，三明八解脫。
最後第五十，聞一偈隨喜，是人福勝彼，不可為譬喻。
如是展轉聞，其福尚無量，何況於法會，初聞隨喜者！
若有勸一人，將引聽《法華》，言此經深妙，千萬劫難遇，

即受教往聽，乃至須臾聞，斯人之福報，今當分別說。
世世無口患，齒不疏黃黑，唇不厚褰缺，無有可惡相，
舌不乾黑短，鼻高修且直，額廣而平正，面目悉端嚴，
為人所喜見，口氣無臭穢，優鉢華之香，常從其口出。
若故詣僧坊，欲聽《法華經》，須臾聞歡喜，今當說其福。
後生天人中，得妙象馬車，珍寶之輦輿，及乘天宮殿。
若於講法處，勸人坐聽經，是福因緣得，釋梵轉輪座。
何況一心聽，解說其義趣，如說而修行，其福不可量！

【注釋】

❶ 隨喜：謂見他人行善，隨之心生歡喜。《大智度論》卷六十一則謂，隨喜者之功德，勝於行善者本人。「隨喜」一詞，亦引申為參與佛教儀式。於天臺宗，為「五悔」（滅罪修行之懺法）之一，亦為五品弟子位之初品。

❷ 四生：即指卵生、胎生、濕生、化生。指三界六道有情產生之四種類別。據《俱舍論》卷八載，即：㈠卵生，由卵殼出生者，稱為「卵生」。如鵝、孔雀、雞、蛇、魚、蟻等。㈡胎生，又作「腹生」。從母胎而出生者，稱為「胎生」。如人、象、馬、牛、豬、羊、驢等。㈢濕生，又作

「因緣生」、「寒熱和合生」。即由糞聚、注道、穢廁、腐肉、叢草等潤濕地之濕氣所產生者，稱為「濕生」。如飛蛾、蚊蚰、蠓蚋、麻生蟲等。㈣化生，無所托而忽有，稱為「化生」。如諸天、地獄中之有情，皆由其過去之業力而化生。以上四生，以化生之眾生為最多。此外，又以「四生」或「四生眾類」等語泛指一切之有情眾生，或作為有情眾生之別稱。

❸須陀洹：為聲聞乘四果中最初之聖果。又稱「初果」。即斷盡見惑之聖者所得之果位。全稱「須陀般那」。又作「須氀多阿半那」、「窣路陀阿鉢囊」、「窣路多阿半那」。舊譯作「入流」、「至流」、「逆流」。新譯作「預流」。入流，意指初入聖者之流；逆流，謂斷三界之見惑已，方違逆生死之流。又初證聖果者，預入聖道之法流，故稱「預流」。須陀洹分因果二位，自入見道初心至第十五心之間，為趨向須陀洹果之因位，稱須「陀洹向」；見道之終，即第十六心之位，而對於前之向位則稱「須陀洹果」，為聲聞乘四聖位中之正果初位。又依《五教章通路記》卷五十，將預流果之人分為三類，即：㈠現般預流，乃三界修惑皆斷盡，得「無學果」證般涅槃者。此屬利根之機。㈡現進預流，由進修而斷欲界修惑之前六品乃至九品，證「一來果」，並證「不還果」者。屬中根之機。㈢受生預流，指於一、二生或七返人天往來受生者。屬於根器較鈍者。

❹斯陀含：又作「沙羯利陀伽彌」。意譯作「一來」、「一往來」。係沙門四果之第二。又分為「斯陀含向」與「斯陀含果」，即預流果（初果）之聖者進而更斷除欲界一品至五品之修惑，稱

為「斯陀含向」，或「一來果向」；若更斷除欲界第六品之修惑，尚須由天上至人間一度受生，方可般涅槃，至此以後，不再受生，稱為「斯陀含果」，或「一來果」。以其僅餘下品之貪瞋癡，故又稱「薄貪瞋癡」、「薄地」。

❺阿那含：舊譯作「阿那伽彌」、「阿那伽迷」。略稱「那含」。意譯「不還」、「不來」、「不來相」。乃聲聞四果中第三果之聖者。彼等已斷盡欲界九品之惑，不再還來欲界受生。此階位之聖者中，若九品之惑全部斷盡，則稱「阿那含果」；若斷除七品或八品，則稱「阿那含向」；若斷除七、八品，而所餘之一、二品尚須對治成無漏之根，更須一度受生至欲界，稱為「一間」。又於阿那含果中，復有五種不還、七種不還、九種不還等別。

法師功德品第十九

本品題中「法師」，係指受持、讀誦、解說、書寫《法華經》者。本品的主要內容是，佛陀宣說了受持、讀誦、解說、書寫《法華經》時，於眼、耳、鼻、舌、身、意諸根所獲得的清淨功德。

爾時，佛告常精進菩薩摩訶薩：「若善男子、善女人受持是《法華經》，若讀、若誦、若解說、若書寫，是人當得八百眼功德、千二百耳功德、八百鼻功德、千二百舌功德、八百身功德、千二百意功德。以是功德莊嚴六根皆令清淨❶。是善男子、善女人，父母所生清淨肉眼，見於三千大千世界內外所有山林河海，下至阿鼻地獄，上至有頂❷；亦見其中一切眾生，及業因緣果報生處❸，悉見悉知。」

爾時，世尊欲重宣此義，而說偈言：

若於大眾中，以無所畏心，
說是《法華經》，汝聽其功德。
是人得八百，功德殊勝眼，
以是莊嚴故，其目甚清淨❹。
父母所生眼，悉見三千界，
內外彌樓山，須彌及鐵圍，
并諸餘山林，大海江河水，
下至阿鼻獄，上至有頂處，
其中諸眾生，一切皆悉見。
雖未得天眼❺，肉眼力如是。

【譯文】

這時，釋迦牟尼佛對常精進大菩薩說：「如果善男子、善女人受持這部《法華經》，或者研讀，或者諷誦，或者講解，或者抄寫，那麼，此人將會得到八百種眼功德，一千二百種耳功德，八百種鼻功德，一千二百種舌功德，八百種身功德，一千二百種意功德。因為這些功德的緣故，而使得眼、

耳、鼻、舌、身、意六根悉皆莊嚴，六根清淨無染。這些善男子、善女人，以父母所生的清淨肉眼，就能觀察到三千大千世界內外的所有山林與河海，向下可以看到最下層的阿鼻地獄，向上可以看到三界最高一層的有頂天；也能看見其中的一切眾生，並能觀察到他們的業報緣起，以及果報轉生之處等，都能悉見悉知。」

這時，釋迦牟尼佛為了再次宣說以上義理，即以偈語說道：

若於大眾中，以無所畏心，說是《法華經》，汝聽其功德。
是人得八百，功德殊勝眼，以是莊嚴故，其目甚清淨。
父母所生眼，悉見三千界，內外彌樓山，須彌及鐵圍，
并諸餘山林，大海江河水，下至阿鼻獄，上至有頂處，
其中諸眾生，一切皆悉見。
雖未得天眼，肉眼力如是。

【注釋】

❶ 六根：又作「六情」。指六種感覺器官，或認識能力。為「十二處」之「內六處」，「十八界」之「六根界」。根，為認識器官之意。即眼根（視覺器官與視覺能力）、耳根（聽覺器官及其能力）、鼻根（嗅覺器官及其能力）、舌根（味覺器官及其能力）、身根（觸覺器官及其能力）、

意根（思維器官及其能力）。前五種又稱「五根」。「五根」乃物質上存在之色法，即「色根」。有二種之別，生理器官稱為「扶塵根」，以「四大」為體，對取境生識僅起扶助作用；實際起取境生識作用者稱為「勝義根」，以「四大」所生淨色為性。對此，「意根」則為心之所依生起心理作用之心法，即「無色根」。據有部之說，前剎那之「六識」落謝於過去，意根即是引起次剎那「六識」之等無間緣。故「六識」之作用，須常以意根為所依（通依）。然前五識除依意根之外，另有特定之根為其所依（別依）；意識則僅依意根，並無其他特定之根。瑜伽行派等則由唯識義上說「六根」，主張「六根」、「六境」均為內識所變。又「六根」可視為我人之身心全體，如本經說讀誦、書寫經典，「六根」即可清淨。

❷有頂：音譯作「阿迦尼吒」。天名。色界之第四處，本名「色究竟天」。此在有形世界之最頂，故稱「有頂」（此外無色界有無形之世界）。乃色界四禪天之第九天，為有形世界之最頂峰，故稱「有頂」。此外，有頂天亦指無色界之第四天，即非想非非想處天，以其為三有（三界）之絕頂，故稱「有頂」。

❸果報：即由過去業因所招感之結果。又作「異熟」、「果熟」、「報果」、「應報」、「異熟果」。有二種：㈠總報，即由引業（總報業）而來之果報，如人之生存即由前生引業而來。㈡別報，即人人個別之果報，係由滿業（別報業）而來，又稱「滿果」，如同生而為人，則有男、女、貧、富之分，此即為別報。就時間而言，則有三時業之三時報：㈠順現報，即今生造業，今

生報應之果報。又作「現報」。㈡順生報，即今生造業，來生報應之果報。㈢順後報，即今生造業，再來生報應之果報。「六道」中，人、天二道係由持「五戒」、「行十善」而得之果報，故稱為「善果」。然此善果仍有迷惘煩惱，故又稱為「顛倒善果」。嚴格言之，「果」與「報」之意義亦有差別，凡由同類因而生之等流果，稱為「果」；凡由異熟因而生之異熟果，稱為「報」。

❹清淨：離惡行之過失，離煩惱之垢染，云清淨。清淨可引發諸神通功德。

❺天眼：「五眼」之一。為天趣之眼，故名「天眼」。

「復次，常精進！若善男子、善女人受持此經，若讀、若誦、若解說、若書寫，得千二百耳功德。以是清淨耳，聞三千大千世界，下至阿鼻地獄，上至有頂，其中內外種種語言音聲——象聲、馬聲、牛聲、車聲，啼哭聲、愁歎聲，螺聲、鼓聲、鐘聲、鈴聲，笑聲、語聲，男聲、女聲、童子聲、童女聲，法聲、非法聲，苦聲、樂聲，凡夫聲、聖人聲，喜聲、不喜聲，天聲、龍聲、夜叉聲、乾闥婆聲、阿修羅聲、迦樓羅聲、緊那羅聲、摩睺羅伽聲，火聲、水聲、風聲，地獄聲、畜生聲、餓鬼聲，比丘聲、比丘尼聲，聲聞聲、辟支佛聲、菩薩聲、佛聲。以要言之，三千大千世界中，一切內外所有諸聲，雖未得天耳，以父母

所生清淨常耳，皆悉聞知，如是分別種種音聲而不壞耳根。」

爾時，世尊欲重宣此義，而說偈言：

父母所生耳，清淨無濁穢，
以此常耳聞，三千世界聲，
象馬車牛聲，鐘鈴螺鼓聲，
琴瑟箜篌聲，簫笛之音聲，
清淨好歌聲，聽之而不著，
無數種人聲，聞悉能解了。
又聞諸天聲，微妙之歌音，
及聞男女聲，童子童女聲，
山川險谷中，迦陵頻伽聲，
命命等諸鳥，悉聞其音聲。
地獄眾苦痛，種種楚毒聲，
餓鬼飢渴逼，求索飲食聲，
諸阿修羅等，居在大海邊，
自共語言時，出於大音聲。

如是說法者，安住於此間，
遙聞是眾聲，而不壞耳根。
十方世界中，禽獸鳴相呼，
其說法之人，於此悉聞之。
其諸梵天上，光音及遍淨，
乃至有頂天，言語之音聲，
法師住於此，悉皆得聞之。
一切比丘眾，及諸比丘尼，
若讀誦經典，若為他人說，
法師住於此，悉皆得聞之。
復有諸菩薩，讀誦於經法，
若為他人說，撰集解其義，
如是諸音聲，悉皆得聞之。
諸佛大聖尊，教化眾生者，
於諸大會中，演說微妙法，
持此法華者，悉皆得聞之。

三千大千界，內外諸音聲，
下至阿鼻獄，上至有頂天，
皆聞其音聲，而不壞耳根，
其耳聰利故，悉能分別知。
持是《法華》者，雖未得天耳，
但用所生耳，功德已如是。

【譯文】

「另外，常精進！如果善男子、善女人受持這部《法華經》，或者研讀，或者諷誦，或者講解，或者抄寫，那麼，就可由此獲得一千二百種耳功德。依靠這種清淨的耳根，他就可以聽到三千大千世界中，下至無間地獄，上至有頂天的一切語言音聲，如象聲、馬聲、牛聲、車聲，啼哭聲、愁嘆聲，螺聲、鼓聲、鐘聲、鈴聲，笑聲、語聲，男聲、女聲、童子聲、童女聲，法聲、非法聲，苦聲、樂聲，凡夫聲、聖人聲，喜聲、不喜聲，天聲、龍聲、夜叉聲、乾闥婆聲、阿修羅聲、迦樓羅聲、緊那羅聲、摩睺羅伽聲，火聲、水聲、風聲，地獄聲、畜生聲、餓鬼聲，比丘聲、比丘尼聲，聲聞聲、辟支佛聲、菩薩聲、佛聲。總而言之，三千大千世界中，一切內外各種聲音，雖然他沒有獲得天耳，但僅以父母所生的清淨耳根，都能悉知悉聞，並能分別各種聲音，但卻令耳根受到破壞。」

這時，釋迦牟尼佛為了重申以上義理，便又以偈頌格式說道：

父母所生耳，清淨無濁穢，以此常耳聞，三千世界聲，
象馬車牛聲，鐘鈴螺鼓聲，琴瑟箜篌聲，簫笛之音聲，
清淨好歌聲，聽之而不著，無數種人聲，聞悉能解了。
又聞諸天聲，微妙之歌音，及聞男女聲，童子童女聲，
山川險谷中，迦陵頻伽聲，命命等諸鳥，悉聞其音聲。
地獄眾苦痛，種種楚毒聲，餓鬼飢渴逼，求索飲食聲，
諸阿修羅等，居在大海邊，自共語言時，出於大音聲。
如是說法者，安住於此間，遙聞是眾聲，而不壞耳根。
十方世界中，禽獸鳴相呼，其說法之人，於此悉聞之。
其諸梵天上，光音及遍淨，乃至有頂天，
言語之音聲，法師住於此，悉皆得聞之。
一切比丘眾，及諸比丘尼，若讀誦經典，
若為他人說，法師住於此，悉皆得聞之。
復有諸菩薩，讀誦於經法，若為他人說，
撰集解其義，如是諸音聲，悉皆得聞之。

諸佛大聖尊，教化眾生者，於諸大會中，
演說微妙法，持此法華者，悉皆得聞之。
三千大千界，內外諸音聲，下至阿鼻獄，上至有頂天，
皆聞其音聲，而不壞耳根，其耳聰利故，悉能分別知。
持是《法華》者，雖未得天耳，但用所生耳，功德已如是。

「復次，常精進！若善男子、善女人受持是經，若讀、若誦、若解說、若書寫，成就八百鼻功德。以是清淨鼻根，聞於三千大千世界上下內外種種諸香，須曼那華香、闍提華香❶、末利華香❷、瞻蔔華香、波羅羅華香❸、赤蓮華香、青蓮華香、白蓮華香、華樹香、菓樹香、栴檀香、沉水香、多摩羅跋香、多伽羅香，及千萬種和香、若末若丸若塗香，持是經者，於此間住悉能分別。

「又復別知眾生之香，象香、馬香、牛羊等香，男香、女香、童子香、童女香，及草木叢林香，若近若遠所有諸香，悉皆得聞，分別不錯。

「持是經者，雖住於此，亦聞天上諸天之香，波利質多羅❹、拘鞞陀羅樹香❺，及曼陀羅華香、摩訶曼陀羅華香、曼殊沙華香❻、摩訶曼殊沙華香，栴檀、沉水、種種末香，諸雜

華香，如是等天香，和合所出之香，無不聞知。

「又聞諸天身香，釋提桓因在勝殿上五欲娛樂嬉戲時香，若在妙法堂上為忉利諸天說法時香，若於諸園遊戲時香，及餘天等男女身香，皆悉遙聞。如是展轉乃至梵世，上至有頂諸天身香，亦皆聞之。并聞諸天所燒之香，及聲聞香、辟支佛香、菩薩香、諸佛身香，亦皆遙聞，知其所在。雖聞此香，然於鼻根不壞不錯。若欲分別為他人說，憶念不謬。」

爾時，世尊欲重宣此義，而說偈言：

是人鼻清淨，於此世界中，
若香若臭物，種種悉聞知。
須曼那闍提，多摩羅栴檀，
沉水及桂香，種種華菓香，
及知眾生香，男子女人香，
說法者遠住，聞香知所在。
大勢轉輪王，小轉輪及子，
群臣諸宮人，聞香知所在。
身所著珍寶，及地中寶藏，
轉輪王寶女，聞香知所在。

諸人嚴身具，衣服及瓔珞，
種種所塗香，聞香知其身。
諸天若行坐，遊戲及神變，
持是法華者，聞香悉能知。
諸樹華菓實，及酥油香氣，
持經者住此，悉知其所在。
諸山深險處，栴檀樹華敷，
眾生在中者，聞香皆能知。
鐵圍山大海，地中諸眾生，
持經者聞香，悉知其所在，
阿修羅男女，及其諸眷屬，
鬥諍遊戲時，聞香皆能知。
曠野險隘處，師子象虎狼，
野牛水牛等，聞香知所在。
若有懷妊者，未辨其男女，
無根及非人❼，聞香悉能知。

以聞香力故，知其初懷妊，
成就不成就，安樂產福子。
以聞香力故，知男女所念，
染欲癡恚心，亦知修善者。
地中眾伏藏❽，金銀諸珍寶，
銅器之所盛，聞香悉能知。
種種諸瓔珞，無能識其價，
聞香知貴賤，出處及所在。
天上諸華等，曼陀曼殊沙，
波利質多樹，聞香悉能知。
天上諸宮殿，上中下差別，
眾寶華莊嚴，聞香悉能知。
天園林勝殿，諸觀妙法堂，
在中而娛樂，聞香悉能知。
諸天若聽法，或受五欲時，
來往行坐臥，聞香悉能知。

天女所著衣，好華香莊嚴，
周旋遊戲時，聞香悉能知。
如是展轉上，乃至於梵世，
入禪出禪者，聞香悉能知。
光音遍淨天❾，乃至於有頂，
初生及退沒，聞香悉能知。
諸比丘眾等，於法常精進，
若坐若經行，及讀誦經法，
或在林樹下，專精而坐禪，
持經者聞香，悉知其所在。
菩薩志堅固，坐禪若讀誦，
或為人說法，聞香悉能知，
在在方世尊，一切所恭敬，
愍眾而說法，聞香悉能知。
眾生在佛前，聞經皆歡喜，
如法而修行，聞香悉能知。

雖未得菩薩，無漏法生鼻，
而是持經者，先得此鼻相。

【譯文】

「再次，常精進！如果善男子、善女人受持這部《法華經》，或者研讀，或者諷誦，或者講解，或者抄寫，那麼，此人將會成就八百種鼻功德。憑藉這種清淨的鼻根，就可以聞到三千大千世界上下內外的各種香氣，如須曼那花香、闍提花香、末利花香、瞻蔔花香、波羅羅花香、赤蓮花香、青蓮花香、白蓮花香、花樹香、果樹香、栴檀香、沉水香、多摩羅跋香、多伽羅香，及千萬種和香，或者為末香，或者為丸香，或者為塗香，受持這部經典的人，住在這裡，對這些香味完全能夠辨別。

「他還能夠分別嗅到各種眾生的香氣，如象香、馬香、牛香、羊香、男人香、女人香、童男香、童女香，以及草木叢林的香氣，或遠或近，所有的這些香，他都能夠聞到並能正確辨別，不致出現任何差錯。

「受持這部經典的人，雖然住在這裡，也能聞到天上各種天界的香氣，如波利質多羅、拘鞞陀羅樹香，及曼陀羅花香、大曼陀羅花香、曼殊沙花香、大曼殊沙花香，栴檀香、沉水香、各種末香、各種雜花香。所有這些天界之香及混和在一起所散發的香氣，他沒有不能聞到並分別出的。

「他還能聞到諸天人身上的香氣，如天帝釋提桓因在華麗勝殿上享受五欲之樂和嬉戲時的香氣；

或在妙法堂上為忉利天中的所有天人說法時的香氣；在各園林內遊戲時的香氣；還有其他或男或女的天人身上散發的香氣，他也都能遠遠地聞到。像這樣輾轉甚至到了梵天，上至有頂天的天人身上散發出來的香氣，他都能夠聞到。並能聞到諸天人所燒的香，以及聲聞香、辟支佛香、菩薩香、諸佛的香氣，他都可以在很遙遠的地方聞到，並且能夠知道這些香氣從何處散發出。雖然能夠聞到如此眾多的香氣，但對鼻根卻沒有任何損壞，也不會發生任何錯亂。如果想為別人分別解說，他便會清晰無誤地回憶起這些香氣。」

這時，釋迦牟尼佛為了重申以上義理，便又以偈頌說道：

是人鼻清淨，於此世界中，若香若臭物，種種悉聞知。
須曼那闍提，多摩羅栴檀，沉水及桂香，種種華菓香，
及知眾生香，男子女人香，說法者遠住，聞香知所在。
大勢轉輪王，小轉輪及子，群臣諸宮人，聞香知所在。
身所著珍寶，及地中寶藏，轉輪王寶女，聞香知所在。
諸人嚴身具，衣服及瓔珞，種種所塗香，聞香知其身。
諸天若行坐，遊戲及神變，持是法華者，聞香悉能知。
諸樹華菓實，及酥油香氣，持經者住此，悉知其所在。
諸山深險處，栴檀樹華敷，眾生在中者，聞香皆能知。

鐵圍山大海，地中諸眾生，持經者聞香，悉知其所在，
阿修羅男女，及其諸眷屬，鬥諍遊戲時，聞香皆能知。
曠野險隘處，師子象虎狼，野牛水牛等，聞香知所在。
若有懷妊者，未辨其男女，無根及非人，聞香悉能知。
以聞香力故，知其初懷妊，成就不成就，安樂產福子。
以聞香力故，知男女所念，染欲癡恚心，亦知修善者。
地中眾伏藏，金銀諸珍寶，銅器之所盛，聞香悉能知。
種種諸瓔珞，無能識其價，聞香知貴賤，出處及所在。
天上諸華等，曼陀曼殊沙，波利質多樹，聞香悉能知。
天上諸宮殿，上中下差別，眾寶華莊嚴，聞香悉能知。
天園林勝殿，諸觀妙法堂，在中而娛樂，聞香悉能知。
諸天若聽法，或受五欲時，來往行坐臥，聞香悉能知。
天女所著衣，好華香莊嚴，周旋遊戲時，聞香悉能知。
如是展轉上，乃至於梵世，入禪出禪者，聞香悉能知。
光音遍淨天，乃至於有頂，初生及退沒，聞香悉能知。
諸比丘眾等，於法常精進，若坐若經行，及讀誦經法，

或在林樹下，專精而坐禪，持經者聞香，悉知其所在。
菩薩志堅固，坐禪若讀誦，或為人說法，聞香悉能知，
在在方世尊，一切所恭敬，愍眾而說法，聞香悉能知。
眾生在佛前，聞經皆歡喜，如法而修行，聞香悉能知。
雖未得菩薩，無漏法生鼻，而是持經者，先得此鼻相。

【注釋】

❶ 闍提華：又作「闍帝花」、「闍底花」。意譯為「生花」、「實花」。屬於亞熱帶常綠灌木之肉豆蔻類植物，或稱「肉冠花」、「豆蔻花」、「金錢花」。其花色白而外緣為紅色，富香氣，葉為對生，呈卵狀。產於尼泊爾及喜馬拉雅山西北部高約六〇〇至一八〇〇公尺之地區。

❷ 末利華：末利，又名「摩利」、「末羅」。譯言「鬘」，因其花可以造鬘，故名。《慧苑音義》曰：「末利者，花名也。其花黃金色，然非末利之言即翻為黃色。」

❸ 波羅羅：謂重生花也。

❹ 波利質多羅：又曰「波利質羅」，波疑質姤。具名「波利耶怛羅拘陀羅」，忉利天上之樹名。譯言「香遍樹」，又稱曰「天樹王」。

❺ 拘鞞陀羅樹：為黑檀樹之一。又作「拘毘陀羅樹」、「拘鞞羅樹」。意譯「地破樹」。產於喜馬

拉雅山西麓，中國及緬甸亦有分布。

❻曼殊沙華：曼殊沙，又譯作「柔軟花」、「白圓花」、「如意花」、「檻花」、「曼殊顏花」。其花大者，稱為「摩訶曼殊沙花」。曼殊沙花為四種天花之一，乃天界之花名。其花鮮白柔軟，諸天可隨意降落此花，以莊嚴說法道場，見之者可斷離惡業。

❼無根：無男女之根者。

❽伏藏：指埋藏於地中之寶物。

❾光音：光音天，音譯「阿波會提婆」。又作「阿波會天」、「阿會亙修天」、「阿波亙羞天」、「阿波羅天」、「阿波嘬羅遮天」。意譯「光陰天」、「水無量天」、「無量水天」、「極光淨天」、「極光天」、「光淨天」、「遍勝光天」、「晃昱天」、「光曜天」。新譯「極光淨天」、「遍勝光天」。乃色界天之一。即第二禪之第三天，位於無量光天之上，少淨天之下。此界眾生無有音聲，而由定心所發之光明，以替代語言傳達彼此之意，故稱「光音天」。上品二禪天相應業之眾生投生此界，得最勝之色，身長八由旬，壽八大劫，以喜悅為食，住於安樂，自然光明，具有神通，可乘空而行。遍淨天：音譯「首訶既那」、「首波訖栗那」、「羞訖」、「摩首」。又作「遍淨天」、「無量淨天」、「廣善天」、「淨難逮天」。為色界十八天之一。即第三禪中最上位之天。生此天者，受樂遍滿，故稱「遍淨」。

「復次，常精進！若善男子、善女人受持是經，若讀、若誦、若解說、若書寫，得千二百舌功德。若好若醜，若美不美，及諸苦澀物，在其舌根，皆變成上味；如天甘露，無不美者。若以舌根，於大眾中有所演說，出深妙聲能入其心，皆令歡喜快樂。又諸天子、天女、釋梵諸天，聞是深妙音聲，有所演說言論次第，皆悉來聽。

「及諸龍、龍女、夜叉、夜叉女、乾闥婆、乾闥婆女、阿修羅、阿修羅女、迦樓羅、迦樓羅女、緊那羅、緊那羅女、摩睺羅伽、摩睺羅伽女，為聽法故，皆來親近、恭敬、供養。

「及比丘、比丘尼、優婆塞、優婆夷、國王、王子、群臣眷屬、小轉輪王、大轉輪王、七寶千子、內外眷屬，乘其宮殿俱來聽法。

「以是菩薩善說法故。婆羅門居士、國內人民，盡其形壽，隨侍供養。又諸聲聞、辟支佛、菩薩、諸佛，常樂見之。是人所在方面，諸佛皆向其處說法，悉能受持一切佛法，又能出於深妙法音。」

爾時，世尊欲重宣此義，而說偈言：

是人舌根淨，終不受惡味，
其有所食噉❶，悉皆成甘露。
以深淨妙聲，於大眾說法，
以諸因緣喻，引導眾生心，

聞者皆歡喜，設諸上供養。
諸天龍夜叉，及阿修羅等，
皆以恭敬心，而共來聽法。
是說法之人，若欲以妙音，
遍滿三千界，隨意即能至。
大小轉輪王，及千子眷屬，
合掌恭敬心，常來聽受法。
諸天龍夜叉，羅剎毘舍闍❷，
亦以歡喜心，常樂來供養。
梵天王魔王，自在大自在，
如是諸天眾，常來至其所。
諸佛及弟子，聞其說法音，
常念而守護，或時為現身。

【譯文】

「再次，常精進！如果善男子、善女人受持這部《法華經》，或者研讀，或者諷誦，或者講解，

或者抄寫，那麼，他就可由此獲得一千二百種舌功德。無論是好的味道，或是不好的味道；或是美味，或是惡劣的味道，甚至各種苦澀的味道，只要觸及他的舌根，就會全部轉變成上等妙味；如同天降的甘露，沒有不美味的。如果以這樣的舌根在大眾中演說佛法，則可發出深遠微妙的聲音，能深入大眾的心識中，令他們覺得非常歡喜快樂。另外，諸天人子、天人女、帝釋天、大梵天以及諸天的天主，他們聽到這種深遠微妙的聲音在演說佛法，全都會前來聆聽。

「還有諸龍、龍女、夜叉、夜叉女、乾闥婆、乾闥婆女、阿修羅、阿修羅女、迦樓羅、迦樓羅女、緊那羅、緊那羅女、摩睺羅伽、摩睺羅伽女，這些眾生為了聽聞佛法的緣故，都來親近此人，並對他表示恭敬和供養。

「甚至比丘、比丘尼、優婆塞、優婆夷、國王、王子、群臣、眷屬；小轉輪王、大轉輪王，以及他們各自的一千位兒子，及裡裡外外的眷屬等，都乘其宮殿，一齊前來聽法。

「因為這位菩薩善於說法，所以，婆羅門居士以及國內的人民，都會盡其一生來跟隨侍奉、供養法師。另外，各位聲聞、辟支佛、菩薩、如來等也常常樂於見到這位菩薩。這位菩薩無論在什麼地方，諸如來都會向其所在的地方說法。這位菩薩能夠受持諸佛所宣說的一切教法，又能發出深奧微妙的法音。」

這時，釋迦牟尼佛為了再次宣說以上義理，即以偈語說道：

是人舌根淨，終不受惡味，其有所食噉，悉皆成甘露。

以深淨妙聲，於大眾說法，以諸因緣喻，
引導眾生心，聞者皆歡喜，設諸上供養。
諸天龍夜叉，及阿修羅等，皆以恭敬心，而共來聽法。
是說法之人，若欲以妙音，遍滿三千界，隨意即能至。
大小轉輪王，及千子眷屬，合掌恭敬心，常來聽受法。
諸天龍夜叉，羅剎毘舍闍，亦以歡喜心，常樂來供養。
梵天王魔王，自在大自在，如是諸天眾，常來至其所。
諸佛及弟子，聞其說法音，常念而守護，或時為現身。

【注釋】

❶ 噉：即「啖」。吃。

❷ 毘舍闍：類似羅剎的鬼神之一。音譯又作「畢舍遮」、「毘舍遮」、「臂舍柘」，意為食血肉鬼、啖人精氣鬼或癲狂鬼。

「復次，常精進！若善男子、善女人受持是經，若讀、若誦、若解說、若書寫，得八百

身功德，得清淨身，如淨琉璃，眾生喜見。其身淨故，三千大千世界眾生，生時死時，上下好醜，生善處、惡處，悉於中現。及鐵圍山、大鐵圍山、彌樓山❶、摩訶彌樓山等諸山，及其中眾生，悉於中現。下至阿鼻地獄，上至有頂，所有及眾生，悉於中現。若聲聞、辟支佛、菩薩、諸佛說法，皆於身中現其色像。」

爾時，世尊欲重宣此義，而說偈言：

若持《法華》者，其身甚清淨，
如彼淨琉璃，眾生皆喜見。
又如淨明鏡，悉見諸色像，
菩薩於淨身，皆見世所有，
唯獨自明了，餘人所不見。
三千世界中，一切諸群萌，
天人阿修羅，地獄鬼畜生，
如是諸色像，皆於身中現。
諸天等宮殿，乃至於有頂，
鐵圍及彌樓，摩訶彌樓山，
諸大海水等，皆於身中現。

諸佛及聲聞，佛子菩薩等，
若獨若在眾，說法悉皆現。
雖未得無漏，法性之妙身，
以清淨常體，一切於中現。

【譯文】

「再次，常精進！如果善男子、善女人受持這部《法華經》，或者研讀，或者諷誦，或者講解，或者抄寫，那麼，他就可由此獲得八百種身功德，得到清淨的身體，如同明淨的玻璃一樣，眾生都喜歡見到他。由於此人的身體清淨，所以，三千大千世界中所有眾生，或者生時，或者死時，或者在天上，或者在地獄，或者美麗，或者醜陋，或者生善處，或者生惡道，所有這一切都會在此人清淨的身體中顯現出來。以及鐵圍山、大鐵圍山、彌樓山和大彌樓山等各種山，以及其中的所有眾生，也都在此人清淨的身體中呈現出來。下至阿鼻地獄，上至有頂天，所有諸天及其中的眾生，都能在此人清淨的身體中呈現出來。如果聲聞、辟支佛、菩薩、諸佛等講經說法，那麼，他們說法的情景也會在此人清淨的的身體中呈現出來。」

這時，釋迦牟尼佛為了再次宣說以上義理，即以偈語說道：

若持《法華》者，其身甚清淨，如彼淨琉璃，眾生皆喜見。

又如淨明鏡，悉見諸色像，菩薩於淨身，
皆見世所有，唯獨自明了，餘人所不見。
三千世界中，一切諸群萌，天人阿修羅，
地獄鬼畜生，如是諸色像，皆於身中現。
諸天等宮殿，乃至於有頂，鐵圍及彌樓，
摩訶彌樓山，諸大海水等，皆於身中現。
諸佛及聲聞，佛子菩薩等，若獨若在眾，說法悉皆現。
雖未得無漏，法性之妙身，以清淨常體，一切於中現。

【注釋】

❶ 彌樓山：「七金山」之一。又稱「尼民陀羅山」、「持地山」。此世界以須彌山為中心，周圍有七金山，最外圍之山即彌樓山。七金山之外圍更有鐵圍山，與須彌山合為九山；九山之間復有八海，此稱九山八海。

「復次，常精進！若善男子、善女人，如來滅後受持是經，若讀、若誦、若解說、若書寫，得千二百意功德。以是清淨意根，乃至聞一偈一句，通達無量無邊之義。解是義已，

能演說一句一偈，至於一月、四月乃至一歲。諸所說法，隨其義趣，皆與實相不相違背。若說俗間經書、治世語言、資生業等，皆順正法。三千大千世界六趣眾生，心之所行，心所動作，心所戲論，皆悉知之。雖未得無漏智慧，而其意根清淨如此。是人有所思惟籌量言說，皆是佛法，無不真實，亦是先佛經中所說。」

爾時，世尊欲重宣此義，而說偈言：

是人意清淨，明利無穢濁，
以此妙意根，知上中下法。
乃至聞一偈，通達無量義，
次第如法說，月四月至歲。
是世界內外，一切諸眾生，
若天龍及人，夜叉鬼神等，
其在六趣中，所念若干種，
持《法華》之報，一時皆悉知。
十方無數佛，百福莊嚴相，
為眾生說法，悉聞能受持。
思惟無量義，說法亦無量，

終始不忘錯，以持《法華》故。
悉知諸法相，隨義識次第，
達名字語言，如所知演說。
此人有所說，皆是先佛法，
以演此法故，於眾無所畏。
持《法華經》者，意根淨若斯，
雖未得無漏，先有如是相。
是人持此經，安住希有地，
為一切眾生，歡喜而愛敬，
能以千萬種，善巧之語言，
分別而說法，持《法華經》故。

【譯文】

「再次，常精進！如果善男子、善女人受持這部《法華經》，或者研讀，或者諷誦，或者講解，或者抄寫，那麼，他就可由此獲得一千二百種意功德。有了這種清淨的意根，即使僅聽聞一首偈頌、一句經文，也能通達無量無邊的佛法義理。在通達如此眾多的法義後，哪怕只演說一句經文、一首偈

頌，也能演講一個月、四個月甚至一年。他所演說的所有法義，都能符合經文的義旨，與實相之理不相違背。如果講說俗世間的經書，如治理國家的方法，或者為謀生方法等，也都能隨順佛法，不相違背。三千大千世界之中的所有六道眾生，他們心中的想法，所起的心念，所生的虛妄言意，這位具有清淨意根的菩薩也能完全知曉。雖然這位菩薩尚未獲得無漏的智慧，可是由於他的意根是如此地清淨無染。這位菩薩所思維、籌量、言說的一切，都是佛法，無不真實可靠，並且也是原先諸位如來於經中所說過的法義。」

這時，釋迦牟尼佛為了再次宣說以上義理，即以偈語說道：

是人意清淨，明利無穢濁，以此妙意根，知上中下法。
乃至聞一偈，通達無量義，次第如法說，月四月至歲。
是世界內外，一切諸眾生，若天龍及人，夜叉鬼神等，
其在六趣中，所念若干種，持《法華》之報，一時皆悉知。
十方無數佛，百福莊嚴相，為眾生說法，悉聞能受持。
思惟無量義，說法亦無量，終始不忘錯，以持《法華》故。
悉知諸法相，隨義識次第，達名字語言，如所知演說。
此人有所說，皆是先佛法，以演此法故，於眾無所畏。
持《法華經》者，意根淨若斯，雖未得無漏，先有如是相。

是人持此經，安住希有地，為一切眾生，歡喜而愛敬，
能以千萬種，善巧之語言，分別而說法，持《法華經》故。

常不輕菩薩品第二十

本品題中，「常不輕菩薩」以其於一切眾生常無輕視，並常尊重而得名。

佛陀宣說往昔為常不輕菩薩時與《法華經》的因緣。久遠劫前於威音王如來像法之中，常不輕比丘深達諸法實相，並見四眾悉皆禮拜讚歎，言不敢輕視眾生，因為一切眾生皆當作佛；無論人們對他怎樣輕罵侮慢，他都對眾生禮敬如故。又能受持《法華經》，即得六根清淨，神力廣大，壽命增長，並廣為宣說《法華經》。其後於無量諸佛值世，仍宣說《法華經》，令無量眾生成就佛果。常不輕菩薩以累世供養、恭敬、尊重、讚歎的功德，終將成就無上佛果。並通過這些事例，勸說後世眾生當於如來滅後，受持、讀誦、解說、書寫《法華經》，必當世世值佛，速成佛道。

爾時，佛告得大勢菩薩摩訶薩❶：「汝今當知，若比丘、比丘尼、優婆塞、優婆夷，持《法華經》者，若有惡口罵詈誹謗，獲大罪報，如前所說；其所得功德，如向所說，眼耳鼻舌身意清淨。

「得大勢！乃往古昔，過無量無邊不可思議阿僧祇劫，有佛名威音王如來、應供、正遍知、明行足、善逝、世間解、無上士、調御丈夫、天人師、佛世尊，劫名離衰，國名大成。其威音王佛，於彼世中，為天、人、阿修羅說法。為求聲聞者，說應四諦法，度生老病死，究竟涅槃；為求辟支佛者，說應十二因緣法；為諸菩薩因阿耨多羅三藐三菩提，說應六波羅蜜法，究竟佛慧。

「得大勢，是威音王佛，壽四十萬億那由他恆河沙劫，正法住世劫數如一閻浮提微塵，像法住世劫數如四天下微塵。其佛饒益眾生已，然後滅度。正法、像法滅盡之後，於此國土復有佛出，亦號威音王如來、應供、正遍知、明行足、善逝、世間解、無上士、調御丈夫、天人師、佛世尊，如是次第有二萬億佛皆同一號。

「最初威音王如來既已滅度，正法滅後於像法中，增上慢比丘有大勢力。爾時，有一菩薩比丘，名常不輕。得大勢，以何因緣名常不輕？是比丘凡有所見，若比丘、比丘尼、優婆塞、優婆夷，皆悉禮拜讚歎，而作是言：『我深敬汝等，不敢輕慢。所以者何？汝等皆行菩薩道，當得作佛。』

「而是比丘不專讀誦經典，但行禮拜；乃至遠見四眾，亦復故往，禮拜讚歎而作是言：『我不敢輕於汝等，汝等皆當作佛。』四眾之中，有生瞋恚心不淨者，惡口罵詈言：『是無智比丘，從何所來？自言我不輕汝，而與我等授記當得作佛？我等不用如是虛妄授記。』

「如此經歷多年，常被罵詈不生瞋恚，常作是言：『汝當作佛。』說是語時，眾人或以杖木瓦石而打擲之。避走遠住，猶高聲唱言：『我不敢輕於汝等，汝等皆當作佛。』以其常作是語故，增上慢比丘、比丘尼、優婆塞、優婆夷，號之為常不輕。

「是比丘臨欲終時，於虛空中，具聞威音王佛先所說《法華經》，二十千萬億偈悉能受持，即得如上眼根清淨、耳鼻舌身意根清淨。得是六根清淨已，更增壽命二百萬億那由他歲，廣為人說是《法華經》。

「於時，增上慢四眾，比丘、比丘尼、優婆塞、優婆夷，輕賤是人為作『不輕』名者，見其得大神通力、樂說辯力、大善寂力，聞其所說，皆信伏隨從。是菩薩復化千萬億眾令住阿耨多羅三藐三菩提，命終之後得值二千億佛，皆號日月燈明。於其法中說是《法華經》。以是因緣復值二千億佛，同號雲自在燈王。於此諸佛法中受持讀誦。為諸四眾說此經典故，得是常眼清淨、耳鼻舌身意諸根清淨。於四眾中說法心無所畏。得大勢，是常不輕菩薩摩訶薩供養如是若干諸佛，恭敬尊重讚歎，種諸善根。於後復值千萬億佛，亦於諸佛法中說是經典，功德成就，當得作佛。

「得大勢，於意云何？爾時常不輕菩薩，豈異人乎？則我身是。若我於宿世不受持讀誦此經、為他人說者，不能疾得阿耨多羅三藐三菩提。我於先佛所受持讀誦此經，為人說故，疾得阿耨多羅三藐三菩提。得大勢，彼時四眾，比丘、比丘尼、優婆塞、優婆夷，以瞋恚意輕賤我故，二百億劫常不值佛、不聞法、不見僧。千劫於阿鼻地獄受大苦惱。畢是罪已，復遇常不輕菩薩教化阿耨多羅三藐三菩提。

「得大勢！於汝意云何？爾時四眾常輕是菩薩者，豈異人乎？今此會中跋陀婆羅等五百菩薩，師子月等五百比丘，尼思佛等五百優婆塞，皆於阿耨多羅三藐三菩提不退轉者是。

「得大勢？當知是《法華經》，大饒益諸菩薩摩訶薩，能令至於阿耨多羅三藐三菩提。是故諸菩薩摩訶薩，於如來滅後，常應受持、讀誦、解說、書寫是經。」

【譯文】

這時，釋迦牟尼佛告訴得大勢至菩薩說：「你現在應當知道，如果比丘、比丘尼、優婆塞、優婆夷能夠受持這部《法華經》，若有誰對他們惡言相加、辱罵誹謗，將會獲得極大的罪報，如同前面所說的；而受持《法華經》者所得到的功德，如先前已說的，能獲得眼、耳、鼻、舌、身、意等六根的清淨。

「大勢至菩薩！往昔過無量無邊不可思議阿僧祇劫前，有一位佛陀，名號叫做威音王如來、應

供、正遍知、明行足、善逝、世間解、無上士、調御丈夫、天人師、佛世尊，他所處的劫名叫離衰；他所居住的國土名叫大成。威音王佛在他住世之時，為天、人和阿修羅等眾生說法。他為求聲聞果的人說苦、集、滅、道的四諦之法，以救度他們出離生、老、病、死等諸苦，達到究竟的涅槃境界；他為求辟支佛果的人講十二因緣之法；為求無上正等正覺的菩薩道的人們宣講布施、持戒、忍辱、精進、禪定、智慧等六波羅蜜之法，這是最究竟的成佛智慧。

「大勢至菩薩！威音王佛的住世壽命長達四十萬億那由他恆河沙劫，他的正法住世劫數相當於一個閻浮提洲粉為微塵之數，他的像法住世的劫數，相當於四大部洲粉為微塵所得的微塵總數。那位如來使所有的眾生獲得真正的教益後，即進入涅槃。之後，此佛的正法、像法完全消亡之後，在那國土上又有一位佛陀出世，此佛的名號也叫威音王如來、應供、正遍知、明行足、善逝、世間解、無上士、調御丈夫、天人師、佛世尊。如此這樣地依次輾轉出世，一共有二萬億位佛，他們都有同一個名號。

「最初的那位威音王如來滅度之後，他的正法時期也已經終結，到了像法時代，懷有增上慢的比丘擁有強大的勢力。那時，有一位修行菩薩道的比丘，名叫常不輕。大勢至菩薩！你知道他為什麼叫常不輕呢？這位比丘對一切他所遇到的人，無論是比丘、比丘尼，或是優婆塞、優婆夷，全都要禮敬叩拜，稱揚讚歎，並且對他們說：『我深心敬仰你們，不敢有所輕慢，為什麼這樣說呢？因為你們都在修行菩薩道，將會成就佛果。』

「這位常不輕比丘，並不是僅僅專一地讀誦經典，只是遍行禮拜；甚至遠遠看見比丘、比丘尼、優婆塞、優婆夷等四眾弟子，他也要特意走上前去，對他們行禮叩拜，稱揚讚歎，並且說道：『我不敢有所輕慢，你們未來必定成就佛果。』四眾弟子中有人生起不清淨的瞋恨心，惡言惡語地責罵他說：『這個沒有智慧的比丘，從什麼地方跑到這裡，自說什麼我不敢輕慢你們，卻為我們授記未來當得作佛。我們不需要這種虛妄的授記。』

「如此這樣，經歷了很多年，常不輕菩薩經常被人責罵，但他從來不生氣發怒，仍然一如繼往地這樣說：『你將來定當成就佛果。』他這樣說時，其他人有時會用手杖、木條、瓦塊、石頭等打他。他只好躲避，跑到很遠的地方，但依然高聲說：『我不敢輕慢你們，你們皆當成佛！』因為這位比丘經常說這樣的話，所以，懷有增上慢的比丘、比丘尼、優婆塞、優婆夷等便給他取了一個名字叫常不輕。

「這位比丘臨終之時，在虛空中，完全聽聞到威音王如來先前宣說的《法華經》，二十千萬億偈頌都能夠完全受持，因而獲得了如上所述的眼根清淨、耳根清淨、鼻根清淨、舌根清淨、身根清淨、意根清淨等。他獲得這六根清淨後，他的壽命又增加了二百萬億那由他歲，為大眾廣泛宣說這部《法華經》。

「這個時候，那些懷有增上慢的比丘、比丘尼、優婆塞、優婆夷，曾經輕賤此比丘並為他起名『常不輕』的人，見他獲得了如此大神通力、樂說辯才及大清淨力，因此，他們聽聞這位比丘的說

法，全部信受，並跟從他一起修行。這位常不輕菩薩又教化了千萬億眾生，使他們都獲得了無上正等正覺。常不輕菩薩命終之後，他又多次轉生，遇到了二千億位如來，這些如來的名號都叫日月燈明。他在這些如來弘法過程中，繼續演說這部《法華經》。由於這個緣故，他又遇到了二千億位如來，這些如來的名號都叫做雲自在燈王佛，在這些如來的弘法過程中，他仍然受持、讀誦並為四眾弟子演說這部經典。由於這個緣故，他又獲得了眼根、耳根、鼻根、舌根、身根、意根等六根清淨。他為四眾弟子說法時，心中沒有任何怖畏。大勢至菩薩！這位常不輕菩薩，供養如此眾多的如來，並且都極為恭敬、尊重、讚歎如來，種下了很多善根。此後，他又遇到了千萬億位如來，又在這些如來的弘法過程中，繼續演說這部經典，終於令功德圓滿，應當要證得佛果了。

「大勢至菩薩！你是怎麼樣認為的？那時的常不輕菩薩是旁人嗎？那時的常不輕菩薩就是我釋迦牟尼佛的前身。如果我在往世沒有受持、讀誦這部經典，不為他人演說，那麼，我就不會如此迅速地成就無上正等正覺。我在往昔諸如來那裡，受持、讀誦這部經典，並為他人演說，所以才能如此迅速地證得無上正等正覺。大勢至菩薩！那時的四眾弟子，即比丘、比丘尼、優婆塞、優婆夷，因為以瞋怒心輕視我的緣故，因此，他們在二百億劫的歲月中，常常無法遇到如來，無法聽聞佛法，無法得見僧眾。並在長達一千劫的時間裡，轉生於阿鼻地獄中，遭受巨大的痛苦。等受完了這些罪報之後，他們又再次遇到常不輕菩薩，受他的教化，而走上志求無上正等正覺的道路。

「大勢至菩薩！你是怎麼樣認為的？那時四眾弟子中經常輕視這位菩薩的人，難道是旁人嗎？他

們就是今天法華會上的跋陀婆羅等五百位菩薩、師子月等五百位比丘、尼思佛等五百位優婆塞，他們如今已經在志求佛果的道路上，達到了不退轉的境界。

「大勢至菩薩！你應當知道，這部《法華經》對所有的大菩薩都有很大的益處，能使他們成就無上正等正覺。所以，一切大菩薩在如來滅度之後，都應該時常受持、讀誦、解說、書寫這部經典。」

【注釋】

❶得大勢菩薩：即大勢至菩薩。大勢至，音譯「摩訶娑太摩鉢羅鉢路」。意譯作「得大勢」、「大精進」。略稱「勢志菩薩」、「勢至菩薩」。此菩薩以智慧光普照一切，令眾生離三塗，得無上力；又彼行時，十方世界一切地皆震動，故稱「大勢至」。與觀世音菩薩同為西方極樂世界阿彌陀佛之脅侍，世稱「西方三聖」。《首楞嚴經》卷五〈念佛圓通章〉謂，大勢至菩薩於因地時，以念佛心入無生忍，故今攝此娑婆世界之念佛眾生，歸入淨土。又依《悲華經》卷三載，當阿彌陀佛入滅後，由觀世音菩薩補其位；觀世音入滅後，則由大勢至補處成佛，掌握化權，號「善住珍寶山王如來」。關於其形像，據《觀無量壽經》載，其天冠中有五百寶花，一一寶花又有五百寶台，每一寶台皆現十方諸佛之淨妙國土相；頂上之肉髻如鉢頭摩花，肉髻中安置一寶瓶；其餘身相則與觀世音菩薩大同小異。又據〈阿唎多羅陀羅尼阿嚕力品〉載，二菩薩俱呈純金色白焰光，右手執白拂，左手執蓮花，大勢至之身形較觀世音小。於密教現圖胎藏界曼荼羅中，位於觀

音院內列上方第二位，全身肉色，左手持開合蓮花，右手屈中間三指，置於胸前，坐於赤蓮花上。密號持輪金剛，三昧耶形為未開敷之蓮花。

爾時，世尊欲重宣此義，而說偈言：

過去有佛，號威音王，神智無量，
將導一切，天人龍神，所共供養。
是佛滅後，法欲盡時，有一菩薩，名常不輕。
時諸四眾，計著於法，不輕菩薩，往到其所，
而語之言：我不輕汝，汝等行道，皆當作佛。
諸人聞已，輕毀罵詈，不輕菩薩，能忍受之。
其罪畢已，臨命終時，得聞此經，六根清淨，
神通力故，增益壽命，復為諸人，廣說是經。
諸著法眾，皆蒙菩薩，教化成就，令住佛道。
不輕命終，值無數佛，說是經故，
得無量福，漸具功德，疾成佛道。

彼時不輕，則我身是。
時四部眾，著法之者，聞不輕言，汝當作佛，
以是因緣，值無數佛，此會菩薩，五百之眾，
并及四部，清信士女❶，今於我前，聽法者是。
我於前世，勸是諸人，聽受斯經，第一之法，
開示教人，令住涅槃，世世受持，如是經典。
億億萬劫，至不可議，時乃得聞，是《法華經》。
億億萬劫，至不可議，諸佛世尊，時說是經。
是故行者，於佛滅後，聞如是經，勿生疑惑，
應當一心，廣說此經，世世值佛，疾成佛道。

【譯文】

這時，釋迦牟尼佛為了再次宣說法義，即以偈頌說道：

過去有佛，號威音王，神智無量，
將導一切，天人龍神，所共供養。
是佛滅後，法欲盡時，有一菩薩，名常不輕。

時諸四眾，計著於法，不輕菩薩，往到其所，
而語之言：我不輕汝，汝等行道，皆當作佛。
諸人聞已，輕毀罵詈，不輕菩薩，能忍受之。
其罪畢已，臨命終時，得聞此經，六根清淨，
神通力故，增益壽命，復為諸人，廣說是經。
諸著法眾，皆蒙菩薩，教化成就，令住佛道。
不輕命終，值無數佛，說是經故，
得無量福，漸具功德，疾成佛道。
彼時不輕，則我身是。
時四部眾，著法之者，聞不輕言，汝當作佛，
以是因緣，值無數佛，此會菩薩，五百之眾，
并及四部，清信士女，今於我前，聽法者是。
我於前世，勸是諸人，聽受斯經，第一之法，
開示教人，令住涅槃，世世受持，如是經典。
億億萬劫，至不可議，時乃得聞，是《法華經》。
億億萬劫，至不可議，諸佛世尊，時說是經。

是故行者，於佛滅後，聞如是經，勿生疑惑，
應當一心，廣說此經，世世值佛，疾成佛道。

【注釋】

❶清信士女：清信士、清信女。清信士，即優婆塞，譯曰「信士」，又曰「清信士」。受「三歸」、「五戒」得清淨信心之男子。清信女，即優婆夷，譯曰「信女」，又曰「清信女」。受「三歸」、「五戒」具清淨信心之女子。

如來神力品第二十一

佛陀於大眾前廣現神力，現諸瑞相，向大眾宣示指出：如來一切所有之法、如來一切自在神力、如來一切秘要之藏、如來一切甚深之事，皆於《法華經》中宣示顯說。付囑大眾當於如來滅度後，對《法華經》一心受持、讀誦、解說、書寫及如法修行。

爾時，千世界微塵等菩薩摩訶薩從地涌出者，皆於佛前，一心合掌，瞻仰尊顏，而白佛言：「世尊，我等於佛滅後，世尊分身所在國土，滅度之處，當廣說此經。所以者何？我等亦自欲得是真淨大法，受持、讀誦、解說、書寫而供養之。」

爾時，世尊於文殊師利等無量百千萬億舊住娑婆世界菩薩摩訶薩，及諸比丘、比丘尼、

優婆塞、優婆夷、天、龍、夜叉、乾闥婆、阿修羅、迦樓羅、緊那羅、摩睺羅伽、人非人等，一切眾前，現大神力，出廣長舌上至梵世❶，一切毛孔放於無量無數色光，皆悉遍照十方世界。眾寶樹下師子座上諸佛亦復如是，出廣長舌，放無量光。釋迦牟尼佛及寶樹下諸佛，現神力時滿百千歲，然後還攝舌相。一時謦欬❷，俱共彈指❸，是二音聲，遍至十方諸佛世界，地皆六種震動。其中眾生，天、龍、夜叉、乾闥婆、阿修羅、迦樓羅、緊那羅、摩睺羅伽、人非人等，以佛神力故，皆見此娑婆世界無量無邊百千萬億眾寶樹下師子座上諸佛，及見釋迦牟尼佛共多寶如來在寶塔中坐師子座，又見無量無邊百千萬億菩薩摩訶薩，及諸四眾恭敬圍繞釋迦牟尼佛。既見是已，皆大歡喜，得未曾有。

即時，諸天於虛空中高聲唱言：「過此無量無邊百千萬億阿僧祇世界，有國名娑婆，是中有佛，名釋迦牟尼，今為諸菩薩摩訶薩說大乘經，名《妙法蓮華》，教菩薩法佛所護念。汝等當深心隨喜，亦當禮拜供養釋迦牟尼佛。」

彼諸眾生聞虛空中聲已，合掌向娑婆世界，作如是言：「南無釋迦牟尼佛！南無釋迦牟尼佛！」以種種華、香、瓔珞、幡蓋及諸嚴身之具、珍寶妙物，皆共遙散娑婆世界。所散諸物從十方來，譬如雲集變成寶帳，遍覆此間諸佛之上。於時，十方世界通達無礙，如一佛土❹。

爾時，佛告上行等菩薩大眾：「諸佛神力，如是無量無邊不可思議。若我以是神力，於無量無邊百千萬億阿僧祇劫，為囑累故說此經功德，猶不能盡。以要言之，如來一切所有

之法，如來一切自在神力，如來一切祕要之藏❺，如來一切甚深之事，皆於此經宣示顯說。是故汝等於如來滅後，應一心受持、讀誦、解說、書寫、如說修行；所在國土，若有受持、讀誦、解說、書寫、如說修行，若經卷所住之處，若於園中，若於林中，若於樹下，若於僧坊，若白衣舍❻，若在殿堂，若山谷曠野，是中皆應起塔供養。所以者何？當知是處即是道場，諸佛於此得阿耨多羅三藐三菩提，諸佛於此轉於法輪，諸佛於此而般涅槃。」

爾時，世尊欲重宣此義，而說偈言：

諸佛救世者，住於大神通，
為悅眾生故，現無量神力，
舌相至梵天，身放無數光，
為求佛道者，現此希有事。
諸佛謦欬聲，及彈指之聲，
周聞十方國，地皆六種動。
以佛滅度後，能持是經故，
諸佛皆歡喜，現無量神力。
囑累是經故，讚美受持者，
於無量劫中，猶故不能盡。

是人之功德，無邊無有窮，
如十方虛空，不可得邊際。
能持是經者，則為已見我，
亦見多寶佛，及諸分身者，
又見我今日，教化諸菩薩。
能持是經者，令我及分身，
滅度多寶佛，一切皆歡喜。
十方現在佛，并過去未來，
亦見亦供養，亦令得歡喜。
諸佛坐道場，所得祕要法，
能持是經者，不久亦當得。
能持是經者，於諸法之義，
名字及言辭，樂說無窮盡，
如風於空中，一切無障礙。
於如來滅後，知佛所說經，
因緣及次第，隨義如實說，

如日月光明，能除諸幽冥。
斯人行世間，能滅眾生闇，
教無量菩薩，畢竟住一乘。
是故有智者，聞此功德利，
於我滅度後，應受持斯經，
是人於佛道，決定無有疑。

【譯文】

這時，一千世界微塵數之眾的大菩薩眾，從地下湧出，都在釋迦牟尼佛面前專心一意地合掌，凝望佛陀的尊顏，對佛說道：「世尊！我們在佛陀滅度之處，以及世尊分身諸佛於所教化國土中滅度之後，定當廣泛演說這部經典。為什麼呢？因為我們也想得到這種真實清淨的無上法門，並受持、讀誦、解說、書寫、供養這部經典。」

這時，釋迦牟尼佛在文殊師利菩薩等無量百千萬億過去曾住在娑婆世界的大菩薩面前，在各位比丘、比丘尼、優婆塞、優婆夷等四眾弟子面前，在天、龍、夜叉、乾闥婆、阿修羅、迦樓羅、緊那羅、摩睺羅伽等天龍八部眾面前，在一切人和非人面前，在一切大眾面前，顯示出大神通力，伸出廣長之舌，向上直達梵天，佛陀身上的所有毛孔，都發放出無量無數的各色彩光，遍照十方世界的各個

角落，無不周遍。在各種寶樹下的獅子座上安住的各位分身示現諸佛也是如此，伸出廣長之舌，放出無量的光明。釋迦牟尼佛及坐在寶樹下的各位分身示現諸佛顯現神通力的時間，持續了百個千年後，然後才收回廣長舌相。他們同時發出輕咳聲，又同時發出彈指聲，這兩種聲音響徹十方一切佛國世界，大地都發生了六種震動。那些世界中的眾生，置身於法華會中的所有眾生，如天、龍、夜叉、乾闥婆、阿修羅、迦樓羅、緊那羅、摩睺羅伽、人和各種非人等，依仗佛陀神力的緣故，都看見在此娑婆世界中，無量無邊百千萬億的寶樹下面的獅子座上安坐的各位如來，並看見了釋迦牟尼佛和多寶如來在寶塔之中一齊坐在獅子座上，又看見了無量無邊百千萬億位大菩薩眾及四眾弟子，恭恭敬敬地圍繞著釋迦牟尼佛。看見了這種景象之後，大眾充滿無比的喜樂，是以往從未有過的。

這時，諸天人在虛空之中高聲說道：「從此再經歷無量無邊百千萬億阿僧祇世界，那裡有一個名叫娑婆的國土，在那裡，有一位如來，名號叫做釋迦牟尼，現在正為諸大菩薩演說一部大乘經典，經名叫做《妙法蓮華經》，那是教化菩薩的法門，為諸佛所護持和憶念。你們應當從心底生起隨喜之意，也應當禮拜、供養釋迦牟尼佛。」

所有那些眾生聽到虛空中傳來的聲音之後，都合掌面向娑婆世界，並且這樣說道：「南無釋迦牟尼佛！南無釋迦牟尼佛！」大眾又以各種鮮花、妙香、瓔珞、寶幡、寶蓋及各種裝飾身體的用具及其他各類珍寶和上妙用物，遠遠地灑向娑婆世界。所散之物從十方世界匯集而來，猶如雲一般聚集起來，形成了寶帳，廣為覆蓋在此土諸如來的上方。這時，十方世界，通達無礙，猶如一個佛土。

這時，釋迦牟尼佛告訴上行菩薩等菩薩大眾說：「諸佛神力如此無量無邊，不可思議。如果以我的神力，在無量無邊百千萬億阿僧祇劫的時間裡，因為囑託後世眾生信受的緣故，而不斷地講述此經的功德，但依然是無法盡說的。總而言之，如來所擁有的一切教法，如來所具備的一切自在神力，如來所宣示的一切秘要法藏，如來所作的一切深妙法事，都在此經中得到宣講和指示。所以，你們在如來滅度之後，應當一心一意地受持、讀誦、解說、書寫《法華經》，並如法修行。這部經典所在國土，只要受持、讀誦、解說、書寫、如法修行《法華經》；只要是這部經典所在的地方，或者在花園中，或者在叢林中，或者在樹下，或者在僧院，或者在民宅，或者在殿堂，或者在山谷曠野之中，所有這些地方都應該建起寶塔供養。為什麼呢？應該知道，這些地方就是道場，諸如來就是在這裡證得無上正等正覺；諸如來就是在這裡轉動法輪；諸如來就是在這裡證得涅槃。」

這時，釋迦牟尼佛為了再次宣說法義，即以偈頌言道：

諸佛救世者，住於大神通，為悅眾生故，現無量神力，
舌相至梵天，身放無數光，為求佛道者，現此希有事。
諸佛謦欬聲，及彈指之聲，周聞十方國，地皆六種動。
以佛滅度後，能持是經故，諸佛皆歡喜，現無量神力。
囑累是經故，讚美受持者，於無量劫中，猶故不能盡。
是人之功德，無邊無有窮，如十方虛空，不可得邊際。

能持是經者，則為已見我，亦見多寶佛，
及諸分身者，又見我今日，教化諸菩薩。
能持是經者，令我及分身，滅度多寶佛，一切皆歡喜。
十方現在佛，并過去未來，亦見亦供養，亦令得歡喜。
諸佛坐道場，所得祕要法，能持是經者，不久亦當得。
能持是經者，於諸法之義，名字及言辭，
樂說無窮盡，如風於空中，一切無障礙。
於如來滅後，知佛所說經，因緣及次第，
隨義如實說，如日月光明，能除諸幽冥。
斯人行世間，能滅眾生闇，教無量菩薩，畢竟住一乘。
是故有智者，聞此功德利，於我滅度後，
應受持斯經，是人於佛道，決定無有疑。

【注釋】

❶廣長舌：為佛「三十二大人相」之一。又作「廣長輪相」。略稱「長舌相」、「廣長舌」、「舌相」。諸佛之舌廣而長，柔軟紅薄，能覆面至髮際，如赤銅色。此相具有兩種表徵：㈠語必真

實。㈡辯說無窮，非餘人所能超越者。《大智度論》卷八：「若人舌能覆鼻，言無虛妄，何況乃至髮際？我心信佛必不妄語。」

❷謦欬：咳嗽，利喉。

❸彈指：即拇指與食指之指頭強力摩擦，彈出聲音；或以拇指與中指壓覆食指，復以食指向外急彈。於印度，彈指有四義：㈠表示虔敬歡喜。據本經載，諸佛之謦欬聲與彈指聲普傳至十方，大地皆起六種震動。㈡表示警告。據新譯《華嚴經》卷七十九載，善財童子至彌勒菩薩之樓閣前，彈指出聲，門即開啟令其入內。㈢表示許諾。據《增壹阿含經》卷二十八載，有二龍王請世尊准許彼等為優婆塞，世尊彈指允之。㈣時間單位。彈指所需之極短暫時間，稱為「一彈指」或「一彈指頃」。關於「一彈指」時間之長短，諸說不一。如《大智度論》卷八十三謂，一彈指有六十念。《俱舍論》卷十二云：「如壯士一疾彈指頃六十五剎那，如是名為一剎那量。」此處係指第一種涵義。

❹佛土：佛所住之國土，佛所化之領土也。有淨土、穢土、報土、法性土等之別。

❺祕要：不妄示於人之切要法門，或指密教所修之加持、祈禱等法。

❻白衣：原意白色之衣，轉稱「著白衣者」，即指在家人。印度人一般皆以鮮白之衣為貴，故僧侶以外者皆著用白衣，從而指在家人為白衣。佛典中亦多以「白衣」為在家人之代用語；相對於此，沙門則稱為「緇衣」、「染衣」。白衣舍：普通百姓住的房子。

囑累品第二十二

佛陀付囑諸菩薩當受持、讀誦，廣為宣說《法華經》，令一切眾生得聞並如法修行。諸菩薩亦發願當如教奉行。

爾時，釋迦牟尼佛從法座起，現大神力。以右手摩無量菩薩摩訶薩頂❶，而作是言：「我於無量百千萬億阿僧祇劫，修習是難得阿耨多羅三藐三菩提法，今以付囑汝等：汝等應當一心流布此法，廣令增益。」如是三摩諸菩薩摩訶薩頂，而作是言：「我於無量百千萬億阿僧祇劫，修習是難得阿耨多羅三藐三菩提法，今以付囑汝等：汝等當受持讀誦，廣宣此法，令一切眾生普得聞知。所以者何？如來有大慈悲，無諸慳吝，亦無所畏，能與眾生佛之

智慧、如來智慧、自然智慧。如來是一切眾生之大施主，汝等亦應隨學如來之法，勿生慳吝。於未來世，若有善男子、善女人，信如來智慧者，當為演說此《法華經》，使得聞知，為令其人得佛慧故。若有眾生不信受者，當於如來餘深法中示教利喜。汝等若能如是，則為已報諸佛之恩。」

時諸菩薩摩訶薩，聞佛作是說已，皆大歡喜。遍滿其身，益加恭敬，曲躬低頭，合掌向佛，俱發聲言：「如世尊敕，當具奉行。唯然，世尊，願不有慮！」諸菩薩摩訶薩眾如是三反，俱發聲言：「如世尊敕，當具奉行。唯然，世尊，願不有慮！」

爾時，釋迦牟尼佛令十方來諸分身佛各還本土，而作是言：「諸佛各隨所安，多寶佛塔還可如故。」說是語時，十方無量分身諸佛，坐寶樹下師子座上者，及多寶佛，并上行等無邊阿僧祇菩薩大眾，舍利弗等聲聞四眾，及一切世間天、人、阿修羅等，聞佛所說，皆大歡喜。

【譯文】

此時，釋迦牟尼佛從法座上起身，向大眾顯現大神通力。他以右手為無量無數的大菩薩摩頂，並對他們宣示教言說：「我曾經在無量百千萬億阿僧祇劫的漫長歲月中，修習此稀有難得的無上正等正覺之法，如今我把此稀有法門囑託給你們，你們應當一心守護，使這一法門得以廣泛地流布，使其能

夠更加廣泛地使信受此法的眾生受益。」世尊如此反覆三次為大菩薩們摩頂，並宣示道：「我在無量百千萬億阿僧祇劫的漫長歲月中，修習此種稀有難得的無上正等正覺之法，如今我把此稀有妙法囑託給你們，你們應當受持、讀誦，並且廣泛宣揚此妙法，令一切眾生能夠悉聞悉知。這是什麼緣故呢？這都是由於如來出於大慈大悲、普度眾生之願力，絲毫沒有任何的慳吝，也沒有絲毫的畏懼，能夠使眾生開啟與佛無二的智慧，使眾生開啟本具的智慧。正緣於此，如來可謂為一切眾生的大施主，你們也應當隨順效法如來，不要產生絲毫的慳吝之心。於未來之世，如果遇到能夠堅信如來智慧的善男子、善女人，則應為其演說這部《法華經》，讓他們聞知此經，這是為了使他們獲得如佛陀一般無二的智慧。如果有眾生於此《法華經》尚未生起信奉受持之心，你們則應用諸佛所宣示的其他深廣法門去教化他們，令他們得到真實的利益，並生起歡喜之心。你們如果確能按此行事，那就等同報答了諸佛的恩德。」

此時，會中諸位大菩薩聞知佛陀宣示的教言後，全都十分歡喜。全身充滿欣喜之情，更加恭敬諸佛，紛紛彎腰低首，合掌向佛陀致敬，同聲說言：「對於世尊的敕令，我們將會依教奉行，所以還請世尊不要再有顧慮。」諸位菩薩、大菩薩這樣反覆了三遍之後，又同聲說道：「世尊的敕令，我們自當完全奉行，所以，還請世尊不要有什麼顧慮。」

此時，釋迦牟尼佛延請十方世界分身示現的諸佛各歸其教化之國土，並且這樣說道：「諸佛現在可以各隨所安，回到各自安住的國土。多寶佛塔也可返還恢復原狀。」釋迦牟尼佛說此言時，十方無

量無數的分身諸佛，在寶樹下的獅子座上敷坐的諸佛和多寶佛，以及上行菩薩為首的無量無數的菩薩眾，暨舍利弗等聲聞乘的四眾弟子，並及所有世間的天神、人、阿修羅等眾生，得聞佛之言教，普皆歡喜。

【注釋】

❶ 摩頂：指佛為付囑大法，以手摩弟子之頂，或為預示當來作佛之授記；摩：撫摸。

藥王菩薩本事品第二十三

佛陀宣說藥王菩薩往昔聞法供養日月淨明德佛的事蹟。藥王菩薩於久遠劫前日月淨明德如來住世時，為一切眾生喜見菩薩。該菩薩精進修行苦行，得證一切色身三昧，以神通力焚身供養如來及《法華經》。復於後世又轉生淨德王家後並燃臂供養。世尊又宣說受持《法華經》及本〈藥王菩薩本事品〉的無量功德。

爾時，宿王華菩薩白佛言：「世尊，藥王菩薩云何遊於娑婆世界？世尊，是藥王菩薩，有若干百千萬億那由他難行苦行。善哉！世尊，願少解說。」諸天、龍、神、夜叉、乾闥婆、阿修羅、迦樓羅、緊那羅、摩睺羅伽、人非人等，又他國土諸來菩薩，及此聲聞眾，聞

皆歡喜。

爾時，佛告宿王華菩薩：「乃往過去無量恆河沙劫，有佛號日月淨明德如來、應供、正遍知、明行足、善逝、世間解、無上士、調御丈夫、天人師、佛世尊。其佛有八十億大菩薩摩訶薩，七十二恆河沙大聲聞眾。佛壽四萬二千劫，菩薩壽命亦等。彼國無有女人、地獄、餓鬼、畜生、阿修羅等及以諸難，地平如掌，琉璃所成。寶樹莊嚴，寶帳覆上，垂寶華幡，寶瓶香爐周遍國界。七寶為臺，一樹一臺，其樹去臺盡一箭道。此諸寶樹，皆有菩薩、聲聞而坐其下。諸寶台上，各有百億諸天作天伎樂，歌歎於佛，以為供養。

「爾時，彼佛為一切眾生喜見菩薩及眾菩薩、諸聲聞眾說《法華經》。是一切眾生喜見菩薩樂習苦行，於日月淨明德佛法中，精進經行，一心求佛。滿萬二千歲已，得現一切色身三昧。得此三昧已，心大歡喜，即作念言：『我得現一切色身三昧，皆是得聞《法華經》力。我今當供養日月淨明德佛及《法華經》。』即時入是三昧，於虛空中雨曼陀羅華、摩訶曼陀羅華、細末堅黑栴檀，滿虛空中如雲而下。又雨海此岸栴檀之香，此香六銖價值娑婆世界❶，以供養佛。

「作是供養已，從三昧起，而自念言：『我雖以神力供養於佛，不如以身供養。』即服諸香，栴檀、薰陸❷、兜樓婆❸、畢力迦❹、沉水、膠香，又飲瞻蔔諸華香油。滿千二百歲已，香油塗身，於日月淨明德佛前，以天寶衣而自纏身，灌諸香油，以神通力願而自燃身，

光明遍照八十億恆河沙世界。

「其中諸佛同時讚言：『善哉！善哉！善男子，是真精進，是名真法供養如來。若以華、香、瓔珞、燒香、末香、塗香、天繒、幡蓋及海此岸栴檀之香，如是等種種諸物供養，所不能及。假使國城、妻子布施亦所不及。善男子，是名第一之施，於諸施中最尊最上，以法供養諸如來故。』作是語已而各默然，其身火燃千二百歲，過是已後，其身乃盡。

「一切眾生喜見菩薩作如是法供養已，命終之後，復生日月淨明德佛國中。於淨德王家，結跏趺坐，忽然化生，即為其父而說偈言：

大王今當知，我經行彼處，
即時得一切，現諸身三昧。
勤行大精進，捨所愛之身，
供養於世尊，為求無上慧。

「說是偈已，而白父言：『日月淨明德佛，今故現在。我先供養佛已，得解一切眾生語言陀羅尼。復聞是《法華經》，八百千萬億那由他甄迦羅❺、頻婆羅❻、阿閦婆❼等偈。大王，我今當還供養此佛。』白已即坐七寶之臺，上升虛空高七多羅樹，往到佛所，頭面禮足，合十指爪，以偈讚佛：

容顏甚奇妙，光明照十方，

我適曾供養，今復還親覲。

「爾時，一切眾生喜見菩薩說是偈已，而白佛言：『世尊，世尊，猶故在世。』爾時，日月淨明德佛告一切眾生喜見菩薩：『善男子，我涅槃時到，滅盡時至。汝可安施床座，我於今夜當般涅槃。』又敕一切眾生喜見菩薩：『善男子，我以佛法囑累於汝，及諸菩薩大弟子，并阿耨多羅三藐三菩提法，亦以三千大千七寶世界諸寶樹寶臺，及給侍諸天，悉付於汝。我滅度後，所有舍利亦付囑汝，當令流布廣設供養，應起若干千塔。』如是日月淨明德佛，敕一切眾生喜見菩薩已，於夜後分入於涅槃。

「爾時，一切眾生喜見菩薩見佛滅度，悲感懊惱，戀慕於佛，即以海此岸栴檀為藉，供養佛身而以燒之。火滅已後，收取舍利，作八萬四千寶瓶，以起八萬四千塔，高三世界，表剎莊嚴，垂諸幡蓋，懸眾寶鈴。

「爾時，一切眾生喜見菩薩復自念言：『我雖作是供養，心猶未足，我今當更供養舍利。』便語諸菩薩大弟子，及天、龍、夜叉等一切大眾：『汝等當一心念，我今供養日月淨明德佛舍利。』作是語已，即於八萬四千塔前，燃百福莊嚴臂，七萬二千歲而以供養，令無數求聲聞眾、無量阿僧祇人發阿耨多羅三藐三菩提心，皆使得住現一切色身三昧。

「爾時，諸菩薩、天、人、阿修羅等，見其無臂，憂惱悲哀，而作是言：『此一切眾生喜見菩薩，是我等師，教化我者，而今燒臂，身不具足。』於時，一切眾生喜見菩薩於大

眾中，立此誓言：『我捨兩臂，必當得佛金色之身。若實不虛，令我兩臂還復如故。』作是誓已，自然還復，由斯菩薩福德智慧淳厚所致。當爾之時，三千大千世界六種震動，天雨寶華，一切人天得未曾有。」

【譯文】

這時，宿王華菩薩對釋迦牟尼佛說：「世尊，藥王菩薩是什麼樣的因緣來到這個娑婆世界遊歷的？世尊，這位藥王菩薩曾經修習過若干百千萬億那由他難以修習的苦行。善哉！世尊，願您為我們稍作解說。」法會上的天神、龍神、夜叉、乾闥婆、阿修羅、迦樓羅、緊那羅、摩睺羅伽等天龍八部及人與非人等，另外還有其他國土來的諸位菩薩，以及此方的聲聞眾等，也都十分歡喜。

這時，釋迦牟尼佛告訴宿王華菩薩說：「過去無量恆河沙數劫前，有一位佛的名號叫做日月淨明德如來、應供、正遍知、明行足、善逝、世間解、無上士、調御丈夫、天人師、佛世尊。這位佛的國土中有八十億位大菩薩，還有七十二條恆河沙數之眾的大聲聞弟子。日月淨明德如來的住世壽命為四萬二千劫，菩薩的壽命也是如此。那個佛國中沒有女人，沒有地獄、餓鬼、畜生等，也沒有各種災難，大地平坦，如同手掌一般，全都是琉璃鋪成。寶樹莊嚴，又有寶帳覆蓋在上面，垂掛著寶花及寶幡；寶瓶與香爐遍布整個國土。七寶做成高台，每座台前各有一樹，寶樹與寶台相距一箭之地。這些寶樹之下，有菩薩和聲聞弟子安坐在下面。所有的寶台上，各有百億天神演奏天樂，以歌詠讚歎佛陀

作為供養。

「那時，日月淨明德如來，為一切眾生喜見菩薩及其他菩薩眾，以及聲聞眾弟子演說《法華經》。這位一切眾生喜見菩薩喜歡修習苦行，他在日月淨明德如來的正法中，精進修行，一心志求佛果。經過一萬兩千年之後，終於證得現一切色身的禪定神力。獲得這種禪定後，一切眾生喜見菩薩心中生起極大的歡喜，於是這樣說道：『我能獲得變現一切色身的禪定神力，都是因為得聞《法華經》的力量所致。我現在應當供養日月淨明德如來及《法華經》。』於是，他當即入於禪定之中，從虛空中，散下如雨一般的曼陀羅花、大曼陀羅花和細末堅黑栴檀香，布滿整個虛空，如同密雲一般落下。並且如雨一般灑下栴檀之香，這種香是如此地貴重，六銖之重的此香，其價值即等於娑婆世界，一切眾生喜見菩薩以此來供養日月淨明德如來。

「做完了這些供養之後，一切眾生喜見菩薩出於禪定，暗自想道：『我雖然以神力供養如來，猶覺不足，不如以我的身體來供養如來。』於是，他就服用各種妙香，如栴檀、薰陸、兜樓婆、畢力迦、沉水、膠香，又飲下瞻蔔諸花香油。經過一千二百年，他又用香油塗抹身體，在日月淨明德如來佛面前，用天上的寶衣纏繞自己的身體，再灌下各種香油，以神通力及願力而燃燒自己的身體，發出的光明照遍了八十億恆河沙數之多的世界。

「這些世界之中的諸佛都同聲讚歎道：『善哉！善哉！善男子，這才是真正的精進，這才叫做真正以法供養如來。如果以花、香、瓔珞、燒香、末香、塗香、天繒、幡蓋及海此岸的栴檀之香等種種

物具供養，都比不上這種以身體進行供養的功德。即使以國土、城邑，以及妻、子進行布施，也無法比得上這種以身布施的功德。善男子，這種方式叫做第一布施，這在所有布施中最為尊貴，因為這是以法供養諸如來的緣故。』說完這些話後，諸如來便各個默然不語。一切眾生喜見菩薩以燃燒身體供養如來的火焰持續了一千二百年，經過這樣的時間後，他的身軀才全部焚燒而盡。

「一切眾生喜見菩薩完成這種法供養後，他的一期生命即告完結，他又轉生到日月淨明德佛的佛土中。在一位名叫淨德的國王家中，結跏趺坐，忽然化生，並對他托生的父親說偈頌道：

大王今當知，我經行彼處，即時得一切，現諸身三昧。

勤行大精進，捨所愛之身，供養於世尊，為求無上慧。

「說完這些偈語之後，他又對父親說：『日月淨明德佛，如今依然住於世間。我過去曾經供養這位如來，由此獲得通曉一切眾生語言的陀羅尼法門。我又聽聞到這部《法華經》中的八百千萬億那由他甄迦羅、頻婆羅、阿閦婆等偈頌。大王，我今應當再去供養日月淨明德佛。』說完之後，他即坐到七寶台上，上升到虛空中，離地達七棵多羅樹的高度，來到日月淨明德佛的處所，他以頭面頂禮佛足，雙手合掌，以偈頌讚歎佛說：

容顏甚奇妙，光明照十方，

我適曾供養，今復還親覲。

「這時，一切眾生喜見菩薩說完這首偈之後，又對日月淨明德佛說：『世尊！世尊！您還如往昔

一樣住於世間！』這時，日月淨明德佛告訴一切眾生喜見菩薩說：『善男子，我涅槃的時候到了，入滅的時刻即將來臨。你現在可以安置法座，我將於今天夜裡入於涅槃。』日月淨明德佛又敕告一切眾生喜見菩薩說：『善男子，我把佛法囑託給你，以及各位菩薩、各位大弟子，除了這獲得無上正等正覺的法門外，我也把充滿七寶的三千大千世界中的所有寶樹、寶台，以及供給與侍奉的各位天眾也都交付於你。我滅度之後，所得的全部舍利也交付囑託於你，你應當把它們流通各處，廣設供養，應當建起數千座塔。』日月淨明德佛如此囑託一切眾生喜見菩薩之後，於夜間後分入於涅槃。

「那時，一切眾生喜見菩薩見日月淨明德佛滅度，悲傷懊惱不已，戀慕如來。他即用海此岸栴檀為薪柴，供養日月淨明德佛的遺體後，再舉火焚燒。火滅之後，他又收取佛的舍利，分盛在八萬四千隻寶瓶中，建起八萬四千座佛舍利塔，每座塔都高達三個世界，塔剎非常莊嚴，上面垂掛著各種寶幡、寶蓋，還懸掛著各種寶鈴。

「這時，一切眾生喜見菩薩又暗自想道：『我雖然做了這些供養，但心中還是覺得尚未滿足，我現在應當再供養佛的舍利。』於是，他對各位菩薩、大弟子及天神、龍神、夜叉等所有大眾說：『你們應當一心思維，我現在要供養日月淨明德佛的舍利。』說完這話之後，一切眾生喜見菩薩就在八萬四千座舍利塔前，點燃自己因累積福德而外相莊嚴的雙臂，持續燃燒了七萬二千歲，以此作為對佛舍利的供養，並使無數志求聲聞乘的弟子及無量阿僧祇的眾生，都發起志求無上正等正覺的誓願，使他們都能證得現一切色身的禪定之中。

「這時，諸位菩薩以及天神、人、阿修羅等，看見一切眾生喜見菩薩失去了雙臂，都感到非常憂愁悲傷，他們這樣說道：『這位一切眾生喜見菩薩是我們的導師，是來教化我們的，他如今燃臂供佛，身體也傷殘了。』這時，一切眾生喜見菩薩在大眾中立下如此的誓言：『我雖失去了雙臂，但必將得到佛的金色之身。如果此事真實不虛，就請讓我的雙臂恢復原狀吧！』一切眾生喜見菩薩發此誓願後，他的雙臂自然復原如初。這都是由於這位菩薩的福德與智慧非常深厚所致。這時，三千大千世界發生六種震動，自天上落下如雨一般密集的各種寶花，這是一切人、天大眾過去都未曾得見的。」

【注釋】

❶ 銖：為古代稱量輕重之器具名，指極輕極微之單位。

❷ 薰陸：香料名。又作「君杜嚕香樹」、「君杜魯香樹」、「杜嚕香樹」。此樹之樹脂可製香，稱為「薰陸香」，其形及香氣頗似松脂。又其脂汁滴如乳頭，故亦稱「乳香」、「乳頭香」。歷來與安息、栴檀、龍腦、蘇合、多揭羅等諸香等分和合，用於燒香供養。現今印度人常燒此香，清淨室內。

❸ 兜樓婆：又作「斗樓婆」、「兜樓波」、「兜婁婆」、「都嚕婆」、「妒路婆」、「突婆」、「窣堵魯迦」。意譯「白茅香」、「茅香」、「香草」。即指蘇合香。

❹ 畢力迦：又作「必栗迦」，香名。譯曰「目蓿香」，又曰「觸香」。

❺甄迦羅：古代印度數目之一。又作「矜羯羅」、「恆迦羅」。相當於千萬億。
❻頻婆羅：古代印度數量名。又作「頻婆」、「頻跋羅」、「毘婆訶」。意譯為「十兆」。
❼阿閦婆：數目名，約為數千兆。

佛告宿王華菩薩：「於汝意云何？一切眾生喜見菩薩，豈異人乎？今藥王菩薩是也。其所捨身布施，如是無量百千萬億那由他數。宿王華，若有發心欲得阿耨多羅三藐三菩提者，能燃手指乃至足一指供養佛塔，勝以國城、妻子及三千大千國土、山林河池、諸珍寶物而供養者。若復有人，以七寶滿三千大千世界，供養於佛及大菩薩、辟支佛、阿羅漢，是人所得功德，不如受持此《法華經》，乃至一四句偈。其福最多！

「宿王華，譬如一切川流江河諸水之中，海為第一；此《法華經》亦復如是，於諸如來所說經中，最為深大。又如土山、黑山、小鐵圍山、大鐵圍山及十寶山，眾山之中須彌山為第一；此《法華經》亦復如是，於諸經中最為其上。又如眾星之中，月天子最為第一；此《法華經》亦復如是，於千萬億種諸經法中，最為照明。又如日天子能除諸闇，此經亦復如是，能破一切不善之闇。又如諸小王中，轉輪聖王最為第一；此經亦復如是，於眾經中最為其尊。又如帝釋，於三十三天中王；此經亦復如是，諸經中王。又如大梵天王，一切眾生之

父；此經亦復如是，一切賢聖學無學，及發菩薩心者之父。又如一切凡夫人中，須陀洹、斯陀含、阿那含、阿羅漢、辟支佛為第一；此經亦復如是，一切如來所說，若菩薩所說，若聲聞所說，諸經法中最為第一。有能受持是經典者，亦復如是，於一切眾生中亦為第一。一切聲聞、辟支佛中，菩薩為第一；此經亦復如是，於一切諸經法中最為第一。如佛為諸法王，此經亦復如是，諸經中王。

「宿王華！此經能救一切眾生者，此經能令一切眾生離諸苦惱，此經能大饒益一切眾生，充滿其願。如清涼池能滿一切諸渴乏者，如寒者得火，如裸者得衣，如商人得主，如子得母，如渡得船，如病得醫，如闇得燈，如貧得寶，如民得王，如賈客得海，如炬除闇；此《法華經》亦復如是，能令眾生離一切苦、一切病痛，能解一切生死之縛。若人得聞此《法華經》，若自書，若使人書，所得功德，以佛智慧籌量多少不得其邊。若書是經卷，華、香、瓔珞、燒香、末香、塗香、幡蓋、衣服、種種之燈——酥燈、油燈、諸香油燈、瞻蔔油燈、須曼那油燈、波羅羅油燈、婆利師迦油燈❶、那婆摩利油燈供養❷，所得功德亦復無量。

「宿王華！若有人聞是〈藥王菩薩本事品〉者，亦得無量無邊功德。若有女人聞是〈藥王菩薩本事品〉能受持者，盡是女身後不復受。若如來滅後，後五百歲中，若有女人聞是經典如說修行，於此命終，即往安樂世界，阿彌陀佛大菩薩眾圍繞住處，生蓮華中寶座之上，

不復為貪欲所惱，亦復不為瞋恚、愚癡所惱，亦復不為憍慢嫉妒諸垢所惱，得菩薩神通、無生法忍。得是忍已，眼根清淨，以是清淨眼根，見七百萬二千億那由他恆河沙等諸佛如來。是時諸佛遙共讚言：『善哉！善哉！善男子，汝能於釋迦牟尼佛法中，受持、讀誦、思惟是經，為他人說，所得福德無量無邊。火不能焚，水不能漂，汝之功德，千佛共說不能令盡。汝今已能破諸魔賊，壞生死軍，諸餘怨敵皆悉摧滅。善男子，百千諸佛以神通力共守護汝。於一切世間天人之中無如汝者，唯除如來。其諸聲聞、辟支佛乃至菩薩智慧禪定，無有與汝等者。』宿王華，此菩薩成就如是功德智慧之力。

「若有人聞是〈藥王菩薩本事品〉，能隨喜讚善者，是人現世，口中常出青蓮華香，身毛孔中常出牛頭栴檀之香，所得功德如上所說。是故，宿王華，以此〈藥王菩薩本事品〉，囑累於汝，我滅度後，後五百歲中，廣宣流布於閻浮提，無令斷絕，惡魔、魔民、諸天、龍、夜叉、鳩槃荼等得其便也。宿王華，汝當以神通之力守護是經。所以者何？此經則為閻浮提人病之良藥。若人有病，得聞是經，病即消滅，不老不死。宿王華，汝若見有受持是經者，應以青蓮華盛滿末香供散其上。散已，作是念言：『此人不久，必當取草坐於道場破諸魔軍，當吹法螺，擊大法鼓，度脫一切眾生老病死海。』是故求佛道者，見有受持是經典人，應當如是生恭敬心。」

說是〈藥王菩薩本事品〉時，八萬四千菩薩得解一切眾生語言陀羅尼。多寶如來於寶塔

中，讚宿王華菩薩言：「善哉！善哉！宿王華，汝成就不可思議功德，乃能問釋迦牟尼佛如此之事，利益無量一切眾生。」

【譯文】

釋迦牟尼佛對宿王華菩薩說：「你意下如何？一切眾生喜見菩薩難道是旁人嗎？他就是現在的藥王菩薩。他如此捨棄身命行大布施，已有無量百千萬億那由他的次數。宿王華！如果有發願欲求證得無上正等正覺的眾生，能夠點燃他的手指，甚至一隻腳趾，以供養佛塔，那麼，他如此供養的功德，即勝過以國土、城邑、妻、子及三千大千世界的國土、山林、河池與各種珍寶進行供養的功德。如果又有人把七種珍寶布滿三千大千世界，用以供養諸佛及大菩薩、辟支佛、阿羅漢，此人所獲得的功德，不如受持這部《法華經》的功德，甚至不及僅僅受持此經中的一首四言偈頌所獲得的功德。受持《法華經》的功德是最多的。

「宿王華！譬如一切川流江河等諸水之中，海為第一；這部《法華經》也是如此，在諸如來所說的所有經典中，《法華經》是最為深奧博大的。又譬如，在土山、黑山、小鐵圍山、大鐵圍山以及十寶山等眾山之中，須彌山最為第一；這部《法華經》也是如此，在所有的佛經中是最上乘的。又譬如，在群星之中，月亮為第一；這部《法華經》也是如此，在千萬億種經法之中，此經的光輝最為明亮。又譬如太陽能夠破除一切黑暗；這部經典也是這樣，它能穿破一切不善的黑暗。又譬如在諸國王

之中，轉輪聖王最為第一；此經也是如此，它在諸經中最為尊貴。又譬如天帝是三十三天中所有天神之王；此經也是如此，它是所有佛經中的王者。又譬如大梵天王，他是一切眾生的父親；此經也是如此，它是一切聖賢和證得小乘有學果和無學果的聖者，以及發願修習菩薩道的眾生之父。又譬如在一切凡夫之中，須陀洹、斯陀含、阿那含、阿羅漢、辟支佛位處第一；此經也是如此，在所有如來所說的，或者菩薩所說的，或者聲聞所說的各種經法之中，此經位處第一；有能夠受持這部經典的人也是這樣，他在一切眾生之中也是位居第一。在所有的聲聞、辟支佛面前，菩薩位處第一；此經也是如此，在一切經法之中，此經最為第一。如同佛為一切佛法之王，此經也是如此，是一切經典中的王者。

「宿王華！這部經典能夠救度一切眾生。此經能夠使一切眾生離開各種苦惱，此經能為一切眾生帶來巨大的利益，使他們的願望得到滿足。譬如清涼的池水能夠滿足一切乾渴困乏的人，如同寒者得火，如同裸者得衣，如同商人得到顧客，如同孩子得到母親，如同渡河得船，如同病者遇到醫生，如同黑暗中得到明燈，如同貧困者得到珍寶，如同人民遇到國王，如同商人得到海中的珠寶，如同火炬驅除黑暗；這部《法華經》也是這樣，它能使眾生遠離一切痛苦、遠離一切病痛，能夠解除一切生死的束縛。如果有人能夠聽聞這部《法華經》，或者自己抄寫，或者讓他人抄寫，他所獲得的功德，即使以佛的智慧來測知其功德，也是難以窮盡的。如果抄寫這部經卷之後，又能用鮮花、香料、瓔珞、燒香、末香、塗香、寶幡、寶蓋、衣服、各種油燈，如：酥燈、油燈、諸香油燈、瞻蔔油燈、須曼那

油燈、波羅羅油燈、婆利師迦油燈、那婆摩利油燈等各種供具來供養經卷，那麼，他所獲得的功德，也是無可計量的。

「宿王華！如果有人聽聞《法華經》中的〈藥王菩薩本事品〉，也可以獲得無量無邊的功德。如果有女人聽聞此〈藥王菩薩本事品〉後，能夠受持，那麼，在她此生結束之後，生生世世將永遠不受女人之身。如果在如來滅度之後，像法時代的五百歲中，如果有女人聽聞到這部經典，並按經中所說如法修行，那麼，她在此期生命終結之後，即可往生安樂佛土，在那個國土中，阿彌陀佛被眾多大菩薩們圍繞著，他從蓮花中化生，在寶座上安坐，不再為貪欲所惱亂，也不再為瞋怒、愚癡所惱亂，也再不會被傲慢和嫉妒等塵垢所惱亂，獲得了菩薩的神通，證得無生法忍。證得這種無生法忍的境界後，他的眼根變得清淨無染，用這清淨無染的眼根，他可以見到七百萬二千億那由他恆河沙數之眾的如來。當此之時，這些如來各自從遙遠的地方稱讚道：『善哉！善哉！善男子！你能在釋迦牟尼佛的教法中，受持、讀誦、思維這部《法華經》，為他人演說，你所獲得的福德是無量無邊的。大火不能燒毀，洪水不能漂沒，你的功德，就是千佛共說也不能窮盡。你現已能破除各種魔賊，摧毀生死魔軍，其他各種怨敵，也都能摧滅。善男子！百千諸佛以神通之力共同守護著你。在所有世間的一切天、人之中，沒有能夠比得上你的，除了如來之外。那些聲聞、辟支佛甚至菩薩的智慧與禪定，都不能與你相比。』宿王華，這位菩薩所能成就是如此的功德和智慧之力。

「如果有人聽聞到這篇〈藥王菩薩本事品〉後能夠隨喜讚歎，此人在現世中，口中常常散發出青

蓮花般的香氣；身上的毛孔中也能常常散發出牛頭栴檀的香氣，他所獲得的功德，如同以上所說的一樣。所以，宿王華！我要將這篇〈藥王菩薩本事品〉囑託於你，你應在我滅度之後，在像法的五百年中，讓此篇〈藥王菩薩本事品〉在閻浮提洲廣泛流通，不要讓它中斷消失，而使得惡魔、魔民、某些天神、龍神、夜叉以及惡鬼等有機可趁。宿王華！你應當以神通之力守護此經。為什麼呢？因為此經是閻浮提洲眾生對治病苦的良藥。如果有人患病，聽聞到這部經典，疾病即可祛除，甚至不會衰老，不會死亡。宿王華！你如果看見有人受持這部經典，就應當以青蓮花盛滿末香，散布在他的身上進行供養。散畢之後要生起這樣的念頭：『此人不久必將取吉祥草為座，坐於菩提道場之中，破除各路魔軍，吹響大法螺，擊響大法鼓，把一切眾生從生、老、病、死的苦海之中度脫出來。』所以，對於志求佛道的人，如果看到有人受持這部經典，就應當這樣對他生起恭敬之心。」

釋迦牟尼佛講說這篇〈藥王菩薩本事品〉時，有八萬四千菩薩獲得了通曉一切眾生語言的陀羅尼法門。多寶如來在寶塔中稱讚宿王華菩薩說：「善哉！善哉！宿王華！你成就了不可思議的功德，因此才能向釋迦牟尼佛詢問此事的緣起，並使無量無邊眾生都由此獲得利益。」

【注釋】

❶ 婆利師迦：意譯作「雨時生」、「雨時」、「夏生」、「夏至」、「雨」。又作「婆師花」、「婆利師花」、「婆師迦花」、「鞞師迦花」、「鞞栗沙迦花」、「婆栗史迦花」、「婆利史迦

羅花」。產於印度，屬木犀科植物，乃素馨之一種，花白色，甚香。花名之由來，乃因其花為雨期時所開；或因此花於夏時所生。

❷那婆摩利：又作「那縛忙里迦」、「新摩利迦」。意譯「如次第華」。為素馨類之蔓延植物。其枝蔓延，纏繞他物，葉少，其花小而白，可製香油、香水。與摩利迦、大摩利迦皆為同種之植物。

妙音菩薩品第二十四

妙音菩薩及眾菩薩從淨華宿王智佛國，來至此娑婆世界，供養、親近、禮拜釋迦牟尼佛。佛陀宣說妙音菩薩往昔的本事。妙音菩薩過去曾供養雲雷音王佛，因而得此神力，並現種種身，為諸眾生演說《法華經》，隨諸眾生應得度身而為說法。說本品時，無量菩薩得諸三昧。

爾時，釋迦牟尼佛放大人相肉髻光明，及放眉間白毫相光，遍照東方百八萬億那由他恆河沙等諸佛世界。過是數已，有世界名淨光莊嚴，其國有佛，號淨華宿王智如來、應供、正遍知、明行足、善逝、世間解、無上士、調御丈夫、天人師、佛世尊，為無量無邊菩薩大眾恭敬圍繞而為說法。釋迦牟尼佛白毫光明遍照其國。

爾時，一切淨光莊嚴國中，有一菩薩名曰妙音。久已植眾德本，供養親近無量百千萬億諸佛，而悉成就甚深智慧，得妙幢相三昧、法華三昧、淨德三昧、宿王戲三昧、無緣三昧、智印三昧、解一切眾生語言三昧、集一切功德三昧、清淨三昧、神通遊戲三昧、慧炬三昧、莊嚴王三昧、淨光明三昧、淨藏三昧、不共三昧、日旋三昧，得如是等百千萬億恆河沙等諸大三昧。釋迦牟尼佛光照其身，即白淨華宿王智佛言：「世尊！我當往詣娑婆世界，禮拜親近供養釋迦牟尼佛，及見文殊師利法王子菩薩、藥王菩薩、勇施菩薩、宿王華菩薩、上行意菩薩、莊嚴王菩薩、藥上菩薩。」

爾時，淨華宿王智佛告妙音菩薩：「汝莫輕彼國生下劣想。善男子！彼娑婆世界，高下不平，土石諸山穢惡充滿。佛身卑小，諸菩薩眾其形亦小。而汝身四萬二千由旬，我身六百八十萬由旬。汝身第一端正，百千萬福，光明殊妙。是故汝往，莫輕彼國若佛、菩薩及國土生下劣想。」

妙音菩薩白其佛言：「世尊！我今詣娑婆世界，皆是如來之力、如來神通遊戲、如來功德智慧莊嚴。」於是妙音菩薩不起於座，身不動搖而入三昧，以三昧力於耆闍崛山去法座不遠，化作八萬四千眾寶蓮華，閻浮檀金為莖，白銀為葉，金剛為鬚❶，甄叔迦寶以為其臺❷。

【譯文】

這時，釋迦牟尼佛從三十二種大人相中的肉髻中放出光明，又從兩眉之間放出白毫相光，光明照遍東方一百八萬億那由他恆河沙數之眾的諸佛世界。越過這些數目的世界，有一個佛國，名叫淨光莊嚴，在那佛國中有一位佛，名號叫做淨華宿王智如來、應供、正遍知、明行足、善逝、世間解、無上士、調御丈夫、天人師、佛世尊。淨華宿王智如來被無量無邊的菩薩大眾恭敬圍繞著，為他們宣說佛法。釋迦牟尼佛的白毫相光照遍了其國。

這時，在一切淨光莊嚴國中，有一位菩薩名叫妙音。他已在久遠的歲月中，種下了許多善根，曾經供養、親近過無量百千萬億諸佛，所以成就了甚深的智慧，證得了各種三昧禪境，如：妙幢相三昧、法華三昧、淨德三昧、宿王戲三昧、無緣三昧、智印三昧、解一切眾生語言三昧、集一切功德三昧、清淨三昧、神通遊戲三昧、慧炬三昧、莊嚴王三昧、淨光明三昧、淨藏三昧、不共三昧、日旋三昧，證得了這樣的百千萬億恆河沙數之多的大三昧境界。釋迦牟尼佛的光明照耀在妙音菩薩身上，妙音菩薩便對淨華宿王智佛說：「世尊！我應當前往娑婆世界，禮拜、親近、供養釋迦牟尼佛，並拜見文殊師利菩薩、藥王菩薩、勇施菩薩、宿王華菩薩、上行意菩薩、莊嚴王菩薩、藥上菩薩。」

這時，淨華宿王智佛告訴妙音菩薩說：「你不要輕視那個國土，不要對娑婆國土產生下劣的想法。善男子！那個娑婆世界高低不平，充滿了各種土山、石山，充滿了各種污穢惡濁。那裡的佛陀，身相較小，諸菩薩大眾的身形也很小。而你的身相高達四萬二千由旬，我的身相高達六百八十萬由

旬。你的身相最為端正，具足了百千萬種福相殊妙的光明。所以，你前往那個娑婆世界，切莫於娑婆世界生起輕視之心，也不要對那裡的佛、菩薩及國土產生下劣的想法。」

妙音菩薩對淨華宿王智佛說：「世尊！我現在前往娑婆世界，都是依仗如來的力量，依仗如來的神通遊戲，依仗如來的功德智慧莊嚴。」於是，妙音菩薩未從座上起身，身體也無搖動，而入於禪定狀態，依靠定力來到娑婆世界的耆闍崛山，在離釋迦牟尼佛法座不遠的地方，化出八萬四千朵眾寶而成的蓮花，這些蓮花以閻浮檀金為莖，以白銀為葉，以金剛為花鬚，以甄叔迦寶石作為花台。

【注釋】

❶金剛：音譯作「伐闍羅」、「跋闍羅」、「跋折羅」、「嚩日囉」、「伐折羅」、「跋日羅」。即金中最剛之義。經論中常以金剛比喻武器及寶石。以金剛比喻武器，乃因其堅固、銳利，而能摧毀一切，且非萬物所能破壞。以金剛比喻寶石，乃取其最勝之義。

❷甄叔迦寶：又作「緊祝迦寶」、「堅叔迦寶」。意譯為「赤色寶」。寶石之一。與甄叔迦樹之花相似而美，因係赤色，故有此名。

爾時，文殊師利法王子見是蓮華，而白佛言：「世尊，是何因緣先現此瑞，有若干千萬

蓮華，閻浮檀金為莖，白銀為葉，金剛為鬚，甄叔迦寶以為其臺？」

爾時，釋迦牟尼佛告文殊師利：「是妙音菩薩摩訶薩，欲從淨華宿王智佛國，與八萬四千菩薩圍繞，而來至此娑婆世界，供養、親近、禮拜於我，亦欲供養聽《法華經》。」

文殊師利白佛言：「世尊，是菩薩種何善本，修何功德，而能有是大神通力？行何三昧？願為我等說是三昧名字，我等亦欲勤修行之。行此三昧，乃能見是菩薩色相大小、威儀進止。唯願世尊，以神通力，彼菩薩來，令我得見。」

爾時，釋迦牟尼佛告文殊師利：「此久滅度多寶如來，當為汝等而現其相。」

【譯文】

這時，文殊師利法王子見到這些蓮花，即對釋迦牟尼佛說：「世尊，是什麼因緣而現出這樣的祥瑞之相呢？那數千萬朵蓮花，都以閻浮檀金為莖，以白銀為葉，以金剛為花鬚，以甄叔迦寶石作為花台。」

這時，釋迦牟尼佛告訴文殊師利菩薩說：「這是妙音大菩薩，與圍繞著的八萬四千菩薩，想從淨華宿王智佛的東方淨光莊嚴佛國，到這個娑婆世界，供養、親近、禮拜我，也是為了供養並聽聞《法華經》。」

文殊師利菩薩對釋迦牟尼佛說：「世尊，這位菩薩種下了何種善根？修習得到何種功德？而具足

如此大的神通力呢？他證得的是怎樣的禪定呢？懇請世尊為我們說這些禪定的名稱，我們也想勤奮修習這種禪定，實踐這種禪定。如此即能夠看見這位菩薩身相大小及行住威儀。懇請世尊以神通力，在那位菩薩到來的時候，使我們能夠看見。」

這時，釋迦牟尼佛告訴文殊師利菩薩說：「這位久已滅度的多寶如來，將為你們現出妙音菩薩的身相。」

時多寶佛告彼菩薩：「善男子，來！文殊師利法王子欲見汝身。」於時妙音菩薩於彼國沒，與八萬四千菩薩俱共發來。所經諸國六種震動，皆悉雨於七寶蓮華，百千天樂不鼓自鳴。是菩薩目如廣大青蓮華葉，正使和合百千萬月，其面貌端正復過於此。身真金色，無量百千功德莊嚴，威德熾盛，光明照曜，諸相具足，如那羅延堅固之身。入七寶臺，上升虛空去地七多羅樹，諸菩薩眾恭敬圍繞，而來詣此娑婆世界耆闍崛山。到已，下七寶臺，以價值百千瓔珞，持至釋迦牟尼佛所，頭面禮足，奉上瓔珞，而白佛言：「世尊！淨華宿王智佛，問訊世尊：『少病少惱，起居輕利，安樂行不？四大調和不？世事可忍不？眾生易度不？無多貪欲、瞋恚、愚癡、嫉妒、慳慢不？無不孝父母、不敬沙門、邪見不善、心不攝五情不？世尊，眾生能降伏諸魔怨不？久滅度多寶如來，在七寶塔中

來聽法不？」又問訊多寶如來：「安隱少惱堪忍久住不？」「世尊！我今欲見多寶佛身，唯願世尊，示我令見。」

爾時，釋迦牟尼佛語多寶佛：「是妙音菩薩欲得相見。」時多寶佛告妙音言：「善哉！善哉！汝能為供養釋迦牟尼佛，及聽《法華經》，並見文殊師利等，故來至此。」

爾時，華德菩薩白佛言：「世尊，是妙音菩薩種何善根，修何功德，有是神力？」佛告華德菩薩：「過去有佛，名雲雷音王多陀阿伽度阿羅訶三藐三佛陀，國名現一切世間，劫名喜見。妙音菩薩於萬二千歲，以十萬種伎樂供養雲雷音王佛，并奉上八萬四千七寶鉢，以是因緣果報，今生淨華宿王智佛國有是神力。華德！於汝意云何？爾時雲雷音王佛所，妙音菩薩伎樂供養奉上寶器者，豈異人乎？今此妙音菩薩摩訶薩是。華德！是妙音菩薩，已曾供養親近無量諸佛，久植德本，又值恆河沙等百千萬億那由他佛。

「華德，汝但見妙音菩薩其身在此，而是菩薩現種種身，處處為諸眾生說是經典。或現梵王身，或現帝釋身，或現自在天身，或現大自在天身，或現天大將軍身，或現毘沙門天王身，或現轉輪聖王身，或現諸小王身，或現長者身，或現居士身，或現宰官身，或現婆羅門身，或現比丘、比丘尼、優婆塞、優婆夷身，或現長者、居士婦女身，或現宰官婦女身，或現婆羅門婦女身，或現童男童女身，或現天、龍、夜叉、乾闥婆、阿修羅、迦樓羅、緊那

羅、摩睺羅伽、人非人等身，而說是經。諸有地獄、餓鬼、畜生，及眾難處，皆能救濟。乃至於王后宮，變為女身而說是經。

「華德！是妙音菩薩，能救護娑婆世界諸眾生者。是妙音菩薩，如是種種變化現身，在此娑婆國土為諸眾生說是經典，於神通變化智慧無所損減。是菩薩以若干智慧明照娑婆世界，令一切眾生各得所知，於十方恆河沙世界中亦復如是。若應以聲聞形得度者，現聲聞形而為說法；應以辟支佛形得度者，現辟支佛形而為說法；應以菩薩形得度者，現菩薩形而為說法；應以佛形得度者，即現佛形而為說法。如是種種隨所應度而為現形，乃至應以滅度而得度者，示現滅度。華德，妙音菩薩摩訶薩成就大神通智慧之力，其事如是。」

爾時，華德菩薩白佛言：「世尊！是妙音菩薩深種善根。世尊，是菩薩住何三昧，而能如是在所變現度脫眾生？」

佛告華德菩薩：「善男子！其三昧名現一切色身。妙音菩薩住是三昧中，能如是饒益無量眾生。」

【譯文】

這時，多寶如來告訴妙音菩薩說：「善男子，來吧！文殊師利法王子想見到你的身相。」

這時，妙音菩薩的身相在他所住的佛國中隱沒不現，他與八萬四千菩薩一起出發，前往娑婆世

界。途中所經過的每一個佛國，大地都出現了六種震動，天空落下如雨一般的七寶蓮花，百千種天樂，不用擊奏，輒自然奏響。這位妙音菩薩的雙目如同廣大的青蓮花葉，目光猶如百千萬個月亮，他的面貌端正，更勝過這些妙相。他的身體是真金的顏色，無量百千種功德莊嚴，使得他的身上散發出熾盛的威德，他的身光發出遍照一切的光明，諸圓滿之相無不具足，如同金剛力士那樣的堅固身相。妙音菩薩端坐在七寶台上，上升到虛空之中，離地面有七棵多羅樹的高度，在菩薩大眾的恭敬圍繞下，來到這個娑婆世界的耆闍崛山。

妙音菩薩到達後，即從七寶台上下來，手持價值百千的瓔珞，來到釋迦牟尼佛面前，以頭面頂禮佛足，奉上瓔珞，並對佛說：「世尊！淨華宿王智佛向您問候，您沒有病痛，沒有煩惱吧？您日常起居都順利嗎？您行、住、坐、臥安穩快樂嗎？四大調和嗎？世事可忍嗎？眾生容易救度嗎？眾生沒有過多的貪欲、瞋怒、愚癡、嫉妒、慳慢吧？沒有不孝敬父母、不恭敬沙門、充滿邪見和不善之心、不能收攝喜、怒、愛、惡、欲等五種情感的眾生吧？世尊！眾生能降伏一切魔怨嗎？久已滅度的多寶如來在七寶塔中也來聽您說法嗎？」妙音菩薩又向多寶如來問訊：「能夠身心安穩、無憂無惱嗎？還能忍耐久住吧？」妙音菩薩又對釋迦牟尼佛說：「世尊，我現在也想見到多寶如來的身相，唯願世尊開示，以便讓我們得見多寶如來。」

這時，釋迦牟尼佛對多寶佛說：「這位妙音菩薩想與你相見。」

這時，多寶如來告訴妙音菩薩說：「善哉！善哉！你能夠為了供養釋迦牟尼佛，以及聽聞《法華

經》，又為拜見文殊師利等菩薩的緣故，而來到此娑婆世界。」

這時，法會中有一位華德菩薩對佛說：「世尊，這位妙音菩薩，他在往昔種下何等的善根，修習了何等的功德，而有這樣的神力呢？」

釋迦牟尼佛告訴華德菩薩說：「過去有一位佛陀，名號叫做雲雷音王多陀阿伽度阿羅訶三藐三佛陀。國名叫做現一切世間，劫名叫做喜見。妙音菩薩在一萬二千年當中，以十萬種伎樂供養雲雷音王佛，並奉獻八萬四千個七寶缽，由於這個因緣果報，他如今生在淨華宿王智佛國，並具備了這樣的神力。華德！你是怎樣認為的？那時在雲雷音王佛面前，以伎樂進行供養，並奉上寶物的人，難道是另一人嗎？他就是現在的這位妙音大菩薩。華德！這位妙音菩薩已曾供養、親近過無量位如來，長久以來已經種下善根，又值遇如恆河沙那樣眾多的百千萬億那由他的如來。

「華德！你只看見妙音菩薩的身體在此，但是實際上，這位菩薩能現各種身相，到處為眾生演說這部《法華經》。他或者現梵王的身相，或者現天帝的身相，或者現自在天的身相，或者現大自在天的身相，或者現天大將軍的身相，或者現毘沙門天王的身相，或者現轉輪聖王的身相，或者現各種小王的身相，或者現居士的身相，或者現長者的身相，或者現宰官的身相，或者現婆羅門的身相，或者現比丘、比丘尼、優婆塞、優婆夷的身相，或者現長者婦人、居士婦人的身相，或者現宰官婦人的身相，或者現婆羅門婦人的身相，或者現童男、童女的身相，或者現天神、龍神、夜叉、乾闥婆、阿修羅、迦樓羅、緊那羅、摩睺羅伽等天龍八部眾以及人與非人等的身相，並且以這些不同示現的身相為

相應的眾生演說這部《法華經》。對於地獄、餓鬼、畜生等惡道及各種充滿苦難的處所中的眾生，他都能夠救度。甚至在國王的後宮之中，示現女身講說這部經典。

「華德！這位妙音菩薩能夠救護娑婆世界所有的眾生。這位妙音菩薩如此變化而現出不同的身相，在這個娑婆世界裡，為一切眾生演說這部《法華經》，但是他的神通力、他的變化力及他的智慧，卻毫無損減。這位菩薩用他的種種智慧光明來照耀娑婆世界，使一切眾生各自得到與其根機相應的佛法，他還在十方恆河沙數之眾的他方世界中，也是這樣來救度眾生。如果有應該以聲聞身相獲得救度的眾生，妙音菩薩就示現聲聞身相而為其說法；如果有應該以辟支佛身相獲得救度的眾生，妙音菩薩就示現辟支佛身相而為其說法；如果應該以菩薩身相獲得救度的眾生，妙問菩薩就示現菩薩身相而為其說法；如果有應該以佛的身相而獲得救度的眾生，妙音菩薩便示現佛的身相而為其說法。如此各種各樣的身相，都是隨著所應救度的眾生的不同身相，而相應地為他們顯現，甚至遇到應以滅度相獲得救度的眾生，妙音菩薩還會示現滅度相。華德！妙音菩薩所成就的大神通與大智慧之力，就是這樣的。」

這時華德菩薩對佛說：「世尊！這位妙音菩薩種下了深深的善根。世尊！這位菩薩安住於何種禪定，而能如此隨意變化示現不同的身相來救度眾生？」

釋迦牟尼佛告訴華德菩薩說：「善男子！妙音菩薩安住的禪定境界，名叫現一切色身。妙音菩薩安住在這種禪定中，所以，能如先前所說的那樣利益無量的眾生。」

說是〈妙音菩薩品〉時，與妙音菩薩俱來者八萬四千人，皆得現一切色身三昧。此娑婆世界無量菩薩，亦得是三昧及陀羅尼。

爾時，妙音菩薩摩訶薩，供養釋迦牟尼佛及多寶佛塔已，還歸本土。所經諸國六種震動，雨寶蓮華，作百千萬億種種伎樂。既到本國，與八萬四千菩薩圍繞，至淨華宿王智佛所，白佛言：「世尊，我到娑婆世界饒益眾生，見釋迦牟尼佛，及見多寶佛塔禮拜供養；又見文殊師利法王子菩薩，及見藥王菩薩、得勤精進力菩薩、勇施菩薩等；亦令是八萬四千菩薩得現一切色身三昧。」

說是〈妙音菩薩來往品〉❶時，四萬二千天子得無生法忍，華德菩薩得法華三昧。

【譯文】

釋迦牟尼佛講說這篇〈妙音菩薩品〉時，與妙音菩薩一同前來的八萬四千位菩薩都證得了現一切色身三昧；這個娑婆世界中的無數菩薩也獲得了這種三昧及陀羅尼的法門。

這時，妙音菩薩供養釋迦牟尼佛及多寶佛塔後，便返回自己所在的國土。途中所經過的各個國土，大地都發生了六種震動，天空中降下如雨一般的寶蓮花，並出現百千萬億種歌舞與妙樂。妙音菩薩回到本國後，在八萬四千位菩薩的圍繞下，來到淨華宿王智佛面前，對佛說：「世尊！我到娑婆世

界去，使那裡的眾生蒙受利益；我已見到了釋迦牟尼佛，又見到了多寶佛塔，並進行禮拜供養；我還見到了文殊師利法王子菩薩，又見到了藥王菩薩、得勤精進力菩薩、勇施菩薩等；也使與我同行的八萬四千位菩薩都獲得現一切色身的禪定。」

釋迦牟尼佛講說這部〈妙音菩薩來往品〉時，有四萬二千名天子證得無生法忍，華德菩薩則證得了法華三昧。

【注釋】

❶妙音菩薩來往品：即指本品。因記述了妙音菩薩來往於娑婆世界的情形，所以加了「來往」兩字。

觀世音菩薩普門品第二十五

佛陀為無盡意菩薩解說觀世音菩薩的名號因緣，言觀世音菩薩以大威神力緣故，能夠救度眾生脫於諸難。眾生若聞稱觀世音菩薩名號，當得離諸苦難。並宣說觀世音菩薩以各種應身普門示現救度眾生的功德。

爾時，無盡意菩薩即從座起❶，偏袒右肩，合掌向佛，而作是言：「世尊，觀世音菩薩❷，以何因緣名觀世音？」

佛告無盡意菩薩：「善男子！若有無量百千萬億眾生受諸苦惱，聞是觀世音菩薩，一心稱名，觀世音菩薩即時觀其音聲皆得解脫。若有持是觀世音菩薩名者，設入大火，火不能

燒，由是菩薩威神力故。若為大水所漂，稱其名號即得淺處。若有百千萬億眾生，為求金、銀、琉璃、硨磲、瑪瑙、珊瑚、琥珀、真珠等寶入於大海，假使黑風吹其船舫，飄墮羅剎鬼國，其中若有乃至一人稱觀世音菩薩名者，是諸人等皆得解脫羅剎之難。以是因緣，名觀世音。若復有人臨當被害，稱觀世音菩薩名者，彼所執刀杖尋段段壞而得解脫。若三千大千國土滿中夜叉、羅剎欲來惱人，聞其稱觀世音菩薩名者，是諸惡鬼尚不能以惡眼視之，況復加害？設復有人，若有罪、若無罪，杻械枷鎖檢繫其身，稱觀世音菩薩名者，皆悉斷壞即得解脫。若三千大千國土滿中怨賊，有一商主將諸商人，齎持重寶經過險路，其中一人作是唱言：『諸善男子，勿得恐怖！汝等應當一心稱觀世音菩薩名號，是菩薩能以無畏施於眾生。汝等若稱名者，於此怨賊當得解脫。』眾商人聞俱發聲言：『南無觀世音菩薩！』稱其名故即得解脫。

「無盡意，觀世音菩薩摩訶薩，威神之力巍巍如是。若有眾生多於淫欲，常念『恭敬觀世音菩薩』便得離欲；若多瞋恚，常念『恭敬觀世音菩薩』便得離瞋；若多愚癡，常念『恭敬觀世音菩薩』便得離癡。無盡意，觀世音菩薩有如是等大威神力，多所饒益，是故眾生常應心念。若有女人設欲求男，禮拜供養觀世音菩薩，便生福德智慧之男；設欲求女，便生端正有相之女，宿植德本，眾人愛敬。無盡意，觀世音菩薩有如是力。

【譯文】

這時，無盡意菩薩從座位上站起來，裸露右肩，合掌向釋迦牟尼佛禮敬，這樣說道：「世尊！觀世音菩薩是怎樣的因緣，而得名為觀世音呢？」

釋迦牟尼佛告訴無盡意菩薩說：「善男子！如果有無量百千萬億的眾生，遭受到種種苦惱，如果聽到觀世音菩薩的名號，並且一心稱念他的名號，觀世音菩薩就會立即察覺到他們的音聲，並且予以救度而使他們得到解脫。如果有人持誦觀世音菩薩的名號，即使他陷入大火之中，大火也不能將其燒著，這是因為此菩薩有大威神力的緣故。如果有人被大水所淹，只要他稱念觀世音菩薩的名號，就能很快到達淺處。如果有百千萬億的眾生，為了尋求金、銀、琉璃、硨磲、瑪瑙、珊瑚、琥珀、珍珠等寶物，乘船進入大海，即使遇到狂風，將他乘坐的船隻吹到羅剎鬼國，如果其中有人，甚至僅有一人，稱念觀世音菩薩的名號，那麼所有這些遇難的人都能解脫鬼國之難。由於這種因緣，所以就稱其為觀世音菩薩。如果有人，在他面臨被害的時候，只要能稱念觀世音菩薩的名號，那麼，意圖謀害他的人手中的刀杖，就會應聲折成碎段，使受害者從危難中得到解脫。如果在三千大千世界的國土中，到處都充滿夜叉、羅剎等惡鬼，他們想要傷害眾生，但如果這些惡鬼聽到有人稱念觀世音菩薩的名號，他們不僅無法睜開眼睛看人，更何況加害於人？如果有人，無論是有罪或是無罪，如果手腳被戴上鐐銬，全身被枷鎖縛綁，只要他能稱念觀世音菩薩的名號，那麼所有刑具都會自動斷壞，使其從束縛中得到解脫。假如在三千大千世界國土中，到處都有謀財害命的盜賊，有一位商主，率領許多商

人，攜帶貴重珍寶，經過危險的道路，其中有一位商人建議大家說：『各位善男子！大家不要恐慌！應當一心一意地稱念觀世音菩薩的名號，這位菩薩能將無畏神力布施於大家。你們如果稱念他的名號，就能夠解脫怨賊相害。』眾商人聽完他的話後，都大聲念道：『南無觀世音菩薩！』因為稱念觀世音菩薩名號的緣故，他們都擺脫了危難。

「無盡意菩薩！觀世音菩薩有如此宏大的威德神力。如果眾生懷有很多欲望，常念『恭敬觀世音菩薩』便能遠離欲望；如果眾生懷有很多的瞋恨、憤怒，常念『恭敬觀世音菩薩』，便能遠離瞋恨、憤怒；如果眾生多有愚癡，常念『恭敬觀世音菩薩』，便能去除愚癡；無盡意菩薩，觀世音菩薩有如此宏大的威德神力，為眾生豐饒利益，所以眾生常應心念。如果有女人想求男孩的，禮拜、供養觀世音菩薩，就會生出福德智慧具足的男孩；想要女孩的，便會生出端正相貌好的女孩。觀世音菩薩廣植德本，受眾人的愛戴。無盡意菩薩，觀世音菩薩就是有如此大的神力。

【注釋】

❶ 無盡意菩薩：又作「無盡慧菩薩」、「無量意菩薩」。「賢劫十六尊」之一。為密教金剛界曼荼羅三昧耶會外壇北方五尊中西端之菩薩。此菩薩因觀一切事象之因緣果報皆為無盡，而發心上求無盡之諸佛功德，下度無盡之眾生，故稱「無盡意菩薩」。密號「定惠金剛」、「無盡金剛」。

❷ 觀世音菩薩：音譯「阿縛盧枳低濕伐羅」。以慈悲救濟眾生為本願之菩薩。又作「光世音菩

薩」、「觀自在菩薩」、「觀世自在菩薩」、「觀世音自在菩薩」、「現音聲菩薩」、「闚音菩薩」。略稱「觀音菩薩」。別稱「救世菩薩」、「蓮華手菩薩」、「圓通大士」。另一梵名音譯「阿唎耶跋盧枳羝鑠筏囉」，為「聖觀世音」之義。與大勢至菩薩同為西方極樂世界阿彌陀佛之脅侍，世稱「西方三聖」。凡遇難眾生誦念其名號，菩薩即時觀其音聲前往拯救，故稱「觀世音菩薩」。又因其於理事無礙之境，觀達自在，故稱「觀自在菩薩」。

「若有眾生恭敬禮拜觀世音菩薩，福不唐捐，是故眾生皆應受持觀世音菩薩名號。無盡意，若有人受持六十二億恆河沙菩薩名字，復盡形供養飲食、衣服、臥具、醫藥。於汝意云何？是善男子、善女人功德多不？」

無盡意言：「甚多！世尊。」

佛言：「若復有人受持觀世音菩薩名號，乃至一時禮拜供養，是二人福，正等無異，於百千萬億劫不可窮盡。無盡意，受持觀世音菩薩名號，得如是無量無邊福德之利。」

無盡意菩薩白佛言：「世尊，觀世音菩薩，云何遊此娑婆世界？云何而為眾生說法？方便之力，其事云何？」

佛告無盡意菩薩：「善男子，若有國土眾生應以佛身得度者，觀世音菩薩即現佛身而

為說法；應以辟支佛身得度者，即現辟支佛身而為說法；應以聲聞身得度者，即現聲聞身而為說法；應以梵王身得度者，即現梵王身而為說法；應以帝釋身得度者，即現帝釋身而為說法；應以自在天身得度者，即現自在天身而為說法；應以大自在天身得度者❶，即現大自在天身而為說法；應以天大將軍身得度者，即現天大將軍身而為說法；應以毘沙門身得度者，即現毘沙門身而為說法；應以小王身得度者，即現小王身而為說法；應以長者身得度者，即現長者身而為說法；應以居士身得度者，即現居士身而為說法；應以宰官身得度者，即現宰官身而為說法；應以婆羅門身得度者，即現婆羅門身而為說法；應以比丘、比丘尼、優婆塞、優婆夷身得度者，即現比丘、比丘尼、優婆塞、優婆夷身而為說法；應以長者、居士、宰官、婆羅門婦女身得度者，即現婦女身而為說法；應以童男童女身得度者，即現童男童女身而為說法；應以天、龍、夜叉、乾闥婆、阿修羅、迦樓羅、緊那羅、摩睺羅伽、人非人等身得度者，即皆現之而為說法；應以執金剛身得度者❷，即現執金剛身而為說法。

「無盡意！是觀世音菩薩成就如是功德，以種種形遊諸國土度脫眾生。是故汝等應當一心供養觀世音菩薩。是觀世音菩薩摩訶薩，於怖畏急難之中能施無畏，是故此娑婆世界皆號之為施無畏者。」

無盡意菩薩白佛言：「世尊！我今當供養觀世音菩薩。」即解頸眾寶珠瓔珞，價值百千兩金而以與之，作是言：「仁者，受此法施珍寶瓔珞。」時觀世音菩薩不肯受之。無盡意復

白觀世音菩薩言：「仁者，愍我等故受此瓔珞。」

爾時，佛告觀世音菩薩：「當愍此無盡意菩薩，及四眾、天、龍、夜叉、乾闥婆、阿修羅、迦樓羅、緊那羅、摩睺羅伽、人非人等故，受是瓔珞。」

即時觀世音菩薩愍諸四眾，及於天、龍、人非人等，受其瓔珞。分作二分，一分奉釋迦牟尼佛，一分奉多寶佛塔。

「無盡意，觀世音菩薩，有如是自在神力，遊於娑婆世界。」

【譯文】

「如果眾生能夠恭敬、禮拜觀世音菩薩，他的福報則不會落空，因此，眾生都應當受持觀世音菩薩的名號。無盡意菩薩！如果有人能受持六十二億恆河沙數之眾的菩薩名號，又能對這些菩薩終生供養，如飲食、衣服、臥具、醫藥等，你是怎樣認為的？這樣的善男子、善女人，他們的功德多嗎？」

無盡意菩薩回答說：「他們的功德非常多！世尊！」

釋迦牟尼佛說：「如果另有人受持觀世音菩薩的名號，甚至在很短的時間內進行禮拜和供養，那麼，他所獲得的福報，與前面所說的善男子、善女人所獲得的福報，完全相等，毫無差異，在百千萬億劫中，他們的福報也難以窮盡。無盡意菩薩！受持觀世音菩薩的名號，就能夠得到如此無量無邊的福德利益。」

無盡意菩薩對佛說：「世尊！觀世音菩薩為什麼在此娑婆世界雲遊？又如何為眾生說法？他教化眾生的方便神力又是怎樣的？」

釋迦牟尼佛告訴無盡意菩薩說：「善男子，在一切國土中的眾生，如果有應以佛身而獲得救度的，觀世音菩薩即現佛身為其說法；應以辟支佛身獲得救度的，觀世音菩薩即現辟支佛身為其說法；應以聲聞身獲得救度的，觀世音菩薩即現聲聞身為其說法；應以梵王身獲得救度的，觀世音菩薩即現梵王身為其說法；應以帝釋身獲得救度的，觀世音菩薩即現帝釋身為其說法；應以自在天身獲得救度的，觀世音菩薩即現自在天身為其說法；應以大自在天身獲得救度的，觀世音菩薩即現大自在天身為其說法；應以天上大將軍身獲得救度的，觀世音菩薩即現天上大將軍身為其說法；應以毘沙門身獲得救度的，觀世音菩薩即現毘沙門身為其說法；應以小王身獲得救度的，觀世音菩薩即現小王身為其說法；應以長者身獲得救度的，觀世音菩薩即現長者身為其說法；應以居士身獲得救度的，觀世音菩薩即現居士身為其說法；應以宰官身獲得救度的，觀世菩薩即現宰官身為其說法；應以婆羅門身獲得救度的，觀世音菩薩即現婆羅門身為其說法；應以比丘、比丘尼、優婆塞、優婆夷身獲得救度的，觀世音菩薩即現比丘、比丘尼、優婆塞、優婆夷身為其說法；應以長者之婦、居士之婦、宰官之婦、婆羅門之婦的身相獲得救度的，觀世音菩薩即現相應的婦女身為其說法；應以童男、童女身獲得救度的，觀世音菩薩即現童男、童女身為其說法；應以天神、龍神、乾闥婆、阿修羅、迦樓羅、緊那羅、摩睺羅伽、人和非人之身相獲得救度的，觀世音菩薩即現相應的身相為其說法；應以執金剛神身獲得救度

的，觀世音菩薩即現執金剛神身為其說法。

「無盡意！這位觀世音成就如此的功德，能夠以各種身形，遊歷各個國土，救度那裡的眾生。所以，你們應當一心一意地供養觀世音菩薩。這位觀世音菩薩能在眾生遇到恐懼與危難之時，把無畏布施給眾生，所以，這個娑婆世界都稱觀世音菩薩為施無畏者。」

無盡意菩薩對釋迦牟尼佛說：「世尊！我現在就應當供養觀世音菩薩。」於是，無盡意菩薩解下頸上的寶珠與瓔珞，價值可達百千兩金，把它們奉獻給觀世音菩薩，並這樣說道：「仁慈的大德！請接受我奉上的珍寶和瓔珞，作為我們如法的供養吧！」這時，觀世音菩薩不肯接受。無盡意菩薩又再次對觀世音菩薩說：「仁慈的大德，請您出於悲憫我們的緣故，收下這些瓔珞吧！」

這時，釋迦牟尼佛對觀世音菩薩說：「你應當出於悲憫這位無盡意菩薩以及四眾弟子和天神、龍神、夜叉、乾闥婆、阿修羅、迦樓羅、緊那羅、摩睺羅伽、人與非人等的緣故，而接受這些瓔珞！」

於是，觀世音菩薩出於對四眾弟子及天龍八部、人與非人等的悲憫，即收下這些瓔珞。他又把這些瓔珞分做兩份，一份奉獻給釋迦牟尼佛，一份奉獻給多寶佛塔。

釋迦牟尼佛對無盡意菩薩說：「無盡意菩薩！觀世音菩薩有如此的自在神力，才能自由地遊歷於此娑婆世界。」

【注釋】

❷大自在天：梵語。音譯作「摩醯首羅」、「莫醯伊濕伐羅」。又作「自在天」、「自在天王」、「天主」。傳說為「嚕捺羅天」之忿怒身，因其居住地之不同，又有「商羯羅」、「伊舍那」等異名。此天原為婆羅門教之主神濕婆，信奉此天者被稱為「大自在天外道」，此派以天為世界之本體，謂此天乃一切萬物之主宰者，又司暴風雷電，凡人間所受之苦樂悲喜，悉與此天之苦樂悲喜相一致。故此天喜時，一切眾生均得安樂；此天瞋時，則眾魔現，國土荒亂，一切眾生均隨其受苦；若世界毀滅時，一切萬物將歸入大自在天中。此蓋為大自在天神格之表現；然除殺傷、暴惡等性格之外，此天亦具有救護、治療之性格，而以吉祥神之面貌出現。初時，此天與那羅延天同列於梵天之下，其後，其神位漸次升高，而成為最高神格，於婆羅門教中，被視為「其體常住，遍滿宇宙」，而有「以虛空為頭，以地為身」的泛神論神格。然濕婆神進入佛教後，即成為佛教之守護神，稱為「大自在天」，住在第四禪天。其像為三目、八臂，騎白牛，執白拂之天人形，有大威力，能知大千世界雨滴之數，獨尊於色界。

❷執金剛：又云「持金剛」、「金剛手」。胎藏界三部中金剛部之諸眾，標如來之智印，皆手執金剛，故云「執金剛」。

爾時，無盡意菩薩以偈問曰[1]：

世尊妙相具，我今重問彼，
佛子何因緣，名為觀世音？
具足妙相尊，偈答無盡意：
汝聽觀音行，善應諸方所，
弘誓深如海，歷劫不思議，
侍多千億佛，發大清淨願。
我為汝略說，聞名及見身，
心念不空過，能滅諸有苦。
假使興害意，推落大火坑，
念彼觀音力，火坑變成池。
或漂流巨海，龍魚諸鬼難，
念彼觀音力，波浪不能沒。
或在須彌峰，為人所推墮，
念彼觀音力，如日虛空住。
或被惡人逐，墮落金剛山，

念彼觀音力，不能損一毛。
或值怨賊繞，各執刀加害，
念彼觀音力，咸即起慈心。
或遭王難苦，臨刑欲壽終，
念彼觀音力，刀尋段段壞。
或囚禁枷鎖，手足被杻械，
念彼觀音力，釋然得解脫。
咒詛諸毒藥，所欲害身者，
念彼觀音力，還著於本人。
或遇惡羅剎，毒龍諸鬼等，
念彼觀音力，時悉不敢害。
若惡獸圍繞，利牙爪可怖，
念彼觀音力，疾走無邊方。
蚖蛇及蝮蠍，氣毒煙火燃，
念彼觀音力，尋聲自回去。
雲雷鼓掣電，降雹澍大雨，

念彼觀音力，應時得消散。
眾生被困厄，無量苦逼身，
觀音妙智力，能救世間苦。
具足神通力，廣修智方便，
十方諸國土，無剎不現身。
種種諸惡趣，地獄鬼畜生，
生老病死苦，以漸悉令滅。
真觀清淨觀，廣大智慧觀，
悲觀及慈觀，常願常瞻仰。
無垢清淨光，慧日破諸闇，
能伏災風火，普明照世間。
悲體戒雷震，慈意妙大雲，
澍甘露法雨，滅除煩惱焰。
諍訟經官處，怖畏軍陣中，
念彼觀音力，眾怨悉退散。
妙音觀世音，梵音海潮音，

勝彼世間音，是故須常念。
念念勿生疑，觀世音淨聖，
於苦惱死厄，能為作依怙，
具一切功德，慈眼視眾生，
福聚海無量，是故應頂禮。

爾時，持地菩薩即從座起，前白佛言：「世尊！若有眾生，聞是〈觀世音菩薩品〉自在之業、普門示現神通力者，當知是人功德不少。」佛說是普門品時，眾中八萬四千眾生，皆發無等等阿耨多羅三藐三菩提心。

【譯文】

這時，無盡意菩薩又以偈頌重問道：

世尊妙相具，我今重問彼，佛子何因緣，名為觀世音？
具足妙相尊，偈答無盡意：汝聽觀音行，善應諸方所，
弘誓深如海，歷劫不思議，侍多千億佛，發大清淨願。
我為汝略說，聞名及見身，心念不空過，能滅諸有苦。
假使興害意，推落大火坑，念彼觀音力，火坑變成池。

或漂流巨海，龍魚諸鬼難，念彼觀音力，波浪不能沒。
或在須彌峰，為人所推墮，念彼觀音力，如日虛空住。
或被惡人逐，墮落金剛山，念彼觀音力，不能損一毛。
或值怨賊繞，各執刀加害，念彼觀音力，咸即起慈心。
或遭王難苦，臨刑欲壽終，念彼觀音力，刀尋段段壞。
或囚禁枷鎖，手足被杻械，念彼觀音力，釋然得解脫。
咒詛諸毒藥，所欲害身者，念彼觀音力，還著於本人。
或遇惡羅剎，毒龍諸鬼等，念彼觀音力，時悉不敢害。
若惡獸圍繞，利牙爪可怖，念彼觀音力，疾走無邊方。
蚖蛇及蝮蠍，氣毒煙火燃，念彼觀音力，尋聲自回去。
雲雷鼓掣電，降雹澍大雨，念彼觀音力，應時得消散。
眾生被困厄，無量苦逼身，觀音妙智力，能救世間苦。
具足神通力，廣修智方便，十方諸國土，無剎不現身。
種種諸惡趣，地獄鬼畜生，生老病死苦，以漸悉令滅。
真觀清淨觀，廣大智慧觀，悲觀及慈觀，常願常瞻仰。
無垢清淨光，慧日破諸暗，能伏災風火，普明照世間。

悲體戒雷震，慈意妙大雲，澍甘露法雨，滅除煩惱焰。
諍訟經官處，怖畏軍陣中，念彼觀音力，眾怨悉退散。
妙音觀世音，梵音海潮音，勝彼世間音，是故須常念。
念念勿生疑，觀世音淨聖，於苦惱死厄，能為作依怙，
具一切功德，慈眼視眾生，福聚海無量，是故應頂禮。

這時，持地菩薩即從座位上站起來，走上前對釋迦牟尼佛說：「世尊！如果有眾生聽到這篇〈觀世音菩薩普門品〉，知道觀音菩薩自在無礙的事蹟，了解觀音菩薩廣開無量法門，示現各種神通之力救度眾生，那麼，我們就可以知道，此人所獲得的功德的確不少。」

釋迦牟尼佛演說這篇〈普門品〉時，參加法會的大眾之中，有八萬四千眾生都發下志求無上正等正覺的誓願。

【注釋】

❶ 按：此偈頌內容在鳩摩羅什譯本中原無。如宋代遵式《釋普門品重頌》說：「重頌是隋煬大業中智者滅後，笈多所譯，方入大部。」所謂的「笈多所譯」，應是他和闍那崛多編譯的《添品妙法蓮華經》中移入羅什所譯之〈普門品〉中，成為現在看到的通行本。據宋代聞達《法華經句解》卷八云：「什師譯本即無重頌，今此偈文是後來人以笈多本經中之偈入此本中，相承傳誦。」

陀羅尼品第二十六

《法華經》中出現的陀羅尼（咒語），幾乎都集中於本品中，以陀羅尼護持《法華經》行者，或以此得名。

本品的內容：佛陀宣說受持、讀誦、書寫《法華經》者的功德。藥王菩薩、勇施菩薩、毘沙門天王、持國天王、諸羅剎女等各自演說咒語，擁護受持、演說《法華經》者。

爾時，藥王菩薩即從座起，偏袒右肩，合掌向佛，而白佛言：「世尊！若善男子、善女人，有能受持《法華經》者，若讀誦通利，若書寫經卷，得幾所福？」

佛告藥王：「若有善男子、善女人，供養八百萬億那由他恆河沙等諸佛，於汝意云何？

其所得福，寧為多不？」

「甚多！世尊。」

佛言：「若善男子、善女人，能於是經乃至受持一四句偈，讀誦解義，如說修行，功德甚多。」

爾時，藥王菩薩白佛言：「世尊，我今當與說法者陀羅尼咒，以守護之。」即說咒曰：

安爾㈠曼爾㈡摩禰㈢摩摩禰㈣旨隸㈤遮梨第㈥賒咩㈦賒履多瑋㈧羶帝㈨目帝㈩目多履(十一)娑履(十二)阿瑋娑履(十三)桑履(十四)娑履(十五)叉裔(十六)阿叉裔(十七)阿耆膩(十八)羶帝(十九)賒履(廿)陀羅尼(廿一)阿盧伽婆娑簸蔗毘叉膩(廿二)禰毘剃(廿三)阿便哆邏禰履剃(廿四)阿亶哆波隸輸地(廿五)歐究隸(廿六)牟究隸(廿七)阿羅隸(廿八)波羅隸(廿九)首迦差(卅)阿三磨三履(卅一)佛陀毘吉利袠帝(卅二)達磨波利差帝(卅三)僧伽涅瞿沙禰(卅四)婆舍婆舍輸地(卅五)曼哆邏(卅六)曼哆邏叉夜多(卅七)郵樓哆(卅八)郵樓哆憍舍略(卅九)惡叉邏(四十)惡叉冶多冶(四一)阿婆盧(四二)阿摩若那多夜(四三)

「世尊，是陀羅尼神咒，六十二億恆河沙等諸佛所說。若有侵毀此法師者，則為侵毀是諸佛已。」

時釋迦牟尼佛讚藥王菩薩言：「善哉！善哉！藥王，汝愍念擁護此法師故，說是陀羅尼，於諸眾生多所饒益。」

爾時，勇施菩薩白佛言：「世尊，我亦為擁護讀誦受持《法華經》者，說陀羅尼。若

此法師得是陀羅尼，若夜叉、若羅剎、若富單那❶、若吉遮、若鳩槃荼、若餓鬼等，伺求其短，無能得便。」即於佛前，而說咒曰：

痤隸㈠摩訶痤隸㈡郁枳㈢目枳㈣阿隸㈤阿羅婆第㈥涅隸第㈦涅隸多婆第㈧伊緻㈨柅韋緻柅㈩旨緻柅(十一)涅隸墀柅(十二)涅犁墀婆底(十三)

「世尊！是陀羅尼神咒，恆河沙等諸佛所說，亦皆隨喜。若有侵毀此法師者，則為侵毀是諸佛已。」

爾時，毘沙門天王護世者白佛言：「世尊，我亦為愍念眾生擁護此法師故，說是陀羅尼。」即說咒曰：

阿梨㈠那梨㈡㝹那梨㈢阿那盧㈣那履㈤拘那履㈥

「世尊，以是神咒擁護法師，我亦自當擁護持是經者，令百由旬內無諸衰患。」

爾時，持國天王在此會中，與千萬億那由他乾闥婆眾恭敬圍繞，前詣佛所，合掌白佛言：「世尊！我亦以陀羅尼神咒，擁護持《法華經》者。」即說咒曰：

阿伽禰㈠伽禰㈡瞿利㈢乾陀利㈣旃陀利㈤摩蹬耆㈥常求利㈦浮樓莎柅㈧頞底㈨

「世尊，是陀羅尼神咒，四十二億諸佛所說。若有侵毀此法師者，則為侵毀是諸佛已。」

爾時，有羅剎女等，一名藍婆，二名毘藍婆，三名曲齒，四名華齒，五名黑齒，六名多髮，七名無厭足，八名持瓔珞，九名皐帝，十名奪一切眾生精氣。是十羅剎女，與鬼子母并

其子及眷屬，俱詣佛所，同聲白佛言：「世尊，我等亦欲擁護讀誦受持《法華經》者，除其衰患。若有伺求法師短者，令不得便。」即於佛前，而說咒曰：

伊提履(一)伊提泯(二)伊提履(三)阿提履(四)伊提履(五)泥履(六)泥履(七)泥履(八)泥履(九)泥履(十)樓醯(十一)樓醯(十二)樓醯(十三)樓醯(十四)多醯(十五)多醯(十六)多醯(十七)兜醯(十八)㝹醯(十九)

「寧上我頭上，莫惱於法師。若夜叉、若羅刹、若餓鬼、若富單那、若吉遮、若毘陀羅、若犍馱、若烏摩勒伽、若阿跋摩羅、若夜叉吉遮、若人吉遮、若熱病❷，若一日、若二日、若三日、若四日乃至七日若常熱病，若男形、若女形、若童男形、若童女形，乃至夢中亦復莫惱。」

即於佛前，而說偈言：

若不順我咒，惱亂說法者，
頭破作七分，如阿梨樹枝❸。
如殺父母罪，亦如壓油殃，
斗秤欺誑人，調達破僧罪，
犯此法師者，當獲如是殃。

諸羅刹女說此偈已，白佛言：「世尊！我等亦當身自擁護受持、讀誦、修行是經者，令得安隱，離諸衰患，消眾毒藥。」

佛告諸羅剎女：「善哉！善哉！汝等但能擁護受持《法華》名者，福不可量；何況擁護具足受持供養經卷，華、香、瓔珞、末香、塗香、燒香、幡蓋、伎樂，燃種種燈，酥燈、油燈、諸香油燈、蘇摩那華油燈、瞻蔔華油燈、婆師迦華油燈、優鉢羅華油燈，如是等百千種供養者！皐帝，汝等及眷屬，應當擁護如是法師。」

說是〈陀羅尼品〉時，六萬八千人得無生法忍。

【譯文】

這時，藥王菩薩即從座位上起身，他袒露右肩，合掌向釋迦牟尼佛致禮，並對佛說：「世尊！如果有善男子、善女人能夠受持這部《法華經》，或者非常流利通達地讀誦此經，或者抄寫經卷，那麼他們能得到多少福德呢？」

釋迦牟尼佛告訴藥王菩薩說：「如果有善男子、善女人供養與八百萬億那由他恆河沙數之多的如來，你如何認為？他獲得的福報多嗎？」

藥王菩薩回答說：「當然是非常多的，世尊！」

釋迦牟尼佛又說：「如果有善男子、善女人受持此《法華經》中的內容，甚至只是受持其中的一句或四句偈頌，或者對其讀誦、解釋，並依照其義如法修行，那麼，此人的功德也是非常多的。」

這時，藥王菩薩對釋迦牟尼佛說：「世尊！我現在應當給演說《法華經》的法師說陀羅尼神咒，

以便守護他們。」於是，藥王菩薩即宣說如下神咒：

安爾(一)曼爾(二)摩禰(三)摩摩禰(四)旨隸(五)遮梨第(六)賒咩(七)賒履多瑋(八)羶帝(九)目帝(十)目多履(十一)娑履(十二)阿瑋娑履(十三)桑履(十四)娑履(十五)叉裔(十六)阿叉裔(十七)阿耆膩(十八)羶帝(十九)賒履(廿)陀羅尼(廿一)阿盧伽婆娑簸蔗毘叉膩(廿二)禰毘剃(廿三)阿便哆邏禰履剃(廿四)阿亶哆波隸輸地(廿五)歐究隸(廿六)牟究隸(廿七)阿羅隸(廿八)波羅隸(廿九)首迦差(卅)阿三磨三履(卅一)佛陀毘吉利袠帝(卅二)達磨波利差帝(卅三)僧伽涅瞿沙禰(卅四)婆舍婆舍輸地(卅五)曼哆邏(卅六)曼哆邏叉夜多(卅七)郵樓哆(卅八)郵樓哆憍舍略(卅九)惡叉邏(四十)惡叉冶多冶(四一)阿婆盧(四二)阿摩若那多夜(四三)。

藥王菩薩又對釋迦牟尼佛說：「世尊！這個陀羅尼神咒，是六十二億恆河沙數之眾的如來所宣說。如果有人侵擾詆毀這位演說《法華經》的法師，那他就等於侵擾詆毀這些如來。」

這時，釋迦牟尼佛稱讚藥王菩薩說：「善哉！善哉！藥王，你憐憫、關照、擁護宣說《法華經》的法師，所以才說出這個陀羅尼神咒，這對於所有的眾生也有很大的得益。」

這時，勇施菩薩對釋迦牟尼佛說：「世尊！我也為擁護、讀誦、受持《法華經》的人們，說一個陀羅尼神咒。如果這些法師得到了這個陀羅尼神咒，那麼，夜叉鬼、羅剎鬼、富單那鬼、吉遮鬼、鳩槃荼鬼、餓鬼等，都不會有機會侵害損惱這些法師。」於是，勇施菩薩即在釋迦牟尼佛面前宣說如下咒語：

痤隸(一)摩訶痤隸(二)郁枳(三)目枳(四)阿隸(五)阿羅婆第(六)涅隸第(七)涅隸多婆第(八)伊緻(九)柅韋緻柅(十)旨

緻柅(十一)涅隸墀柅(十二)涅犁墀婆底(十三)。

勇施菩薩又對釋迦牟尼佛說：「世尊！這個陀羅尼神咒，是由恆河沙數之眾的如來所宣說的，並且得到諸佛隨喜讚歎。如果有人侵擾詆毀這些講《法華經》的法師，那麼，他就等於侵擾詆毀這恆河沙數之眾的如來。」

這時，毘沙門天王對釋迦牟尼佛說：「世尊！我也因為悲憫、關懷眾生，及擁護受持《法華經》的法師的緣故，說一個陀羅尼神咒。」於是，毘沙門天王即說出如下咒語：

阿梨㈠那梨㈡㝹那梨㈢阿那盧㈣那履㈤拘那履㈥

毘沙門天王又對釋迦牟尼佛說：「世尊，以這個神咒可以護持講說《法華經》的法師。我也將親自擁護受持這部經典的眾生，使他們在一百由旬之內，沒有任何衰退與禍患。」

那時，在法會中的持國天王，在千萬億那由他數的乾闥婆眾的恭敬圍繞下，也來到釋迦牟尼佛的面前，合掌致禮，對佛說道：「世尊！我也以陀羅尼神咒來擁護受持《法華經》的法師。」於是，持國天王即說出如下咒語：

阿伽禰㈠伽禰㈡瞿利㈢乾陀利㈣旃陀利㈤摩蹬耆㈥常求利㈦浮樓莎柅㈧頞底㈨。

持國天王又對釋迦牟尼佛說：「這個陀羅尼神咒，是由四十二億位如來所宣說的。如果有誰侵擾詆毀這些受持《法華經》的法師，那他就如同侵擾詆毀這眾多的如來。」

這時，有眾羅剎女，第一位名叫藍婆，第二位名叫毘藍婆，第三位名叫曲齒，第四位名叫華齒，

第五位名叫黑齒，第六位名叫多髮，第七位名叫無厭足，第八位名叫持瓔珞，第九位名叫皐帝，第十位名叫奪一切眾生精氣。這十位羅剎女與鬼子母等，以及她們的子女與眷屬一同來到佛的面前，異口同聲對佛說道：「世尊！我們也想擁護那些讀誦、受持《法華經》的法師，消除他們的衰退與禍患。如果有人尋找法師的短處，都不會有可乘之機。」於是眾羅剎女等即在釋迦牟尼佛前說出如下咒語：

伊提履㈠伊提泯㈡伊提履㈢阿提履㈣伊提履㈤泥履㈥泥履㈦泥履㈧泥履㈨泥履㈩樓醯(十一)樓醯(十二)樓醯(十三)樓醯(十四)多醯(十五)多醯(十六)多醯(十七)兜醯(十八)㝹醯(十九)

說完如上咒語，羅剎女等又繼續說：「我們寧願諸惡鬼眾在我們頭上為所欲為，也不會讓他們去擾亂受持《法華經》的法師。若持此咒，一切惡鬼，如夜叉鬼、羅剎鬼、餓鬼、富單那鬼、吉遮鬼、毘陀羅鬼、犍馱鬼、烏摩勒伽鬼、阿跋摩羅鬼、夜叉吉遮鬼、人吉遮鬼、熱病鬼等都不能擾亂這些受持《法華經》的法師。若持此咒，在一日、二日、三日、四日甚至七日之中，如果常有熱病鬼，或者男形，或者女形，或者童男形，或者童女形，都不能擾亂這些受持《法華經》的法師；若持此咒，甚至在夢中，都不能擾亂這些受持《法華經》的法師。」

羅剎女等又在釋迦牟尼佛前說偈語道：

若不順我咒，惱亂說法者，頭破作七分，如阿梨樹枝。
如殺父母罪，亦如壓油殃，斗秤欺誑人，調達破僧罪，
犯此法師者，當獲如是殃。

羅剎女們說完偈語之後，對釋迦牟尼佛說：「世尊！我們也應當親自擁護那些受持、讀誦《法華經》，並按照《法華經》如法修行的法師，使他們身心得到安穩，遠離各種衰退與禍患，消除各種有害的毒藥。」

釋迦牟尼佛告訴羅剎女們說：「善哉！善哉！你們只要能夠擁護那些受持《法華經》名字的人，所獲得的福報已不可限量；更何況擁護那些完全受持、供養《法華經》的人。這些供養經卷的人，或者以鮮花、香料、瓔珞供養，或者以末香、塗香、燒香供養，或者以寶幡、寶蓋、歌舞供養，或者點燃各種油燈供養，如酥油燈、油燈、諸香油燈、蘇摩那花油燈、瞻蔔花油燈、婆師迦花油燈、優鉢羅花油燈進行供養，諸如此類等百千種方式來供養《法華經》的法師，皐帝！你們及你們的眷屬，應當擁護這些法師。」

釋迦牟尼佛說這篇〈陀羅尼品〉時，法會中有六萬八千人獲得了無生法忍。

【注釋】

❶富單那：為鬼神之一種。又作「富多那鬼」、「布怛那鬼」。意譯作「臭鬼」、「臭餓鬼」。又稱「熱病鬼」。此鬼與乾闥婆皆為持國天之眷屬，守護東方。依《護諸童子陀羅尼經》載，富多那鬼外形如豬，能使孩童在睡眠中驚怖啼哭。又據《慧琳音義》卷十二、卷十八所述，富單那鬼為餓鬼中福報最勝者，其易極為臭穢，能予人畜災害。

❷ 熱病：因外感而引起的熱性病。

❸ 阿梨樹：乃香樹之名。阿梨，意譯為「蘭」。

妙莊嚴王本事品第二十七

佛陀宣說久遠劫前，妙莊嚴王的兩位王子度化其父的本事。兩位王子遵母之命，於其父面前顯示神通。妙莊嚴王受其所感，即與眷屬俱詣雲雷音宿王華智佛所，聞佛說法，並以珠瓔供養如來。雲雷音宿王華智佛為妙莊嚴王授記，將於未來成佛，名號「娑羅樹王佛」。王與夫人、二子及諸眷屬出家修道，奉持修習《法華經》。佛陀指出，妙莊嚴王即如今的華德菩薩，淨德夫人即如今光照莊嚴相菩薩，二子即今藥王、藥上菩薩。

爾時，佛告諸大眾：「乃往古世，過無量無邊不可思議阿僧祇劫，有佛名雲雷音宿王華智多陀阿伽度阿羅訶三藐三佛陀，國名光明莊嚴，劫名喜見。彼佛法中有王，名妙莊嚴，

其王夫人，名曰淨德。有二子，一名淨藏，二名淨眼。是二子有大神力福德智慧，久修菩薩所行之道，所謂檀波羅蜜、尸羅波羅蜜、羼提波羅蜜、毘梨耶波羅蜜、禪波羅蜜、般若波羅蜜、方便波羅蜜、慈悲喜捨，乃至三十七品助道法❶，皆悉明了通達。又得菩薩淨三昧、日星宿三昧、淨光三昧、淨色三昧、淨照明三昧、長莊嚴三昧、大威德藏三昧，於此三昧亦悉通達。

「爾時，彼佛欲引導妙莊嚴王，及愍念眾生故，說是《法華經》。時淨藏、淨眼二子，到其母所，合十指爪掌白言：『願母往詣雲雷音宿王華智佛所，我等亦當侍從親近、供養、禮拜。所以者何？此佛於一切天人眾中說《法華經》，宜應聽受。』

「母告子言：『汝父信受外道，深著婆羅門法，汝等應往白父與共俱去。』

「淨藏、淨眼合十指爪掌白母：『我等是法王子，而生此邪見家。』

「母告子言：『汝等當憂念汝父，為現神變。若得見者，心必清淨，或聽我等往至佛所。』

「於是二子念其父故，涌在虛空，高七多羅樹，現種種神變，於虛空中行住坐臥，身上出水，身下出火，身下出水，身上出火，或現大身滿虛空中，而復現小，小復現大，於空中滅忽然在地，入地如水，履水如地。現如是等種種神變，令其父王心淨信解。

「時父見子神力如是，心大歡喜，得未曾有，合掌向子言：『汝等師為是誰？誰之弟

子？』

「二子白言：『大王，彼雲雷音宿王華智佛，今在七寶菩提樹下法座上坐，於一切世間天人眾中廣說《法華經》。是我等師，我是弟子。』

「父語子言：『我今亦欲見汝等師，可共俱往。』

「於是二子從空中下，到其母所，合掌白母：『父王今已信解，堪任發阿耨多羅三藐三菩提心。我等為父已作佛事，願母見聽於彼佛所出家修道。』」

爾時，二子欲重宣其意，以偈白母：

願母放我等，出家作沙門，
諸佛甚難值，我等隨佛學。
如優曇鉢羅❷，值佛復難是，
脫諸難亦難，願聽我出家。

【譯文】

這時，釋迦牟尼佛對法華會上的大眾說：「從現在往過去回溯，在無量無邊不可思議阿僧祇劫前，有一位佛陀，他的名號叫做雲雷音宿王華智多陀阿伽度阿羅訶三藐三佛陀，佛國名叫做光明莊嚴，劫名叫做喜見。在這位如來的正法時期，有一位國王，名叫妙莊嚴，國王的夫人名叫淨德。妙莊

嚴王有兩個兒子，一個名叫淨藏，一個名叫淨眼。這兩個兒子都有很大的神通力，具備福德與智慧，他們在相當長的時間內一直修行大乘菩薩道，即布施波羅蜜、持戒波羅蜜、忍辱波羅蜜、精進波羅蜜、禪定波羅蜜、智慧波羅蜜、方便波羅蜜，還有大慈、大悲、大喜、大捨的四無量心，直至三十七品助道法，他們全都通達明瞭。淨藏和淨眼二位王子還證得了各種深妙禪定，如菩薩淨妙定、日星宿妙定、淨光妙定、淨色妙定、淨照明妙定、長莊嚴妙定、大威德藏妙定，對於這些禪定，二位王子也都能夠全部通達。

「當時，那位雲雷音宿王華智佛為了引導妙莊嚴王，並出於對一切眾生悲憫關懷的緣故，即演說這部《法華經》。這時，淨藏、淨眼二位王子來到母親的住所，雙手合掌，對母親說：『我們懇請母親前往雲雷音宿王華智佛那裡，我們也當跟隨您一同前往，以便侍從、親近、供養、禮拜這位如來。為什麼呢？這位如來在一切天、人大眾中演說《法華經》，所以我們應該前去聽聞受教。』

「母親告訴兒子說：『你們的父親信受外道，深深沉溺於婆羅門教法。你們應該前去稟告你們的父親，讓他與我們一同前往。』

「淨藏、淨眼雙手合掌，對母親說：『我們是如來法王的弟子，竟然生在這個執持邪見的家庭。』

「母親又告訴兩位兒子說：『你們應當為你們的父親感到擔憂，為你們的父親考慮。你們可以為你們的父親示現各種神通變化，如果讓他看見，他的內心必定得到清淨，或許會聽從我們的勸告，與

我們一同前往雲雷音宿王華智佛的住所聽聞佛法。』

「於是，兩位王子出於對父親的關懷，即升入空中距地面有七棵多羅樹的高處，並示現出各種神變異象：他們在空中行走、站立、打坐、睡臥；或者身上出水，身下出火；或者身下出水，身上出火；或者示現出布滿虛空的巨大身軀，而又再變化示現小身，又從小身再變為大身；或者在虛空中消失，而又忽然出現在地上；或者像入水一樣隱沒在地中，像走平地一般行走在水面。他們示現各種神變，讓他們的父親心地清淨，而於佛法生起信解之心。

「這時，妙莊嚴王看見兩個兒子有這樣的神通力，心中十分歡喜，這是過去從未有過的。於是妙莊嚴王雙手合掌對兒子說：『你們的師父是誰？你們是誰的弟子？』

「兩位兒子回答說：『父王！那位雲雷音宿王華智佛，現在正在七寶菩提樹下的法座上安坐，在一切世間的天、人大眾中廣泛演說《法華經》。雲雷音宿王華智佛即是我們的師父，我們是他的弟子。』

「父親又對兒子說：『我現在也想拜見你們的師父，我們可以一同前往。』

「於是，兩位王子從空中下來，來到他們母親的住所，雙手合掌，對母親說：『父王現在已經信解佛法，具足發起志求無上正等正覺誓願的因緣。我們已經為父親作了佛事，懇請母親允許我們在那位如來的住所出家修道。』」

這時，兩位王子為了再次重申他們的意思，即以偈頌對母親說道：

願母放我等，出家作沙門，
諸佛甚難值，我等隨佛學。
如優曇缽羅，值佛復難是，
脫諸難亦難，願聽我出家。

【注釋】

❶三十七道品：道品，為梵語之意譯，又作「菩提分」、「覺支」，即為追求智慧，進入涅槃境界之三十七種修行方法。又稱「三十七覺支」、「三十七菩提分」、「三十七助道法」、「三十七品道法」。循此三十七法而修，即可次第趨於菩提，故稱為「菩提分法」。「三十七道品」可分七科如下：㈠四念處，又作「四念住」。⑴身念處，即觀此色身皆是不淨。⑵受念處，觀苦樂等感受悉皆是苦。⑶心念處，觀此識心念念生滅，更無常住。⑷法念處，觀諸法因緣生，無自主自在之性，是為諸法無我。㈡四正勤，又作「四正斷」。⑴已生惡令永斷。⑵未生惡令不生。⑶未生善令生。⑷已生善令增長。㈢四如意足，又作「四神足」。⑴欲如意足，希慕所修之法能如願滿足。⑵精進如意足，於所修之法，專注一心，無有間雜，而能如願滿足。⑶念如意足，於所修之法，記憶不忘，如願滿足。⑷思維如意足，心思所修之法，不令忘失，如願滿足。㈣五根，根，即能生之意，此五根能生一切善法。⑴信根，篤信正道及助道法，則能生出一切無漏禪定解

脫。⑵精進根，修於正法，無間無雜。⑶念根，乃於正法記憶不忘。⑷定根，攝心不散，一心寂定，是為定根。⑸慧根，對於諸法觀照明了，是為慧根。㈤五力，力即力用，能破惡成善。⑴信力，信根增長，能破諸疑惑。⑵精進力，精進根增長，能破身心懈怠。⑶念力，念根增長，能破諸邪念，成就出世正念功德。⑷定力，定根增長，能破諸亂想，發諸禪定。⑸慧力，慧根增長，能遮止三界見思之惑。㈥七覺分，又作「七覺支」、「七覺意」。⑴擇法覺分，能揀擇諸法之真偽。⑵精進覺分，修諸道法，無有間雜。⑶喜覺分，契悟真法，心得歡喜。⑷除覺分，能斷除諸見煩惱。⑸捨覺分，能捨離所見念著之境。⑹定覺分，能覺了所發之禪定。⑺念覺分，能思維所修之道法。㈦八正道，又作「八聖道」、「八道諦」。⑴正見，能見真理。⑵正思維，心無邪念。⑶正語，言無虛妄。⑷正業，住於清淨善業。⑸正命，依法乞食活命。⑹正精進，修諸道行，能無間雜。⑺正念，能專心憶念善法。⑻正定，身心寂靜，正住真空之理。

❷優曇鉢羅：又作「優曇跋羅」，又作「烏曇鉢羅花」、「憂曇波花」、「鄔曇鉢羅花」、「優曇花」、「鬱曇花」。略稱「曇花」。意譯作「靈瑞花」、「空起花」、「起空花」。據《慧琳音義》卷八記載，此為祥瑞靈異之所感，乃天花，為世間所無，若如來下生，以大福德力故，能感得此花出現。又以其稀有難遇，佛教諸經中以此花比喻難值佛出世。如《無量壽經》中載：「無量億劫難值難見，猶靈瑞華時時乃出。」蓋因其花隱於壺狀凹陷之花托中，故常被誤以為無花植物，由此而產生各種傳說。印度自吠陀時代至今，用其粗葉作護摩木，亦即作為祭祀時之薪木。

又在佛教，過去七佛成道之菩提樹各有不同，優曇跋羅樹為第五佛拘那含牟尼如來成道之樹。本品為桑科中之隱花植物，產於喜馬拉雅山麓、德干高原及斯里蘭卡等地。樹幹高三公尺餘，葉有二種，一平滑，另一粗糙，皆長十至十八公分，尖端細長。雌雄異花，花托大者如拳，小者如拇指，十餘個聚生於樹幹，雖可食用而味不佳。

「母即告言：『聽汝出家。所以者何？佛難值故。』

「於是二子白父母言：『善哉，父母！願時往詣雲雷音宿王華智佛所親近供養。所以者何？佛難得值，如優曇鉢羅華，又如一眼之龜值浮木孔。而我等宿福深厚生值佛法，是故父母當聽我等令得出家。所以者何？諸佛難值，時亦難遇。』

「彼時妙莊嚴王，後宮八萬四千人，皆悉堪任受持是《法華經》。淨眼菩薩於法華三昧久已通達。淨藏菩薩已於無量百千萬億劫，通達離諸惡趣三昧，欲令一切眾生離諸惡趣故。其王夫人，得諸佛集三昧，能知諸佛祕密之藏。

「二子如是以方便力善化其父，令心信解好樂佛法。

「於是妙莊嚴王與群臣眷屬俱，淨德夫人與後宮婇女眷屬俱，其王二子與四萬二千人俱，一時共詣佛所，到已，頭面禮足，繞佛三匝，卻住一面。

【譯文】

「母親即告訴兩位兒子說：『我同意你們出家，為什麼呢？這是因為能夠遇到佛陀是極為不易的。』

「於是兩位兒子對父母說：『善哉！父親！母親！我們希望能夠現在就前去拜訪雲雷音宿王華智佛的住所，並親近、供養這位如來。為什麼呢？因為與如來相遇是如此地難得，猶如優曇鉢羅花很久方得一現；又如同獨眼之龜，能夠在大海上鑽入漂浮木頭上的小孔一樣難得。但是由於我們往世已經積下深厚的功德，出生在如來出現於世的時際，因此懇請父親母親應允我們出家。因為諸佛難遇，隨佛出家的時機也是極為難得。』

「那時，妙莊嚴王後宮的八萬四千眷屬，全都具足受持這部《法華經》的因緣。淨眼菩薩對於法華三昧，很久之前已經通達。淨藏菩薩已在無量百千萬億劫的歲月中，通達了離諸惡趣三昧，這是為了想要使一切眾生永離各種惡道的緣故。國王夫人淨德也獲得了諸佛集三昧，能夠知曉諸佛的秘密法藏。

「兩位王子以這樣的方便之力，妥善地化導了他們的父親，使他於內心生起信解，並且喜愛佛法。

「於是，妙莊嚴王與群臣及眷屬一起，淨德夫人與後宮嬪妃及眷屬一起，兩位王子與四萬二千人

一起，大家一齊前往拜訪雲雷音宿王華智如來的住所。到達後，他們以頭面禮如來足，又繞佛三周，然後退下，站在一旁。

「爾時，彼佛為王說法示教利喜，王大歡悅。

「爾時，妙莊嚴王及其夫人，解頸真珠瓔珞價值百千以散佛上，於虛空中化成四柱寶臺。臺中有大寶床，敷百千萬天衣，其上有佛，結跏趺坐，放大光明。

「爾時，妙莊嚴王作是念：『佛身希有端嚴殊特，成就第一微妙之色。』

「時雲雷音宿王華智佛告四眾言：『汝等見是妙莊嚴王於我前合掌立不？此王於我法中作比丘，精勤修習助佛道法，當得作佛，號娑羅樹王，國名大光，劫名大高王。其娑羅樹王佛，有無量菩薩眾，及無量聲聞，其國平正功德如是。』

「其王即時以國付弟，與夫人、二子並諸眷屬，於佛法中出家修道。

「王出家已，於八萬四千歲常勤精進修行《妙法華經》。過是已後，得一切淨功德莊嚴三昧，即升虛空高七多羅樹，而白佛言：『世尊，此我二子已作佛事，以神通變化轉我邪心，令得安住於佛法中得見世尊。此二子者是我善知識，為欲發起宿世善根，饒益我故，來生我家。』

「爾時，雲雷音宿王華智佛告妙莊嚴王言：『如是，如是，如汝所言。若善男子、善女人種善根故，世世得善知識。其善知識，能作佛事示教利喜，令入阿耨多羅三藐三菩提。大王當知，善知識者是大因緣，所謂化導令得見佛，發阿耨多羅三藐三菩提心。大王，汝見此二子不？此二子已曾供養六十五百千萬億那由他恆河沙諸佛，親近恭敬，於諸佛所受持《法華經》，愍念邪見眾生，令住正見。』

「妙莊嚴王即從虛空中下，而白佛言：『世尊，如來甚希有！以功德智慧故，頂上肉髻光明顯照，其眼長廣而紺青色，眉間毫相白如珂月，齒白齊密常有光明，脣色赤好如頻婆菓❶。』

「爾時，妙莊嚴王讚歎佛如是等無量百千萬億功德已，於如來前一心合掌，復白佛言：『世尊，未曾有也。如來之法，具足成就不可思議微妙功德，教誡所行安隱快善。我從今日不復自隨心行，不生邪見、憍慢、瞋恚諸惡之心。』說是語已，禮佛而出。」

佛告大眾：「於意云何？妙莊嚴王豈異人乎？今華德菩薩是。其淨德夫人，今佛前光照莊嚴相菩薩是，哀愍妙莊嚴王及諸眷屬故，於彼中生。其二子者，今藥王菩薩、藥上菩薩是。是藥王、藥上菩薩，成就如此諸大功德，已於無量百千萬億諸佛所植眾德本，成就不可思議諸善功德。若有人識是二菩薩名字者，一切世間諸天人民亦應禮拜。」

佛說是〈妙莊嚴王本事品〉時，八萬四千人遠塵離垢，於諸法中得法眼淨。

【譯文】

「這時，那位雲雷音宿王華智佛為妙莊嚴王說法，開示得到利益和喜樂的教法，國王聽後，非常歡喜快樂。

「這時，妙莊嚴王及其夫人便解下頸上的珍珠、瓔珞，把這些價值百千金的珍寶散在雲雷音宿王華智佛的身上。這時在虛空中，出現有四根柱子的寶台，台中有一大寶床，寶床上敷蓋著百千萬種天衣，寶床之上，有一位如來結跏趺坐，身放出耀眼的光明。

「這時，妙莊嚴王生起這樣的念頭：『如來的身相是如此地稀有，端莊威嚴，奇特無比，成就了最為第一的微妙身相。』

「這時，雲雷音宿王華智佛對四眾弟子說：『你們看見這位妙莊嚴王，在我面前合掌站立嗎？這位國王將在我的正法時期內成為比丘，他精勤修習，助佛弘揚佛法，日後必將成佛，佛號為娑羅樹王，國名叫大光，劫名叫大高王。這位娑羅樹王佛，有無量的菩薩大眾和無數的聲聞弟子，他的佛國大地平坦方正。他的功德就是如此。』

「這位妙莊嚴王當即把國家交付給他的弟弟治理，然後與他的夫人、兩位王子和所有眷屬們，在雲雷音宿王華智佛前出家修道。

「妙莊嚴王出家以後，經歷八萬四千年，始終勤奮精進，按照《妙法蓮華經》進行修行。經過如此長期的修行之後，妙莊嚴王證得一切淨功德莊嚴三昧。於是，妙莊嚴王即升在虛空中，距地面有七

棵多羅樹的高度，並對雲雷音宿王華智佛說：『世尊！我的這兩個兒子，已經大作佛事，又用種種神通變化，使我的邪心得到轉化，如今才得以安住於佛法之中，並能夠得見世尊。這兩位兒子是我的善知識，他們為了促發我往世種下的善根，使我得到受益，所以前來投生我家。』

「這時，雲雷音宿王華智佛對妙莊嚴王說：『確實是這樣！確實是這樣！就如你所說的。如果善男子、善女人因為種下善根的緣故，那麼他們生生世世都能夠遇到善知識，他們遇到的善知識能夠大作佛事，教化眾生獲得利益和喜樂，讓他們最終證入無上正等正覺。大王！你應當知道，善知識是一個非常重要的因緣，他能教化指導眾生，使他們得見佛陀，並發起志求無上正等正覺的心願。大王！看見你的這兩位兒子嗎？你這兩位兒子，已曾供養過六十五百千萬億那由他恆河沙之眾的如來，在如此眾多的如來面前親近恭敬。在那些如來面前受持《法華經》，對那些執持邪見的眾生生起悲憫之心，要使他們安住於佛法正見之中。』

「妙莊嚴王當即從虛空中下來，對雲雷音宿王華智佛說：『世尊！如來是如此稀有，因為如來具足功德和智慧的緣故，頭頂上的肉髻大放光明，照亮一切；如來的雙眼寬廣，呈紺青色；如來眉間的白毫相光，白如珂月；如來的牙齒，潔白整齊嚴密，常常呈現光明；如來的唇色鮮紅，如同頻婆果之色。』

「這時，妙莊嚴王對如來所具足的這些無量百千萬億種功德進行讚歎之後，在雲雷音宿王華智佛面前，一心合掌，又對佛說：『世尊！過去從未有過如此！如來的教法具足成就不可思議的微妙功

德，教戒眾生如法所行，令眾生得到安穩和快樂。我從今日起，不再隨心所欲，也不再生起邪見之心，不生起驕慢之心，不生起瞋恨等各種惡劣之心。』說完這些話後，妙莊嚴王向雲雷音宿王華智佛再次行禮，然後退了出去。」

釋迦牟尼佛對法華會上的大眾說：「你們有怎樣的想法？妙莊嚴王難道是旁人嗎？他就是現在的華德菩薩。那位淨德夫人就是現在佛前那位光照莊嚴相菩薩。她因為悲憫妙莊嚴王及其所有眷屬，所以在那裡轉生。國王的兩個兒子，就是現在的藥王菩薩和藥上菩薩。藥王菩薩和藥上菩薩成就了如此巨大的功德，他們已於過去無量百千萬億位如來那裡種下了眾多的善根，成就了不可思議的各種功德。如果有人能識得這兩位菩薩的名字，那麼一切世間的所有天、人大眾，也應當對他們禮敬。」

釋迦牟尼佛宣說這篇〈妙莊嚴王本事品〉時，有八萬四千人遠離了塵垢，在各種佛法中獲得清淨的法眼。

【注釋】

❶ 頻婆：即頻婆樹。意譯「相思樹」。其果實為鮮紅色，稱為「頻婆果」、「頻婆羅果」，以之為赤色之譬喻。

普賢菩薩勸發品第二十八

此為勸化眾生當奉持《法華經》及獲諸功德。普賢啟問：如來滅度後，如何能得《法華經》。佛陀乃宣示，眾生於如來滅後，若能成就四法，當得是經。此四法為：一者、為諸佛護念，二者、植眾德本，三者、入正定聚，四者、發救一切眾生之心。普賢菩薩說陀羅尼，並發誓願當於未來護持此經及受持眾生。佛陀更明奉持《法華經》的功德及毀損此經的業報。

爾時，普賢菩薩以自在神通力❶，威德名聞，與大菩薩無量無邊不可稱數，從東方來。所經諸國，普皆震動，雨寶蓮華，作無量百千萬億種種伎樂。又與無數諸天、龍、夜叉、乾

闥婆、阿修羅、迦樓羅、緊那羅、摩睺羅伽、人非人等，大眾圍繞，各現威德神通之力。到娑婆世界耆闍崛山中，頭面禮釋迦牟尼佛，右繞七匝，白佛言：「世尊，我於寶威德上王佛國，遙聞此娑婆世界說《法華經》，與無量無邊百千萬億諸菩薩眾共來聽受，唯願世尊，當為說之。若善男子、善女人，於如來滅後，云何能得是《法華經》？」

佛告普賢菩薩：「若善男子、善女人成就四法，於如來滅後，當得是《法華經》：一者、為諸佛護念，二者、植眾德本，三者、入正定聚，四者、發救一切眾生之心。善男子、善女人，如是成就四法，於如來滅後必得是經。」

爾時，普賢菩薩白佛言：「世尊於後五百歲濁惡世中，其有受持是經典者，我當守護，除其衰患令得安隱，使無伺求得其便者。若魔、若魔子、若魔女、若魔民、若為魔所著者，若夜叉、若羅剎、若鳩槃荼、若毘舍闍、若吉遮、若富單那、若韋陀羅等諸惱人者❷，皆不得便。

「是人若行若立讀誦此經，我爾時乘六牙白象王，與大菩薩眾俱詣其所，而自現身，供養守護，安慰其心，亦為供養《法華經》故。是人若坐思惟此經，爾時我復乘白象王現其人前。其人若於《法華經》有所忘失一句一偈，我當教之，與共讀誦還令通利。爾時受持讀誦《法華經》者，得見我身甚大歡喜，轉復精進。以見我故，即得三昧及陀羅尼，名為旋陀羅尼、百千萬億旋陀羅尼、法音方便陀羅尼，得如是等陀羅尼。

「世尊！若後世後五百歲濁惡世中，比丘、比丘尼、優婆塞、優婆夷，求索者、受持者、讀誦者、書寫者，欲修習是《法華經》，於三七日中應一心精進。滿三七日已，我當乘六牙白象，與無量菩薩而自圍繞，以一切眾生所喜見身，現其人前，而為說法示教利喜。亦復與其陀羅尼咒，得是陀羅尼故，無有非人能破壞者，亦不為女人之所惑亂，我身亦自常護是人。唯願世尊，聽我說此陀羅尼咒。」

即於佛前，而說咒曰：

阿檀地(一)檀陀婆地(二)檀陀婆帝(三)檀陀鳩舍隸(四)檀陀修陀隸(五)修陀隸(六)修陀羅婆底(七)佛馱波羶禰(八)薩婆陀羅尼阿婆多尼(九)薩婆婆沙阿婆多尼(十)修阿婆多尼(十一)僧伽婆履叉尼(十二)僧伽涅伽陀尼(十三)阿僧祇(十四)僧伽波伽地(十五)帝隸阿惰僧伽兜略阿羅帝婆羅帝(十六)薩婆僧伽三摩地伽蘭地(十七)薩婆達磨修波利剎帝(十八)薩婆薩埵樓馱憍舍略阿㝹伽地(十九)辛阿毘吉利地帝(廿)

「世尊，若有菩薩得聞是陀羅尼者，當知普賢神通之力。若《法華經》行閻浮提有受持者，應作此念：『皆是普賢威神之力。』若有受持、讀誦、正憶念、解其義趣、如說修行，當知是人行普賢行，於無量無邊諸佛所深種善根，為諸如來手摩其頭。若但書寫，是人命終當生忉利天上，是時八萬四千天女作眾伎樂而來迎之，其人即著七寶冠於婇女中娛樂快樂；何況受持、讀誦、正憶念、解其義趣、如說修行！若有人受持、讀誦、解其義趣，是人命終

為千佛授手，令不恐怖、不墮惡趣，即往兜率天上彌勒菩薩所——彌勒菩薩有三十二相，大菩薩眾所共圍繞，有百千萬億天女眷屬——而於中生。有如是等功德利益，是故智者應當一心自書，若使人書，受持、讀誦、正憶念、如說修行。世尊！我今以神通力故，守護是經，於如來滅後，閻浮提內廣令流布，使不斷絕。」

【譯文】

這時，普賢菩薩，以自在無礙的神通之力及威德名望，與無量無邊不可稱數的大菩薩一起，從東方出發前來此法會。途中所經諸國，大地普皆震動，空中散下如雨一般密集的寶蓮花，並奏響百千萬億種歌舞與音樂。還有天神、龍神、夜叉、乾闥婆、阿修羅、迦樓羅、緊那羅、摩睺羅伽天龍八部，以及人與非人等，他們圍繞在普賢菩薩的周圍，各自都示現出威德神通之力。

普賢菩薩率領這些大眾來到娑婆世界的耆闍崛山中，以頭面頂禮釋迦牟尼佛足，又圍繞釋迦牟尼佛右繞七周，然後對佛說：「世尊，我在寶威德上王佛的國土中，遙聞此娑婆世界正在演講《法華經》，於是，我便與無量無邊百千萬億的菩薩大眾一同前來聽聞受持，還懇請世尊為我們演說這部經典。如果在如來滅度之後，善男子、善女人如何才能得到這部《法華經》呢？」

釋迦牟尼佛告訴普賢菩薩說：「如果善男子、善女人能夠成就四種方法，那麼，在如來佛滅度之後，他們就可得到這部《法華經》。這四種法是：第一，得到諸佛的愛護與關懷；第二，培植根本的

諸種福德；第三，入於正定；第四，發起救度一切眾生的誓願。善男子、善女人若能成就這四種法，那麼，在如來滅度之後，他們也必定能夠得到這部經典。

這時，普賢菩薩對釋迦牟尼佛說：「世尊，在您滅度之後末法時期的五百年裡，在五濁惡世中，如果有受持這部經典的眾生，我就會守護他，消除他的衰敗與患禍，使他得到安穩，使得諸魔惡人沒有可乘之機去損害他。如魔王、魔子、魔女、魔民、為魔所附著者、夜叉鬼、羅剎鬼、鳩槃荼鬼、毘舍闍鬼、吉遮鬼、富單那鬼、韋陀羅鬼等惱人的妖魔鬼怪，都沒有機會去傷害受持《法華經》的眾生。

「五濁惡世中受持《法華經》的人，不論他是在行走中讀誦此經，或是站立讀誦此經，我於其時就會騎著六牙白象王，與大菩薩眾一起來到他的跟前，現出我的身相，供養守護他，安慰他的心靈，這也是為了供養《法華經》的緣故。此人如果在打坐中思維此經，那時，我也會騎乘白象王，現身在他的面前。此人如果對《法華經》中的一句一偈有所遺忘，我就將會去教他，與他一起讀誦，使他恢復到通達流利的程度。那時，受持、讀誦《法華經》的人能夠看到我的身相，就會極其歡喜，由此更加精進。因為看見我的緣故，他便會得到禪定及諸陀羅尼，如旋陀羅尼、百千萬億旋陀羅尼，法音方便陀羅尼。總而言之，他能夠得到如此眾多的陀羅尼。

「世尊！如果在後世末法時期的五百年間，在此惡濁之世中，有比丘、比丘尼、優婆塞、優婆夷，求索《法華經》者，受持《法華經》者，讀誦《法華經》者，書寫《法華經》者，他們如果想要

按照《法華經》而修行，就應當在三個七日內，一心精進不怠。滿二十一天後，我將騎乘六牙白象，在無數菩薩的圍繞下，以一切眾生所喜歡看見的身相，顯現在他們的面前，為他們開示獲得利益和喜樂的教法，又再給予他們陀羅尼神咒，他們因為獲得此陀羅尼神咒的緣故，因此不再有非人鬼怪能夠破壞他們，他們也不會被女人迷惑擾亂，我的法身也會常常親自守護這些人。懇請世尊允許我說此陀羅尼咒。」

於是，普賢菩薩在釋迦牟尼佛前宣說如下咒語：

阿檀地㈠檀陀婆地㈡檀陀婆帝㈢檀陀鳩舍隸㈣檀陀修陀隸㈤修陀隸㈥修陀羅婆底㈦佛馱波羶禰㈧薩婆陀羅尼阿婆多尼㈨薩婆婆沙阿婆多尼㈩修阿婆多尼(十一)僧伽婆履叉尼(十二)僧伽涅伽陀尼(十三)阿僧祇(十四)僧伽波伽地(十五)帝隸阿惰僧伽兜略阿羅帝婆羅帝(十六)薩婆僧伽三摩地伽蘭地(十七)薩婆達磨修波利剎帝(十八)薩婆薩埵樓馱憍舍略阿㝹伽地(十九)辛阿毘吉利地帝(廿)。

普賢菩薩又對釋迦牟尼佛說：「世尊！如果有菩薩聽到這個陀羅尼神咒，那麼他應該知道普賢菩薩的神通力量。如果《法華經》流行閻浮提洲，其中有受持《法華經》的人，就應該這樣想：『這全靠普賢菩薩的威神之力。』如果有人受持、讀誦《法華經》，並正確無誤地憶念，理解經中的義趣，根據經中所說的方法修行，那麼應當知道此人是在修行普賢行法門，這人必然已在無數位佛前，種下了很深的善根，並受到這些如來的摩頂授記。如果有人只是抄寫《法華經》，那麼，此人今生命終之後，將轉生至忉利天上，那時，將有八萬四千位天女，演奏起各種各樣的歌舞音樂前來迎接他，此人

便會戴上七寶冠，在眾多的美女之中，享受各種快樂；更何況受持、讀誦《法華經》，並正確憶念，理解其中義趣，根據經中所說的方法修行的人所獲得的福德！如果有人受持、讀誦《法華經》，並理解其中義趣，那麼，此人命終時，會有上千位如來伸手相助，使他毫不恐懼，使他不會墮於諸惡道中，而是往生於兜率天中彌勒菩薩的處所。彌勒菩薩具足三十二種超凡脫俗的妙相，為大菩薩們所圍繞，還有百千萬億的天女眷屬也轉生在那裡。有如此的功德與利益，所以，有智慧的人應當專心致志地親自抄寫，或者讓他人抄寫此經，受持、讀誦此經，正確憶念此經，並根據經中所說的方法修行。世尊！我現在以神通之力守護這部經典，在如來滅度後，將使此經在閻浮提洲內廣泛流布，永無斷絕。」

【注釋】

❶ 普賢菩薩：又作「遍菩薩」。中國佛教四大菩薩之一。與文殊菩薩為釋迦如來之脅士。即文殊駕獅子侍如來之左側，普賢乘白象侍右側。若以此二脅士表法，文殊師利顯智、慧、證，普賢顯理、定、行，共詮本尊如來理智、定慧、行證之完備圓滿。文殊、普賢共為一切菩薩之上首，常助成宣揚如來之化導攝益。以此菩薩之身相及功德遍一切處，純一妙善，故稱「普賢」。

❷ 韋陀羅：係可殺害人之惡鬼。又作「韋陀羅鬼」、「迷怛羅鬼」、「鞞陀路婆鬼」。意譯作「厭魅」、「起尸鬼」、「起尸」、「死尸」。毘陀羅係詛咒時所使用之惡鬼名，或起尸之咒法，為

佛陀所禁止。

爾時，釋迦牟尼佛讚言：「善哉！善哉！普賢，汝能護助是經，令多所眾生安樂利益，汝已成就不可思議功德，深大慈悲，從久遠來發阿耨多羅三藐三菩提意，而能作是神通之願守護是經。我當以神通力，守護能受持普賢菩薩名者。

「普賢！若有受持、讀誦、正憶念、修習書寫是《法華經》者，當知是人則見釋迦牟尼佛，如從佛口聞此經典，當知是人供養釋迦牟尼佛，當知是人佛讚善哉，當知是人為釋迦牟尼佛手摩其頭，當知是人為釋迦牟尼佛衣之所覆。如是之人，不復貪著世樂，不好外道經書手筆，亦復不喜親近其人及諸惡者，若屠兒、若畜豬羊雞狗、若獵師、若衒賣女色。是人心意質直，有正憶念，有福德力。是人不為三毒所惱，亦不為嫉妒、我慢、邪慢、增上慢所惱。是人少欲知足，能修普賢之行。

「普賢！若如來滅後後五百歲，若有人見受持讀誦《法華經》者，應作是念：『此人不久當詣道場，破諸魔眾，得阿耨多羅三藐三菩提，轉法輪，擊法鼓，吹法螺，雨法雨，當坐天人大眾中師子法座上。』

「普賢，若於後世受持讀誦是經典者，是人不復貪著衣服、臥具、飲食、資生之物❶，

所願不虛，亦於現世得其福報。若有人輕毀之言：『汝狂人耳！空作是行，終無所獲。』如是罪報當世世無眼。若有供養讚歎之者，當於今世得現果報。若復見受持是經者，出其過惡，若實若不實，此人現世得白癩病。若輕笑之者，當世世牙齒疏缺，醜脣平鼻，手腳繚戾❷，眼目角睞❸，身體臭穢，惡瘡、膿血、水腹、短氣諸惡重病。是故，普賢，若見受持是經典者，當起遠迎當如敬佛。」

說是〈普賢菩薩勸發品〉時，恆河沙等無量無邊菩薩得百千萬億旋陀羅尼，三千大千世界微塵等諸菩薩具普賢道。

佛說是經時，普賢等諸菩薩，舍利弗等諸聲聞，及諸天、龍、人非人等，一切大會皆大歡喜，受持佛語，作禮而去。

【譯文】

這時，釋迦牟尼佛稱讚普賢菩薩說：「善哉！善哉！普賢！你能守護《法華經》，使許多地方的眾生獲得安樂與利益，你已成就了不可思議的功德。你具有大慈大悲的願力，從久遠以來，發起求證無上正等正覺的誓願，才能在今日發下這種種神通願力要守護這部《法華經》。我將以神通之力，守護那些能受持普賢菩薩名號的眾生。

「普賢！如果有人能受持、讀誦、正確憶念、修習、書寫這部《法華經》，就應當知道，此人就

相當於親身見到釋迦牟尼佛，就如同是從佛的親口宣說中得聞這部經典一樣；也應當知道，此人就如同在供養釋迦牟尼佛；也應當知道，此人為佛所讚歎；還應當知道，此人就相當於被釋迦牟尼佛親手摩頂加持；還應當知道，此人就等於被釋迦牟尼佛用佛衣覆蓋護持。這樣的人，已經不再貪念於世俗的享樂，不會喜歡外道的經書抄本，也不會再去親近外道信徒和其他造作惡業的人，如屠夫、畜養豬羊雞狗的人、獵人、出賣色相的妓女等。此人心地質樸直率，有正確的心念，有福德的力。此人不為貪欲、瞋恨、愚癡等三毒所惱亂，也不再為嫉妒、我慢、邪慢、增上慢等所惱亂；此人少欲知足，能修習普賢行的法門。

「普賢！如來滅度之後的末法五百年間，如果有人見那些受持、讀誦《法華經》的人，他就應該這樣想：『此人不久將往至道場，破除各類魔眾，證得無上正等正覺，並轉法輪、擊法鼓、吹法螺、降法雨，此人必將在天、人大眾之中高坐於獅子座上教化眾生。』

「普賢！如果在後世有人受持、讀誦這部經典，此人就不會再貪著於衣服、臥床、飲食等資生之物，他的望願絕對不會落空，並且還能在現世獲得福報。如果有人輕視詆毀他說：『你真是個瘋子，白白地做了這些修行，最終卻是一無所獲。』此人因為這種詆毀所獲的罪報，將於之後生生世世中成為無眼的眾生。如果有人供養和稱讚受持《法華經》的人，那麼，此人今生就可獲得善報。如果有人見到受持這部經典的人，而去說出他過去造下的各種過失或惡行，無論其所說的這種惡行是真實的或是虛假的，這些中傷者現世就會患上白癩病。如果有人輕視譏笑受持《法華經》的人，那麼，他將於

生生世世中，牙齒缺漏，口唇醜陋，鼻子扁平，手腳彎曲，雙眼歪斜，身上臭穢，並患惡瘡、膿血、腹中積水、氣喘等各種重病。所以，普賢！如果見到受持這部經典的人，就應當起身遠迎，就像禮敬如來一樣向他表示敬意。」

釋迦牟尼佛演說這篇〈普賢菩薩勸發品〉時，恆河沙數等無量無邊的菩薩獲得了百千萬億旋陀羅尼法門，三千大千世界所有微塵數之眾的菩薩都具足普賢道。

釋迦牟尼佛說完此經時，普賢等各位菩薩、舍利弗等聲聞弟子，以及諸天、龍神、人及非人等法會上的一切大眾，都非常歡喜，他們受持佛陀的法語，向佛致禮後離開法會。

【注釋】

❶ 資生：衣食住之具，以資助人之生命者。

❷ 繚戾：迴旋曲折。

❸ 角睞：從眼角斜視。睞：瞳仁不正。

《法華經》的主要結構

對於本經的結構，歷代大德站在各自的悟解立場上，提出不同的科判。在此僅選擇兩種科判供讀者參考，以便對於本經的主要結構和內容有所了解：

一、智者大師科判

按照隋代智者大師（智顗）對《法華經》所做科判，本經在結構上大體分為「迹門」和「本門」兩大部分：「迹門」自第一品〈序品〉至第十四品〈安樂行品〉結束；「本門」自第十五品〈從地涌出品〉至最終第二十八品〈普賢菩薩勸發品〉，亦大體上為十四品。

在這兩大部分當中，每一部分又都可再細分為序分、正宗分和流通分等三分。可見下表（表格引自王雷泉〈《法華經》導讀〉）：

序分：1.〈序品〉

正宗分：2.〈方便品〉至 16.〈如來壽量品〉

- 迹門
  - 迹門序分
    - 1.〈序品〉
  - 迹門正宗分
    - 2.〈方便品〉
    - 3.〈譬喻品〉
    - 4〈信解品〉
    - 5.〈藥草喻品〉
    - 6.〈授記品〉
    - 7.〈化城喻品〉
    - 8.〈五百弟子受記品〉
    - 9.〈授學無學人記品〉
  - 迹門流通分
    - 10.〈法師品〉
    - 11.〈見寶塔品〉
    - 12.〈提婆達多品〉
    - 13.〈勸持品〉
    - 14.〈安樂行品〉
- 本門序分
  - 15.〈從地涌出品〉
  - (1)「以問斯事……因是得聞」前
- 本門正宗分
  - (2)「以問斯事……因是得聞」後
  - 16.〈如來壽量品〉

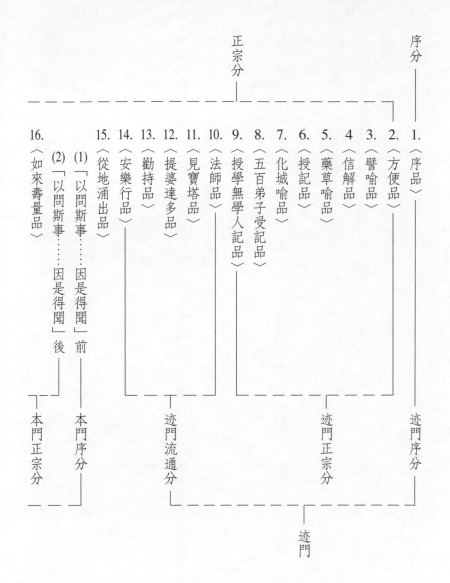

17.〈分別功德品〉

(1)前十九行（首）偈

(2)十九行（首）偈後

流通分

18.〈隨喜功德品〉
19.〈法師功德品〉
20.〈常不輕菩薩品〉
21.〈如來神力品〉
22.〈囑累品〉
23.〈藥王菩薩本事品〉
24.〈妙音菩薩品〉
25.〈觀世音菩薩普門品〉
26.〈陀羅尼品〉
27.〈妙莊嚴王本事品〉
28.〈普賢菩薩勸發品〉

本門流通分

本門

二、太虛法師科判

此係唐代窺基大師將本經正宗分判為境、行、果三門。至明代憨山德清，則以開、示、悟、入四科於本經進行科判。太虛法師則依憨山之說，折衷吉藏、窺基之科判進行分科，科判結構如下（表格

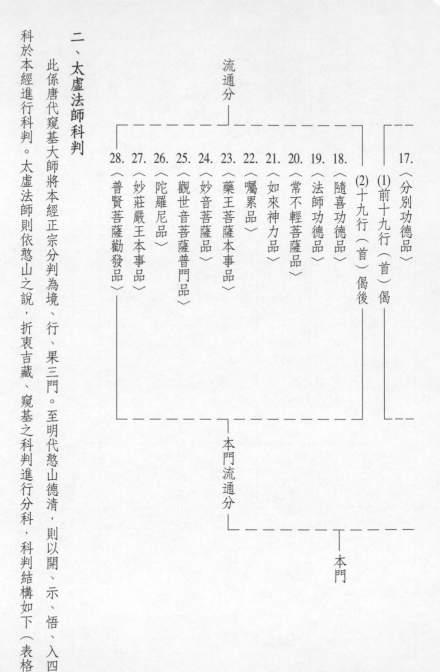

引自王雷泉〈《法華經》導讀〉：

序品第一	總示法華教義行果	
方便品第二	初周法說	開信教
譬喻品第三	二周喻說	
信解品第四		
藥草喻品第五		
授記品第六	三周因緣說	
化城喻品第七		
五百弟子授記品第八		
授學無學人記品第九		
法師品第十		解理
見寶塔品第十一		
提婆達多品第十二		
勸持品第十三		
安樂行品第十四		

從地涌出品第十五	正說法妙	悟修行
如來壽量品第十六		
分別功德品第十七		
隨喜功德品第十八		
法師功德品第十九		
常不輕菩薩品第二十		
如來神力品第二十一		
囑累品第二十二		
藥王菩薩本事品第二十三	證自利果	
妙音菩薩品第二十四	證他利果	入證果
觀世音菩薩普門品第二十五		
陀羅尼品第二十六		
妙莊嚴王本事品第二十七		
普賢菩薩勸發品第二十八	證二利果	

隋智顗，《妙法蓮華經玄義》二十卷，《大正藏》第三三冊。
隋智顗，《妙法蓮華經文句》二十卷，《大正藏》第三四冊。
明智旭，《法華經論貫》一卷，《卍續藏》第五〇冊。
民國太虛法師講述，《法華經講演錄》。
李利安注譯，《白話法華經》（西安：三秦出版社，二〇〇二年第二版）。
董群釋譯，《法華經》，《中國佛教經典寶藏》第五十一冊（臺北：佛光出版社，一九九六）。
張新民、龔妮麗，《法華經今譯》（北京：中國社會科學出版社，一九九四）。
潘桂明、吳忠偉，《中國天台宗通史》（南京：江蘇古籍出版社，二〇〇一）。
平川彰等著、林保堯譯，《法華思想》，《中國佛教經典寶藏》第五十七冊（臺北：佛光出版社，一九九八）。
田村芳朗、梅原猛著，釋慧嶽譯，藍吉富主編，《天台思想》，《世界佛學名著譯叢》第三十冊（臺中：華宇出版社，一九八八）。
賴永海主編，《中國佛教百科全書》（上海：上海古籍出版社，二〇〇〇）。

白話佛經
法華經

2012年9月初版
2023年3月初版第六刷

定價：新臺幣420元

主編	賴永海
譯注者	王彬
叢書主編	簡美玉
	胡金倫
校對	吳美滿
	簡觿慧
封面設計	陳文德
內文排版	翁國鈞

出版者	聯經出版事業股份有限公司
地址	新北市汐止區大同路一段369號1樓
叢書主編電話	(02)86925588轉5305
台北聯經書房	台北市新生南路三段94號
電話	(02)23620308
郵政劃撥帳戶第	0100559-3號
郵撥電話	(02)23620308
印刷者	文聯彩色製版印刷有限公司
總經銷	聯合發行股份有限公司
發行所	新北市新店區寶橋路235巷6弄6號2F
電話	(02)29178022

副總編輯	陳逸華
總編輯	涂豐恩
總經理	陳芝宇
社長	羅國俊
發行人	林載爵

行政院新聞局出版事業登記證局版臺業字第0130號

本書如有缺頁，破損，倒裝請寄回台北聯經書房更換。 ISBN 978-957-08-4054-4 (平裝)
聯經網址 http://www.linkingbooks.com.tw
電子信箱 e-mail:linking@udngroup.com

本書中文繁體字版由中華書局（北京）授權出版

國家圖書館出版品預行編目資料

法華經/賴永海主編．王彬譯注．初版．新北市．聯經．
2012年9月（民101年）．640面．14.8×21公分（白話佛經）
ISBN 978-957-08-4054-4（平裝）
[2023年3月初版第六刷]

1.法華部

221.5 101017394